当代中国行政法

第 七 卷

应松年　主编

人民出版社

第五编　行政监督与行政救济法

第三十七章

行政违法与行政责任 ①

朱新力 　　法学博士，浙江大学光华法学院教授、博士生导师、院长，教育部新世纪优秀人才，美国瓦尔帕莱索大学和法国艾克斯—马赛法律、经济与科技大学访问学者。主要研究领域为行政法学、行政诉讼法学、国家赔偿法学、政府管制。自 1996 年以来，主持国家级（如国家社科基金重大项目"加快建设法治政府的空间与路径研究"等）、省部级课题多项，多项成果获省部级奖（如"行政审批制度宁波模式与政府自身改革研究"获浙江省人民政府第十七届哲社优秀成果奖一等奖），独著、合著或主编法学著作十余部，在《法学研究》《中国法学》等期刊发表《论行政超越职权》等学术论文几十篇。

---

① 本章的原稿由朱新力完成，本次修改由朱新力和浙江省社会科学院法学研究所副研究员罗利丹合作完成，特此说明。

在我国大陆行政法学中，行政违法与行政责任乃行政法学理论体系中的基础性概念。广义的行政违法包括行政主体、行政人和行政相对人在行政法上的违法，本章仅研究行政主体的违法行政行为，简称行政违法。本章的行政责任系行政法律责任的简称，广义的行政法律责任包括行政主体、行政人和行政相对人的行政法律责任，本章只讨论行政主体的行政法律责任。

第一节　违法行政行为

一、违法行政行为概述

像医生研究病理需首先认识健康人体一样，研究违法行政行为也必须先从合法行政行为的构成要件着手。[①]

行政行为的合法要件是指一个行政行为完全符合法律要求的各项条件。由于选择角度的不同，国内学者对合法行政行为要件的概括并不一致。具有代表性的观点有下列几种：第一种认为，行政行为合法要件有

[①] 各国违法行政行为种类的产生和发展都有自身历史条件和理论影响，许多违法行政行为种类在字面上吻合，实质内容却不一致，但各国似乎都不约而同地从合法行政行为构成要素上确立违法种类。我国《行政复议法》和《行政诉讼法》对合法行政行为四要素，即权限合法、事实根据合法、法律适用正确、程序合法的概括并不全面。《行政复议法》和《行政诉讼法》对违法行政行为的种类列举（行政不作为违法或不履行法定职责，主要证据不足或主要事实不清、证据不足，超越职权，滥用职权，适用法律、法规错误或适用依据错误，违反法定程序，明显不当或显失公正）既有概念不统一的问题，也有界限不明确的缺陷。比如，行政决定的内容违反宪法关于在法律面前人人平等原则究竟归属何种违法？公安机关内部的治安科以自己名义作出的拘留决定应归入何种违法？

三：一是行为主体合法。包括行为主体是行政主体，行为在行政主体的权限范围内，复合型主体的构成必须符合法律要求；二是行为内容合法，包括行为有事实根据并证据确凿，正确适用了法律、法规、规章和行政规范性文件，行为目的合乎立法目的；三是行为程序合法，包括行为符合法定方式，行为符合法定步骤、顺序，行为符合法定时限。① 第二种认为，行政行为合法需符合实体要件和形式要件。实体要件又称实质要件，指行为内容本身必须具备的条件，包括主体合法、权限合法和内容适当。形式要件是指行政行为的作出必须符合法定程序和具体方式。② 第三种观点沿用民事法律行为的有效要件，分析出行政行为有效要件共七项，即行政行为主体合法，行政行为内容合法，行政行为必须是行政主体的真实意思表示，相对人必须依法能充当行政行为的对象，行政行为针对的标的物必须依法能作为该行为的标的物，符合法定程序，符合法定形式。③ 第四种具代表性的观点认为，《行政诉讼法》（修改前）规定的行政行为合法性审查根据缺乏理论的统一性和逻辑上的连贯性，造成学理解释上的尴尬和司法实践中的混乱。根据中国司法实践和域外经验，每一个行政行为合法要件可以在逻辑上区分为合法要素和合法标准，对于合法、合理的具体要求（合法标准）应当放在各个要素中分别讨论。从行政法律规范的逻辑结构分析，行政行为的合法要素包含在这样的陈述中：如果有事实表明某适用条件成立，那么，特定行政机关应当根据一定程序作出相应处理。相应的，行政行为合法要件（审查根据）归纳为：主体合格，事实有据，条件符合，程序正当，处理得当。④ 实际上，上述要件都是从实体和程序两方面观察的结果。我们认为，行政行为合法要

---

① 罗豪才主编：《中国行政法教程》，人民法院出版社 1996 年版，第 123—129 页。

② 叶必丰：《行政法学》，武汉大学出版社 1996 年版，第 294—301 页。

③ 张尚鷟主编：《走出低谷的中国行政法学》，中国政法大学出版社 1991 年版，第 156 页。

④ 何海波：《行政行为的合法要件——兼议行政行为司法审查根据的重构》，《中国法学》2009 年第 4 期。

件的选取应考虑要件的同层次性、涵盖性和均衡性。① 其具体要件包括：

第一，行政主体及其职权合法。只有法定的行政主体在合法的职权范围内出于法定的动机目的的行政行为才可能是合法的行政行为。其具体要求是：（1）行政主体合法。包括法定的行政主体、合格的行政主体的工作人员。（2）行政主体意思表示真实且符合法定动机目的。造成行政主体非真实意思表示和不符合法定动机目的意思表示的原因很多，如相对人的欺诈、胁迫，行政主体自身的重大误解，行政主体工作人员的恶意歪曲等。（3）行政主体需在职权范围内活动。包括行政行为不能超越行政权限（管辖权）和行政权能，自由裁量行政行为必须符合合理性要求，行政主体必须正确履行法定作为义务等。

第二，行政依据合法且充分。行政依据可分为事实根据和法律根据。一个合法的行政行为必须行政依据合法且充分。事实根据常以事实结论为最终形态，其错误表现为行政主体对行政行为构成要件事实的判断与真实情况或法律要求不符。造成此种错误的原因多种多样，如据以得出事实结论的证据违法或证据不充分，事实认定违反经验法则，违反举证责任分配规则获得事实结论，对事实定性错误等。行政行为的作出必须有全面、明确且准确的法律根据，缺乏法律根据、适用法律根据错误或所依据的法律根据本身违法的行政行为都属于瑕疵行政行为，最浅显的法律根据错误表现为适法错误，包括积极适法错误和消极适法错误。

第三，行为内容明确且正当。行政行为内容明确且正当是指行政行

---

① 学者王锡锌从另一个角度对行政行为的合法性作了新的界定。他认为：在过去三十年的行政法制变革中，"依法行政"逐步成为学界和实务界关于行政法治建设目标和手段的共识。在行政法治语境中，依法行政所蕴含行政合法化逻辑，本质上是通过要求行政活动符合法律，使行政获得形式"合法律性"；进一步，由于法律具有民主正当性，符合法律的行政便在这个意义上得到了政治意义上的合法化。但是，由于"法"的多样化和行政的政治化，依法行政逻辑所需要的前提条件已很难得到满足，这导致其在当代行政的现实情境中面临合法化能力的匮乏。因此，需要通过拓展依法行政的合法化逻辑，引入"通过理性的合法化"模式和"通过参与的合法化"模式，以构建一种"复合的行政合法化框架"，将依法行政、科学行政、民主行政相统一，从形式和实质维度拓展行政的合法化资源。（详见王锡锌：《依法行政的合法化逻辑及其现实情境》，《中国法学》2008 年第 5 期）

为所涉及的权利义务，以及对这些权利义务的影响或处理，既须明确、具体，又须符合法律的字面含义及精神。一个内容合法的行政行为必须符合四个要求：（1）内容明确、具体。行政主体所作行政行为内容必须明白确定，应明确指出适用对象、范围、意图、时间、地点等事项，使相对人及其他人准确了解行政主体的意思；（2）内容符合法律要求；（3）内容不违背法律；（4）内容须是可能实现的。行政行为内容在技术上不能实现的，称事实上的不能。行政行为的内容因法律障碍不能实现的，称法律上的不能。一个内容在事实上或法律上不能实现的行政行为是法治行政所不允许存在的状态。

第四，行政程序合法且正当。行政程序是行政主体在行使行政权时，所必须遵循的步骤、顺序、方式和时限共同构成的过程。当代法学家普遍认为，没有程序保障，就不可能有真正的权利保障。因此，程序法定原则在各国不断得到加强以实现对越权和滥权的控制，从而最终实现对人权的维护。违反成文法明确规定的程序当然构成瑕疵行政（如顺序颠倒、超过法定期限、不符合法定形式等），同时法治国家也不能容忍行政行为对正当程序的违反。所谓的正当程序，一般是指行政主体在行使行政权的过程中应当资讯公开、平等对待、回避、公开听证、允许法律代理、说明理由、告知救济途径等，种种制度均体现出了法律文明之中的人文精神及人类基本理性规则。

对行政行为合法性要件的违反即构成行政违法。[1] 根据上述指导思想，我们拟把我国违法行政行为分为下列四类，即主体违法、依据违法、

---

[1] 我们认为行政违法是一种客观违法。在刑法上，有主观的违法性与客观的违法性之争论。主观违法性论者认为命令仅仅对能够理解命令意义的人才有意义，不能理解规范意义的无责任能力者的行为，无故意、过失的行为，因为立于规范之外，不可能违反规范，因而这些行为不能被认为是违法。客观违法性论者将法理解为客观的评价规范，认为规范也适用于不能理解规范的人，凡是违反作为客观评价标准的规范的行为，都应认为是违法；对于行为是否违法这一点而言，行为人是否具有理解法规范意义的能力，特别是有无责任能力，在所不问。即使是无责任能力人的行为，也可以构成违法。（参见马克昌：《比较刑法原理——外国刑法学总论》，武汉大学出版社 2002 年版，第 311 页）

内容违法和程序违法。①

其中主体违法包括主体构成违法、主体职权违法（又分为超越职权、滥用职权和行政不作为违法）和主体主观违法三种，主体构成违法指构成行政主体合法行政的内部机制违法；行政超越职权指行政主体超越其法定行政职权（权限和权能）的行为，包括行政权限逾越和行政权能逾越；行政滥用职权，又称滥用行政自由裁量权，指行政主体及其工作人员在职务权限范围内违反行政合理性原则的自由裁量行为；行政不作为违法指行政主体有积极实施法定行政作为的义务，并且能够履行而未履行（包括没有正确履行）的状态；主体主观违法，指行政行为人欠缺意

---

① 法国行政法院传统上把越权之诉的违法分为无权限、形式上的缺陷、权力滥用和违反法律四种。对于上述分类，法国学界不断有人提出批评，如有学者认为违法行政行为的种类不应按历史发展形式来划分，而应根据行政决定所包含的因素分类。其中违反法律除名称不科学外，还容易引起误解。根据行政决定的各个因素，违法行政行为应分为行政决定主体的违法（无权限），行政决定形式的违法（形式上的缺陷），行政决定目的的违法（权力滥用），行政决定标的（内容）的违法，行政决定原因（根据）的违法。最后两项，相当于传统分类中的违反法律。也有学者把违法行政行为分为外部的违法和内部的违法，前者包括无权限和形式上的缺陷，后者包括权力滥用和违反法律。（详见王名扬：《法国行政法》第10章第11节第3题，中国政法大学出版社1989年版；张正钊主编：《外国行政法概论》，中国人民大学出版社1990年版，第39—40页）英国违法行政行为的种类也是通过普通法院对行政行为的司法审查发展起来的。由于没有成文法依据，司法审查只能根据普通法的原则进行，这个原则概括地说就是普通法上的越权原则。由英国法院判例产生越权行为的理由主要有违反自然公正原则、程序上的越权和实质上的越权。实质上的越权包括超越管辖权的范围、不履行法定的义务、权力滥用、记录中所表现的法律错误等四种情况。（详见王名扬：《英国行政法》第10章，中国政法大学出版社1987年版；姜明安主编：《外国行政法教程》第3编，法律出版社1993年版；[英]威廉·韦德：《行政法》，徐炳等译，中国大百科全书出版社1997年版）《美国行政程序法》第706条关于"复审范围"的规定实际上是立法对违法行政行为的分类，包括下列行政行为：（1）非法拒绝履行或不当延误的机关行为；（2）专横、任性、滥用自由裁量权，或其他不符合法律的行为；（3）违反宪法的权利、权力、特权或特免；（4）超越法定的管辖权、权力或限制，或者没有法定的权利；（5）没有遵守法律要求的程序；（6）没有实质性的证据；（7）没有事实根据。上述所有的违法种类都可归为法律问题、事实问题和法律兼事实问题的违法。（详见王名扬：《美国行政法》第16章，中国法制出版社1995年版；[美]伯纳德·施瓦茨：《行政法》第10章，徐炳译，群众出版社1986年版；姜明安主编：《外国行政法教程》第4编第5节，法律出版社1993年版）

思表示或意思表示有瑕疵的行为状态。依据违法包括事实根据违法和法律根据违法。事实根据违法指行政主体作出的行政行为欠缺必要的事实根据；法律根据违法，又称适法错误，指行政主体进行行政行为时对行政法律规范的理解、解释和适用在某一方面或几方面违法。内容违法指行政行为的内容直接与法律相抵触或内容缺乏明确性、可行性；行政程序违法，又称违反法定程序，指行政主体的行政行为违反法定行政程序的情形。由于行政行为的合法要件呈"树形"，一个行政行为很可能在几个方面同时存在违法情形。① 有时，行政行为某一方面的违法也会"传染"引起其他方面的违法。比如，一个事实结论错误的违法基本上会同时引起法律适用错误，法律适用错误又可能进一步引起内容违法。对于此种现象，我们在判断时应尽可能找到原始的违法形态。

有必要指出的是，上述违法行政行为种类的分析仅是一种以理论为依托尽可能考虑与现行立法相一致的成果。行政行为的一种违法状态究竟属于何种违法行政行为直接关系到行政复议和司法审查的深度与力度。我们既不能对法定的违法行政行为作过窄的解释，也不能随意用一种违法行政行为的形式代替另一种违法行政行为形式。随后本章将对上述违法行政行为的具体内容展开讨论。

某一行政行为是否属于违法行政，必须由有权主体作出判断。判断权包括认为权和确认权。根据现有法律的规定，我国公民均有认为某行政行为属于违法行政行为的权利。只要不属于人身专有，组织也应该拥有对违法行政行为的认为权。这种认为权主要通过申诉权、控告权、检举权、揭发权、建议权和拒绝权实现。需要指出的是：作为一种基本权利，公民的认为权对违法行政行为本身一般不产生任何直接的法律后果，行政行为不会因公民行使了认为权而变成违法的行政行为。除非法律对

---

① 清醒地认识这一点极有利于节省法律成本。法院在"不服平山县劳动就业管理局行政处理决定案"（《最高人民法院公报》1997 年第 2 期）中避免了对技术性极强的实体问题作出判断，而是策略性地选择了程序违法撤销了行政主体的行政行为。

该违法行政行为的后果作了明确规定，如《集会游行示威法》等法律规定主管机关对当事人的申请逾期不告知决定的"视为许可"。① 此外，公民对违法行政行为认为权的行使很可能引起某些国家机关必须履行法定的职责。除认为权外，判断权还包括确认权。确认权是有权机关对行政行为作出法律评价的权力，是一种直接产生法律后果的权力。在我国，确认行政行为违法的权力，属于有关的国家机关，这些机关包括权力机关、行政机关和司法机关（仅指人民法院）②。

二、行政主体违法

（一）行政主体构成违法

行政主体构成违法是指行政主体在进行行政行为过程中的内部机制瑕疵达到一定严重程度。某一组织是否具有行政主体资格即代表国家进行行政的意思表示是由法律预先设定的，为了让行政主体能够正确、健全表达行政意思于外部，法律往往对行政主体对外进行意思表示时的机制进行若干规定。行政主体作行政行为时如果违背这些规定并达到一定的严重程度，即为行政主体构成违法。常见的行政主体构成违法主要有以下几种。

1. 行政主体内部机构以自己的名义对外为行政意思表示。比如公安局内部的治安科，以自己的名义对违反《治安管理处罚法》的行政相对人作出拘留处罚决定。从理论上分析，行政主体内部机构因为不具有行政主体资格，所以它的行为在性质上不可能合法。又因内部机构是行政主体的手足，所以它应属于违法的行政行为。

---

① 详见何海波：《公民对行政违法行为的藐视》，《中国法学》2011 年第 6 期。该文指出，中国的立法和司法对公民拒绝权给予了广泛的承认。但对于行政不作为，由于涉及广泛的公共利益，公民的藐视应当严格限制，原则上以法律规定为限。

② 人民法院对行政规章以下规范性文件的审查权在审查方式、范围、内容和效果方面均存在自身的特点。（详见朱新力：《论法院对规章以下规范性文件的审查权》，《法学杂志》1993 年第 5 期）

2. 事实上的公务员对外为行政意思表示。事实上的公务员是指没有合法取得公务员身份或已丧失公务员身份，但从外表上看有公务员身份的自然人。事实上的公务员通常是不合法招募之公务员，实际上未经正式任命、委托但外界已误解为经正式任命、委托之"公务员"，实际已经退休、离职，但外界尚不知情的"公务员"等。由于事实上的公务员容易被民众误认为公务员，所以，从策略上考虑，他们代表行政主体所为意思表示仍归属行政主体。

3. 行政主体为意思表示时之公务人员不符合法定要求。它表现为合议制行政主体缺乏法定人数为行政意思表示；应当回避之公务人员参与行政意思表示；应参与为行政意思的公务人员没有参与等。

4. 缺少法律上必须由其他组织协作的行为。缺少组织协作的行为意指某行政行为的作出本该经过其他组织的同意或表决，但未经过此过程的行政行为。

大陆法系国家常把一些不具备行政主体资格之组织的假象行政行为也包括在行政行为之列。比如，日本把非行政机关以行政机关的名义所完成的行为，归入无效行政行为。[①] 法国把一个没有行政官吏地位的人行使行政机关权力的行为称为权限篡夺行为，它有时构成行政行为的不存在，有时构成暴力行为，任何人、任何法院，在任何时候都可以主张该行为无效。[②] 德国把不具备行政主体资格的非行政主体组织或个人作出的行政行为，如某组织或个人没有被委任为某行政职务等称为无权限行政行为。[③] 我国《行政诉讼法》修改后，其第七十五条规定，行政行为有实施主体不具有行政主体资格或者没有依据等重大且明显违法情形，原告申请确认行政行为无效的，人民法院判决确认无效。即行政行为若不具备行政主体资格视为重大且明显的违法情形，法院可以根据原告的诉求作出无效判决。

[①] ［日］和田英夫：《现代行政法》，倪健民等译，中国广播电视出版社1993年版，第201页。

[②] 王名扬：《法国行政法》，北京大学出版社2007年版，第542页。

[③] 刘兆兴：《论德国对行政行为的司法审查制度》，《中德行政法现状：行政行为、行政监督、行政审判》，社会科学文献出版社1998年版，第36页。

（二）行政主体主观违法

行政主体主观违法是指行政主体作出行政行为时意思表示的瑕疵达到一定的严重程度。其具体表现为：意思表示非出于自愿。常见的非自愿意思表示原因是胁迫和强制；意思表示不真实。意思表示真实是指行政主体的内容意思与外在表示相一致。常见的不真实意思表示原因是欺诈和错误；意思表示不合法。意思表示合法要求行政行为的目的意思和表示行为符合法定要求。出于私人利益、所属小团体的利益但不符合法律授予此种权力的特别目的的意思表示行为都是不合法的行政行为。表示行为不合法实际上是指意思表示在表达形式上不合法。比如法律要求应以书面形式作出的行政行为行政主体却以口头形式作出。

我国没有从立法上直接对行政主体主观违法作出规定。实践中，行政主体主观违法必须根据其各种表现形式归属于各类法定违法行政行为之中。比如，如果一个自由裁量行政行为的主要目的不符合法定目的，该行为即为滥用职权的违法行为；目的意思表示不清楚、不完整或相互矛盾的行政行为属内容违法的行政行为，因为我国法定违法行政行为形式中没有内容违法的种类，所以此类违法状态只能根据其他线索归入适当范围。

（三）行政主体的职权违法

如前所述，行政主体的职权违法包括超越职权、滥用职权和行政不作为违法，考虑到与目前立法相衔接等因素，故将它们单列作为独立的违法形式加以论述。

三、行政超越职权

现代法治国家，无不实行权力法定主义，因此，行使行政权的主体对其法定职权的逾越与否自然成了监控其是否"依法行政"的重要标准。行政超越职权，通常被简称行政越权。自《行政诉讼法》颁布以来，学者们结合西方国家行政法中的越权理论展开讨论，使得这一概念有了多种学理上的内涵和外延。其中具有代表性的观点有四类：第一类认为，行政越权是行政机关在其职权范围内，行使了其他国家机关（包括其他行政机关）的职权，或者说是行政机关在自己的职权范围以外行使的职权行为；第二类认为，行政越权是行政主体在积极的行政活动中超越了法定的权力界限，从而在法律上不产生效力的行为。它包括实体越权和程序越权；第三类认为，行政越权是国家行政机关和行政机关工作人员、法律法规授权的组织、行政机关委托的组织或个人在行政管理活动中，行使了法律、法规没有授予的职权，包括职权僭越和逾越权限；第四类认为，行政越权是指行政主体及其行政机关工作人员超越职务权限而进行的具体行政行为，广义的行政越职还包括没有行政主体或行政机关工作人员资格的组织或个人行使行政权而为的假象具体行政行为。上述定义的分歧点主要表现在：（1）行政越权的主体范围是局限于行政机关，还是也包括行政机关以外的依法可以用自己的名义行使行政权的主体（抑或还包括受委托行使行政权的主体即行政委托中的被委托方），甚至是假象具体行政行为的作出者；（2）行政越权的范围是仅指该越权主体行使了其他国家机关和非国家机关的组织行使的国家权力，包括立法权、司法权、检察权、军事指挥权和行政权，还是也包括该越权主体作出不属任何国家机关权力的行为；（3）行政越权是否只限于超越法律、法规规定的权限范围，抑或也包括除法律、法规外的其他行政法律规范规定的权限范围，甚至是非立法性行政规范规定的权限范围。① 需要指出的是，在英、美、法三国的行政法中，行政越权概念的含义十分丰富，基本上等同于我国行政法中的行政违法概念。英、美、法三国将行政越权作为行政违法代名词的理论与判例法多少影响了我国学者对行政越权的

---

① 张尚鷟主编：《走出低谷的中国行政法学》，中国政法大学出版社 1991 年版，第 532 页；罗豪才主编：《中国司法审查制度》第 18 章，北京大学出版社 1993 年版；杨海坤主编：《行政法与行政诉讼法》，法律出版社 1992 年版，第 323 页；张焕光、胡建淼：《行政法学原理》，劳动人事出版社 1989 年版，第 361 页；阿江等：《行政诉讼难题解答》，中国人民公安大学出版社 1992 年版，第 214 页；最高人民法院行政审判庭组织编写：《行政审判实用全书》，法律出版社 1993 年版，第 161 页；姚锐敏、易凤兰：《违法行政及其法律责任研究》，中国方正出版社 2000 年版，第 104—116 页；谢晖：《论行政越权》，《法律科学》1992 年第 6 期；陈自忠：《析越权行政行为的种类问题》，《政治与法律》1989 年第 1 期；杨临宏：《行政越权论》，《思想战线》2002 年第 1 期。学者们对行政越权定义为何有如此巨大的差异？我们分析主要原因有三：首先是受国外相关概念的影响；其次是部分定义出现了不应有的疏忽；第三是缺少对行政越权概念核心的讨论。

理解。我们认为，广义的行政越权概念在我国并不合适，因为我国《行政诉讼法》仅把行政越权作为违法行政行为的一种。例如，假象行政主体行使"行政权"的行为并未被我国《行政诉讼法》列入违法行政行为的范围，因为它不符合违法行政行为的主体要件。我们不能对行政越权概念作过于宽泛的理解，否则将脱离我国的行政诉讼司法实践，造成理论上的混乱。对这一概念的理解与阐释首先应当深入回答行政职权究竟具有何种含义，谁的职权被超越才属行政越权？尤其是，越权的最外围界限是什么？这些问题实际上是行政越权的内外界限问题，是越权概念的核心和实质。其中，能以自己名义行使行政权的行政主体的确定和行政职权含义的澄清直接关系到行政越权的内边界限，而行政越权的外边界限则与行政公务行为的认定直接相关。

行政越权的内边界限是指进行超越职权行政行为的行政主体法定职权的平面外圈和立体深度。这种界限必须依赖于一国对行使行政权的主体设置及其职权的明确。探讨行政行为超越职权为内容的课题只有围绕行政主体职权展开讨论才有意义，因为行政主体内部机构及其工作人员互相间的职权逾越并不必然引起行政主体的越权，只有内部机构及其工作人员进行的职务或利用职务进行的行为越出了行政主体法定权力时，该行为才属行政越权之情形。由此可见，对行政主体行政职权的界定实际上就是行政越权内边界限的明确。

行政主体的行政职权是国家通过立法针对一定组织（通常是行政机关）就行政权的权力能力（简称为权能）和权力界限（权力平面圈，简称权限，又称管辖权）设定的结果。简言之，它是组织体从国家手中分配到的行政权，以权能、权限予以全方位表达。①

---

① 英国行政法理论和司法实务专门对权限和权能作了区别。（详见王名扬：《英国行政法》，北京大学出版社 2007 年版，第 128 页）这样的界定也得到了部分学者的认可与采纳。（可参见章剑生：《现代行政法基本理论》，法律出版社 2008 年版相关部分；林卉：《行政权限的结构性变革：行政越权理论的一种前言》，中国社会科学出版社 2012 年版相关部分等）

权限是法律赋予行政主体完成行政任务时在事务、地域和层级方面的范围界限①。它具体包括 3 项内容：第一，事务管辖权。这是从行政事务种类角度为行政主体设定的管辖范围。第二，地域管辖权。这是从行政区域角度为行政主体设定的管辖范围。第三，层级管辖权。这是从层次、级别上为有隶属关系的上下级行政主体设定的管辖范围。

权能是法律赋予行政主体采取一定方法、手段和措施完成行政管理任务的一种资格。

行政主体的行政职权是行政越权内边的唯一界限表明：非享有行政职权的组织、机构和自然人不可能成为行政越权的主体，因为越权以享有一定量的行政权为基础；行政主体的职权由行政法律规范具体确定，它既可能来自成文法源，也可能来自非成文法源；行政主体的工作人员因公务而产生的职权超越属主体内部纷争，只有这种超越越出了行政主体的职权时才构成行政越权（行政委托中，被委托者对委托权限的逾越适用同一规则）。

行政越权的外边界限，是指行政主体超越其权限范围后进行的行为仍可归属于行政行为的最外围界限。确定行政越权的最外围界限，首先，必须树立违法的行政行为也属于行政行为的观念。判断行政主体的某一行为是否是行政行为并不能以该行为是否合法为标准。其次，确定行政越权的外边界限应以我国已有的立法条款和法律精神为依托进行分析。由于行政主体无物理性的行为能力，真正可能产生行政越权的是行政主

---

① 法国行政法理论中还有时间管辖权的种类。时间管辖权指行政机关只能在本身合法存在的时间以内有管辖权。如公务员只能在合法任命以后，没有离职以前有管辖权。会议机关只能在开会期间行使管辖权。我们认为，这属主体资格问题，不属于已具备行政主体资格之管辖权问题。在德国和我国台湾地区还有成员管辖权之种类。成员管辖权是指在有事务及地域管辖权之行政机关内部，究竟由哪一个机构成员掌理事务。此外，我国台湾著名学者林纪东先生认为，管辖权除地域、事务两方面外，还有属人管辖权，即以行政权力所能及之人设定的管辖范围。我们认为，行政管辖以事务划分为原则，事务管辖权本身包含了属人管辖权，所以属人是第二层次的管辖权内容。

体的工作人员，所以职权的外边界限问题实际上应转化为有资格行使行政权的自然人之公务行为的认定标准。由上观之，把行政越权的最外围界限框定在逾越了其他不同类行政主体的职权或（更广义一些）其他国家权力，都有范围过小之欠缺，但是，如果把超越行政主体职权的一切行为都归入行政越权也有范围过大之流弊。前者可能导致像行政工作人员利用职务之便殴打相对人的行为被排除在行政越权行为之外；后者则会把诸如行政主体作为民事主体的过错行为等也划入行政越权。

至此，我们可以给出行政越权定义：行政越权是行政主体超越法定行政职权（权限和权能）的违法行政行为。

鉴于行政越权的基础是职权，而职权又包含权限和权能两项内容，所以行政越权可分为行政权限逾越（即逾越行政管辖权）和行政权能逾越两大类。

行政权限逾越是指行政主体的行政行为在层次、地域和事务的一方面或几方面逾越该主体职权的情形。基于权限的内容，行政权限逾越又可分为事务管辖权逾越、地域管辖权逾越、层级管辖权逾越和数项管辖权综合逾越四类。

（一）事务管辖权逾越。它以行政主体的业务范围为基础，意为行政主体管辖了不属其法定业务范围的事务。例如某县公安局对辖区内的饭店卫生违法行为进行管理。由于行政管辖的复杂性，我国立法中有时会出现不同类行政主体对同一事务均享有管辖权的情形。这种情况有些起源于立法者的疏忽和立法者之间意见的不一致，有些源于管辖力度的需要。我们认为对于这类情况，不同类行政主体、同类行政主体，甚至是同一行政主体作出的同质行政行为，我们可以以一事不再理这一最初起源于司法领域的最基本法律理念，判断第一次处理后的任何同质行政行为为行政越权。该原理的运用应注意两点：（1）同一事务，是指具有相同构成要件的事务；（2）第二次以后的处理，不是在撤销第一次处理后的重新处理，也不是有特别事由的补充处理。

（二）地域管辖权逾越。指行政主体的行政行为超越了法定的空间范围。在行政行为领域，地域管辖权逾越常发生在跨地域的具有连续性的行政事务方面。为防止此类越权，我们可采用3项原则：（1）地域管辖权以属地主义为原则，属人主义为例外。（2）跨地域行政事务，如属于构成要件方面可分割的事务，各地域行政主体可在本地域内对该段事务进行处理；如属不可分割之事务，则由各有管辖权的地域行政主体协商解决，协商不成由双方的共同上级决定。（3）地域以国家划定的行政区划为界，法律有特别规定的除外；界址不明之地域，由争议行政主体的共同上级决定；被授权行政主体的地域管辖权以授权凭证为依据。

（三）层级管辖权逾越。它表现为有直接或间接隶属关系的行政主体及有授权关系的行政主体之间管辖权的相互逾越。在这类越权中，下级对上级管辖权的逾越、被授权方对授权方管辖权的逾越较易识别。难点在于：在上下级隶属关系中，由于事务地域上的倒金字塔形，上级是否可以逾越层级直接管辖下级行政事务？① 我们认为，除非法律有明确规定，否则上级行政主体包括业务上级和政府上级不能代行下级行政主体的行政职权。理由是，行政主体的层级设置主要是为了实现领导权和监督权，如果上级可任意攫取下级行政主体的管辖事务显然有违国家组织立法的初衷，也不符合组织学的基本原则。这一原理同样可用于判断授权关系中的授权行政主体与被授权行政主体的层级管辖权是否逾越。

---

① 国内有一种观点认为，原则上，根据行政监督权和组织原则，上级可变更、撤销、指示下级作出具体行政行为，且必要时可直接代行下级行使职权。但如果法律、法规对某项行政职权已明确规定由下级行政机关行使，上级行政机关在下级未作出具体行政行为前，不得代行下级职权行为。（参见罗豪才主编：《中国司法审查制度》，北京大学出版社1993年版，第390页）对此我国立法没有统一明确的规定。德国行政法学界认为，这种情况下，上级可以行使是例外，"否则下级将被剥夺监督和审查的机会"。（参见［印］M.P.赛夫：《德国行政法》，周伟译，台湾五南图书出版公司1991年版，第189页）法国有不同的态度。他们认为，上级根据监督权和指挥权足以保障下级行政机关进行行政行为，如果上级机关在下级机关没有采取行动，在没有法律根据情况下代替下级采取行动，或超越监督权限采取行动，属无权限行为。（参见王名扬：《法国行政法》，北京大学出版社2007年版，第543页）

（四）数项管辖权综合逾越。它指行政主体在进行具体行政行为时在两项或更多项管辖权方面均发生超越的越权行为。数项管辖权综合逾越常发生在行政主体工作人员故意利用职权违法的领域。行政权能逾越，是指行政主体的行政行为超出了其法定权力主体限度的情形。根据各种权能性质的差异，我们可以把行政权能逾越分为以下几类。

1. 行政主体拥有某项行政权能，但其行政行为超越了该行政权能的法定幅度或限度。

2. 行政主体不拥有某项行政权能，但其行政行为却是该行政权能的表现。如公安机关吊销了某饭店的营业执照。

3. 行政主体不拥有非行政性国家权能，但其行政行为却是该非行政性国家权能的表现，如判处某犯罪者有期徒刑。

4. 行政主体的行政行为根本无任何国家权能的基础，如修改某人姓名，再如故意殴打某行政违法者。

四、行政滥用职权

自《行政诉讼法》颁布以来，理论界一直在讨论行政滥用职权的内涵和表现形式。但是，至今立法并未对此作出明确界定，而同时理论上的争论却使对该问题的认识不一致。目前主要有四种学说：（1）违背法定目的说。该说认为，滥用职权是指行政机关行使职权背离法律、法规的目的，背离法律的基本原则。它主要有以权谋私、武断专横、反复无常、具体行政行为的方式方法违法和故意拖延五种表现形式。[1] 这是早些年在理论界颇受推崇的理论解释。（2）显失公正说。此说将滥用职权定义为行政主体在自由裁量权限内不正当行使权力造成显失公正的行政违法行为。[2] 显失公正说的优点：第一，把滥用职权确认为一种自由裁量权

---

[1] 参见罗豪才、应松年主编：《行政诉讼法学》，中国政法大学出版社1990年版，第250—251页。

[2] 参见胡建淼：《有关行政滥用职权的内涵及其表现的学理探讨》，《法学研究》1992年第4期。

内的违法，保证了滥用职权外延的明确性。第二，"不正当行使权力"的提法表明滥用职权不一定出于主观故意。第三，它克服了违背法定目的说具体操作上的困难。（3）综合说。该说认为，合理性原则是自由裁量权运用中应遵循的规则，在确认自由裁量与防止行政专制之间，现代国家常用"法律精神"来规范自由裁量权。这种要求具体到司法上一般演变成对行为动机、目的、事实基础和实质内容的要求，因此具有不正当的动机（目的）、不相关的考虑或不合理内容的行政决定就是滥用自由裁量权的决定，属于滥用职权。①　（4）列举说。该说认为，滥用职权是一个弹性极大的概念，它在各个国家及一国内不同时期有不同的内涵，至今没有一个国家作出过精确的描述。为此根据世界各国惯例、法治国家应遵循的基本准则和我国具体行政状况，我国滥用职权的概念应包含十部分内容：不正当的目的、不善良的动机、不相关的考虑、不应有的疏忽、不正确的认定、不适当的迟延、不寻常的背离、不一致的解释、不合理的决定、不得体的方式②。这是至今对滥用职权表现形式最详细的种类列举。但是用它来代替滥用职权的内涵并不科学。放眼世界，在英、美、法、德、日五个发达的法治国家，行政滥用职权已积累了蔚为大观的理论研究成果和实务结晶。

在英国，有人说"直到1914年8月，除了邮局和警察以外，一名具有守法意识的英国人可以度过他的一生却几乎没有意识到政府的存在"③。但是，之后，从摇篮到坟墓，公民与行政机关的关系大规模加强。行政部门的扩张和行政权的膨大，使滥用职权的机会与日俱增，以至于威

---

① 参见罗豪才主编：《行政法学》，中国政法大学出版社1989年版，第43—44页；彭云业、张慧平：《行政滥用职权之正确界定》，《山西大学学报》（哲学社会科学版）2001年第3期。

② 参见江必新：《行政诉讼问题研究》，中国人民公安大学出版社1989年版，第270—276页。

③ ［英］威廉·韦德：《行政法》，徐炳等译，中国大百科全书出版社1997年版，第3页。

廉·韦德把行政法定义为保护人民免于行政机关滥用权力之法①。自由裁量权是指当局应按照合理和公正的规则行事，而不是按个人观点行事，应按照法律行事，而不是随心所欲。一句话，自由裁量权的行使应遵守合理原则，否则就是滥用职权。合理原则在英国起源很早。1598 年的 Rooke's Case 判词首开其端②。至 20 世纪初，合理原则已发展到相当成熟的程度。合理指诚实、公平、善意。不合理则指恶意、不公平、非理性、未考虑相关因素、考虑不相关因素等。非常特别的是，历史发展至此，合理原则主要指行政机关行使自由裁量权时的程序要求，这种状况直至韦德内斯伯利（Wednesbury）案的发生（1940 年）才有较大改变。此后 1968 年的帕德菲尔德（Padfield）案，1978 年的 Anns 案和 1985 年的 Government Communication Headquaters 案（政府通信总部案）③ 使合理原则得到全面、纵深的发展。时至今日，合理原则已拥有非常丰富的内涵，对于违反该原则而构成的滥用职权即滥用自由裁量权具体可以包括如下形态④。它们是：未考虑相关因素；不符合法定动机目的；恶意或不诚实；忽视公开政策；裁量权行使不公正、不完善、恣意、不公平、过分、反复无常、刚愎自用；违背公民在法律上的合理期望；法律解释不适当；违反禁止反言原则（这几种形态在意义上有些重叠或交叉）。例如解雇一个教师的原因仅仅是该教师的发色是红的。这个行为是不合理的，因为

① H.W.P.Wade，Administrative Law（Oxford；Clarendon Press，5thed.）平装版末页。美国行政法学家伯纳德·施瓦茨在《行政法》（群众出版社 1996 年版，第 566 页）一书中也有类似的结论。他说"自由裁量权是行政权的核心。行政法如果不是控制自由裁量权的法，那它是什么呢？"

② 这与德、法两国首次提出类似概念相比早了近两个世纪。

③ Wednesbury 案、Padfield 案、Anns 案和 Government Communication Headquaters 案的具体内容可参阅罗明通、林惠瑜：《英国行政法上合理原则之应用与裁量之控制》，1995 年自版。

④ 英国学者 Patrick Neil 也归纳了六种判断裁量权滥用的基准，它们是合乎裁量目的，客观与公平，在法律面前人人平等（equality before the law），合乎比例，合理时间，适用准则（application of guide-lines）。（请参阅罗明通、林惠瑜：《英国行政法上合理原则之应用与裁量之控制》，1995 年自版）

它考虑了不该考虑的因素。再如，针对地方当局是否有权在白金汉宫附近建立厕所的争议，法官认为，在任何"绅士住宅"前这样做都将是不合法的。一个公用事业管理局对其退休职员每年只发 1 便士酬劳金，法院认为，这等于拒绝发给酬劳金，是个显失公正的决定。

在美国，对于何谓滥用自由裁量权，尤其是它的具体表现，法律并无太明确的指示。学术界在总结法院判例和原理研究基础上认为滥用自由裁量权主要有 5 种形式：（1）不符合法定目的。出于不正当目的或目的虽善意但不符合法定目的的自由裁量行为属滥用自由裁量权的行为。最引人注目的有关因不正当目的而行使自由裁量权的典型案例是纳德诉博克案。这个案件被称为有名的"周六夜间屠杀"事件。考克斯最后虽未恢复原职（部分原因是已任命了一个继任者），但法院却在以后的日子里把这个案件当作典型的滥用职权表现而予以密切关注。（2）违背惯例。如果行政机关对两个主要内容基本相同的案件作出截然不同的结论或使用截然不同的程序，而行政机关又不能提出合适的理由时，法院通常给予滥用自由裁量权的判定。有一个案例是关于重量级拳击冠军穆罕默德·阿里的。纽约州体育运动委员会在阿里拒绝服兵役后暂停了他的拳击许可证。阿里起诉到法院，并向法院说明纽约州有 90 多名罪犯仍获准拳击许可。法院认为："法律不允许行政机关许可某人做行政机关在同样情形下不许可别人做的事。不应当星期一用一种原则，星期二用另一种原则。一个普遍适用的原则不得在某特定案件中完全被废弃。"① （3）不相关的考虑。（4）违反比例原则。（5）不合理的迟延。即指行政机关在法律没有期限规定的情况下，无充分理由而无限制地迟延采取行动。自由裁量权充满生机地遍布法律和事实问题之中的事实决定了滥用自由裁量权表现形式的多样性。

法国的权力滥用是以行政行为的目的为检验对象的违法形态，由于早年法院把审查权限定在外部违法，以行使权力的目的为审查内容的内部违法形态直到 1939 年才正式为行政法院全面接受。行政法院的判例发

---

① 《联邦上诉法院判例汇编》第 2 辑，第 333 卷，第 660 页。

现了三种权力滥用①的表现方式：第一种是行政机关行使权力的目的不是出于公共利益，而是出于私人利益或所属集团利益。如 1934 年一位市长对该市酒吧和舞厅实行管制仅为了不与他开办的客栈竞争。第二种是行政机关行使权力的目的符合公共利益，但不符合法律授予这种权力的特别目的。如 1924 年一位市长禁止海水浴者在海滩上穿衣服和脱衣服，只允许在更衣室更衣，然而这一措施并非为维护社会风化，而是为增加市政府财政收入。法院以权力滥用撤销了这个决定。第三种是程序滥用，指行政机关将某项行为的真实内容掩饰在错误外观下，采取法律规定用于其他目的的程序以规避某些手续或取消某些保障。②

德国自由裁量权领域的违法可以分为两类：一类是超越自由裁量权，另一类是滥用自由裁量权。③ 两者有明显区别，超越自由裁量权被认为是行政机关已经超出了法律规定的外在界限，是越权行为。滥用自由裁量权是行政机关违背法定目的或法律原则所进行的未越出裁量权外边界限的行为。它可分为客观的滥用自由裁量权（如不遵守宪法和其他法律确立的原则）和主观的滥用自由裁量权（指违背法定目的行使行政自由裁量权）。其具体表现主要有：（1）不正确的目的，是行政机关违背授权法的目的行使自由裁量权的违法。（2）不相关的考虑。行政机关考虑不应

---

① 其实这一概念可追溯到拿破仑皇帝与其国王参事院于 1864 年 2 月 25 日作出的一项判决。（参见应松年、胡建森主编：《中外行政诉讼案例选评》，中国政法大学出版社 1989 年版，第 334 页）

② 法国行政法院对自由裁量行为违法的控制，并不完全借助"权力滥用"标准。在行政法院的判例史上，"均衡原则"是一个极其重要的标准，均衡原则是指事物与事物之间、事物的部分与整体、部分与部分之间一种合理的量、度、大小、重要性等比例关系，主要适用于三个方面。（详见王桂源：《法国行政法中的均衡原则》，《法学研究》1994 年第 3 期）

③ 学理上对自由裁量权的违法还有其他分类。如德国行政法学者 Hans Peters 就把裁量违法分为三大类，一是裁量怠慢，指行政机关依法有裁量余地，却不予行使；二是裁量逾越，指行政机关未遵守行政活动的法律界限；三是裁量滥用，指行政机关在裁量的自由界限内作法律禁止的目的衡量。（见叶俊荣：《论裁量瑕疵及其诉讼上的问题》，《宪政时代》（台湾）1988 年第 2 期）

考虑的因素或不考虑应该考虑的因素而行使自由裁量权的行为也构成自由裁量权的滥用。（3）违反客观性（排除主观性）。（4）违反适当性、必要性和比例性原则。（5）违反平等对待原则。如在一次有138位学生参加的法律考试中，其中的28位学生被允许携带他们自己的书参加考试，其余的学生则由考试机构提供用书。一个落榜学生提起诉讼，联邦行政法院认为，就允许部分学生携带自己的书以便利用自己的标记而其他学生不能获得此种利益这一点而言，考试机关违反了机会均等原则。这是一个典型的违反平等对待原则而构成滥用自由裁量权的案件。

我们认为，如何正确理解行政自由裁量权是认识滥用职权的基础。权力是一种通过地位和威望获得的使他人的行为服从其意志的能力。自由裁量权①是一种选择权，行政权的自由裁量性表现在事实认定、法律适用、程序、行为与否、怎样行为的各个方面。其具体内容包括：（1）事实认定方面的自由裁量权。事实认定表面上看是一个证据是否充分、客观事实是否得到证明的问题，实际上，作出行政行为过程中的事实认定的各个阶段、各个方面充满了自由裁量权。从证据的种类到取证的方法，从证据的收集到证据的认定，从行政程序中举证责任的分配到证据量的充分性，从行政推定和行政认知到证据与待证事实间的关系，从根据已有证据自由心证获得事实结论到对事实的定性，行政主体享有广泛的自由裁量权。（2）法律适用方面的自由裁量权。包括法律要件确认上的自由裁量权②和法条援引方面的自由裁量权。（3）行为程序上的自由裁量

---

① 自由裁量权，按照英国学者戴维·M.沃克在《牛津法律大辞典》（北京社会与科技研究所组织翻译，光明日报出版社1988年版）中的解释，"指酌情做出决定的权力，并且这种决定在当时情况下是正义、公正、公平和合理的"。

② 由于语言本身的缺陷和世界事物的复杂性，成文法国家的立法无法避免在法律条文的法律要件部位运用不确定的法律概念，比如"价格不合理上涨""若不违反公共利益""情节严重"等。在实际的行政行为中对这些不确定法律概念的解释，意味着行政主体在法律要件确认领域享有自由裁量权，因为解释即包含一定度和量之内的合理认识权。有时，法律在行为要件上也给行政主体自由裁量决定权。对自由裁量权含义的理解，德国历史上区分不确定法律概念和裁量的原因是解决行政法院对行政机关的行政处分的有无审查权的问题。实际上这种区分毫无意义。（详见林立：《法学方法论与德沃金》，中国政法大学出版社2002年版，第28—32页）

权。程序是进行某一行为的方式、步骤、顺序和时限。行政法律规范对行政行为的方式、步骤、顺序和时限未作明确规定、规定过于笼统或规定了可供选择的方式、步骤、顺序、时限时，行政主体在职权范围内可选择合理的方式、时限、步骤或顺序的权力就是行为程序选择上的自由裁量权。（4）是否行为的自由裁量权，立法常常用"可以""或者"等模棱两可的语言授予行政主体及其工作人员从可能的作为和不作为中作合理选择的权力。（5）法定种类和法定幅度内选择的自由裁量权。比如，根据《集会游行示威法》第二十八条的规定，申请人未获许可即举行集会、游行、示威活动的，公安机关可以对其负责人和直接责任人员处以警告或15日以下拘留。如果某公民违反该规定，公安机关可以对其负责人和直接责任人员处以警告或拘留两种法定处罚种类中选择一种处罚；如果选择拘留，公安机关则可以在1日以上、15日以下的法定幅度内作拘留处罚。总之，无论是作为行政行为还是不作为行政行为，行政行为中的事实问题还是法律问题，行政行为中的程序问题还是实体问题，都存在自由裁量权。上述对自由裁量权的内涵及内容的分析表明：基于自由裁量权内容可完整列举、滥用职权的具体表现能够穷尽以及自由裁量权内容的多维性等方面的考虑，仅以违反法定目的或以结果显失公正为滥用职权全部内容的界定显然失之过窄。

滥用职权，即滥用自由裁量权，是指行政主体及其工作人员在职务权限范围内严重违反行政合理性原则的自由裁量行为。其特点表现为：第一，滥用职权是一种违法的行为。第二，滥用职权只发生在自由裁量权限范围内。第三，滥用职权是严重违反行政合理性原则的自由裁量行为。轻微的不合理、一般的不当不发生对行政合理性原则的违反，这种行为属行政不当，不构成滥用职权。第四，滥用职权是发生在自由裁量权限范围内严重违反行政合理性原则的行为的总概念。

判断行政滥用职权的方法有四种：第一，主观判断法，标准是自由裁量的行为动机目的是否符合法定的动机、目的。第二，过程判断法，标准是自由裁量行为是否考虑了不该考虑的因素或者没有考虑应该考虑的因素。第三，结果判断法，标准是自由裁量行为结果是否显失公正。

第四，比较判断法，标准是自由裁量行为是否违反平等对待、惯例、比例等。根据上述判断方法，我们可以把滥用职权的具体表现形式概括为以下主要情形。

（一）背离法定目的。它指行政主体的行政行为从客观上分析不符合法律、法规授权的目的。具体包括：因行政行为人出于私人利益（如恶意报复、歧视等）或所属小集团的利益而使行为目的与法定目的不一致；行政行为人行使权力的目的虽非出于私利或虽符合公共利益，但不符合法律授予这项权力的特别目的。这是一种以法定目的为判断标准的滥用职权类别，与那些只有出于不良动机和目的的自由裁量行为才属于滥用职权的论点不同，它不仅包括行政行为人恶意行使自由裁量权的违法，也包括主观企图上并无不轨，但因疏忽、过于自信，甚至出于善良动机而导致行为目的与法定目的不一致的违法行政行为。

（二）不相关的考虑。行政行为人在考虑了不该考虑的因素或没有考虑应该考虑的因素的情况下行使自由裁量权。比如，行政主体在处罚违法相对人时把相对人家庭出身高贵作为量罚因素。再如，行政主体以相对人在接受调查时态度不好为由加重对其处罚。

（三）违反可行性原则。可行性原则要求行政主体作出自由裁量行政行为时必须考虑裁量决定在事实上或法律上实现的可能性。一个缺乏可行性的自由裁量行为是一个滥用职权的行政行为。比如，公安机关对一瘫痪在床的行政违法者作出拘留处罚决定。再如，一宗为几个合伙人共有且无法分离的财物，行政主体对其中一人因违法而作出没收该无法分割财产之一部分的决定。复如，海关对擅自把古文物带出境者作出销毁该古文物的决定。

（四）违反均衡原则。均衡原则要求行政主体的自由裁量行为要达成的行政目的与行政手段之间保持适当的比例，又称比例原则。具体而言，均衡原则要求：（1）行政主体应选择造成相对人最小损害的方法实现行政目的；（2）在多种行政方法中，行政主体应选择最适当方法；（3）行政主体使自由裁量权所实现的公共利益不能小于对相对人损害的利益。常见的违反均衡原则的情形是行政主体选择严厉手段解决小问题，德国人俗称"用大炮打麻雀"。例如,下面这个案件就是一个非常典型的违反均衡原则的案件。某村民许某因宅基地与邻居打架,村支书前来劝阻,因出言不慎,许某激愤下直奔村支书家砸其水缸一只(价值约 100 元),事后,公安机关出面调解,要求许某向支书赔偿损失,许某不从,公安局作出对许某拘留 8 天的处罚。许某经复议(复议维持)不服,诉之法院。在该案中,公安机关明知许某违法行为轻微①,却仍选择三种治安行政处罚手段中处罚最重的一种,即拘留处罚。按理,既然公安机关认为许某违法行为轻微,就应选择一种最轻或比较轻的处罚手段(警告或罚款)。再如,对轻微违反工商管理法规的行为,如果用罚款手段足以实现惩治、教育目的时,工商管理机关就不必非采取吊销营业执照的方法实现管理目的不可。

(五)违反平等对待原则。该原则是法律适用上人人平等原则的具体化。它要求同等情况、类似对待。例如,尽管行政机关可以自由裁量顾客是否可以在大街旁停车,但行政机关如果允许大款在大街旁停车,却禁止穷人在大街旁停车就是违反平等对待原则的行政行为。平等对待原则的必要条件是存在两个或两个以上可以比照的对象,这种可比照对象既可以是同一时期的,也可以是不同时期的。事实上,行政主体不遵守某种既存惯例也是违反(广义上的)平等对待原则。

(六)违反惯例原则。惯例实质上是经常性、连续性的行为表现形式,立法条文本身并没有要求行政主体及其行政机关工作人员必须遵循先例,但条文背后的法的精神(自由、正义、平等)则要求行政行为人始终如一遵守既成的惯常做法,除非有特别重要的理由(如,因条文的修改实际否认了先例的不能继承性)。比如,在交通肇事案中,如果交警

---

① 因为公安机关曾调解过该案,而根据《治安管理处罚法》(2005 年 8 月 28 日第十届全国人民代表大会常务委员会第十七次会议通过。根据 2012 年 10 月 26 日第十一届全国人民代表大会常务委员会第二十九次会议《关于修改〈中华人民共和国治安管理处罚法〉的决定》修正)第九条的规定,只有认为情节较轻的违法案件,公安机关才能调解解决。

部门一直都对 70% 责任以上的并已有死亡人员的交通肇事案中的驾驶员处以吊销驾驶执照的处罚，但该惯例在当前的案件中被违反，受害人或其家属就可主张该交警部门的行政处罚违背惯例。

然而，惯例原则并不是一劳永逸的原则，应受到限制。这些限制大致包括：惯例必须是具有一定数量的先例；惯例必须合法；适用惯例原则的案件情况必须与惯例本身情况无实质性差别；政策性的变化可以在一定范围内否决惯例的遵守。

（七）违反遵守行政规则原则。行政规则是行政机关和法律授予行使行政权的非行政机关组织为执行法律及上级行政机关的行政规则而对其进一步具体化的非立法性行政规范。这些规则一般都对行政主体的职责、权限作了更明确、细致的分类和说明，有时它们甚至规定了一些进一步限制自身权力的条文。这种限制应该得到行政主体自身的尊重，否则，极容易引起公众对行政机关制定规范的权威性的怀疑。

（八）结果显失公正。未超过法定权限范围的自由裁量行为，从结果看明显不合理、不公正的违法称为显失公正。由于显失公正无法找到确切的量和精确的比例，所以，审查者进行显失公正的判断活动实际上是内心世界的精略估计，为防止审查者以违法的自由裁量权干涉行政自由裁量权，各国通常以社会理性人为衡量标准，即行政行为的结果是如此荒唐以至于一个理智的人无法接受的标准。比如，行政机关怠于行使自由裁量作为义务显系缺乏合理性。再如，行政机关毫无理由的故意拖延行为已达到社会民众无法忍受的地步。

以上八种表现形式是对滥用职权第二层次上多角度、全方位的描述，其中部分的表现形式可能发生重叠。比如某一违反法定目的的滥用职权行为，结果也可能是显失公正的。这种重叠并不表明上述种类划分的非科学性，相反，正是多角度，才能保证对滥用职权表现形式列举中的万无一失；正是全方位，法院在实际操作上才能掌握更多的分析武器以对自由裁量行为作出滥用职权与否的鉴别。

《行政诉讼法》修改后，人民法院可以判决撤销的违法行政行为情形中，增加了一项"明显不当的"情形。从理论上说滥用职权包括明显不当的情形，但在我国实践中，人们往往将行政滥用职权与刑法上的滥用职权罪相联系，即一旦违法行政行为系滥用职权被撤销，可能与该行政行为有关的行政人的主观过错相勾连，从而被追究刑事责任，所以法院慎用"滥用职权"作为撤销行政行为的理由。① 从解决争议的角度来讲，将明显不当列入可撤销的违法行政行为是有利于争议解决的。当然，明显不当是有其范围的。这个范围或者"明显"的程度如何具体地把握，以及与"滥用职权"标准如何区别适用，则需要司法实践与学理研究的进一步探讨和总结。

五、行政不作为违法

当前中国学界对行政不作为违法的界定概括起来主要有四种观点②：第一种，行政不作为是指行政主体依行政相对人的合法申请，应当履行也有可能履行相应的法定职责，但却不履行或者拖延履行的行为形式。③ 第二种，行政不作为是行政机关不履行法定职责的行为。④ 第三种，行政

---

① 沈岿教授对《人民法院案例选》（行政卷，1992—1999 年合订本）中选录的 270 个案例进行实证研究之后，发现其中行政机关败诉的为 182 件，在判决中明确适用滥用职权标准的只有 6 个案例，加上原告撤诉、法院未就实体问题进行判决但评析认为构成滥用职权的 1 个案例，共 7 个，占败诉案例的 3.85%。即便再加上判决中未适用滥用职权标准、只是评析认为属于滥用职权的 3 个案例，也才 10 个，仅占败诉案例的 5.49%。（详见沈岿：《行政诉讼确立"裁量明显不当"标准之议》，《法商研究》2004 年第 4 期）

② 这里归纳的只是有代表性的观点，事实上，除下述四种外，其他意思相近的表述还有不少。比如，罗豪才主编的《中国行政法教程》（人民法院出版社 1996 年版，第 324 页）认为行政失职是指行政机关或其公务员具有法定的某项职责，行为人消极地不履行该项职责的行为。排除公务员这一主体，这里的行政失职实际上就是行政不作为违法。

③ 罗豪才主编：《中国司法审查制度》，北京大学出版社 1993 年版，第 168 页。

④ 黄曙海主编：《行政诉讼法 100 问》，法律出版社 1989 年版，第 79 页。

不作为是行政主体负有作为的法定义务而程序上消极的不为状态。① 第四种，行政不作为违法是指行政机关在方式或内容上有积极作为的义务，但其不为的状态。②

探讨行政不作为违法的内涵，第一，必须区别作为行为与不作为行为、行政作为行为与行政不作为、行政作为违法与行政不作为违法三组概念及其层次差别。在讨论行政主体不履行应履行的积极义务的违法行为时，最好用行政不作为违法概念，因为行政不作为在目前并未约定俗成指行政不作为违法行为。第二，根据法理上的基本原理，法律义务有积极义务和消极义务之分（或分为作为义务与不作为义务），将行政不作为违法简单定义为行政主体不履行法定义务，必然导致像越权等行政机关不履行消极义务的行为也被归入行政不作为违法之列的窘态。第三，不履行行政作为义务的状态不等于行政不作为违法。如行政主体即使有法定作为义务，但因客观条件无法履行的，并不构成行政不作为违法。第四，行政不作为违法并不需要以相对人的申请为前提。行政机关的许多法定义务即使没有相对人申请也是客观存在并必须积极履行的。第五，应深刻领会法理学对作为与不作为区分的理论。法理学界通常以行为方式为标准把法律行为分为作为行为与不作为行为。作为行为是指"行为人以积极的、直接对客体发生作用的方式进行的活动，表现为作出一定动作或动作系列"。③ 不作为是指"行为以消极的、间接对客体发生作用的方式所进行的活动，往往表现为不作出一定的动作或动作系列"。④ 第三、第四种观点都不约而同引用上述标准并完全或不完全将它作为区分

① 此观点最初由吴偕林在《关于不作为行政行为与不作为行政案件范围的思考》（《行政法学研究》1995年第1期）一文中全面提出。后由周佑勇在《论行政作为与行政不作为的区别》（《法商研究》1992年第5期）和《论行政不作为》（罗豪才主编：《行政法论丛》第2卷，法律出版社1999年版）两文中进一步完善。

② 详见陈小君、方世荣：《具体行政行为几个疑难问题的识别研析》，《中国法学》1996年第1期。

③ 张文显：《法学基本范畴研究》，中国政法大学出版社1993年版，第152页。

④ 张文显：《法学基本范畴研究》，中国政法大学出版社1993年版，第152页。

行政作为违法与不作为违法的标准。但是，两种观点均忽视了这样一个事实：《法学基本范畴研究》一书在对作为与不作为下了基本定义之后，紧接着论述道"行为者如果不履行积极义务，未作依法应作之事，或者违反消极义务，作了依法不该作的事情，就构成违法行为"。这里张文显教授是用法定义务，而不是以行为方式为标准区分作为违法与不作为违法的。法理上区分作为与不作为是为了从行为方式上认识法律行为的需要，而区分作为违法与不作为违法除认识法律行为外，更重要的是分清行为者的责任、确定救济方法。第六，应避免受《行政诉讼法》有关条文的直观影响。《行政诉讼法》修正后，一般认为，就行政行为的受案范围而言，涉及行政主体应作为而不作为的大致有三类案件，即行政许可案件，人身权、财产权等合法权益保护案件和行政给付案件。① 从司法审查中的裁判种类出发来研究行政作为与不作为违法存在重大的缺陷，《行政诉讼法》第七十二条、第七十三条规定只表明，对"被告不履行法定职责的"和"被告依法负有给付义务的"，法院应作出履行判决，它不能反证，只有被告不履行法定职责或给付义务的才是行政不作为违法。行政作为违法与不作为违法的区别并非单纯为了满足司法裁判的需要。另外，作为违法与不作为违法是是与非的互相排斥关系，它穷尽所有的违法行政行为，也即一个行政行为的某方面违法不是作为违法，就是不作为违法。

综上，考虑种类划分上的科学性和完善性，考虑种类划分的全面意义，区分行政作为违法与不作为违法只能以特定的法律义务为标准。因此，行政不作为违法是指行政主体（通过其工作人员）有积极实施法定行政作为的义务，并且能够履行而未履行（包括没有正确履行，下同）的状态。此定义需作说明：首先，行政不作为违法不等于身体的静止。

---

① 详见《行政诉讼法》(1989年4月4日第七届全国人民代表大会第二次会议通过。根据 2014 年 11 月 1 日第十二届全国人民代表大会常务委员会第十一次会议《关于修改〈中华人民共和国行政诉讼法〉的决定》修正) 第十二条第一款第三、六、十项。

传统法理观念总是按行为的物理性质，即身体的动静来区分作为和不作为，认为行为是基本意识决定而为之身体动静，出于身体运动的动作为作为，由于身体的静止为不作为。这种理解不适合对行政不作为违法下定义，因为许多行政不作为违法并非无身体运动，有时甚至身体运动极为激烈。比如，公安局长用激动的语言拒绝为被拐卖的儿童提供保护。其次，行政不作为违法以行政主体有法定的行政作为义务为前提。所谓"法定的"是指有法律根据的意思；所谓义务是指法定义务。义务有法定义务、道德义务、习惯义务之分，违反不同义务带给行为人不同后果。行政不作为违法违反的义务必须是法律上的行政作为义务。再次，行政不作为违法以行政主体没有履行法定作为义务为必要条件。"没有履行"不是因客观原因如地震、水灾、火灾等不能履行，而是行政主体有履行能力，但它故意不履行（如拒绝），因疏忽不履行，或因认识上的错误而未履行。最后，行政不作为违法是一种状态，可能表现为整体行政行为处于一种不作为违法情形，也可能仅表现为某个行政行为的某处或几处呈行政不作为违法情形。由于判断违法与否通常由结果开始进行倒溯性检验，所以，行政行为的存在是前提条件。但是当行政主体对某个应该作出的行政行为什么也不作时，这种违法虽不具有物理的行为性，但从法学上说，它仍然是一种具有法律意义的行为。

行政不作为违法的构成要件有三：一是行政主体及其工作人员具有特定的行政作为义务；二是行为人具有作为的可能性；三是行为人没有履行或没有全面履行。三要件中，最难把握的是行政作为义务。需进一步明确的是，行政作为义务是一种现实的义务。现实作为义务是与抽象作为义务相对应的概念。抽象作为义务是法律规定层面上的作为义务。比如，法律规定公安机关应受害人及其家属的申请有解救被绑架者的义务。现实作为义务是具体条件已经产生，行政主体必须立即履行的作为义务。如被拐卖妇女向公安局求救，该公安局即因当事人处在人身危害之中而必须立即采取营救措施的义务就是现实的作为义务。这种区别告诉我们，现实作为义务都附有一定条件，在确认行政不作为违法时，必须把特定作为义务与一定条件联系在一起考察，如果具体条件不成立，现实作为义务就不会产生。另外，行政作为义务应是一种特定的行政作为义务。特定行政作为义务与一般行政作为义务是两个对应概念。一般作为义务是行政主体及其工作人员依法必须承担的对社会和国家而非特定个体的行政作为义务。2015 年修订的《大气污染防治法》第三条："县级以上人民政府应当将大气污染防治工作纳入国民经济和社会发展规划，加大对大气污染防治的财政投入。地方各级人民政府应当对本行政区域的大气环境质量负责，制定规划，采取措施，控制或者逐步削减大气污染物的排放量，使大气环境质量达到规定标准并逐步改善。"2000 年修订的《大气污染防治法》第二条："国务院和地方各级人民政府，必须将大气环境保护工作纳入国民经济和社会发展计划，合理规划工业布局，加强防治大气污染的科学研究，采取防治大气污染的措施，保护和改善大气环境。"这些规定就是国务院和地方各级人民政府对国家和社会全体应尽的行政作为义务。有时这种一般作为义务甚至可能是一种政治责任。特定作为义务是行政主体行政职责的不履行将直接导致特定行政相对人合法权益受损的作为义务。分清法律上的一般作为义务和特定作为义务有利于法院在受理、审理、裁判行政不作为违法案件时采用不同的标准，作出正确的决断。如法院应拒绝受理一公民对市容卫生主管部门没有管理好市容提起的诉讼，因为（就我国目前状态）只有特定作为义务领域，才存在相对人的起诉权。再如，法院无法判决一个没有履行好一般性作为职责的公安机关（像寻找所有违法者并予以必要的处罚）承担赔偿责任。当然，如果一般性作为义务一旦变得足够具体，法院就应该以特定作为义务对待。比如，法院应受理治安案件中的受害人要求公安机关履行对侵害人进行制裁的职责的诉讼请求。

六、行政行为内容违法

任何行政行为在内容上都必须完整、确定、合法并可能，缺少其中任何一项都构成行政行为内容的瑕疵，此种瑕疵达到一定的严重程度即构成行政行为内容违法。其具体表现为：

1. 行政行为未说明理由或说明理由不符合法定要求。比如行政主体作出行政行为时所引用的法律根据不完整。

2. 行政行为说明的理由直接违法。比如行政主体作出行政行为时引用的行政规章违法。

3. 行政行为的内容要求相对人实施一个在法律上将构成违法，甚至犯罪的行为。

4. 行政行为的内容要求相对人实施一个在法律上不可能实现的行为。比如行政行为要求一个公司立即解除与另一个公司的合同，但按法律规定，该合同合法有效，合同双方也未进行违法行为致使合同必须解除。

5. 行政行为的内容要求相对人实施一个在事实上不可能实现的行为。这里的"事实上不可能"是客观上的不可能，如要求相对人完成一项根据当今科技无法实现或实现将遇到特别巨大的困难的任务。

6. 行政行为内容直接违法。比如行政主体作出一个歧视妇女的行政决定。

7. 行政行为所确立的权利义务内容不明确、不完整或相互矛盾达到一定严重程度。

8. 行政行为的内容未包括法律要求的除了理由和实质权利义务以外的其他内容。比如行政主体未按法律要求告知相对人请求复议或诉讼的权利。

我国法定违法行政行为中没有行政行为内容违法的种类。上述分析的内容违法的行政行为必须通过一定技术分解到各类法定违法行政行为之中。其中事实根据方面的严重瑕疵可归入"主要证据不足"的违法；法律根据方面的严重瑕疵可归入"适用法律法规错误"的违法；自由裁量正当性理由方面的严重瑕疵可归入"行政滥用职权"的违法。其他行政行为内容方面的违法应根据产生内容违法的原因归入相应的种类。

七、违反法定（行政）程序

我国《行政诉讼法》第七十条规定，如果行政主体的具体行政行为违反法定（行政）程序，不能补正，法院应判决撤销或者部分撤销。① 这是中国立法史上继受发达行政法治国家程序理念的一次革命，其理论

____

① 这样的精神在修改前的《行政诉讼法》第五十四条中已然清晰。

和政治意义无需赘述。但是，这种观念和立法的方法对操作性极强的司法实践来说无疑是一个难题。到目前为止，除对行政程序理解上意见比较一致外，在何谓"违反法定程序"和如何处置违反法定程序的行政行为①上，仍未取得比较权威的共识。②

界定违反法定程序内涵的关键点是确定此概念中"法"的外延。我们认为，界定"违反法定程序"中的"法"的外延必须事先明确下列问题：首先，行政程序是指行政主体及其工作人员按照一定的步骤、顺序、方式和时限行使行政权的过程。其次，违反法定程度又称程序违法，是一种客观违法，即只要事实上行政行为违反了"法"定的程序就构成该种违法。我们不能以某一违反法定程序的行政行为的效力来说明这种行为属于违法还是不属于违法。第三，违反法定程序不能与损害相对人的合法权益相等同，有的法定程序可能与相对人合法权益无关，有的法定程序的违反可能只损害相对人程序性合法权益，有的法定程序的违反最多产生相对人实体性合法权益受损的可能性，而不是已经发生的事实。在我国，行政规章能够有限度地创设相对人新的权利和义务的观念既为立法承认，也为理论认可。因此，行政规章自然属于行政法渊源的一部分，违反法定程序中的"法"理应包括制定法上的法律（狭义）、法规、规章及其他制定法。但是我们不同意把违反制定法上的程序限定在外部行政程序范围。根据程序要素是否与相对人发生直接联系可以把行政程序分为内部程序和外部程序，内部程序是指行政主体进行行政行为时采取或依照的与相对人无直接关系的程序，如行政机关在作出某一行政行为时的内部合议程序。把法定内部程序的违反排斥在违反法定程序违法之外没有任何法律根据和理论依据，相反，法定内部程序虽表面与相对

---

① 至于违反法定行政程序所产生的法律效果和司法审查标准请参阅朱新力：《行政违法研究》，杭州大学出版社1999年版，第160—165页。

② 部分学者分析了我国法院相当数量的裁判文书后得到了同样的结论。（请参见章剑生：《对违反法定程序的司法审查——以最高人民法院公布的典型案例（1985—2005）为例》，《法学研究》2009年第2期）

人合法权益无关，但实质上对相对人实体合法权益完全可能产生影响。笔者也不同意把违反制定法上的程序限定在强制性法定行政程序范围。强制性法定行政程序是指行政主体在实施行政行为时，对可遵循的法定程序没有自主选择，只能无条件执行的法定程序。与强制性法定行政程序相对应的是裁量性法定行政程序，指行政主体在实施行政行为时，对可遵循的行政法定程序可以根据实际需要依职权作出自主选择的法定程序。裁量性法定行政程序的违反有可能构成对行政合理性原则的侵犯，它不应排斥在违反法定程序的违法行为之外。

需要进一步讨论的是，由于我国缺少一部统一的行政程序法典，以往具体的法律、法规中有关程序的规定多数倾向于以效率为基准的管理性，所以当现存的行政法律规范中缺少具体程序的规定，或已有的程序规定显然以损害相对人一方利益为特征，怎么办？面对上述问题，有识之士已经突破制定法的限定，从行政法原则、宪法原则，甚至判例和法理中去寻找违反法定程序中的"法"。如有法官结合行政审判实践指出，"行政程序法理中的一些基本原则也应成为人民法院审查行政程序的依据，如公正原则、顺序原则、时效原则等"。① 另有学者指出，"有些程序不是法定程序，但这些程序是具体行政行为生效的必备条件，违反这些程序，从理论上说，行政行为就不能生效。例如，将行政决定文书送达给当事人，这是行政行为生效必备条件，行政机关如违反这一程序，该具体行政行为就不能对当事人发生拘束力。行政机关如违反这类程序，应当视为违反法定程序"。② 更有教授指出，"在我国，由于体制的局限，人们往往忽视了原则的法律约束力，从而不把它列为行政法概念的重要组成部分。这一点应加以修正"。③ 还有学者专从宪法原则中寻找违反法

---

① 刘文帝、杨俊杰：《具体行政行为违反法定程序的认定及其处理》，《市场经济条件下审判工作若干问题研究》，人民法院出版社 1994 年版。

② 见最高人民法院行政审判庭组织编写：《行政审判实用全书》，法律出版社 1993 年版，第 161 页。

③ 王锡锌、陈端洪：《行政法性质的反思与概念的重构——访中国法学会行政法研究会总干事、北京大学副校长罗豪才教授》，《中外法学》1995 年第 3 期。

定程序的"法"，在总结了目前理论界在行政程序法宪法根据上的服务说（第二十七条）、法律责任说、管理参与说（第二条）、管理参与与服务结合说（第二条和第二十七条）四大学说之后指出，"《宪法》第三十八条前款确立的公民的人格尊严权才是建立行政程序法制度，解释《行政诉讼法》（修改前）第五十四条，'法定程序'的基本根据"，由于程序权利根植于人格尊严之中，所以"无论具体的行政程序初始目的是出于效率保证还是其他，只要与人格尊严权相关，便属于《行政诉讼法》（修改前）第五十四条规定的'法定程序'。反之，即使是由制定法明文规定的行政程序，只要与人格尊严权无关，纵然存在某种瑕疵，也不属于该条的'法定程序'"。① 为了体现正当行政程序的重要地位，我国台湾学者汤德宗甚至从价值论的立场出发直接把违反行政程序界定为正当行政程序要件（包括公正作为义务、受告知权、听证权、说明理由义务）之违反。②

上述争议实际上是一个中国大陆是否存在不成文法源的问题。我国传统上是个成文法国家，法律体系的内容在很大程度上继受于大陆法系的精华。但令人奇怪的是，无论是大陆法系代表国的法国、德国，还是继受德、法法治底蕴的日本，他们都认可行政法的不成文法源。即使与大陆有同样文化积淀的台湾也认为，法源有成文与不成文之分，不成文法源包括习惯法、解释与判例、一般法律原则（与法理）。那么中国大陆是否存在不成文法源？首先让我们看看习惯。苏力教授通过一个司法个案的分析认为，习惯在当代中国社会司法实践中实际起重要的作用，甚至在特定条件下置换制定法。各种物质性的社会制约条件决定着习惯的

---

① 详见朱芒：《论行政法上的"法定程序"——关于法解释学基础的点滴知识》，1995年全国行政法学年会论文。

② 详见汤德宗：《行政程序法论》，元照出版公司2001年版，第80—118页。该书指出，广义的违反行政程序也包括"正当行政程序"外的方式之违反、管辖之违反、与人民参与无关之"内部程序"之违反等。同书第84页。

变迁。① 鉴于这种判断，我们认为，对于习惯能否成为行政法的法源应该借鉴大陆法系的观念，尤其是德国法。在下列条件下，习惯应该成为法源的一种：（1）客观上存在长期未间断的习惯并得到民众认可。（2）该习惯具有明确性和合法性。我国台湾学者陈新民教授认为，习惯法作为法源，唯有将习惯法在个案之情形，可以符合一般行政法法理，而认为符合公平正义时，才可以具有实质拘束力。② （3）原则上首先，习惯法只具有补充成文法缺位的功能，不能据此推翻制定法。其次是判例。判例是指法院的判决（指判决中的理由部分，不包括讨论）构成先例，本院和下级法院以后遇到相同的案件（必须必要事实相类似，必要事实指对于作成判决结论有必要的基础事实），必须按先例判决。先例代表一个法律规则，它不是立法机关制定，而是法院判决产生的，所以称判例法。大陆法系国家一般都不承认判例拘束原则，但同时，又把判例法作为行政法的不成文法源对待。我们分析，这是大陆法系国家坚持成文法主义和法院判决实际作用的妥协。试想，等级较高的法院能够坚持同类案件不同判决吗？实际存在等级体系的文官式司法制度中，下级法官凭什么"对抗"上级法院已有的判决③？在中国大陆，判例能不能成为行政法的不成文法源已不是一个应然的问题，而是一个承不承认事实的问题。就目前来说，虽然最高法院努力通过司法解释使法院判决的精髓成为制定法，但这毕竟不是解决判例作为法根据的唯一模式。经过认真筛选，甚至加工过的最高法院的典型案例在实质上早已成为下级法院的"参照依据"和行政机关的"行动准则"。④ 需要限定的是，最高法院在其公报上公布的典型案例如果成为法源，只起补充作用，毕竟中国仍是一个成文

---

① 苏力：《中国当代法律中的习惯》，《中国社会科学》2000 年第 3 期。

② 陈新民：《行政法总论》，三民书局 1997 年版，第 79 页。

③ 依司法审查规则，行政机关更无能力对抗法院的判决所确立的原则或对制定法的理解。

④ 即虽无形式上的法源地位，但具有实质的拘束力，所以可认为具有事实上的法源地位。

法国家，判例法也有其固有的缺陷。可以说，典型案例作为行政法的不成文法渊源，已到了"万事俱备，只欠东风（有权机关承认）"的时期。第三是法的一般原则①。我国在我国台湾和日本，有不少学者把 Principle of Law 译为"法理"或"事理（条理）"。我国台湾学者潘维和在《中国民法史》中（第 17 页）认为，Principle of law 或"法理"，乃指法律之原理而言，即适应时代环境需要、合乎正义之道，而一般信为通常事理之谓，所以补成文法或习惯法之不足其也。② 我们认为，我国台湾和日本学者所指"法理"或"条理"实指法的一般原则，它是克服法律局限性的工具。法的一般原则（或称行政法的一般原则）可能直接源于成文法或其精神，也可能是合乎正义的普遍原理。它们的存在意在弥补成文法的漏洞、解决成文法的冲突。即使某项原则已为制定法吸收，不成文的法的一般原则也有补充作用。一项在某一部门法中已成文的原则，因为具有性质上的相融性，它也可以成为行政法中的法的一般原则。就我国大陆而言，行政法的一般原则至少应包括下列原则：法定有限职权原则，尊重人性原则，平等对待原则，诚实信用原则，信赖保护原则，比例原则，明确性原则，责任行政原则，正当程序原则。③ 其中，尊重人性原则属于宪法性原则，行政法上它指每个人均有独立的尊严，受行政权的尊

---

① 法的一般原则本身是需要界定的概念。对此，美国学者迈克尔·D.贝勒斯作了很好的说明。他认为，法律原则是需要去证成的东西，而规则通常又由原则证成。规则以要么有效要么无效的方式适用，原则不是这样并且可能互相冲突，所以原则是有"分量"的。（详见［美］迈克尔·D.贝勒斯：《法律原则——一个规范的分析》，张文显等译，中国大百科全书出版社 1996 年版，第 12—13 页）

② 详见徐国栋：《民法基本原则解释》，中国政法大学出版社 1992 年版，自序第11—12 页。

③ 它们具体的特征有待学者和实践者挖掘，理论探讨可参阅城仲模主编：《行政法之一般法律原则》（一）、（二）两册，三民书局 1994、1997 年版；胡建淼主编：《论公法原则》，浙江大学出版社 2005 年版。朱新力：《行政违法研究》（杭州大学出版社 1999 年版）一书中的部分章节，对上述原则曾有详略不同的讨论。这些原则基本上是公理性原则，而不是政策性原则。

重和保护。先于国家而存在的人应有自治的权利、私生活受保护的权利、享受最低生活保障的权利、拒绝非人道侵害的权利。平等对待原则，指无论在实体、还是程序上，对于相同的事件，无正当理由的，禁止差别对待。正当程序原则指行政程序应合乎正义的理念。在美国宪法上它被称为正当程序条款；在英国则以名扬天下的自然公正原则为核心。该原则要求行政程序中贯彻：可能受不利决定的当事人应受告知；当事人有表达意见的机会；决定者应公正从事；决定必须说明理由；决定应明白告知救济机会和途径。需要进一步说明的是，因国家权力机关"未表态"，上述习惯法、判例法、法的一般原则并没有名正言顺地成为我国行政法上的不成文法源。当然，博登海默式的"非正式渊源"在中国行政法领域实质上早已存在。① 现在需要的是，权力机关对这种"非正式渊源"地位的明确承认，使这些"渊源"具有司法的统一适用性。既然中国大陆实际上已存在不成文法源，那么，违反法定程序中的"法"当然应包括不成文法源。

八、事实问题瑕疵

由于司法审查通常由行政主体的"事实结论"开始切入事实问题，而"事实结论"又可回溯到行政程序中的收集证据、举证责任的分配、证据判断和证据采信，所以事实问题②主要包含内容是：证据材料是否符合法定的证据种类；收集证据的方法是否合法；收集证据的程序是否合法；在事实方面的行政推定和认知是否合法；举证责任的分配是否合法；

---

① 这种存在因为只具有实质意义，难免出现司法适用上的不一致。

② 根据《牛津法律大辞典》（［英］戴维·M.沃克著，北京社会与科技研究所组织翻译，光明日报出版社1988年版，第743页）的解释，事实问题是指如果争议中的事实不能得到承认，必须由听取和评价证据来决定的问题。美国司法审查中的事实问题是指客观现象的发生、变更或消灭，或即将发生、变更或消灭，不涉及它的法律效果或意义。（同时参见王名扬：《美国行政法》，中国法制出版社2005年版，第675页）

证明"待证事实"的证据量是否充分；证据与待证事实间因果关系是否充分；事实的定性是否准确。

事实问题的行为表现是事实认定。事实认定是由行政主体通过对证据的收集、审查、判断、采纳，对某些事实进行行政推理和认知，对举证责任进行分配，最后按一定的证明标准通过内心确认对案件事实作出结论的过程。这个过程的最终表现虽然是事实结论，但整个过程实际上主要是自由裁量权运行的过程。自由裁量权在行政主体事实认定方面的表现有三：一是法律对事实认定的某个方面或某些方面可能没有法律限制，此时行政主体享有没有边际的自由裁量权，事实上，如果某些手段的采用不影响相对人的权利和义务，法律也不必设置限制规定；二是法律对事实认定的某个方面或某些方面或隐含授予一定范围的自由裁量权；三是即使法律授予的事实认定的职权是羁束性，由于成文法依赖语言符号，而语言符号又有自己的模糊性，所以仍存在自由裁量的可能性。事实问题的核心是自由裁量权的论断为我们分析事实，认定瑕疵及其治疗，以及司法审查标准的确立提供了最坚实的考察基础。

事实本身无所谓瑕疵，因为事实是客观真实。但是，此处所指事实，是指法律上的事实，即行政主体在作出行政行为时依靠证据和推理认定的事实。由于证据和推理的运用可能会产生（故意的、过失的，甚至意外的）误差，甚至是虚假，所以事实认定难免会出现瑕疵。以下即分析事实瑕疵的各种表现及其成因。

（一）行政主体收集、审定并最后采纳的作为认定事实的证据违法，导致事实认定瑕疵

要了解证据违法的表现，必须首先清楚什么是行政证据。《行政诉讼法》第三十三条规定："证据包括：（一）书证；（二）物证；（三）视听资料；（四）电子数据；（五）证人证言；（六）当事人的陈述；（七）鉴定意见；（八）勘验笔录、现场笔录。以上证据经法庭审查属实，才能作为认定案件事实的根据。"以上规定，外加一些单行法律、法规和规章对行政证据的规定可以组合成一个行政证据的定义。行政证据是在行政程序中，由行政主体、相对人、代理人等依照法定程序收集或提供的具有法定形式，能够证明案件真实情况，并经行政主体查证属实的一切事实。真实性是行政证据的应有属性，但是，由于证据都是经过人的主观过程产生的材料表现。这些材料虽需经查证属实，仍难以避免非法取得或虚假之嫌。因此，作为证据应该是事实，但证据材料却有可能失真或瑕疵。所以，进入行政程序作为认定事实的证据，都应具备客观性、关联性和合法性，这已成为证据学里的通说。缺少三性中的任何一个，证据材料都将缺乏证据能力，即不具备在行政程序中作为认定事实的证据的资格。其具体表现是：

1. 证据缺乏客观性。证据的客观性是指证据必须是客观存在的事实。一是像文件、工具、痕迹等客观存在着的物质。二是被认知、感知或鉴定而记录的事实。证据本身是否为客观事实必须经查证属实。由于常受主客观因素的影响，证据很容易成为主观推测和武断的产物。比如物证，由于自然力的影响可能发生形状、色泽等变化，而且有时还会遭受人为破坏、假造，从而使它与本来面目不符。

2. 证据缺乏关联性。证据的关联性是指证据性事实与待证事实之间有自然的、历史的联系。与待证事实没有联系的客观事实，不能成为证据。证据性事实与待证事实间的联系可以多种多样，既可以是必然联系，也可以是偶然联系；既可以是肯定联系，也可以是否定联系；既可以是直接联系，也可以是间接联系。必须强调的一点是，证据性事实与待证事实的联系取决于客观条理，而不是主观确信；它是科学论断，而不是逻辑推理。缺乏关联性的"证据"，尽管是客观事实，也不具有证据效力。

3. 证据的形式不符合法律要求。证据的形式是指证据的存在方式。我国至今尚无立法对行政程序的证据形式作统一规定。总结一些单行法、司法解释及《行政诉讼法》第三十三条的规定，行政证据形式应该与诉讼证据形式大致相同，包括书证，物证，电子数据，证人证言，当事人的陈述，鉴定意见，音像证据，勘验笔录、检查笔录和现场笔录八大类。证据的形式不符合法律要求主要源于行政主体的工作人员没有按法定形式要求收集。比如作为证据使用的言词记录未经本人核对并签名或盖章；查不到真实姓名的匿名举报信。

4. 非法定主体收集的证据。行政证据收集的主体在我国是法定的。尽管证据材料可能具有客观性和关联性，有时对证明案件主要事实意义重大，但是不能作为证据使用。像一个窃贼对酒厂的酒进行抽样取证，获得的假酒结果不能作为处罚该厂的根据。如果非法定主体收集、提供的证据具有客观性，并且与待证事实相关联，行政主体应通过法定人员依法定程序重新收集，并经审查属实，方可作为定案依据。

5. 违反法定程序获得的证据。违反法定程序获得的证据是指，行政主体不遵守法定的步骤、顺序、方式和时限对证据进行收集、审查和采纳，并成为事实认定根据的证据。证据的收集、审查和采纳不能违反法定程序是证据法律性要求的体现，对于不履行法定程序或履行法定程序不合法收集的证据，我们可以通过事后法定的补救或重新通过合法程序取得，从而使该证据材料成为完全合格的证据。法律对取证程序的规定通常包括：回避制度；两名以上工作人员共同调查取证；调查取证时必须向有关人员出示证件；调查的证据必须为原件、原物，如有困难也可复制，但需注明"与原件相同"的字样及说明等。

6. 通过非法权能取得的证据。通过非法权能取证是指行政主体在取得证据时运用的手段、方法和措施直接违反法律的规定。比如，通过对相对人刑讯逼供获得当事人陈述，通过违法羁押或胁迫手段获得证人证言等。法律对行政主体取证权的规定意味着行政主体及其工作人员应当采用适当的方法、手段和措施收集、审查和采纳证据。

（二）行政主体因行政程序中举证责任分配违法导致事实认定瑕疵

行政主体作出任何具体行政行为都以一定的事实存在为前提，如果法律规定的事实不存在或现有证据无法证明其全面存在，行政主体就不可以作出以这些事实为基础的行政行为。举证责任的分配就是回答谁应就何种事实负举证责任这一问题。在行政诉讼中，诉讼模式的不同对举证责任分配有重要影响，在实行当事人主义模式的国家，举证责任分配实行"谁主张、谁举证"原则，而在实现职权主义模式的国家，举证责任倒置，即被告行政机关在一般情况下承担说服责任是举证责任分配的原则。我国《行政诉讼法》第三十四条即规定该项原则①。在行政程序中，举证责任的分配非常重要，如果行政主体在作出具体行政行为时，在举证责任分配上不合法或非常不合理，除分配权本身违法外，事实结论也可能因此产生错误。那么行政程序领域究竟应该确立怎样的举证责任分配原则呢？

我们认为，行政程序中举证责任的分配应坚持如下原则②：法律有明文规定的依法律，法律无明文规定的由行政主体依合理原则进行分配。其具体要求为：

---

① 在行政程序领域，有的国家也规定了举证责任的分配。如 1991 年 11 月 15 日颁布，经 1996 年 1 月 31 日修改的葡萄牙《行政程序法典》第 88 条规定："一、利害关系人负证明其陈述的事实的责任，但不影响依据上条第 1 款（第 87 条第 1 款为'知悉某些事实有助于对程序作出公正及迅速的决定，则有权限的机关应设法调查所有有关事实；为调查该案事实，可使用法律容许的一切证据方法'）的规定予有权限的机关以义务。二、利害关系人可附具文件及意见书，或申请采取有用的证明措施，以澄清有利于作出决定的事实。三、采取利害关系人要求的证明所生费用，由利害关系人支付，但不影响第 11 条第 2 款的规定。"（该法第三节对证据调查及举证责任的分配还作了其他详细规定。详见《行政法学研究》1997 年第 1 期，第 86 页）在美国，《联邦行政程序法》第 556 条第 4 款规定，除非法律另有规定，否则应由规章或裁决令的提议人负举证之责任。这种举证责任包含两个责任：第一种责任是展示案情。如出示有关争议事实的证据。第二种责任是说服对事实裁定的审判官，相信他所说的事实是真实的。对于有些案件，法律和判例要求有较高的举证责任。如驱逐外国人的案件，最高法院要求"除非有明确的、毫不含糊的、令人信服的证据构成驱逐理由的事实是真实无误的，否则不得下达驱逐令。"（参见［美］伯纳德·施瓦茨：《行政法》，徐炳译，群众出版社 1986 年版，第 321 页）

② 我们认为，罗马法时代为诉讼领域举证责任分配确立的两条规则是任何领域举证责任分配的基础和指南。这两条规定是"原告有举证的义务"和"为主张之人有证明义务，为否定之人无之"。后者是从"一切被推定为否定之人的利益"这一观念引申出来的。（参见骆永家：《民事举证责任论》，台湾商务印书馆 1981 年版，第 63 页）

1. 举证责任分配首先应依据法律。这里的法律既包括成文法，也包括不成文法。根据现有法律规定分析，立法对举证责任的分配常由实体法根据事实要件予以明确或推定规定，通常表现为除非法律有例外规定，否则程序发动人负有举证责任。

2. 如无法律规定，应参照三大诉讼法的举证责任分配规则及其精神，并依赖经验法则，进行合理分配。三大诉讼有许多非常有意义的举证责任分配规则。比如在刑事诉讼中，证明被告有罪的举证责任通常由公诉方负责，但是，巨额财产来源不明罪的举证责任则在很大程度上倒置，公诉方只要证明巨额财产属被告人，被告人就必须提供证据证明该财产有合法来源，否则被告即构成犯罪。这种刑诉举证责任分配的特殊规则对行政程序举证责任分配应当很有启发，因为行政程序中也同样存在有时行政主体一方无法进一步证明相对人某种情况或状态的情形。

3. 有利于相对人原则。行政程序确立的职权调查主义原则使行政法律关系中行政主体一方拥有特别地位，因此，相对人完成法定举证责任之外的举证责任在无法律明确规定，依经验法则又无法合理分配时，宜采取有利于相对人，即由行政主体一方负担举证责任为解决办法。

（三）行政主体认定事实时的行政推定和行政认知违法，导致事实认定瑕疵

推定是诉讼领域非常关注的问题，实际上推定在行政领域也大量存在，行政主体作出行政行为时除运用证据外，时不时也需要运用推定获得事实结论，只不过到现在为止学者对此还很少引起重视。行政推定是在行政领域根据某一事实之间常态联系的法定证明规则，可能以一般经验或可能性为基础，也可能仅出于政策和便利。行政推定可分为法律上的推定和事实上的推定两类。法律上的推定是指由法律规定的从已知事实推论出未知事实或不依赖某种基础性事实即推理出另一事实存在的过程。① 事实上的推定是行政主体根据已确认的事实，依照经验和科学知识推断出与此相关的另一事实的存在。推定既要合法也要合理，如果据以作为事实认定的行政推定违背了法律的直接规定、隐性精神、科学原理或社会一般的经验规则，该行政推定就是一种违法行为，它直接导致事实认定的瑕疵。

行政认知是行政主体在作出行政行为过程中以一定形式直接认定某种事实的真实性，并据此作为事实认定基础的活动。我们认为，行政认知的前提是没有合理争议的事实。其范围包括：第一，公理性事实。如天气状态、地理位置、风俗习惯、自然科学定律、得到公认的历史事件等。第二，生效的法律文书。包括人民法院生效裁判确认的事实，行政机关已生效的处理决定所认定的事实，官方正式公布的事实和统计结果。

---

① 前者如《道路交通安全法实施条例》（2004 年 4 月 28 日国务院第 49 次常务会议通过）第九十二条规定："发生交通事故后当事人逃逸的，逃逸的当事人承担全部责任。但是，有证据证明对方当事人也有过错的，可以减轻责任。当事人故意破坏、伪造现场、毁灭证据的，承担全部责任。"后者既可以是直接的推定，也可以是间接的推定。比如，《煤炭法》（1996 年 8 月 29 日第八届全国人民代表大会常务委员会第二十一次会议通过　根据 2009 年 8 月 27 日第十一届全国人民代表大会常务委员会第十次会议《关于修改部分法律的决定》第一次修正　根据 2011 年 4 月 22 日第十一届全国人民代表大会常务委员会第二十次会议《关于修改〈中华人民共和国煤炭法〉的决定》第二次修正　根据 2013 年 6 月 29 日第十二届全国人民代表大会常务委员会第三次会议《关于修改〈中华人民共和国文物保护法〉等十二部法律的决定》第三次修正）第十八条规定"开办煤矿企业，应当具备下列条件：（一）有煤矿建设项目可行性研究报告或者开采方案；（二）有计划开采的矿区范围、开采范围和资源综合利用方案；……（六）法律、行政法规规定的其他条件。"从立法本身看，它没有回答谁对上述要求负举证责任。考察整个法律文件的精神、社会一般常理、相对人的承受能力等因素，行政主体可以推断出它应由煤矿企业开办者承担举证责任。

第三，成文法的规定。通常只限于国内成文法。① 行政认知既可以由相对人申请进行，也可以由行政主体主动而为。行政认知允许举证责任人提出反证进行推翻。行政认知是行政行为作出时经常遇到的事实认定手段，如果行政主体在行政认知上违法（表现为对非属无合理争议的事实进行认知，或让相对人对应该行政认知的事实进行举证等），自然会引起以该行政认知为基础的事实结论的瑕疵。

（四）行政主体在行政程序中对事实的认定违反证明标准导致事实认定瑕疵

任何行政行为的作出，都是行政主体根据对一定事实的确信并适用法律的结果。在这一过程中，行政主体对事实的认定除依靠证据、举证责任的分配、行政认知和推理手段外，最终都需要依照一定的证明标准使事实认定达到法律规定的要求。我们应注意证明标准与证明要求的区别与联系。证明要求与证明标准有关。证明要求是法律要求案件事实所要达到的程度，而证明标准是衡量是否符合法律规定的证明要求的具体尺度。如果作出具体行政行为的行政主体在事实认定上没有达到法定的证明标准，该事实认定即出现瑕疵，严重的将导致行政行为违法，从而影响其效力。那么，我国行政程序中对事实认定的证明标准（以下简称"行政程序证明标准"）究竟是什么呢？

根据《行政诉讼法》第六十九条关于"行政行为证据确凿，……人民法院判决驳回原告的诉讼请求"的规定，第七十条关于"行政行为有下列情形之一的，人民法院判决撤销或者部分撤销，并可以判决被告重新作出行政行为：（一）主要证据不足的；……"的规定，行政诉讼证明标准似乎是"主要证据""确凿"。我们认为，案件事实清楚、证据确实充分，既不是我国行政诉讼法和单行法律、法规、规章确立的唯一的行

---

① 《最高人民法院关于行政诉讼证据若干问题的规定》（2002 年 6 月 4 日由最高人民法院审判委员会第 1224 次会议通过，自 2002 年 10 月 1 日起施行）第六十八条关于"下列事实法庭可以直接认定：（一）众所周知的事实；（二）自然规律及定理；（三）按照法律规定推定的事实；（四）已经依法证明的事实；（五）根据日常生活经验法则推定的事实。前款（一）、（三）、（四）、（五）项，当事人有相反证据足以推翻的除外"的规定，对行政认知的范围界定有重要的参考意义。

政程序证明标准，也不应该是唯一的标准。每一类案件的证明标准都应该从法律直接和隐含的规定中寻找，并对各类案件建立起理性的证明标准，其中自然包含了确认主体自由裁量的成分。

行政诉讼证明标准也即行政程序的证明标准应根据案件的性质分为两类。其中对人身方面的行政制裁行为和非常重大的非人身性制裁①应像刑事诉讼案一样采用排除一切合理怀疑证明标准。事实上在我们国家许多对人身的行政处罚案件在国外都属于犯罪案件，所以，刑事案件应采用更严格证明标准的理由都可以成为此处的理由。其具体要求是：行政机关工作人员对事实认定形成内心确信，并深信不疑；合理怀疑不是捕风捉影，而是有根有据的怀疑；如果有合理怀疑，应采用有利被制裁人的原则。对其他行政行为应采用合理性证明标准，其具体要求为盖然性，"是指一种可能而非必然的性质，高度盖然性即是从事物发展的高度盖率中推定案情、评定证据，它以确认的事实联系其他合理性考虑为前提，是我们在对证据和案件的认识达不到逻辑必然性条件下不得不使用的手段。"② 换言之，合理性证明标准是指现有的事实认定是一个合理的人可以接受的结论。它不一定是个绝对正确的结论，但却是一个合理的结论，有时这种合理性必须从专业角度考虑。合理性证明标准是一个比较宽泛的、建立在自由裁量基础上的标准，每一类具体案件，甚至每一个案件，这一标准的应用仍存在差别。③

---

① 在美国，通过伍德巴艾诉移民和归化局一案，最高法院创立了"明确的、毫不含糊的、令人信服的证明标准"，这个标准与刑事诉讼中"排除一切合理性怀疑"证明标准非常相似，它不适用普通行政案件，但像吊销执照案件，纪律处分案件，因其不利于当事人的裁决对当事人将会产生灾难性后果，所以也适用此标准。（参见［美］伯纳德·施瓦茨：《行政法》，群众出版社1986年版，第323页）

② 陈响荣等：《诉讼效益与证明要求——论在民事诉讼中应确立高度盖然性原则》，《法学研究》1995年第5期。

③ 比如，像行政裁决行为，我们自然应该运用占优势的盖然性标准，因为它实质上相当于法院解决民事纠纷，是一种两造对抗情况下以解决纠纷为目的的活动。这里的"占优势"是指一方当事人证据的分量在一定程度上超过了对方当事人证据的分量。再如，像行政强制措施行为，我们显然不能要求行政主体在采取措施前在事实问题上"事实清楚、证据确实充分"。

九、行政适法错误

《行政诉讼法》第七十条第二项规定，行政行为适用法律、法规错误的，人民法院可以判决撤销，或部分撤销，并可以一并判决被告重新作出行政行为。何谓适用法律法规错误？《行政诉讼法》及其司法解释未作进一步的说明。一般行政法教材中所作的简单定义大致为：行政主体实施具体行政行为时没有正确地适用法律依据。这一过于粗陋的定义显然不能令人满意。我们认为，必须从行政法的渊源、行政（法律）解释以及行政法规范的援引几个方面着手，才有可能对这一概念作比较精确的把握与理解。

（一）行政法的渊源与适法错误

如果我们把适用法律法规错误理解为行政适法错误（以下简称"适法错误"），则面临着这些问题：难道行政行为作出时所适用的法的形式只有法律、法规两种？宪法能作为行政的直接依据吗？行政规章是不是法的一种形式？行政规章以下的其他行政规定是不是行政行为作出时的适用依据？①

我们认为，由于宪法的最高法律性，在行政程序中，行政主体适用宪法规范是必然的。但是，宪法规范不宜也不必在行政决定中直接引用。除非宪法规范操作性非常明确，同时缺乏部门法的规定。因为宪法毕竟是国家的根本大法，它只规定国家的政治制度和经济制度、公民的基本权利和义务以及国家机构的设置等宏观关系。宪法中的一些较为原则、抽象、概括的规定经过立法，基本已经被细化成了相应的部门法规范。就行政规章而言，由于《行政诉讼法》将其置于"参照"之列，通说认为，参照意味着法院认为行政规章没有违背行政法规、法律就应该遵照但不引用，否则拒绝适用。这实际上隐含了行政规章具备法的一般特征这一含义，所以行政规章应该属于行政法的渊源。关于规章以下的行政规范性文件能否作为行政法的渊源，应从双重意义上理解。一是从行政

---

① 不成文法的适用地位详见前述"违反法定行政程序"部分。

执法依据的意义上理解，行政规章以下的其他行政规范性文件只要不违背上级的规范性文件和法律、法规、规章的内容，在其管辖区域内显然是行政管理工作的依据。它们虽然不能直接创制相对方的权利和义务，但却可以对行政主体自身及下级进行规范，并且成为行政监督（仅指行政机关系统内的监督）合法性审查的依据。据此，在行政程序领域，行政规章以下的其他行政规范性文件属于"法"的范围，在作出具体行政决定时，对它们的适用错误也构成行政适法错误。但是，在行政诉讼领域，这些规范性文件显然不在行政适法错误中"法"的范围内，对它们适用错误只构成一般的瑕疵。值得指出的是，在司法审查中，行政主体如果只适用规章以下的行政规范性文件，而未引用法律、法规或规章本身，即构成无法律根据的行政适法错误。如果同时用法律、法规或规章和规章下的行政规范性文件，前者适用正确，后者适用错误，则不构成行政适法错误。因为这种错误，对相对人的利益不构成直接的影响，但是，对行政主体系统内部秩序却存在巨大的破坏力。

（二）行政（法律）解释与适法错误

要适用法律就必须理解法律，要理解法律就必须对法律文本进行解释。正像我国台湾著名学者王泽鉴先生指出的，凡法律均须解释，盖法律用语多取诸日常生活，须加阐明；不确定之法律概念，须加以具体化；法规之冲突，更须加以调和。因此，法律之解释仍成为法律适用之基本问题。法律必须经由解释，始能适用[1]。"适用法律和解释法律这两种活动或者过程是关系密切、不可分割的，甚至可以理解为同一事情。"[2] 正

---

[1] 参见王泽鉴：《民法实例研习、基础理论》，台湾三民书局1987年版，第125页。大陆学者通常认为下列原因是法律解释存在的理由：一是法律规范是抽象、概括、有限的规定，需要通过解释才能适用于具体的人和事；二是由于语言的固有缺陷和法律规定本身的模糊性、矛盾性，甚至缺漏，需要解释来修正；三是有限之法律无法适应变化之社会，解释遂成为法律稳定性和适应新环境的手段；四是中国地域辽阔、各种差异巨大，解释能够解决法律普遍规定与特别正义的矛盾。

[2] 陈弘毅：《当代西方法律解释学初探》，载梁治平编：《法律解释问题》，法律出版社1998年版，第3页。

是在这种意义上，本书才把行政（法律）解释与适法错误联系在一起予以探讨。任何法律解释①都是解释主体对解释对象即法律规范的意义进行探究的活动。但中国目前的法律解释体制是以法律解释权在不同国家机关间进行相应分配为特征的。本书所指的行政解释是行政主体以适用行政法为目的，对行政法律规范的含义进行探求和说明的活动②。这种解释的合法性主要应从以下几方面进行判断。

1. 行政解释主体。行政解释的主体限于行政主体但包括各级各类行政主体。从学理上说，任何个人和组织都拥有对法律进行解释的权利，尽管这种解释可进一步分为有法律效力的解释和无法律效力的解释（如学理解释）。我们之所以把解释主体限定为行政主体，是因为法律解释权的基点是，谁有权对法律作出具有国家认可的拘束力的解释，而不是谁有权对法律进行自身理解。现行法律解释体制的主要特点是③：法律解释权由高层权力机关、检察院、法院和行政机关垄断，从而试图实现下层执法机关机械适用法律；法律解释权归相应职能部门行使；立法部门主导解释。避开上述法律解释体制间的矛盾和冲突不谈，就连行政法解释权的不合理归属这一点也不可能做到。因为适用行政法的前提是理解行政法，而理解离不开解释，所以只要是适用者即是有权解释者；上述有权解释机关不可能对所有的行政法作出事无巨细、毫无歧义的解释，事实上它们也没有做到④；各级各类行政主体对行政适用中的解释权是以行

---

① 法律解释与法律解释学不同。法律解释学既包括解释学法学，也包括法律解释方法论；法律解释仅是一项活动，是法律解释学的研究对象。

② 广义的行政解释指有权主体对行政法律规范进行的有权解释。它既包括行政主体对行政法律规范的解释（又称"狭义行政解释"），也包括其他有权主体如全国人大常委会、最高法院等对行政法律规范所作的解释，本书限于狭义探讨。

③ 参见罗豪才主编：《行政法学》，北京大学出版社1996年版，第10页；姜明安主编：《行政诉讼与行政执法的法律适用》，人民法院出版社1995年版，第541页。

④ 18世纪中叶，受理性万能思想的影响，普鲁士法典多达19000多条，他们希望执法者无论遇到什么案件，都能从现有的法律中找到可直接适用的规定，结果惨遭失败。（详见J.A.约洛维奇：《普通法和大陆法的发展》，《法学译丛》1983年第1期）

政行为的公定力为基础的。虽然我们无法阻止任何组织和个人对行政法作出自己的解释，但是只有行政主体在执法中的解释才有拘束力。它是得到国家法律特别承认的解释权。上述有权解释机关对法律的解释权更像是立法权或称为准立法权。西方法律环境中的法律解释权更主要的是法律执行权的必然组成部分，是法律适用中的解释，而不仅仅是抽象的具体化。如果把上述法定有权解释机关的解释叫抽象解释，那么本书所指的法律解释还包括个案解释（即行政主体及其工作人员在个案中对所适用的法律所作的解释）。这种解释的结论只对具体案件有效，没有普遍拘束力，而抽象解释的结论更像是普遍性的法律规定。它不仅具有往后性和普遍适用力，而且解释者自身及其下级必须遵守①。

2. 行政解释权的限度。在行政解释权的限度上，法律解释理论和实践曾有过从严格解释到自由解释的发展历史。无论是东方还是西方，资本主义产生前的封建时期，法律解释一直以自由主义为核心。17世纪以后，为了保障民众生活的安全与自由，让政府最小限度地干预民众的经济和社会生活，法的确定性成了至高无上的追求。古典自然法思想的代表人物以三权分立和理性主义为基础，要求政府必须在立法机关明确的立法范围内从事行政活动。在行政法领域，为避免政府重蹈专制独裁老路，依法行政成为绝对的、消极的、机械的公法学原理。议会立法至上，无法律即无行政，行政之准据唯制定法是赖，立法务求细密，避免概括条款，习惯法、法理及司法判例、行政解释均不得为行政法之法渊源，行政规章命令不得为拘束人民之规范成为近代立法国的基本信条。② 行政法律解释在这一时期受到严格限制。19世纪末20世纪初开始，随着资本主义经济向纵深发展，理性主义受到来自科学主义和非理性主义的强烈

---

① 笔者无意否定个案解释和抽象解释都是法律解释，且都具有法律效力。作此种区别的意义是不能忽视或无视个案解释的存在；有权机关在对具体行政行为适法情况进行审查时，对两类有权解释应采用不同的审查方式。

② 《论依法行政原理》，载城仲模：《行政法之基础理论》（增订新版），台湾三民书局1994年版。

批判，政府对社会经济生活的干预不断加强，行政权的延续扩张，使绝对规则主义、只依（议会所立之）法行政、法律解释的严格限制陷入了前所未有的困境，于是行政解释的自由得到释放。起初行政解释被允许在文理解释范围之内，即解释限于文字、语言、逻辑方面，以追求立法者立法时的意图为己任（这种理论被学者称为主观解释理论）。之后，行政解释的能量不断得到扩张，最后形成了客观解释理论。该理论主张解释者独立于法律文本，它不以探究立法者事实上的意思为目标，而以法在现时代生活中的合理意义为解释基准。到了这个程度，法律解释无疑具备了相当的立法功能。它是现代法治发展最高状态的表现之一①。面对西方发达法治国家法律解释限度不断扩大的发展史，我国的行政解释究竟应该确立怎样的限度？这个限度既是行政解释权的限度，也是因法律解释错误导致适法错误的判断基准。我们认为，这个限度就是依法行政原则。在当前中国，依法行政的第一含义就是无授权即无行政。其具体要求是：没有（广义的）法律依据，行政便不能为，即使在服务行政领域，这一要求仍然适用；解释主体所作的解释结论必须是行政法律规范语言、语法、逻辑上可能涵盖的内容，它必须为一般民众所接受；上级普遍性的行政解释对下级有拘束力，以实现法律的统一实施，除非上级的解释与法律相抵触；除非有足够的理由，行政主体的个案解释必须遵循惯例；已有的有关行政解释的地位规定当然是行政解释权的限度。这种基准与我国台湾学者的认识颇为相似。上述要求并不意味着笔者信奉概念法学极端的法律解释理论。概念法学以极限的方式最大限度排除解释者的任意性并充分表明对法律制度的忠诚，此方式虽值得缅怀，但法

---

① 关于法律解释限度发展史的详细论述可阅读郭华成：《法律解释比较研究》第 1 章和第 2 章，中国人民大学出版社 1993 年版。这种解释的哲学基础之一，利科尔认为，文本一旦发生，作者就死了，文本具有自身的独立性。（参见利科尔：《解释学与人文科学》，陶运华等译，河北人民出版社 1987 年版，第 150 页）

律解释毕竟是针对现实生活的实践性的决断①。法律文本并不是一个"死了"的文本，而是随社会变迁其内部意义也不断发生转化的文本。坚持法律文本有合理意义并且随时间推移会相应转化，既符合事物的发展规律，也符合正义对法律的要求。当然这种合理意义必须能够体现在行政法律规范之中，符合社会需要并为民众所接受②。溢出行政法律规范的"合理意义"，应该留待立法者修改法律。

3. 行政解释的对象。在成文法国家，法律概念、法律条文、法律规范（包括冲突规范）、基本原则、法律文件都是构成成文法的元件。那么，行政解释的对象究竟是什么？是上述全部的元件，部分元件，还是个别元件？法律概念是指在法律上对各种事实进行概括，抽象出它们的共同特征而形成的权威性范畴。其中在专业与非专业词汇上，法律解释应坚持专业词汇遵循专业理解原则，非专业词汇则坚持理性和合立法目的性原则。在确定与不确定词汇上，确定法律概念是指内涵与外延都非常明确、清楚的概念，只需进行正常理解即可；不确定法律概念是外延界限具有模糊性和开放性的概念，它可进一步分为客观性不确定法律概念和价值性不确定法律概念。客观性不确定法律概念是描述某种事实或事物情况的概念，它可以通过客观的经验法则确定其真正含义，如"禁区"。客观性不确定法律概念应以社会一般之公理为标准进行解释。价值性不确定法律概念则很难找到解释的客观标准，许多的这类概念需依赖行政的政策和政治形势作最终判断，这些概念可能呈多样的合理性解释，比如"公共利益"，对此种概念解释的审查应坚持合理性原则，即理智上能够接受的标准。法律条文是指由法律概念及各种限制词、连接词、判断性共同构成的法律文件的条、款、项、目。对法律条文的解释主要应

---

① 学者朱苏力甚至认为，法律解释从根本上说不是一个解释问题，而是一个判断问题。（参见朱苏力：《解释的难题对几种法律文本解释方法的追问》，载梁治平编：《法律解释问题》，法律出版社1998年版，第58页）

② 维特根斯坦曾经提出过一个意味深长的问题——如果我们总能有不同的理解，那么什么才算是正确地理解了一条规则呢？试想，在很多情况下，这取决于我们需要什么样的理解。（见赵汀阳等：《学问中国》，江西教育出版社1998年版，第19页）

注意法律条文是否构成独立的法律规范以及条文之间及其内部的逻辑关系。不完整的法律条文，即没能包括一个法律规定全部要件的法律条文，容易在组合上产生误解、疏忽和滥用。法律规范是法律中对一种事实状态赋予某确定法律意义的规定，又称法律规则。通说认为，法律规范分别由假定、处理和法律后果三个成分组成①。对法律规范进行法律解释，除应注意上述法律规范构成要素的生存特点外，还应注意法律规范间的冲突。规范冲突是指行政法规范之间出现了相互矛盾或不一致的假定、处理或法律后果的规定。冲突既可能发生在不同层次的法律规范之间，也可能发生在相同层次的法律规范之间。解决规范冲突的一般原则是：高法优于低法，特别法优于普通法，后法优于前法。广义上说，行政主体在适用法律时对规范冲突的选择也是法律解释的内容，违背上述规范冲突解释一般原则的适法行为当然属于适法错误的范围。法律原则是在众多法律规范基础上形成的，效力贯穿于某一法律规范集合群（比如某一部门法）始终的基本准则。法律原则不同于法律规范，后者有限定的价值，它的适用以要么有效要么无效的形式出现。法律原则在适用时并不必然有一种估价，互相冲突的原则必须对其进行分量的权衡和协调②。法律原则在具有模糊性、抽象性的同时，还具备统率性。在法律解释上，它指引各种合理解释的选择性，并在法律缺乏明确规定时起补充作用；它对例外开启方便之门，但又紧紧把握法律内部的协调统一和价值取向；它允许具体规范解决个案，但又通过整合消除各法律规范间的矛盾、摩擦和空隙，使法律具有整体的适用意义。对法律原则的解释直接关系到相关领域法律的总体价值和改革方向。法律文件是指由法的名称、内容以及表现法内容的符号共同构成的文本整体。法律适用有时会涉及对法律文件适用范围的法律解释，虽然多数时候法律文件的选择不是问题。以上所有的成文法元件都可以由法律规范概括，也即行政解释的对象是

---

① 张文显主编：《法理学》，法律出版社 1997 年版，第 65—67 页。

② 见［美］迈克尔·D.贝勒斯：《法律的原则——一个规范的分析》，张文显等译，中国大百科全书出版社 1996 年版，第 12—16 页。

行政法律规范。法律概念、术语和定义是法律规范的构成要素；法律条文直接体现法律规范的各种要素；法律原则已经隐含在具体的法律规范之中，是法律规范必要的组成部分；法律文件只是以一定形式表现法律规范的载体。明白行政解释的对象是法律规范，既能便于我们在判断行政适法错误时掌握判断核心，也不时提醒我们对法律规范的假定、处理和法律后果的法律解释，涉及法律概念、法律条文、法律规范、法律原则、法律文件等成文法的全部元件，在适法错误与否的判断上应具体分析、全面考量。

4. 行政解释的方法。如果说行政适法错误多数来自对行政法律规范的解释错误，那么，法律解释的错误则主要因解释方法的不当运用所引起。在西方法治发达国家，普通法系法官在判词中讨论成文法法律解释问题时常用文理解释、黄金规则和论理解释三种方法①。大陆法系发达法治国家的法律解释方法都以成文法为解释的出发点，以注重法律原意为基础，当然解释者也享有相当的自由裁量权。由于尊重立法机关及其法律的传统，大陆法系法官的法律解释方法主要有文法解释、逻辑解释、历史解释和少数情况下的目的解释②。我国民法教授梁慧星认为，法律解释共有文义解释、论理解释、比较解释和社会学解释四种方法。其中，论理解释又包括体系解释、法意解释、扩张解释、限缩解释、当然解释、目的解释和合宪性解释七种③，它们的运用具有大致的规律性④。这些"规律"虽说是民法解释学中的解释次序规则，但从价值论角度看，对行政解释的次序同样有重要参考价值。针对行政法自身的特点和法律解释应有的内在次序性，我们提出了解释规则：（1）文法解释是一切行政解释的基础。如果文法解释存在多义，则应进一步求助其他解释方法。

①　其具体内容及理论层次上的法律解释方法请参见陈弘毅：《当代西方法律解释学初探》，载梁治平编：《法律解释问题》，法律出版社 1998 年版。

②　详见郭成华：《法律解释比较研究》，中国人民大学出版社 1993 年版，第 30—39 页；[美] 格伦顿：《比较法律传统》，中国政法大学出版社 1993 年版，第 78—83 页。

③　参见梁慧星：《民法解释学》（第三版），法律出版社 2009 年版，第 247—248 页。

④　详见梁慧星：《民法解释学》（第三版），法律出版社 2009 年版，第 247—248 页。

（2）体系解释是文法解释之后必须首先运用的解释。由于文法解释受语境影响较大，所以为确定多义的行政法律规范内涵必须将法律文本作为一个整体来理解、把握和解释，以便维护法律体系、法律规范和法律概念的一致性。（3）法意解释和目的解释是体系解释之后的解释选择方法。法意解释是指探求立法者或准立法者于制定（行政）法律时所作的价值判断及其所欲实现的目的，以推知立法者的意思①。它借助立法史及立法过程中相关资料，如草案说明、审议记录、立法理由、听证记录等寻求立法意图的方法。当然目的解释还有另一层意思，即强调法律规范现时所具有的合理含义，以法律规范的目的为根据（包括法律整体目的和个别规定之规范目的），阐明法律疑问的方法。我们认为两种目的解释应该具有内在统一性，追求立法原意当然要借助立法当时的各种资料，但立法目的的确立必须以当下的合理含义为内核，因为立法目的或原意是变化的、具有开放性的②。法意解释和目的解释可能会导致扩张解释和限缩解释。扩张解释又称扩大解释、扩充解释，指根据立法者制定行政法律的意图，结合社会现实的需要，将行政法律规范的含义扩大到比字面含义更广的范围的解释方法。限缩解释又称限制解释和缩小解释，是指对行政法律规范作窄于其字面含义的说明，以体现立法真意。根据我国现行行政法律解释体制，扩张解释和限缩解释应慎重运用。因为这两种解释可能涉及的是行政法律规范"本身需进一步明确界限行政越权或作补充规定"的情况，而此种情形在我国原则上只有立法者自身才有解释权。（4）上述方法仍不能奏效时，比较解释和社会学解释可以成为解释方法。比较解释是指参考其他部门法相关规定或外国立法判例学说阐述行政法律规范的含义的解释方法。比较解释的运用必须考虑本国国情及行政法

---

① 梁慧星：《民法解释学》（第三版），法律出版社 2009 年版，第 221 页。

② 正像日本行政过程论的典型代表远藤博指出的，传统的法律解释论严格划分法律解释与立法政策，视法律的政策评价为禁忌，要求解释忠于实定法。这种论调与实际情形颇有差距，往往变成一种障眼法，掩饰其内在的价值因素。（转引自杨建顺：《日本行政法的概念、对象和范围》，《外国法译评》1998 年第 3 期）

作为部门法的自身特点。社会学解释是指运用社会学方法，着重社会效果和目的，对行政法律规范在文义、目的可能的范围内进行意义解释的方法。（5）上述所有解释方法的运用必须经受依法行政原则、合宪性、在文义可能范围内符合立法目的的检验，任何有违上述要求的法律解释方法的运用都将导致法律解释的违法。

（三）行政法规范的援引与适法错误

对于行政法规范的援引来说，我国法律并没有统一的立法要求。各个领域的法律对此规定也很不一致。有的法律规定得比较明确。如《行政处罚法》（1996 年第八届全国人民代表大会第四次会议通过。根据 2009 年 8 月 27 日第十一届全国人民代表大会常务委员会第十次会议《关于修改部分法律的决定》修正）第三十四条规定，处罚决定必须以书面形式作出以及书面处罚决定应载明法律依据。该法条虽然对行政法律规范必须援引作了规定，但对这种规范援引究竟要不要以法律文件章节、法条，甚至明确的条款项目为内容并没有清楚的要求。

在国外，许多国家都从立法上明确要求行政行为原则上必须援引法律依据。这种对法律依据的援引成为行政行为说明理由制度的组成部分。在理论上，国外学者都从行政法治、行政民主、尊重人权等角度论述行政行为必须附论理由（包括援引法律依据）的必要性。① 这种观点已被

---

① 英国 P. Neil 等学者认为，行政行为说明理由（包括援引法律根据）至少有下列优点：（1）就政府组织功能而言，说明理由之要求，能促使决定者有更优良的记录；能促使决定更周到地考虑，从而维持决定者之尊严；对制衡武断的决定有特别预止意义，从而奠定良好的行政程序。（2）就被影响之当事人之保障而言，理由满足了公平处理之基本要求；理由是被影响之当事人判断是否对行政行为提出异议的要素之一；纵然行政行为是不利的，合理的理由将使相对人确信已经公正裁量而易于接受。（3）就审查机关之立场而言，说明理由的行政行为能使审查机关直接了解行政行为的内容，从而决定是否运用其审查权；适当的理由将有益于暴露越权、法律错误、滥用职权等情形，从而有利于审查。（4）就一般公众而言，说明理由的行政行为能增强公众对行政活动的信任。（参见罗传贤：《行政程序法基础理论》，台湾五南图书出版公司 1993 年版，第 224—225 页）

相关的立法及判例所接受，如荷兰的《基本行政法典》第4.1.4条、美国《联邦行政程序法》第555条均对行政行为说明理由及法律规范的援引作出了明确规定。我们认为，我国应该建立行政行为必须说明理由（包括援引法律根据）制度。其主要内容为：除非法律有例外规定，行政行为的作出，尤其是对相对人不利的行政行为的作出必须援引明确的法律根据；行政主体在作出行政行为时必须完整、具体、明确援引法律规范；被援引的法律规范包括要件根据和效果根据；在法律规范的援引上必须注意排除援引尚未生效或已失效的法律规范，避免仅引用行政规章（不包括行政规章）以下的非立法性行政规范，在法律规范冲突时选择援引高阶位的法律规范，避免援引违反上阶位法律甚至宪法的法律规范。违反上述规则都将构成行政适法错误的违法。①

---

① 具体的适法错误形态，有学者竟然描绘出十种：（1）具体行政行为应适用甲法，却适用了乙法；（2）具体行政行为应适用法律规范的此条，却适用了彼条；（3）具体行政行为应适用效力高的法律规范，却适用了效力低的法律规范；（4）具体行政行为应同时适用几个法律规范，却仅适用了其中一个法律规范，或应适用一个法律规范，却适用了几个不应适用的法律规范；（5）具体行政行为应同时适用法律规范的几项条款，却仅适用了其中一项条款，或应适用一项条款，却适用了几项不应适用的条款；（6）具体行政行为适用了尚未生效的法律规范；（7）具体行政行为适用了已经废止、撤销的法律规范；（8）具体行政行为应当适用法律规范，却适用了没有法律效力的其他文件、规定；（9）具体行政行为应适用调整特定地区事项的法律规范，却适用了非调整特定地区事项的法律规范，或不应适用调整特定地区事项的法律规范，却适用了调整特定地区事项的法律规范；（10）具体行政行为适用的法律规范相互抵触，或适用的法律规范与同级别的其他法律规范相抵触（姜明安主编：《行政执法的法律适用》，人民法院出版社1995年版，第351—352页）。在界定适用法律法规错误的内涵时，各学者都在释义之后列举适用法律法规错误的表现形式。上面所列十项表现形式几乎涵盖了学者努力至今的全部列举。

第二节 行政法律责任[①]

一、行政法律责任的定位

界定何为行政法律责任，最好先明白什么是法律责任[②]。以不同的中心词为标准，当代法理学对法律责任的理解主要有：[③]（1）处罚说。该说把"制裁""惩罚"作为中心词，如哈特指出："当法律规则要求人们作出一定的行为或者抑制一定的行为时，（根据另一些规则）违法者因其行为应受惩罚，或强迫对受害人赔偿。"我国台湾学者李肇伟更直接指出"所谓法律责任，乃为义务人违反其义务时，所应受法律之处罚也"。把责任完全归为制裁或惩罚显然有定义过窄之嫌。（2）义务说。把法律责任归为"义务"或"第二性义务"。《布莱克法律词典》解释说，法律责任指"因某种行为而产生的受惩罚的义务及对引起的损害予以补偿的义务"。我国学者张文显教授把法律责任定义为"是由于侵犯法定权利或违反法定义务而引起的、由专门国家机关认定并归结于法律关系的有责主体的、带有直接强制性的义务，亦即由于违反第一性法定义务而招致的第二性义务"。义务说在逻辑层面上展示了法律责任的内在的递进式结

---

① 本部分系朱新力和余军合作的成果。

② 在古汉语中，责任一词的用法并不常见，常见的单词"责"，大致有五种意义：（1）求，索取；（2）诘问，非难；（3）义务；（4）处理、处罚；（5）债。（《辞海》（缩印本）第 1220 页，上海辞书出版社 1980 年版；《辞源》（四）第 2951 页，商务印书馆 1983 年版）现代汉语中，责任通常有两种内涵，一为应尽的职责，即分内应做的事；一为应该承担的过失。（《新华词典》，商务印书馆 1980 年版，第 1050 页）

③ 以下部分学说详见张文显：《法学基本范畴研究》，中国政法大学出版社 1993 年版，第 185—187 页；刘作翔、龚向和：《法律责任的概念分析》，《法学》1997 年第 1 期。

构，有相当的合理性。① （3）后果说。把法律责任定义为某种不利后果。林仁栋教授指出："法律责任是指一切违法者，因其违法行为，必须对国家和其他受到危害者承担相应的后果。"还有学者用"必有状态"做中心词给法律责任下定义，如学者周永坤认为，法律责任是"法律规定的、义务之不履行所处之必为状态"。后果说没有区别肯定性后果和否定性后果，显然在外延上过于宽泛。（4）关系说。于光远教授通过初步研究得出这样的结论：责任是人与人之间的一种关系："在责任这种社会关系中，有一个主体。这个主体可以是某个个人，某个组织，也可以是整个国家。它拥有向另外一个主体提出某种后者必须满足的要求的权力（不论这种权力是谁给予的）。这样的一个主体，我称为责任要求者。""在'责任'这种社会关系中，还有一个主体，这个主体可以是某个个人，某个组织（在对外国的关系上可以是整个国家），它对责任要求者提出的要求必须予以满足，这样的主体我称之为'责任者'。责任就是责任要求者向责任者提出某种具体内容的要求，责任者承担满足责任要求者提出的那种具体内容的要求这样一种社会关系。"② （5）三位一体说。该说着重吸收义务、后果说及法律地位说的合理因素，确立一个三位一体的法律责任概念："法律责任是有责主体因法律义务违反之事而应当承受的由专门国家机关依法确认并强制或承受的合理的负担"。值得注意的是，也有部分国内外学者，完全或兼顾现代汉语中"责任"一词的第一种含义对法律责任进行定义。奥地利学者凯尔森认为，法律责任的概念是与法律义务相连的概念，"一个人在法律上对一定行为负责，或者他在此承担法律责任，意思就是，如果作相反的行为，他应受制裁。"③

---

① 有的学者以三人社会假设和人的自利性、良心（利他心）和理性的思维机制为研究模式提出法律责任是指因行为人的违反法律义务的行为和意愿是导致他人损害的原因所引起的、社会公认的、行为人承担不利后果（受到惩罚或赔偿损害）的应当性。(张恒山：《法理要论》，北京大学出版社 2002 年版，第 456 页)

② 参见于光远：《关于责任学的两篇文章》，《学术研究》1992 年第 1 期。

③ ［奥］凯尔森：《法与国家的一般理论》，沈宗灵译，中国大百科全书出版社 1996 年版，第 73 页。

刑法学者冯军在对《法制日报》一定时期内的"责任"用语进行统计、分析和总结后得出，"责任"一词是在三种意义上被使用的，即"义务""过错·谴责""处罚·后果"。冯军进而在义务、归责和承担三重意义上对刑事（法律）责任作出界定："刑事责任是法院依法确定行为人违反了刑事义务并且应受谴责后强制行为人承受的刑事负担"。刑事责任在内容上是由刑事义务、刑事归责和刑事负担三部分组成的，在结构上是顺次构成的立体关系。刑事义务，指由刑事法律规定的行为人负有的必须约束其行为的义务。对于刑事责任的认定来说，首要之点就是确定行为人是否负有不实施或实施某行为以防止损害结果发生的刑事义务。这就决定了刑事义务是刑事责任的必要组成部分。刑事归责，指把违反刑事义务的行为归因于行为人。刑事负担，指行为人有责地（应受谴责地）违反了刑事义务后应当承受的不利后果。刑事负担是刑事责任不可缺少的组成部分。任何一种责任制度，如果完善的话，都应当包括义务指定、归责要素和负担形式三方面的内容。它需要明确行为应当做什么，若没有做什么时该负担怎样的后果，负担后果时应当具备怎样的条件。如果不从这三个方面去规定责任，责任就不可能得到实现，即使得到了实现，也不过是带有擅断性质的事后追加。①

在蔚为大观的法律责任理论面前，我们感觉到的是研究路径的千头万绪和错综复杂，诸多学说往往从各自研究领域的需求及所欲的视角出发对法律责任进行阐释，虽然不乏真知灼见，但要在此基础上试图取得一个关于法律责任相对统一的认识，却足以使人"捻断三根须"。难怪德国刑法学家哈夫特就刑事责任的研究发出了悲观的感慨："如果说责任问题是刑法的根本问题，那么，明确责任概念就是第一要求，但是，我们离这种状态还很远。实际上，运用法律技术是不能完全把握责任概念的。不仅如此，在应该成为法律学的帮助者哲学中，也没有成功地阐明人类责任的本质，没有使法律学能够把它作为一个确定的、普遍承认的概念

---

① 冯军：《刑事责任论》，法律出版社 1996 年版，第 12—15、33 页。

来使用"①。哈夫特的感慨指向了两个层面的问题：人们运用法律技术是不能完全把握责任概念的；在哲学上，人们也没有成功地阐明人类责任的本质，哲学没有使法律学能够把责任作为一个确定的、普遍承认的概念来使用。它告诉我们：对责任的把握，我们至少可以在哲学和法律学不同的路径上进行努力。它同时又隐约地提醒我们，在不同的"场域"或层面上，责任的内涵具有多义性。在知识观的意义上，我们赞同哈夫特的观点，由于知识的"分散性"或"分立性"，并不存在一种整合了的知识，也不存在那种把全部知识都化约成普适性知识的知识②。但是在法学的平台上对法律责任含义的把握之努力，其结果或许并不像哈夫特的感慨那样令人沮丧。

从法的现象的角度看，法的构成因素不外乎三个，即价值、事实和逻辑。分别以这三个因素为研究对象的学科囊括了法学所有的流派，并构成了完整的法学方法论。对法律责任这一法学基本概念的把握亦可以从价值、事实和逻辑这三个层面分别展开。本书把责任仅限定于法律学中法律责任的概念，从而排除了价值法学、社会法学中责任的意义。尽管以法律的逻辑、形式意义为主要取向的分析法学在本体论和方法论上均被认为是法律学之本体，分析法学确立了法律学的独立学科地位，但是，现代法律学早已扬弃了传统分析法学排除价值因素的偏颇立场从而导向了某种立基于法规范技术之上的"综合"立场。因此，法律学中的责任概念并不能完全摒弃对法的价值、社会事实因素的考量。法并不是逻辑、价值和事实因素简单的排列或累加，法规范技术在法的诸因素中起到了中介之维的作用。法规范的功能之一是处理价值。它将价值囊括其中，从而在法的"场域"中为人们提供了某种对话和交涉机制，并有效地阻隔事实判断和价值评价的纠缠不清。当人们以事实判断诉诸规范时，通过法规范的机制可以得出相对确定的价值评价，从而避免了恣意

---

① 转引自冯军：《刑事责任论》，法律出版社 1996 年版，第 9 页。

② 参见邓正来：《自由与秩序——哈耶克社会理论的研究》，江西教育出版社 1998 年版，第 69 页以下。

和任性。因此，法律学中对责任概念的研究，是一种"规范分析"，它以法规范的逻辑分析为根本，并运用特定的技术处理法的价值和事实因素，它是一种对法的诸因素做明晰界分而又"综合"处理的研究方法。

通过以上界定，我们可以确定：对法律学中责任概念的研究，旨在追求某种类似与"特定时空下的情势的知识"，这种受到"特定情势"限制的知识具有相对的确定性。因此，处在相对规整的研究方法的平台上，法律学完全可能把法律责任作为"一个确定的、普遍承认的概念来使用"。

基于上述理由，我们认为，对法律学中行政法律责任的理解首先必须界分和明确行政法律责任在逻辑、价值和事实层面的不同含义及机理。在此基础上，经过技术性的统合，我们才有可能获得一个关于行政法律责任的规范性的、较为彻底的理解。

第一，行政法律责任的逻辑结构。对行政法律责任逻辑构造的研究是分析实证法学的任务。在分析实证法学家看来，行政法律责任与民事法律责任、刑事法律责任在逻辑上并无区别，它们的本质必须在法律关系中得到展示。这种法律关系可谓之救济权关系。救济权关系的逻辑起点在于法律发生意义上权利的分类，即原权利与救济权利。

自耶林以来，法学界一般认为，法律权利是法律为保护特定的利益而设定的。法律为保护某一特定的利益并不只设定一种静止的权利，而是设定一系列前后相连的权利，前面的权利随着特定的法律事实（侵权行为及违约行为的产生）而转化为后面的权利。从分析实证的立场看，对权利的精确理解必须将其置于法律关系的最小单位（法律关系的元形式①）中，法律规范中的法律效果部分具有两种基本的形态：原权利关系形态与救济权关系（又称为请求权关系或责任关系）形态。原权利关系是规范人们行为模式，并最终架构社会法律秩序的一种法律关系。救济权关系是当原权利关系受到破坏时，为保障或救济原权利而发生的法律关系。在法律的逻辑推理中，原权利也因此成为救济权推理的逻辑铺垫。

---

① 参见王涌：《私权救济的一般理论》，《人大法律评论》2000 年第 1 辑。

救济权的另一头则与公法上的诉权紧密相连。借助诉权，公权力（司法权或行政权）才能经诉讼程序而导入救济原权利的作业领域。可见，救济权是整个法律逻辑推理链中的一个中间转承点：原权利—救济权—诉权。因此，如果将法律看作为保护某一特定的利益而设定的一系列相互关联的权利链条的话，那么，原权就是这个权利链条的始端，而救济权则是这个权利链条的末端，处于末端的救济权直接导入诉讼程序之中，转化为公法上的诉权。在另一种情形中，救济权无须经过诉权导入司法权之救济，而是由某个行政权提供救济。因此，只有救济权才可以为法律所强制执行，而原权利则不行，所以有学者甚至认为只有救济权才是真正法律意义上的权利。如果将整个法律体系视为一台逻辑的机器，那么，这台机器的最终产品只是救济权（请求权），人们从整个法律制度中最终能够确实获得的能够兑现的只是救济权（请求权），而不是那些所谓的原权利。①

因此，行政法律责任的逻辑意义是一种救济权关系。它的产生必须依赖于客观行政法律秩序中某个原权利遭到了侵犯。在行政主体与行政相对人的法律关系中，行政主体承担法律责任的前提是行政主体的行政行为侵犯了行政相对人的原权利，行政主体的行政行为违法并不一定导致行政法律责任的产生，如行政主体违反法定程序对相对人作出罚款500元的决定，在相对人交付罚款之前该行政行为被有权机关撤销，此种情形并不能认为撤销是行政主体承担责任的形式，因为相对人的原权利（财产权）并没有遭到侵犯，撤销仅意味着因行政处罚（法律行为）效力要件上存在瑕疵而使其创设的法律关系归于无效；但如果行政机关作出处罚后相对人交付了罚款，行政机关须承受撤销和返还财产双重后果，由于行政机关对相对人的财产权（原权利）造成了侵犯，必须承担行政法律责任，其责任形式是"返还财产"而不是撤销。行政行为的撤销、无效和变更所涉及的是行政行为效力要件的缺陷。它们是指行政主体通过行政法律行为所意欲创设、变更或消灭的权利义务关系的失败，这并

---

① 参见王涌：《私权救济的一般理论》，《人大法律评论》2000年第1辑。

不意味着行政主体承担了"不利后果"或"消极性后果"。这是一个关于行政法律行为的效力要件是否具备的问题，一个法律逻辑、形式层面的问题，它是"价值无涉"的；而"不利后果"或"消极性后果"则是一种价值评价。我国行政法学的通说往往将行政法律责任定义为行政法律关系主体承受的某种"不利后果"或"消极性后果"，并将行政行为的撤销、无效和变更视为行政主体的责任形式，这种观点没有很好地界分法律中的"事实判断"和"价值评价"，在方法论上是不可取的。如果将其视为法律责任的形式，那么，一个民事法律行为的无效也必然产生民事法律责任，从而引起一系列理论规范问题的混乱。难道行政行为的撤销、无效和变更就一定对行政主体"不利"吗？基于法治的立场，我们可以说撤销或变更一个违法的行政行为是纠正了行政主体的错误，这无论对于行政主体、相对人或是社会来说都是大有裨益的。

在行政机关工作人员、行政相对人承担法律责任的情形中，前提条件仍然是行政机关工作人员、行政相对人的行为侵犯了行政法律秩序中的原权利（实际上构成对法律所保护的公共利益的侵犯），而这个原权利的主体由具有保护公益职责的行政主体承担。由于原权利被侵犯导致救济权关系的展开。行政主体的救济权与前述行政相对人的救济权实现途径有所区别，法律提供了两种实现的途径：一是向法院起诉，通过行使诉权导入司法权的救济，如在美国的行政法制度中，行政机关欲对相对人施以处罚或采取强制措施，在很多情形中须向法院起诉，经由法院的判决才能实现对公共利益的救济；二是采取"自力救济"，如在我国的行政法律制度中，行政主体可直接行使行政权对侵犯行政法律关系中之原权利的行政相对人、行政机关工作人员施以制裁，而无须向法院起诉寻求司法救济。

在以上论述中，行政法律责任的逻辑构造指称着一种因原权利被侵犯而展开的救济权关系。需要指出的是，当我们论及救济权法律关系的实现须依赖于司法权力或行政权力的介入或责任主体以何种方式承担责任时，我们实际上已经进入了一个法的社会事实层面在讨论问题，这是我们在下文将要关注的重要问题之一。这也说明了在法学研究中绝对地区分事实、价值或逻辑诸因素是不可能的。

第二，行政法律责任的价值机理。当我们走出分析实证法学的视野，在一个社会事实的平台上观察法律责任，不难发现，无论法学家们如何界定法律责任，似乎任何一种法律责任的实现或成就，都与国家公权力的强制属性有着不解之缘。大陆法系民法理论通常认为，民事责任作为一种特殊的债，由国家公权力保障其实现，表现为由法院作出裁判，强制义务人履行或由执行机关强制执行①。而在刑事责任中，从其追究活动到变为现实的整个过程中的任何一个环节都无法离开公权力的强制作用。在行政法中，司法权的介入是行政主体责任实现的最终保障②。而行政机关工作人员的责任和行政相对人的责任的追究和实现显然依赖于国家行政权力的强制作用。

任何一种研究方法都有其自身难以克服的局限性，分析实证法学亦不例外。它将法律责任视为纯粹理念世界中的规范关系加以研究，"实证科学只研究怎么样（how），而不研究为什么（why）"③的属性使它无法解释：在法律价值论的意义上，当国家公权力强制介入某个法律关系为被侵犯之权利提供救济的正当性、合理性基础是什么？分析实证法学在社会事实层面上和法律价值层面上的局限使得它无法对法律责任这一概念进行本原性的思考，即法律责任在社会学及伦理学上的根据是什么？它亦无法回答：在各种法律责任制度的设置中，竞相争取保护的各种利益应当如何取舍？

在一个纯粹的价值分析的视域中，法律责任的本质毋宁是一种法律上的价值评价。行政责任作为一种法律责任，它的本质亦体现为立基于特定的道义基础、社会基础之上的价值评价。行政法律责任的价值机理

---

① 参见梁慧星：《民法总论》，法律出版社 2011 年版，第 83—87 页。

② 在行政法理论中，一般认为行政主体有义务依当事人的申请主动撤销、变更其违法行政行为（或宣布无效），但在大多数情形中，当事人均须通过行使诉权由法院撤销违法行政行为（或确认无效），因此，司法权的强制介入是行政主体责任实现的最终保障。

③ 陈兴良：《刑法的人性基础》，中国方正出版社 1996 年版，第 149 页。

可表述为：行政法律关系主体因其行为侵犯权利的事实发生以后，应依何种根据使遭受侵犯之权利，与行政法律关系主体结合，从而为遭受侵犯之权利提供救济或对行政法律关系主体加以惩罚，此种根据的实质是法律的价值评价，即法律对行政法律关系主体实施行为之"意思"或行为本身的否定性价值评价。

哲学家文德尔班指出，价值是人们对客观事物的评价，价值既不根源于现实事物中，因为事物本身并不是价值；也不根源于对现实事物的客观认识中，因为客观认识不表明主体所持的态度；而是根源于评价者与评价对象的关系中，根源于评价主体所持的态度或标准中。① 法律责任的价值是对法律责任中事实要素的评价，法律责任的价值根源于评价者所持的评价态度或评价标准。这个评价态度或评价标准包含了道德因素和社会因素，但这种评价又不是纯粹的道德评价或社会评价，而是法律的规范评价。它指向法律责任中特定的事实要素——违法行为人的主观心理或行为，并使评价结果具有较高的稳定性和准确性。价值是法律责任的生命所在，是法律责任的逻辑构造中连接原权利与救济权的"价值中介"，为救济权关系的展开乃至公权力作为权利救济的保障提供了道义的、社会的依据，从而弥补了分析实证法学在法律价值层面上的缺憾，并对"人们应当基于何种理由对自己的违法行为承担法律责任？"这一法律责任的根本问题作出了道义的和社会的解答。

在此意义上言之，法律责任即"非难"或"非难可能性"或"有责性"。刑法学界大多称为"罪责"②，正是在价值论的意蕴上，大陆法系刑法之通说将罪责等同于责任。而在民法、行政法中则称为"归责"。也正是在这个意义上，我们才可以正确解读民法学者所称："民事责任是联

---

① 参见冯景文主编：《现代西方价值观透视》，中国人民大学出版社 1993 年版，第61—62 页。

② 参见［德］李斯特：《德国刑法教科书》，徐久生译，法律出版社 2000 年版，第251 页。

结民事权利与国家公权力之中介", "民事责任使民事权利具有法律上之力"① 的真实的、完整的含义。

法律责任的价值评价标准具有双重性，即道义标准和社会标准。由此奠定了现代法律责任理论的双元结构——道义责任论和社会责任论。在道义责任论中，行为人之意志具有道义上的可谴责性（刑法中的"主观恶性"以及民法、行政法中的"过错"）是归责的根据，道德价值是道义责任论的核心内容，其终极的价值本体是亚里士多德所称正义、公正和惩罚；在社会责任论中，行为具备社会可非难性从而导致归责（排除对行为人主观意志的评价）。社会价值是社会责任论的核心内容，其终极性的价值本体在于"利益均衡"。尽管社会责任的评价对象并不最终指向自由意志，但它发生作用的前提是：行为人必须具备健全的理性和意志能力。否认意志自由这一前提而主张绝对的社会责任，将使责任沦为简单的社会处置手段，并有可能产生不公正（如追究无行为能力人的法律责任），失去责任制度的原初意义。

道义责任论和社会责任论在近现代民法、行政法中具体表现为过错原则和无过错原则。过错原则是民法、行政法责任制度中的基本归责原则。如何评价或判断过错成为法律责任中的一项显要的技术。19 世纪的民法理论认为，在民事归责上，应从行为人主观的意思或能力上寻求根据，而不应从客观损害的事实现象中寻求归责根据，因而这种民事归责理论被称为"主观过错说"。以法国和波兰等国民法学说为代表的现代民事归责理论对"过错"作出了不同的定义，认为"过错"并非在于行为人的主观心理态度是否具备应受非难性，而在于其行为具有应受非难性，行为人的行为若不符合某种行为标准即为"过错"，这种学说被称为"客观过错说"。"主观过错说"和"客观过错说"的分歧焦点在于：在对行为进行价值评价的时候，需要考察的是行为人主观的心理状态还是客观的行为状态。"客观过错说"由于主张用客观的社会标准评价行为是否有

---

① 梁慧星：《民法学说判例与立法研究》，法律出版社 2003 年版，第 248—249 页。

过错，从而得出了"过错是一种社会概念"① 的结论。将过错完全归结于行为具有应受社会非难性的观点虽然有失偏颇，但却成为法律归责技术发展史上的重要的里程碑。自此以后，对过错的判断采用客观化标准（客观说）在各国占主导地位：德国学者强调此为类型化的过错标准；英美法系以拟制的合理人（Reasonableman）作为判断模式。Holmes 论及美国法如何建立过错责任原则时曾说："法律的标准是一般适用的标准。构成某特定行为内在性质的情绪、智能、教育等情状，层出不穷，因人而异，法律实难顾及。个人生活于社会，须为一定平均的行为，而在某种程度牺牲自己的特色，此对公益而言，诚属必要。……由社会众人所设立的法院应拒绝考虑加害人个人的误差。"② 这位长期从事司法实践的大法官对客观化标准的合理性作出了最好的解释。总之，现代责任制度对主观过错的认定，考察的是行为人客观的行为状态，而不是行为人主观的心理状态，是以社会的一般行为标准为准，而不以行为人的特殊心理活动为准。尽管过错属于行为的主观方面，但这里的主观二字，是就行为人而言；就社会而言，所要加以考察、评价的某一行为，是一个客观的认识对象。

客观过错原则的确立，意味着实体法为行为人在原权利关系层面上构建了双层义务的逻辑结构：第一个义务就是架构客观法律秩序的法律制度确认的法律义务。客观法律秩序体现了立法者对行为人实施行为时可能产生的客观结果的一种要求。从立法技术上看，这种法律秩序却是从对另一方法律主体（即非行为人一方）的某种利益进行保护的角度来设置的，设置的结果在字面上表现为各种"权利"的制度。如人身权制度、财产权制度或受教育权等其他权利，这些权利保护的是非行为人一方的人身利益、财产利益以及其他利益。法律设定这些权利的同时也为

---

① 《国际比较法百科全书·侵权行为·概述》第 63 页，转引自王利明：《侵权行为法归责原则研究》，中国政法大学出版社 2003 年版，第 198 页。
② O.W.Holmes,The Common Law,pp.107–110，转引自王泽鉴：《侵权行为法（1）：基本理论·一般侵权行为》，中国政法大学出版社 2001 年版，第 15 页。

行为人设置了义务。而另一个义务则是由架构主观法律秩序的法律制度确认的法律义务。主观法律秩序是从对侵害一方法律主体（即行为人）进行限制的角度来设置的，设置的结果在字面上表现为"注意义务"的制度，如民法、行政法和刑法上规定有关注意义务的各种规则或规范。对注意义务规范的违反可推定行为人主观过错的存在，在行政法律责任的构成要件中，行为人对注意义务规范的违反这一行为事实是用来认定实施该行为的行政机关的有责性（过错）。事实上，各种注意义务被广泛规定在法律、法规以及行业内部的规章、规范之中，甚至有些还存在于人们一般经验的判断之中，如民法中确立的"良家父"的标准。这些义务在归责的构成要件中起判断行为人在作出侵害行为时，主观上是否具有过错心理的作用。即如果侵害人没有充分履行这个法律义务而造成损害后果的发生，则在法律上就可以认定，侵害人作出侵害行为时具有主观上的过错。

在行政法制度中，主观法律秩序设定的义务，即行政法律关系主体的"注意义务"，为我们判断行政法律关系主体的主观过错提供了客观化的、社会性的标准。与民法相同，这些义务被广泛规定在法律、行政法规、行政规章以及所有的行政规则、行政规范性文件中，在许多成文规则尚未涉及的领域。这种"注意义务"甚至还存在于人们基于一般经验或行业标准的判断之中。在依法行政原则的指导下，现代行政法体系为行政主体设置了全方位的、系统的行为规则。这些行为规则可概括为行为主体、行为内容和行为程序三方面的要求，并衍生出一套细密而精致的行政行为控制技术。对这些规则的违反一般可称为"行政违法"，如本章前半部分详细阐释的行政违法的各种具体表现。行政主体的"行政违法"实际上是对法律为其设置的"注意义务"的违反，即破坏了行政主观法律秩序。这为我们判断、推定行政主体的主观过错提供了一套客观的、可操作的标准。这就使得对行政主体的意志过程的评价转化为行为的评价，使过错和违法性概念趋于统一，从而完成了道义评价向社会评价的转变。在法学方法论意义上言之，这实际上是一个法律规范囊括价值的过程。① 也就是说，在体现道义责任论的过错责任原则中，抽象的、主观的道德评价标准已经转化为极具操作性的、客观的技术性规则。这正是当代主流法学致力的"价值客观化"的具体表现。

在体现社会责任论的行政无过错归责原则中，责任的评价机制排除了对行为人主观过错的判断，而是基于特定的损害事实。这意味着过失作为负责条件的分离。只要行政法律关系主体的行为在客观上造成了损害，即侵犯了客观法律秩序中的原权利，而不论其主观上是否具有过错，都需承担责任。在这种情形中，法律省略了对行为人是否违反"注意义务"（主观法律秩序中的义务）的考察，归责的依据是法律所蕴含的社会价值，即行为人即使主观上无过错，但其行为在侵害了原权利的同时又被认为侵犯了某项社会公共利益，法律往往依据"一般社会上之安全利益"之标准进行归责。这个归责标准大凡由法律在建构客观法律秩序时明确规定，如各国民法、行政法往往对无过错责任的情形作出明文规定。这些法律条款实际上是建立在立法时对法律所欲保护的社会利益、社会价值充分考量基础上的将其客观化的结果。与过错责任所不同的是，无过错责任归责原则价值机理中作客观化处理的是社会价值而非道义价值。因为无过错责任的本质是一种"社会非难"，即以社会性价值为标准对侵犯权利行为的否定性评价，这是一种社会处置的手段。

综上所述，在行政法律责任的价值机理中，我们不但要明确归责过程中价值评价机制中的价值内涵（责任的根据），或许在法律学中更为重要的是，我们应当认识到这些抽象的价值是怎样通过技术处理被客观化为具有操作性的标准（归责的标准）。过错归责原则在价值客观化的过程中采用了社会意义上的"一般理性人"的标准，这就使得过错归责原则已不再是纯粹意义上的道义责任论。过错归责融合吸纳了必要的社会价值、社会事实因素从而成为一种复合性质的法律责任。这也提醒我们当我们在讨论行政法律责任的价值机理时，我们实际上无法做到绝对地区

---

① 参见拉仑兹《法学方法论》第一章第三节"规范的内涵及事实的结构"，陈爱娥译，商务印书馆 2005 年版。

分价值和事实，并在一个纯粹的价值领域中展开。

第三，行政法律责任的事实表象。刑法学者冯军认为，任何一种责任制度，如果完善的话，都应当包括义务指定、归责要素和负担形式三方面的内容。刑事负担，指行为人有责地（应受谴责地）违反了刑事义务后应当承受的不利后果。刑事负担是刑事责任不可缺少的组成部分①。冯军所谓的刑事负担，可从两个层面得到解读，首先是指法律逻辑层面的义务。正如我们在前文分析的那样，在救济权关系中，为了对遭受侵犯之原权利给予救济或对行为人施以处罚，责任人必然承担一定的义务；其次是在一个社会事实的层面上，责任人应当以何种方式去实现法律科以之义务，即通常所称责任形式，我们称为法律责任的事实表象。严格地说，法律责任的事实表象还应包括公权力的强制活动或影响，因为任何法律责任的成就或实现，均无法离开国家公权力的强制作用。

行政法律责任的事实表象（责任形式），可按行政法律责任主体的分类依次得以说明。法律对不同的行政法律责任主体设置了不同的承担责任的方式。行政主体承担行政法律责任的形式以行政赔偿为主，此外还包括返还财产、赔礼道歉、承认错误、恢复名誉、消除影响、恢复原状等形式。行政主体承担的法律责任以补救性的责任为主，目的在于对受侵犯之原权利实施补救。但赔偿损失是一种兼具惩罚性和补救性的责任承担方式，正如英国学者彼得·斯坦所称，因过失而支付的损害赔偿"是一种对做了某种错事而进行的惩罚。"② 如前文所述，我们认为，行政行为的撤销、被宣告或确认无效、变更不是行政主体承担责任的形式。

以上我们分析了行政法律责任在逻辑、价值和社会事实三个不同层面的含义，从而获得了一个关于行政法律责任的较为完整的理解。在此基础上，我们将行政法律责任定义为：行政法律关系主体实施了侵犯原

① 冯军：《刑事责任论》，法律出版社1996年版，第12—15、33页。
② ［英］彼得·斯坦等：《西方社会的法律价值》，王献平译，中国法制出版社2004年版，第178页。

权利的行为（违反了客观法律秩序中的义务），其实施行为之"意思"具有道义上的可谴责性（违反了主观法律秩序为其设定的注意义务）或行为在社会层面上的可谴责性，为了对遭受侵犯之权利给予救济或对行政法律关系主体施以处罚，在公权力的强制作用下的、该行政法律关系主体必须承受的法律上的负担。在法律现象的意义上，这个定义涵括了行政法律责任所有的组成要素，并揭示了行政法律责任的本质。

二、行政法律责任的构成要件

在一般法学意义上，人们把为使一定法律效果发生而将法律上必要的事实条件的总和，称为法律上的构成要件。[1] 构成要件在以实践操作性为追求的法律学中意义重大，它在本质上是各种法律规范技术的运用，对不同层面上的责任多义性进行技术加工、处理，从而形成了较为稳定的、客观的操作判断标准。当我们以特定的事实判断诉诸构成要件，就能得出相对确定的价值评价，这在一定范围内厘清了法律上的事实判断与价值评价的混淆不清。行政法律责任的构成要件，就是行政法律责任成立的条件。它实质上是对前述行政法律责任各构成要素的规范性整合，是对其在做出相对明确界分、释义基础上的技术性的爬梳。

有关行政法律责任构成要件的观点与对法律责任概念本身的理解一样，各种观点纷呈而至，但也具有一些共识。就行政主体的行政法律责任构成要件看，有的学者认为，行政法律责任包括三个构成要件：第一，行为人已构成行政违法及部分行政不当。第二，行为人的主观恶性程度。第三，行政违法的情节与后果。[2] 有的学者认为，行政法律责任的构成要件有三项：第一，具有行政违法或不当是引起行政法律责任的直接根据和实质条件；第二，行政违法或不当必须发生在行政主体及其公务人员或受托人行使职权和履行职责过程中；第三，行政法律责任的内容与方

---

[1]　参见［日］小野清一郎：《犯罪构成要件理论》，王泰译，中国人民公安大学出版社1991年版，第3页。

[2]　胡建淼：《行政法学》（第2版），法律出版社2003年版，第464页。

式须为法律规范所规定。至于是否必须具备主观上的过错要件，我国有关行政诉讼、国家赔偿等法律制度的规定，并未将主观过错作为承担行政法律责任的必备条件之一。①

也有的学者认为，行政法律责任包括五个构成要件：第一，违法行政或者不当行政是行政责任产生的前提条件；第二，行政责任主体是行政主体及公务员；第三，只有发生在行政公务行为中的行为才能引起行政责任；第四，行政责任的追究须为行政法律规范所确认；第五，行政责任的成立并不以损害的存在和主观上的故意或者过失为普遍要件。② 还有学者认为，行政法律责任的一般构成要件仅为"行政主体"与"违法行政"两项，损害事实等要件只是部分行政法律责任的构成要件。③

我们认为，随着我国行政法学研究的发展，上述各学说普遍摒弃了近代侵权法中客观违法与主观有责的责任二元理论，无法为如何判断过错提供客观的、可操作性的标准，从而使得在司法实践中，过错这一要件形同虚设。上述各学说虽然不乏可取之处，但是由于研究方法上的局限，仍有提升的空间。

学者陈裕琨站在分析实证法学立场认为，法律上行为的元形式可分为法律行为、事实行为、违法行为和合法行为。其中，违法行为的本质就是对法律义务的违反。调整违法行为事实的法律规范设置了具有独特逻辑结构的法律责任构成要件。这一逻辑结构为法律责任的构成要件提供了具有普遍意义的范式，民法中侵权责任构成要件与刑法中犯罪构成要件以及行政法律责任的构成要件均可用这一逻辑结构加以解释。这一独特的逻辑结构可以按照推理的先后顺序展开为：客观违法性要件和主

① 王连昌、马怀德主编：《行政法学》，中国政法大学出版社 2007 年版，第 92—93 页。
② 罗豪才、湛中乐主编：《行政法学》，北京大学出版社 2012 年版，第 345—347 页。
③ 姚锐敏、易凤兰：《违法行政及其法律责任研究》，中国方正出版社 2000 年版，第 186 页。

2680

观有责性要件，即双重违法性原理。①

　　上述观点为我们认识行政法律责任的构成要件提供了很好的逻辑前提。虽然民事法律责任、刑事法律责任和行政法律责任有相当差异，但在逻辑上它们仍存在基础性的构成要件。在一个缜密的逻辑基础上，法律责任中的价值、事实要素经过法律规范技术的通合，我们便可得到一个法律学意义上的、富于操作性且相对稳定的法律责任的构成要件。兹详述如下。

----

① 　首先是客观违法性要件的认定，具体包括两个步骤：第一，客观的违法可能性的认定。（1）实际损害后果这一客观事实的存在的认定。（2）根据法律规定或价值判断，如果该损害后果所涉的利益已经或值得法律保护，那么就可以认定一方法律主体的某个权利可能受到了侵害。注意这一权利是受侵害方所拥有的由客观法律秩序所确认的权利。（3）存在另一方法律主体，它的行为与该损害后果之间，即与受害方权利受侵害这一事实之间存在事实上的因果关系（无论是直接还是间接），这一认定可以根据"but-for"这一条件公式来进行。（4）行为事实状态的构成要件符合性。这一要件在刑事行为的客观违法性的认定中具有重要意义，而在民事行为的客观违法性认定中无需再进行这一要件的认定。第二，违法阻却事由。如果行为的附随状况中存在如行为是依法令而实施、行为是一种正当的业务行为或行为是为了履行一个有效法律行为所创设的权利义务内容、行为是行为人自己侵害自己权利的行为、行为得到了被侵害人承诺等事实情况，那么，第一步所判断的违法可能性就被阻却，于是该行为就是一个合法的行为。主观有责性要件的认定过程需分两步走：第一步，损害结果与侵害行为之间事实上的因果关系，经过司法判断，由于认定其具有相当性，因而可以上升为法律上的因果关系。这样，该已被认定为具有违法性的行为就具有了归责的可能性。第二步，由于该侵害行为同时又违反了由主观法律秩序所确定的法律义务，因此可以认定实施该侵害行为的法律主体具有法律上的过错，即责任构成要件中的主观有责性要件得以认定。当然这只是一种基本样态，在立法实践中，基于不同的立法政策或价值取向，还有可能出现另外两种修正样态的逻辑结构：一种是仅以违法性要件来型构整个构成要件，而不考虑有责性要件，这种构成要件结构形式在民事侵权责任理论中被称为"结果责任"或"无过错责任"；另一种修正样态是责任的构成要件在逻辑上虽然仍呈现出违法性和有责性的二元结构，但却不以造成实际损害结果为必要条件。（详见陈裕琨：《分析法学对行为概念的重构》，《法学研究》2003年第3期）

（一）客观违法性

所谓客观违法，是指行政法律关系主体的行为违反了客观法律秩序设定的义务。客观法律秩序体现了立法者对行为人实施行为时可能产生的客观结果的一种要求。客观违法性要件的判断包括以下两个方面。

第一，客观的违法可能性的认定。（1）实际损害后果这一客观事实的存在的认定。实际损害是指某行为给被害人造成事实上的不利益（与法益损害相对而言），"易言之，损害发生前之状态，与损害发生后之情形，而相比较，被害人所受之不利益，即为损害之所在。"① 行政法律责任中的实际损害是指行政法律关系主体之行为造成的个人、社会或国家的不利益。如行政主体的行为导致了他人死亡，那就造成了对生命的侵害；由行政主体的行为对人身造成的不良影响，是对身体或者健康的侵害；限制他人人身活动范围的行为是对他人自由的侵害；对有形财产的毁损是对财产权的侵害。损害也包括经济损失，如果是因为行政主体的行为对相对人的人身或有形财产造成的损害而导致相对人遭受经济上的损害。但行政机关工作人员、行政相对人的侵害行为并不一定导致实际损害的发生，其行为往往构成对法律保护的无形的公共利益的损害，需要在下一个步骤中加以认定。（2）根据法律规定，如果该损害后果所涉的利益已经或值得法律保护，那么就可以认定一方法律主体的某个权利可能受到了侵害。注意这一权利是受侵害方所拥有的由客观法律秩序所确认的权利。《美国侵权法重述》解释说，利益一词系指任何人类欲望的客体。② 利益并不必然受法律保护，心灵的宁静也是一种利益，正如对土地的占有一样，所不同的是，法律对于前者不加以保护。原因在于，法律的局限性和此利益的不重要性。欲望的客体不是欲望涉及的物，如每一个人都希望他的身体免于伤害，这里，欲望的客体是身体的安全，而不是身体本身。如果某一利益受法律保护，即可以排除任何形式的侵犯，

---

① 民法学家王泽鉴认为。（参见王利明：《侵权行为法归责原则研究》，中国政法大学出版社 2003 年版，第 371—372 页）

② 参见王涌：《私权救济的一般理论》，《人大法律评论》2000 年第 1 辑。

那么此利益即成为一种权利的内容，这种权利就是权利人可以要求所有的人、特定的人以及一部分人不应当做损害利益的行为。因为损害对被侵害人来说是一种不利益，而"权利就是受到法律保护的一种利益"①，所以我们可以进一步界定：法律上的损害就是对权利的侵犯。但是，并不是侵犯了一种权利，即违反了一种与权利相对应的义务或违反了一种法律关系，就一定损害了此权利所保护的利益，因为法律权利是形式的，而其保护的利益却是实质的，权利与利益有四种逻辑类型：①侵犯了法律权利，也侵害了利益；如殴打致人残疾，侵犯了他人的人身权，也侵害了他人的人身利益。②侵犯了法律权利，没有侵害利益；如擅自闯入他人庭院，但未引起他人不快，也未损害他人之财物，此行为侵犯了他人的住宅权，但是，未侵害他人任何实质利益。③没有侵犯法律权利，但侵害了利益；如为防止洪水决堤，紧急破沉他人船只，此紧急避险行为没有违法，也没有侵犯他人法律权利，但是，却侵害了他人的财产利益。再如在隐私权法出现之前，擅自窃听并传播他人隐私，此行为并未侵犯他人法律权利，但却侵害他人的精神利益。④没有侵犯法律权利，也没有侵害利益，如同性恋，没有侵犯他人法律权利，也未侵害他人利益，但却是社会普遍认为的一种不当行为。② 权利上遭受的不利并不必然导致损害。③ 损害是对法律保护的权利造成了侵害。

损害必须具有确定性，即这种损害事实已经发生或必然要发生。可能但并非将来的损害不构成损害，因为"侵权行为只有当它避免了过

---

① 耶林语。（参见张文显：《当代西方法哲学》，吉林大学出版社 1987 年版，第 120 页）

② 参见王涌：《私权的分析与建构——民法的分析法学基础》，中国政法大学 1998 年博士学位论文。

③ 荷兰最高法院 1995 年 10 月 20 日的一个判决即宣布一律师因过错延误了就一税单提起法律救济的期间，原告因不能证明损失的存在而未能获得赔偿，因为即使该律师及时采取行动，当事人也不可能得到更优惠的税单。（参见 ［德］克雷斯蒂安·冯·巴尔：《欧洲比较侵权行为法》（下卷），焦美华译，法律出版社 2001 年版，第 7 页注释）

分苛严的责任时，才能作为有效的、有意义的和公正的赔偿体系运行。""无论是从单个侵权行为人的利益出发，还是为了自身生存的愿望，侵权行为法都必须将那些过于'遥远'的损害从其体系中排除出去。"①

操作意义上的损害必须法定。比如，在我国，根据《国家赔偿法》的规定，作为国家赔偿构成要件中的"损害"必须属于人身权和财产权范围，而财产权又只限于直接损害。相对人也可以要求行政主体承担损害赔偿责任。只要有法律上的根据，损害甚至还包括因对相对人的人身或有形财产以外的经济利益造成的损害而导致相对人遭受纯经济上的损失。行政相对人、行政机关工作人员对行政法律秩序造成的许多损害也不是"有形"的损害，他们往往构成对行政法所保护的公共利益的侵犯。不同于私法，行政法律责任领域的损害还包括极具特色的程序性权益损害。比如，听证机会的丧失，知情权的受侵，遭受不平等的对待，期限利益的损害等。有时相对人程序性权益的损害可能直接导致其实体权益受损，但有时相对人程序性权益的损害却无关行政行为实体内容的正确性。相比于比较全面的实体性权益损害的救济，各国亟须开发的应该是对程序性权益损害的赔偿救济。

在行政不作为违法引起的国家赔偿责任领域，有一个问题特别值得注意：作为行政赔偿构成中的"损害"要件必然涉及公法上的请求权与反射利益的区分问题，即相对人请求国家赔偿是否必须证明行政主体有行政作为义务，受害人有公法上请求权存在，并经请求行政主体执行而怠于执行？细分之有两个问题：一是受害人是否必须先有公法上请求权（即受害人有请求行政主体为一定作为义务以实现其个人利益受到保护的权利）；二是该公法上请求权是否必须已经提出但行政主体仍怠于履行作

---

① ［德］克雷斯蒂安·冯·巴尔：《欧洲比较侵权行为法》（下卷），焦美华译，法律出版社 2001 年版，第 1 页。

为义务。① 对于第一个问题，我国大陆尚无较厚实的研究成果，立法也没有明确规定。但在我国台湾地区，有法院判例确立了类似理念。我国台湾地区"最高法院"1985 年台上字第 704 判例称"查国家赔偿法第二条第二项后段所谓公务员怠于执行职务，系指公务员对于被害人个人有应执行之职务而怠于执行者而言。换言之，被害人对于公务员为特定之职务行为，有公法上请求权存在，经请求其执行而怠于执行，致自由或权利遭受损害者，始得依上开规定，请求国家负损害赔偿责任。若公务员对于公共职务之执行虽可使一般人民享有反射利益，人民对公务员仍不得请求为该职务之行为者，纵公务员怠于执行公共职务，人民尚无公法上请求权可资行使，以资保护其反射利益，自不得依上开规定请求国家赔偿损害。"② 对于前述判例，我国台湾学者多数同意公法上请求权是受害人获得国家赔偿的前提，但对受害人提出公法上请求为赔偿前置条件多持批判态度，认为国家负赔偿责任应以行政权作用有无不法为前提，囿于受害人有公法上请求权并经请求而怠于执行为赔偿前提既曲解立法原意，又有违 20 世纪法治国理念。

对于第一个问题，我们认为我国应吸收德、日等国的相关原理，区分公法上请求权与反射利益，以避免国家承担过重的财政负担。公法上请求权与反射利益在行政法学上是两个相对应概念，它以私人是否有要求行政主体为法律义务的请求权为讨论基点。德国学者认为，私人要享有公法上请求权必须具备三个条件：一是行政主体依公法法规之规定负为行为义务；二是该公法法规并非仅以实现公益为目的，亦具有保护个

---

① 对于第二个问题，我们主张，一旦公法上请求权成立，不管相对人一方是否已经行使请求权，只要行政主体怠于行使行政作为义务并达到相当不合理的程度，即构成行政不作为违法，因此造成相对人人身权或财产权侵害的，国家自然应承担行政赔偿责任。当然，必须经相对人发动公法上请求权始能引起行政主体履行作为义务的，如无相对人请求，自然不涉及国家赔偿问题。在国家赔偿制度仍相当不发达的今天人为再增加阻碍受害人获得国家赔偿的条件，显然是法治的倒退，相信裁判者不可能如此倒行逆施。

② 廖义男：《国家赔偿法》（增订第二版），台湾三民书局 1998 年版，第 69—70 页。

人利益之意旨；三是该法规所保护之个人，有要求义务人履行其法规义务的"法之力"。反观反射利益（又称法的寄生物），仅为行政主体实现维护或增进一般公共利益时，反射带给私人的好处，并非法规设定行政主体义务的目的所在。实务上，第二次世界大战德国已有若干判决承认行政介入请求权（请求行政主体履行作为义务）及行政不作为之损害赔偿。嗣后法院常以法无明文规定及反射利益之法理拒绝承认私人对一般行政机关作为义务的发动请求权。直至1960年的"炼锯事件"判决，法院方开始承认国民之公法上请求权，不以法律明定为必要，而应以法律之目的解释之，尤其是有关国民生命、身体及健康的权利，法院解释为除保护公益外，也有保护特定私人的目的。在反射利益与公共权利的区别问题上，日本一开始即接受德国理论，实务上，法院也常以反射利益之法理驳回原告赔偿请求。20世纪70年代之后，日本不少学者认为反射利益思想系自由主义和官僚主义时代之残余，与福利国家宪政理念不符。更有学者提出"健康权理论"，即凡保护人民生命、身体、安全或环境的行政权力无论是否保护公益，均存在私人的公法上请求权。这一时期，法院的判决也产生相应变化，承认宪法上之基本权利系人民之公权，又采"裁量权收缩"理论，认为在某些情况下行政主体因裁量收缩为零而有作为义务，以逐渐缩小反射利益范围。英、美两国传统上虽未运用大陆法系"反射利益"理论，但却殊途同归发展出"公共义务原则"① 驳回原告赔偿请求。第二次世界大战之后，随着德、日两国反射利益公权化的发展，英国也逐渐承认某些规制权限行使义务的存在。直至1978年的 Anns 案件，法院终于全面承认：行政机关不仅在行使规制权限时有采取合理注意的义务，行政机关在行使裁量权以决定是否行使其法定权限时更有合理原则的遵守。简言之，除损害发生和因果关系外，合理原则

---

① 详见罗明通、林惠珍：《英国行政法上合理原则之应用与裁量之控制》第四章第一节，1995年自版。

是判断原告能否获赔的基准。① 值得注意的是，学习德日，必须领会他们区分公法上请求权与反射利益的发展趋势是：反射利益公权化日益明显，而德国通过法律目的解释公法上请求权的技巧更是精妙绝伦。（3）行为事实状态的构成要件符合性。刑法的"罪刑法定"原则使得这一要件在刑事行为的客观违法性的认定中具有重要意义，而在民事行为的客观违法性认定中无需再进行这一要件的认定。但在行政法律责任中，对某些行政相对人承担的责任必须考虑这一要件，如剥夺人身自由的行政处罚、剥夺财产权的行政处罚等，这些行政处罚在西方的行政法中本质上被认为是刑罚，其适用规则与刑罚基本相同。

　　第二，违法阻却事由。在判断行政法律关系主体的客观违法性时，我们必须考虑违法性阻却事由，它是对行为违法性的否定。如果侵害行为的附随状况中存在如：行为是依法令而实施、行为是一种正当的业务行为或行为是为了履行一个有效法律行为所创设的权利义务内容、行为是行为人自己侵害自己权利的行为、行为得到了被侵害人承诺等事实情况，那么，第一步判断的违法可能性就被阻却，于是该行为就是一个合法的行为。违法阻却事由的功能在于排除违法的可能性，法律对其范围一般严格加以限制。与民法相同，行政法律责任中的违法性阻却事由主要应包括类型有：（1）正当防卫。如某人对正在实施的侵犯其人身安全的不法侵害采取适当自卫，造成侵害人身体伤害。（2）紧急避险。如消防人员在紧急情况下为防止火势蔓延强行拆除火场周边的房屋，造成他人房产的损害。（3）自助行为。如店主在来不及报警的情况下强行限制小偷的人身自由直至警察的到来。（4）其他违法阻却事由。如行政主体依法对行政相对人实施限制人身自由、扣押财产的强制行为造成人身权、财产权损害的。

---

① 以上国外部分的归纳总结可详细参阅罗明通：《公法上请求权与反射利益之分界——兼论公务员怠于执行职务之意义》一文，载罗明通：《国家赔偿法上公权力概念之比较研究》，1995 年自版。

（二）主观有责性

所谓主观有责性，是指行政法律关系主体的主观过错或主观上的可受责罚性，即通常所说的归责。如前文所述，归责在本质上是一种法律上的价值评价，它的主要功能在于：使侵犯权利的事实与侵权主体结合，从而为遭受侵犯之权利提供救济或对侵权主体加以惩罚赋予正当性，并为国家公权力强制作用提供正当性。对行为人主观过错的判断，现代法律责任制度经由了从"主观过错说"向"客观过错说"的转变。"客观过错说"的确立意味着法律为行为人确立了主、客观双重法律秩序，过错意味着对行为人主观法律秩序确立的注意义务的违反，行为人在主观法律秩序中的违法（违反注意义务）即可推定其主观过错。主观法律秩序中的注意义务为主观过错的判断创制了一套精确的、可操作的标准，从而使违法与过错趋于一致。

在行政法中，行政法治包含的控权理念要求为行使国家公权力的行政主体设置超乎一般人的注意义务，于是，近现代行政法发展出一系列完整的、精致的"行政违法"理论及制度（具体内容详见本章前半部分）对行政主体的注意义务进行规整，行政违法可作为判断、推定行政主体存在过错的客观标准。但是否所有的行政违法行为都可作为评判行政主体主观过错的标准呢？这需要作出进一步的分析。

违法概念一直是民事侵权法和刑法上的重要内容。自德国法学大儒耶林提出"主观的不法"与"客观的不法"概念后，[①] 大陆法系民法学相应地发展出关于违法性概念的两种学说，即"结果违法说"和"行为违法说"。传统的违法性理论是指"结果违法"，即凡行为侵害他人权利者，如驾车撞伤路人、绑架杀人、烧毁他人房屋等，即属违法。[②] 根据这种学说，加害行为之所以被法律非难而具有违法性，是因为它导致了对权利侵害的"结果"。除了发生违法性阻却事由（正当防卫、紧急避险和

---

① ［德］鲁道夫·冯·耶林：《为权利而斗争》，载梁慧星：《为权利而斗争》，中国法制出版社2001年版，第1—31页。

② 王泽鉴：《侵权行为法》（第一册），中国政法大学出版社2001年版，第229页。

自助行为）以外，只要某行为存在客观的侵害后果，概属不法。① 晚近德国学者的新学说主张"行为违法"。该说认为，在故意侵害他人权利的情形中，一个行为因导致他人权利受侵害而被认为构成违法是妥当的，因为故意侵害他人为法律所当然禁止，行为的违法性可直接认定；但在过失侵害他人权利的情形中，行为违法性的成立须以行为人未尽避免侵害他人的注意义务为必要。注意义务的违反是违法性的必要特征。反之，若行为人已尽到社会活动方面的必要注意义务时，即使其行为具有侵害他人权益的客观后果，也不能被认为构成违法。② 上述学说被认为是法律学上关于违法性阐释的经典理论，由于其对违法性在行为过程和行为结果两个方面的高度概括和抽象，其意义已经超越了侵权法的范围。

"结果违法"和"行为违法"的区分，为我们适当地界定行政违法中的"违法"概念之含义提供了认识基础。行政违法概念中的"违法"显然不属于行为的"结果违法"，否则，将使行政违法与行政侵权相混同，"结果违法"意味着对权利的侵害，但行政违法并不一定导致权利的侵害。就此，我们可以将行政违法归入"行为违法"的范围。

行政违法既然属于"行为违法"，那么，是否和民事侵权法上的规定一样，行政违法即意味着行政主体注意义务的违反？或者行政违法的存在可推定实施某项行政行为之行政主体过失的存在？在这一点上，公法与私法由于调整方式、保护利益的不同而产生了差别。行政法属公法，以实现公共利益、控制公权力和保障人权为主旨，在规整方式上以"法定主义"为原则；而民法属私法，以调整私益为目的，在调整方式上以"意思自治""授权主义"为准则。"法定主义"调整方式以及特定的价值追求使得行政法上必然存在着许多为行政主体设定各种"法定"义务

---

① 史尚宽：《债法总论》，中国政法大学出版社2000年版，第125页。

② 王泽鉴：《侵权行为法》（第一册），中国政法大学出版社2001年版，第230页。英美法系的侵权法理论也达致了同样的认识，即将注意义务作为判断行为违法性的标准（See Draft Restatement（3rd edition）of the Law, Torts: Liability for Physical Harm, Tent. Draft No.1（March 28, 2001），§ 1, commentsa, d.）。

的制定法条款，而在民法上，以制定法的形式为行为人设置"法定义务"的情形则要少得多。无所不在的制定法义务条款可以称为法治条件下规范行政权力的"义务网络"。对这些义务的违反（违反实定法规范）一般统称行政违法。根据设置特定义务之目的及其所针对的对象，行政主体的法定义务可以分为两种类型：①

第一，行政主体的法定义务中有许多是针对国家的"一般性管理义务"，这些义务由那些对行政权进行分工、组织行政机构和人员核定、保障一般性行政管理秩序的组织法规范、程序性规范所设定，是行政主体针对国家、社会公众所承担的职务，而非行政主体针对特定行政相对人的法律义务，其目的在于维护行政秩序和公共利益。

第二，另一类则是行政主体针对行政相对人的"对他人的保护义务"。这类义务大多体现在规定行政主体具体管辖职权的规范中，具有典型的外部性。

与上述两类义务的划分相对应，行政违法亦可分为两种类型，即违反"一般性管理义务"之行政违法和违反"对他人保护义务"之行政违法。这种区分在行政法上具有特殊的意义，它为我们界定司法审查中行政违法和行政责任（行政赔偿）制度中的行政违法提供了认识的基础。

司法审查中的行政违法包括了上述行政违法的两种类型，即只要行政主体作出的行政行为违反了实定法为其设定的义务（无论是"一般性管理义务"还是"对他人的保护义务"），就有可能产生效力上的瑕疵，而遭到司法机关的否定。基于司法审查中的政策性考量，理论上又可根据行政行为的违法严重程度规定不同的瑕疵后果，它们依次是：因明显或严重违法而导致的无效行政行为，因一般的违法而产生的可撤销的行

---

① ［德］哈特穆特·毛雷尔：《行政法学总论》，高家伟译，法律出版社2000年版，第626—627页。

政行为，可经事后补正、转换而"治愈"的错误的行政行为。①

　　但是，司法审查中的行政违法并不能简单地等同行政赔偿制度中的行政违法。作为侵权法之特别制度的行政赔偿制度，对行政行为作违法性判断的意义在于确定行政主体是否有过失，以行政行为的违法而推定行政主体过失的存在。因而，行政赔偿制度中的行政违法是指对"保护他人义务"的违反，而不能包括对"一般性管理义务"的违反。所谓"保护他人义务"，是指法律要求行为人实施行为时，负有不损害他人权利及利益的义务。这种义务的核心要素在于行为人采取行为时的合理注意，因此，行政法律规范中关于"对他人保护义务"的条款实际上为行政主体设置了针对行政相对人的注意义务，乃注意义务的客观化，对它们的违反可推定主观上过失的存在。以制定法的形式为行政主体设置大量的注意义务乃是公法"法定主义"调整方式的必然要求。当然，制定法意义上的法规范并不能穷尽所有情形中行政主体应当履行的注意义务。相反，"一般性管理义务"的设置完全是基于维护行政秩序和公共利益、实现行政目的之需要，它并不直接指向行政主体与行政相对人的关系。将行政赔偿（行政责任）制度中的"行政违法"定位于"对他人保护义务"的违反，从而将违法与过失融为一体，使"违法"成为推定过失的客观标准。这与现代侵权法制度的司法实践趋于一致。②

　　我国《国家赔偿法》确立的所谓"违法"归责原则，由于在实践中产生了诸多问题而遭到学者的诟病。我们认为，"违法"归责原则的根本

---

① 翁岳生等：《行政法》，中国法制出版社 2000 年版，第十一章"行政处分"；［德］哈特穆特·毛雷尔：《行政法学总论》，高家伟译，法律出版社 2000 年版，第 242—243 页。

② 在当下美国的侵权法理论中，"过失"（negligence）概念往往具体化为各种类型的"作为标准的法规范"（Legal norm in the form of a standard），如：在产品质量责任领域，以"产品设计"和"瑕疵预告"规范作为判断过失的标准。违反这些规范往往构成过失（See Kenneth W. Simons, Dimensions of Negligence in Criminal and Tort law, The Boston University School of Law Working Paper Series Index, http://www. bu. edu/law/faculty/paper)。

问题在于对行政违法概念的粗陋认识，简单地将司法审查中的行政违法概念"移植"于国家赔偿制度。这种认识极大地缩限了国家赔偿的范围，将大量无法以司法审查中的"违法"标准加以判断的事实行为、抽象行政行为及带有技术特征的国家职权行为排除在赔偿范围之外。完善我国《国家赔偿法》归责原则的根本出路或许在于，将"违法"归责原则中的"违法"概念定位于"对他人保护义务"的违反，这不仅使"违法"归责原则回归到过失责任原则——这一在侵权法上被视为"金科玉律"的归责原则上来，而且，用违反"对他人保护义务"之行政违法来推定过失的存在，也符合现代侵权法制度中过失客观化之发展趋势。另外，对于"违法"归责原则中"法"的含义的认识，不能仅仅机械地理解为各级立法机关制定的法律、法规和规章，而应将其定位为"综合体意义的法规范"。它不仅包括制定法意义上的法律、法规和规章，而且还将行政内部规则、行政惯例，甚至社会习惯和人们基于一般经验所作的判断等囊括其中，因为作为注意义务客观化的法规范，并不仅仅存在于制定法之中，过失的确定必须在具体的规范背景（Context）下结合行为人在具体个案中的情形加以确定。① 这个过程必须具备一定的弹性以适应纷繁复杂的个案事实，如果一律机械地将违反制定法规范作为判断过失的客观标准，则必将导致谬误。

　　另一个在实践中具有意义的问题是，在具体个案中，如何区分上述"一般性管理义务"和"对他人的保护义务"？从法律方法的角度看，这是一个在个案中如何解释法律的问题，法律适用者应当就个案涉及的义务规范的字义、意义脉络、立法者的意向以及客观目的进行解释，以探求特定义务规范的"规范目的"，从而恰当地区分两种义务。就如何确认行政主体"对他人的保护义务"而言，在一般情况下，根据法律规范的字义、整体上的意义脉络以及立法者较为明显的意向，基于内部、外部

---

① Kenneth W. Simons, The Hand Formula in the Draft Restatement(third) of Torts : Encompassing Fairness As Well As Efficiency Values[J]. Vanderbilt Law Review, Vol. 54, 2000(pp.1-47).

行政法律关系的划分就可作出判断。但是，在许多情形中，上述解释方法的适用并不能获得一个确定的答案，即某项义务是"一般性管理义务"还是"对他人的保护义务"仍处于悬疑不决的状态，此时，就涉及对该义务规范的"客观目的"的探求。其中可能适用的解释标准是：必须考虑调整对象的"特质""特殊结构"才能答复何种解释较为妥当的问题。在此过程中，必须结合个案事实，考量特定义务规范在具体行政关系中的"客观效果"。这种"客观效果"是立法者亦不能改变的实际状况，即在特定的行政法律关系中，即使某项义务在形式上属于行政主体的"一般性管理义务"。但如果在"客观"上具有针对行政相对人的效果，也被确定为"对他人的保护义务"，其中必然涉及与特定行政事务有关的一般社会经验法则、类型化的价值判断方法的运用。

（三）因果关系

在行政法上，只要损害是决定行政法律责任的一个重要因素，就不可能不重视因果关系的研究。可惜，如此重要的问题，在我国行政法律责任研究史上着墨颇少。已有的研究成果主要集中在行政主体的行政赔偿责任领域。一位直接参与《国家赔偿法》制定的学者，在谈到国家赔偿构成要件中的因果关系要件时，除指出因果关系是"一个十分复杂的问题"外，在列举法国的"直接联系说"和我国台湾的"适当条件说"后，仅简单结论称："如果需要对这个十分复杂的问题确立一个比较合适的学说来识别，也许就是必然联系说，即行为与结果之间的联系应该是必然的联系；此结果必然是某行为而不是其他行为造成的。反之，如果有了这一行为，就必然产生此结果。在行为与结果之间如果没有这种紧密的联系，因果关系就不能存在。"[1] 事实上理论界对这个问题分歧较大，其中最具代表性的学说仍是直接因果关系说。所谓直接因果关系是指行动与结果之间存在逻辑上的直接的关系，其中行为并不要求是结果的必然或根本原因，而仅仅是导致结果发生的一个较近的原因。至于其间关

---

[1]　肖峋：《中华人民共和国国家赔偿法理论与实用指南》，中国民主法制出版社1994年版，第14页。

联性紧密程度，则完全依靠法官根据具体案件的情况来决定。赔偿责任中的因果关系应当是客观、恰当、符合理性的，原因与结果存在顺序性。① 也有学者认为，国家赔偿责任中的因果关系，具有一定的特殊性，很难用一个固定的理论加以解决，所以，在认定时应更多地参考普通民事侵权赔偿责任的因果关系的认定方法，综合各种方法确定因果关系的存在与否。②

我们认为，综合说没有提供具体的判断标准。必然联系说只解释了"必然"的语义，也缺乏可操作的判断标准。直接因果关系说注重哲学的思考，吸收了哲学上因果关系的逻辑必然性、时序性等，值得肯定；尤其提出原因与结果关联程度需依靠法官的裁量更是抓住了要害。但是，哲学作为对自然界和人类社会普遍规律的总结和研究，并不能直接替代对部门学科的分析研究。哲学上研究因果关系主要是发现事物间的因果规律，而行政法律责任中研究因果关系则为了确定损害后果是否为行政法主体的活动引起，从而为行政法律责任的最终确立提供基础。它并不注重原因与结果之间的规律性（有时原因与结果的关联并不符合规律），而是注重具体案件中到底行为对结果产生了什么作用，多大的作用会引起法律责任的承担，所以只是简单地吸收哲学上因果关系的原理并不能直接解决行政法律责任中因果关系的判断。另外，直接因果关系说还存在3点不足：（1）原因与结果的关联紧密程度，完全求助于法官或其他决定者根据具体案件自由判断，显然缺乏合理性。因果关系的确认直接关系到责任的承担，而这既是一个事实问题，又是一个法律问题，还是一个政策问题，涉及法学、政治学和社会学等学科。由法官或其他决定者综合判断没错，但必须对法官和其他决定者的判断约定一个范围、制定一些准绳，不能授予一个没有限度和基准的自由裁量权。（2）缺乏对

---

① 罗豪才、湛中乐主编：《行政法学》，北京大学出版社 2012 年版，第 401—404 页；应松年主编：《国家赔偿法研究》，法律出版社 1995 年版，第 89 页；皮纯协、冯军主编：《国家赔偿法释论》，中国法制出版社 2010 年版，第 90—91 页。

② 房绍坤主编：《国家赔偿法原理与实务》，北京大学出版社 1998 年版，第 86 页。

因果关系量的研究，导致在分析原因作用程度进而确定责任比例时缺少理论指导。要承担行政法律责任与承担多大的行政法律责任是两个问题，单纯研究因果关系的质，而不关注因果关系的量，显然不合适。（3）缺少对特殊案件和复杂案件中具体因果关系判断标准的研究。像行政不作为违法能否造成危害后果，在不作为行为与损害结果间是否存在因果关系等问题均没有深入的探讨，甚至没有提及。

事实上，因果关系是行政法律责任存在的前提，既是行政法上侵害行为与损害结果间客观的事实因果关系，又进一步属于立法所要求的法律因果关系，是事实因果关系和法律因果关系的统一。

其中，事实因果关系只要求明确侵害行为与损害结果间在客观上存在着引起与被引起的关系。这里的引起是行为对危害结果产生的作用。此种作用或者表现为行政法主体违法积极行为，从而导致危害结果的产生；也可表现为行政法主体有履行某种行政作为的义务，但能够履行而未履行，从而导致有害于受害人的结果得不到应有的阻止（或有利于受害人的可能性无法转化为现实性）而产生的情形。从方式上分析，这里的引起与被引起关系既可以表现为直接关系，也可表现为间接关系。直接关系是行为与结果间不存在中间环节；间接关系是行为通过一定的中介导致结果的发生。此类中介既可能为人的行为，也可能是自然因素。它表现为帮助性、协同性、继发性，甚至利用性。从行为对结果的作用分析，这里的原因可能是决定性的，也可能是非决定性的。决定性的原因是导致结果在特定时间、场合以特定方式产生的支配力；非决定性原因是给予决定性原因以配合力，从而保证或加速决定性原因产生结果的支配力，是决定性原因产生结果时不可缺少的支配力，但不起决定作用。对于事实因果关系的判断，我们应坚持从客观立场出发，以"有 A 才有B"的标准加以认定。"有 A 才有 B"并不指有 A 就有 B，也不能完全等同于无 A 既无 B（因为可能出现 A 或 C 都能造成 B 后果的情形，当然这是一种例外）。"有 A 才有 B"只是对客观事实因果关系质的判断，要真正对事实因果关系进行量的判断，还必须依赖于下列因素的考察：各种原因的数量，各种原因对结果所起的作用（方式、时间、连锁的长短、结果对其依赖程度等)。①

至于法律因果关系是指由有权主体确认的明确规定在法律中或隐含地体现在法律精神之中的因果关系。这是行政法律责任因果关系理论中最复杂的问题，也是各家学说争鸣的焦点。前述有关行政赔偿因果关系的各种学说实际上都是围绕法律因果关系问题提出一个尽量公正、能为世人普遍接受的标准。由事实因果关系过渡到法律因果关系实质是一个评价过程：是由有权主体，在客观存在的事实因果关系基础上，依据法律的明确规定和精神作出的价值判断。② 在这个评价过程中，社会一般经验已经成为一个共识性的标准。比如法国，行政法院的判例认为，行政赔偿领域因果关系的原因限于和损害有直接联系的原因。这种原因称为损害的直接原因，但不一定就是损害最近的原因，而是指在一般的客观情况下，是损害产生的正常原因。如对于超过法定高度的建筑物发给许可证所产生的损害，颁发许可证的行为是损害的直接原因。③ 再如美国，行为与结果间是否具有因果关系以两个条件衡量，一是因果具有逻辑关系；二是因果关系具有直接的相关性，依据人的经验和正常理解，行为与结果有牵连。再如我国台湾学者廖义男认为，行政赔偿的不法行为与损害间必须有相当因果关系。相当因果关系指有此行为，依客观观察，通常即会发生此损害的，为有因果关系；如无此行为，必不产生此损害，或虽有此行为，通常亦不生此损害者，即为无因果关系。如果职务义务

---

① 对特殊情况下事实因果关系的判断有赖立法的规定。比如，公害领域疫学上的事实因果关系的客观判断必须获得立法的首肯。刑法上的"疫学上的因果关系"可参阅 [日] 大塚仁：《犯罪论的基本问题》，冯军译，中国政法大学出版社 1993 年版，第 104—106 页；民事责任上的类似问题可参阅 [日] 谷口安平：《程序的正义与诉讼》，王亚新等译，中国政法大学出版社 1996 年版，第 150—246 页。

② 正如美国哈特和奥诺尔所云，"一个法律制度是否在任何特定的法律领域中选择承认造成结果是追求责任的必备要素，这是没有限制的。传统的和现代的观点都同意这种选择是一个政策问题。"（见 [美] 哈特、奥诺尔著：《法律中的因果关系》，1985 年英文版，第 91 页）

③ 王名扬：《法国行政法》，北京大学出版社 2007 年版，第 568 页。

之行为与受害自由或权利无关，亦即并不在保护被害人之自由或权利为目的者，则不能认为有相当因果关系。① 我们认为，立法固然必须以社会成员的一般观念为基础，但法律终究是一种国家意志，两者并不完全等同，所以法律因果关系的判断应以法律规定和法律精神为标准进行。何况依社会一般观念为判断标准可能会排除偶然因果关系的成立，有权主体在确定法律因果关系时应遵守的顺序是：法有明文规定者必须依法律规定；法无明文规定者依法律精神。法律精神依赖于判断者的解释，此时社会一般观念将成为重要的参考内容。

　　法律明确规定的因果关系判断标准只需对照即可求得答案，此处不再累赘。以行政不作为引起的国家赔偿为例，根据法律精神进行法律因果关系的判断主要应考虑下列几方面的因素：（1）《国家赔偿法》的立法目的。从《国家赔偿法》第一条关于"为保障公民、法人和其他组织享有依法取得国家赔偿的权利，促进国家机关依法行使职权，根据宪法，制定本法"的规定可知，国家赔偿有保障和促进两项功能。其中，保障是在国家赔偿法已经规定的范围内保护相对人尽可能获得赔偿；促进却是在保障前提下同时发挥的他项作用。（2）国家赔偿的性质。在我国，国家赔偿属于公法，不像民事赔偿一切以私权利保护为核心，实行以过错为原则、有损害必有赔偿的保护机理。国家赔偿不同，它不能仅以保护受损害的私权为核心，必须平衡公权力与私权利的矛盾冲突，尤其是考虑私权利受损与以国库为开支进行赔偿的公利益的平衡。（3）立法背景。国家赔偿是一个国家民主与法制发展到一定阶段的产物，但我国还是一个发展中国家，承受能力有限，所以过分强调保障相对人受损权益的恢复和补救，反而会积重难返。此背景要求因果关系不能从宽解释，当时任全国人大常委会法律工作委员会副主任胡康生受委员长会议的委托，在《关于〈中华人民共和国国家赔偿法〉（草案）的说明》中也明确指出了这一点，"国家赔偿的标准和方式，是根据以下原则确定的：第

---

① 　廖义男：《国家赔偿法》（增订第二版），台湾三民书局 1998 年版，第 141—142
　　页。

一，要使受害人所受损失能够得到适当弥补；第二，考虑国家的经济和财力所能够负担的状况；第三，便于计算，简便易行。"① （4）行政作为义务的立法目的。行政不作为违法与损害后果间法律因果关系的判断还必须探讨行政作为义务的立法目的。大陆法系国家通常以为，只有国家对相对人有必须履行的行为义务而未履行时，相对人才可能获得国家赔偿。简言之，如果行政作为义务的目的不在保护受害人的合法权益，则不能认为不作为违法与损害间有法律上的因果关系。（5）法的一般原则和一般观念。法律因果关系的判断除必须符合法律规定外，还必须遵循社会通常的正义、道德等观念，这里的法律一般原则包括诸如尊重人性原则、诚实信用原则、比例原则、平等原则、公平原则、信赖保护原则等。这里的社会一般观念实际上是社会基本的道德评价和对正义、自由、权利、平等等信念的普遍认识。②

（四）责任能力

在行政法律责任的构成要件中，对责任能力的考量只对行政机关工作人员和行政相对人有意义。行政主体是依法行使行政权力，在法律上具有独立人格的组织体，权利能力、行为能力和责任能力伴随其始终，因此，在其承担法律责任的情形中无须考虑责任能力的问题。

康德认为，一个人之所以应承担法律责任，乃是因为他违背了意志自由应当遵从的道德法则。③ 康德的意志自由论奠定了现代法律责任论的

① 肖峋：《中华人民共和国国家赔偿法理论与实用指南》，中国民主法制出版社1994年版，第117—120页。

② 必须指出的是，因行政不作为违法引起的国家赔偿中，不作为违法在物理上并不具有原因力，这种原因力是从行为的社会意义角度理解的，即法律要求行政主体在某种情况下履行行政作为义务，来避免相对人的有害可能性向现实性转化（或帮助有利于相对人的可能性转化为现实性），如果当时条件下行政主体能够履行而不履行，导致危险状态变成现实危害，那不履行行政作为义务的行为就是危害结果产生的原因力。

③ 法学教材编辑部西方法律思想史编写组：《西方法律思想史资料选编》，北京大学出版社1983年版，第32、339页。

理论基石。从法哲学的角度看，责任能力的本质在于人的自由意志以及由此而产生的健全的理性和意志能力，一个理性和意志能力存在重大缺陷的人的行为在法律上是没有意义的。现代法律制度一般以责任年龄和意志能力两个标准确立人的责任能力。

在行政相对人承担法律责任的情形中，必须从责任年龄和意志能力两个方面判断其是否具有责任能力，未达到法定责任年龄或意志能力有缺陷的相对人（精神病人或间歇性精神病人在无法辨认、无法控制自己的行为的情形下）不承担法律责任。

行政机关工作人员一般不存在责任年龄的问题。但在某些特殊的情形中，须对其意志能力进行考察。如在实施了侵害行为后，行政机关工作人员因患精神病而失去责任能力。

以上我们讨论的是行政过错责任的构成要件。但在行政主体承担"结果责任"或"无过错责任"的情形中，则不需考虑有责性要件，其构成要件表现为：客观违法性和因果关系。

三、行政法律责任的责任形式

根据前述对行政法律责任的界定，行政法律责任的责任形式是指行政法律责任主体因实施违法行为（导致对原权利的侵害），在社会事实层面上应承担的不利后果。根据责任主体的不同，可以分为行政主体的责任形式、行政机关工作人员的责任形式和行政相对人的责任形式。现代法律责任是一种兼具功利性补偿和道义性惩罚的复合性质的责任。行政主体责任形式的价值取向侧重于补偿，即为受到侵害的行政相对人的权益提供补偿，而行政机关工作人员和行政相对人的责任则具有惩罚性和补偿性并重的特征，如行政机关向具有重大过失的工作人员行使追偿权的责任形式体现了惩罚与补偿并存双重价值取向。再如，行政相对人因实施违法行为被行政机关施以责令纠正和行政处罚的责任形式，前者体现了对遭受侵害的行政秩序的恢复与补偿，后者则意味着对行政相对人的惩罚。由于行政主体的责任在行政法律责任体系中处于核心地位并具有典型性，以下仅讨论行政主体的责任形式。

基于本章对行政责任的界定，我们认为，行政主体的责任形式包括停止侵害责任形式、恢复性责任形式和补救性责任形式。行政行为的撤销、确认无效和变更仅意味着行政机关通过行政行为"创设法律关系的失败"，在特定的法律关系中（与相对人的法律关系中）并未构成对原权利的侵害，尽管它们是实现责任形式不可缺少的环节，但它们本身并不是责任形式。

（一）停止侵害责任形式

停止侵害形式这一法律责任实现形式，在我国，首先在民事领域得以确立。根据《民法通则》第一百三十四条的规定，承担民事责任的方式主要有：（一）停止侵害；（二）排除妨碍；（三）消除危险；（四）返还财产；（五）恢复原状；（六）修理、重作、更换；（七）赔偿损失；（八）支付违约金；（九）消除影响、恢复名誉；（十）赔礼道歉。在这十种责任形式中，停止侵害被列为首位。同时，《民法通则》对该责任形式的具体适用也作了规定，如第一百二十条规定："公民的姓名权、肖像权、名誉权、荣誉权受到侵害的，有权要求停止侵害，恢复名誉，消除影响，赔礼道歉，并可以要求赔偿损失。法人的名称权、名誉权、荣誉权受到侵害的，适用前款规定。"可见，停止侵害责任形式在民事责任体系中具有举足轻重的地位，主要是针对侵害人身权的违法行为而设立的责任形式。

在行政法领域，停止侵害形式指的是，要求行政主体将正在进行中的行政损害予以终结，从而将行政损害控制在一定范围之内。这一责任形式之所以能够被引入行政法领域，一是因为某些行政损害具有持续发展的性质，其损害程度随着时间的延伸而加大；二是因为随着行政法治的发展及对行政相对人保护力度的加强，如何避免和减轻不必要的行政损害成为行政主体必须思考的问题。停止侵害形式的适用以行政损害处于扩张态势为前提。因此，在考虑应否科予行政主体停止侵害这一责任形式时，最基本的工作是判断行政损害是否存在，特别是是否仍在发展延续之中——对行政损害的性质进行深入剖析，确立即时终结的行政损害与持续扩展的行政损害的区别标准是最需要解决的问题。停止侵害形式应该与其他责任形式相并用。在行政法律责任的若干形式中，有些既可以独立适用，也可以和其他责任形式相并用，如赔礼道歉，而停止侵害形式必须和其他责任形式相并用——停止侵害的前提是行政损害的存在与继续，而停止侵害形式的效果仅扩及尚未发生的行政损害，对于已经客观存在的行政损害部分，只能通过其他责任形式来为行政相对人提供法律救济。

（二）恢复性责任形式

同停止侵害形式一样，恢复性责任形式在民事侵权领域也有广阔的适用空间。在行政侵权领域，恢复性责任形式即广义的恢复原状（包括返还财产）指的是，特定国家机关要求行政主体采取一定的措施，来重现行政相对人遭受行政损害的合法权益的原貌，并使之达到如同行政损害未曾发生的状态。如，公安机关根据群众举报，对某录像厅进行突击检查，并没收了录像机。后经查实，该录像厅并未播放涉黄录像，于是将录像机归还录像厅。恢复性责任形式的科予，以行政损害的客观存在为前提，并以恢复至行政损害未发生时的状态为宗旨。众所周知，一切行政法律责任形式都以对行政相对人提供有效的救济和对行政主体施加适当的法律制约为终极目标。不过，值得注意的是，某些行政损害（特别是财产性损害）具有可修复性质，即通过一定的行为，能够使该损害萎缩成一个点，这就为设计出最有效的行政法律责任形式提供了可能性——恢复性责任形式就是这一法律保障思路的产物。因此，相比较而言，恢复性责任形式能够对行政损害提供最充分的法律救济——停止侵害形式虽把行政损害控制在一定范围之内，但对已经客观存在的损害却爱莫能助；补救性形式以金钱为后盾，但某些行政损害的不可计量性限制了它的发展空间。

正如停止侵害形式的具体表现因行政损害的性质而不同一样，恢复性形式的具体表现形式也与行政损害的性质相关。简言之，主要有三种形式：针对财产性损害的物质性恢复原状与功能性恢复原状；针对资格性损害的恢复资格以及针对声誉性损害的赔礼道歉，恢复名誉，消除影响。

（三）补救性责任形式

补救性责任形式有广义与狭义之分。广义的补救性责任形式指的是，一切行政法律责任形式都以填补行政损害为目标，包括恢复性责任形式和金钱赔偿，而恢复性责任形式（特别是返还财产）通过恢复应有状态使行政损害在外在表现上已萎缩为零（或者说难以判断行政损害曾经客观发生过），是最彻底的补救性责任形式。狭义的补救性责任形式仅指金钱赔偿，是指在不能适用恢复性责任形式或单纯的恢复性责任形式不能实现预期目标时，通过适当的金钱赔偿，以填补损害，达到与恢复应有状态相同的效果——因此，在损失计算上，应包括实际损失和具有必然性的期待利益的损失。

在前述行政法律责任形式中，停止侵害责任形式位居第一，具有不可替代性。恢复性责任形式和补救性责任形式都以行政损害的客观存在为基础，并都以达到如同行政损害未发生的状态为目标，因此，在一定程度上，二者具有可替代性和可选择性。

至于恢复性责任形式和补救性责任形式在适用中的具体关系，从各国立法来看，主要有三种情形：一是补救性责任形式为主，恢复性责任形式为辅。如我国台湾地区"国家赔偿法"规定，"国家负损害赔偿责任，应以金钱为主要赔偿方式。以恢复原状为适当者，得依请求，恢复损害发生前之原状。"二是实行双轨制，根据具体情况确定二者的主次关系。德国《国家赔偿法（草案）》规定，"公权力主体对受害人因侵权行为而受的损害，应以金钱赔偿为主；公权力主体对受害人因侵权行为造成不利状态的，应予恢复原状。"① 三是仅确立了补救性责任形式。如奥地利《国家赔偿法》规定，"损害赔偿仅以金钱之方法为之。"② 我国《国家赔偿法》第三十二条规定，"国家赔偿以支付赔偿金为主要形式。

---

① 本应在1982年1月1日起生效的德国《国家赔偿法》因德国联邦议会两院在立法过程中产生分歧和异议，被联邦宪法法院宣布为违宪而无效。

② 三种情形的立法例可参见杨临萍主编：《行政损害赔偿》，人民法院出版社1999年版，第262页。

能够返还财产或者恢复原状的，予以返还财产或者恢复原状"，即采纳了第一种立法例。对这一立法方式，笔者并不赞同。笔者倾向于从行政损害的自身性质出发，首先适用恢复性责任形式；在不能适用恢复性责任形式或恢复性责任形式不足以填补行政损害造成的损失的情况下，再考虑适用补救性责任形式。修正后的《行政诉讼法》第七十六条、第七十八条第一款体现了上述理念。① 这样，在个案中，恢复性责任形式与补救性责任形式可能并存，也可能独立存在，但都能够实现行政法律责任形式的设置目标。

---

① 《行政诉讼法》（2014 年修正）第七十六条："人民法院判决确认违法或者无效的，可以同时判决责令被告采取补救措施；给原告造成损失的，依法判决被告承担赔偿责任。"第七十八条第一款："被告不依法履行、未按照约定履行或者违法变更、解除本法第十二条第一款第十一项规定的协议的，人民法院判决被告承担继续履行、采取补救措施或者赔偿损失等责任。"

第三十八章

国家权力机关的监督 ①

周佑勇　　　武汉大学法学博士，东南大学法学院教授、教育部"长江学者奖励计划"特聘教授。2006 年调任东南大学，先后任法学院院长、校社会科学处处长。主要研究方向为宪法、行政法。发表论文 200 余篇，出版专著《行政不作为判解》《行政法原论》《行政法基本原则研究》《行政裁量治理研究：一种功能主义的立场》《行政裁量基准研究》。

---

① 本文第一稿由蔡定剑撰写。（蔡定剑，法学博士。生前先后供职于全国人大常委会研究室、秘书处，任职至副局长，并任中国政法大学教授、中国政法大学宪政研究所所长等。）本次修改由周佑勇教授在原有框架之下，结合党的十八届三中全会、四中全会决定、《监督法》（2007）、《行政诉讼法》（2014）等法律以及相关最新数据、文献资料修改而成。

对行政权力的有效监督是法治国家的核心问题，也是依法治国、依法执政、依法行政同时推进的重要组成部分。立法机关对行政权力的监督是对行政权力控制的重要方面。我国的人民代表大会对行政权力的监督又具有特别的意义，因为我国的人民代表大会制度下，政府是由人民代表大会产生、对人民代表大会负责，并受人民代表大会监督的执行机关。各级人民代表大会及其常委会为保证行政机关依法行政，防止行政机关滥用权力，通过法定的方式和程序，对由它产生的行政机关实施监督，以维护人民的根本利益。党的十八届三中全会作出的《中共中央关于全面深化改革若干重大问题的决定》更是将"推动人民代表大会制度与时俱进……健全'一府两院'由人大产生、对人大负责、受人大监督制度"作为全面深化改革的重要组成部分。作为依法治国的重要组成部分，人民代表大会对行政权力的监督无疑也涵盖于《中共中央关于全面推进依法治国若干重大问题的决定》的内容之内。人民代表大会对行政权力的监督，从根本上说，是人民行使当家作主、参与国家事务权力的重要体现，是实现"将权力关在制度的笼子里"的关键。从这种意义上说，人民代表大会对行政权力实施监督的范围和内容非常广泛，它主要控制行政权力行使的界限和监督其合法性。相对其他监督形式来说，人民代表大会的监督是一种宏观的、综合性的监督；它是法律性的监督，但也带有政治性的监督；它包括行政行为①的监督，也包括行政法律规范创制活动的监督。

---

① 2014年11月1日通过的《行政诉讼法修正案》明确以"行政行为"取消了长期使用的"具体行政行为"概念，使其更适于现代行政法治不断发展、新的行政手段不断出现的新形势，对于行政诉讼受案范围的扩张具有重要意义。在此背景下，在该书第一版的内容之下，采用"行政行为"概念。当然，这里的行政行为属于狭义上的行政行为，不包括行政立法等行政法律规范创制活动，同时以行政法律规范创制活动替代"抽象行政行为"。需要进一步说明的是，这里适用的人大对政府行政行为的监督主要是政务类公务员的行为，而不是对一般事务类公务员的行为。

第一节 国家权力机关对行政机关监督的理论

议会对行政权的控制，是各国宪政和行政法治的重要内容。西方国家议会对行政权控制的理论渊源是以人民主权理论和分权制衡理论为主要内容的代议制理论，而我国国家权力机关对行政机关的监督理论，其直接来源是马列主义人民代议制思想以及民主集中制理论。

一、国家权力机关对行政机关监督的宪政理论

（一）西方国家议会对行政权力监督的理论

议会对行政权力进行控制监督，是西方代议制理论的核心内容。以19世纪英国政治思想家约翰·密尔为代表的西方代议制理论家认为，代议制是人民控制政府的根本方法。约翰·密尔在《代议制政府》一书中提出："代议制政体就是全体人民或一大部分人民通过由他们定期选出的代表行使最后的控制权。这种权力在每一种政体都必定存在于某个地方。他们必须完全握有这个最后的权力。无论什么时候，只要他们高兴，他们就是支配政府一切行动的主人。"①

从理论上讲，以代议机关为核心的代议制度是表达民意并从而敦促民意实现的基本制度。詹姆斯·密尔（老密尔）认为，"代议制民主是防止压迫的唯一保障，是监督统治者的唯一手段。"② 约翰·密尔认为，议会不能直接干预行政和司法活动，主张议会不应重管理而应重监督控制。他说："代议制议会的适当职能不是管理，这是它完全不便行使的，而是监督和控制政府：把政府的行为公开出来，迫使其对人们认为有问题的一切行为作出充分的说明和辩解；谴责那些该受责备的行为，并且，如果组成政府的人员滥用职权，或者履行责任的方式同国民的明显舆论相

---

① ［英］约翰·密尔：《代议制政府》，商务印书馆1982年版，第68页。
② 参见《布莱克维尔政治学百科全书》，中国政法大学出版社1992年版，第474页。

冲突，就将他们撤职，并明白地或事实上任命其后继人。"① 代议机关对政府的监督控制，实质上为了保障人民对政府进行监督控制，从而一方面提供保持政治领导人公开地对他们的行为负责的途径；另一方面提供非暴力替换领导人的机制。②

议会对行政权力进行控制监督之所以成为代议制的核心内容，其根据在于西方代议制理论坚持了两大原则，即人民主权原则和权力分立制衡原则，前者是议会需要对行政权力进行控制监督的前提和基础，后者则是议会对行政权力实施控制监督的关键和主要内容。

1. 人民主权原则。人民主权就是指国家中的绝大多数人拥有国家的最高权力。在人类社会发展史上，人民主权观念很早就有。但人民主权作为一项原则是资产阶级革命以后的事。英国思想家洛克在分析批判布丹、霍布斯"君主主权"的基础上，提出"议会主权"的思想；卢梭进一步发展了资产阶级主权理论，提出了人民主权学说。

英国资产阶级革命时期，独立派的思想家阿里卓尔南·锡德尼主张人民主权原则。他认为，权力只有一个唯一合理的根据，那就是人们以自己的目的而订立的自由协议。

人们在建立国家政权的时候，依照维护共同利益所必不可少的尺度限制自己的自由，但人民享有建立和推翻政府的权利。另一思想家乔治·劳森认为，一切政治权力应该属于人民。"人民主权是最后的、固有的和不可剥夺的，它表现为一种所有权"。只有在为了全体人民的利益时，权力才能给予政府。只有通过共同体的默契或表示，权力才能获得。主权总是在人民之中。③ 在此基础上，卢梭以"自然状态"和"社会契约"理论为指导，提出"主权是公意的具体表现"的思想，认为：人民的公意表现为最高权力；人民是国家最高权力的来源，国家是自由的人

---

① ［英］约翰·密尔：《代议制政府》，商务印书馆 1982 年版，第 80 页。

② 参见 A.H.Birch, Representation, London, Pall Mall Press Ltd., 1971, pp.107–108。

③ ［美］朱利安·H.富兰克林：《约翰·洛克和主权理论》，转引自周叶中：《代议制度比较研究》，武汉大学出版社 1995 年版，第 79 页。

民根据契约协议的产物，而政府的权力都是人民授予的；国家的主人不是君主，而是人民，治理者只是受人民的委托。因而主权只能属于人民。

人民主权原则是资产阶级民主制度的核心，是资产阶级领导人民反对封建王权，推翻封建专制统治的理论根据之一。几乎每个资产阶级国家的建立，都以不同形式确立了这一原则。1776 年美国《独立宣言》宣布人的天赋权利不可转让；1789 年法国《人权宣言》宣布"整个主权的本原主要是寄托于国民"。西方国家在形式上一般都承认人民主权，并将其作为资产阶级民主的一项首要原则，在宪法中明确规定主权在民。如《法兰西第五共和国宪法》规定"国家主权属于人民"；日本《1946 年宪法》规定"兹宣布主权属于国民"；原联邦德国《基本法》规定"主权属于人民"等等。①

人民主权原则也是马克思主义代议制思想的基础，是我们今天一切权力属于人民、人民当家作主理论的来源。

2. 分权制衡原则。它是资产阶级确立的一项以代议机关为中心的国家机关体系组织活动原则。这一项原则是逐步确立和完善的。分权思想源于古希腊亚里士多德。他指出，"一切整体都有三个要素"，即议事机能、行政机能、审判机能。② 到罗马时代，思想家波里比阿提出"混合政府论"，认为罗马政体应为代表君主的执政官、代表贵族的元老院及代表民主的人民代表会议互相牵制和均衡。近代分权思想是由洛克提出，经孟德斯鸠发展完成的。洛克根据自然法则和人类理性观念，提出了立法权、执行权、外交权分立的思想。孟德斯鸠根据社会契约论思想提出立法、行政、司法权在国家整体权力中的合理配置。受洛克、孟德斯鸠思想的影响，西方国家在建立自己国家制度的时候，都或明或暗地采取了"三权分立"的体制。比如，英国实行君主立宪制，名义上国王是国家元首，但现实生活中，内阁和首相掌握实质性权力；尽管议会在法律地位上，议会是至高无上的，但这种法律地位并没有得到任何宪法性文件的

---

① 周叶中：《代议制度比较研究》，武汉大学出版社 1995 年版，第 82 页。
② [古希腊] 亚里士多德：《政治学》，商务印书馆 1965 年版，第 214—215 页。

规定，只是一种习惯的表示，是人民对它的默认；实际上，议会、王室、内阁各有各的角色，它们在英国政治中发挥着不同的作用。① 法国《人权宣言》称"凡权利无保障或分权未设立的社会，就没有宪法"。实行立法、行政、司法权力分立，比较典型的首推美国。美国宪法规定，国会掌握立法权，行政权属于总统。国会实施对行政权的监督和控制，其理论根据大致有两方面。

（1）从政治上讲，美国是以民主政治和自由主义为标榜的国家。民主政治一个基本理念就是统治者的权力来自被统治者的同意，这一理念确立在 1776 年的美国《独立宣言》中。其具体内容：统治者必须对被统治者负责，为被统治者的利益而行使权力，接受统治者的控制和监督。而行政统治者人数众多，不能每人单独追问统治者的责任。凡实行代议制的国家，统治者要对被统治者负责，实际上表现为非民选的官员对民选的代表负责。在美国联邦政府中，民选的代表只有总统和国会。在联邦政府中，统治者对被统治者负责分为两个步骤：非民选官员受总统和国会的控制和监督，总统和国会受全体选民的控制和监督。国会对行政的控制是民主政治的表现形式。

（2）从宪法上讲，美国宪法受孟德斯鸠分权思想的深刻影响。孟德斯鸠认为，根据历史经验，有权力的人倾向于滥用权力，这是人性的一个弱点。他主张建立一个温和的政府以保障公民的自由。为达到这一目的，最好的方法在于以权力制约权力。孟德斯鸠认为国家有立法、行政、司法三种权力，三种权力应当分立，互相制约；而且权力分立和相互制约是不可分离的，是同一事物的两个侧面。这些思想体现在美国宪法中。美国制宪时期的重要政治活动家麦迪逊的思想最具代表性。麦迪逊认为："孟德斯鸠并不认为政府的各部门应当没有任何属于其他部门的活动，或者对其他部门的活动没有任何控制。"② "防止各种权力逐渐集中于一个部门的最大保障，在于给予每一部门的主管者必要的宪法手段和个人动

① 参见刘建飞等：《英国议会》，华夏出版社 2002 年版，第 15—18 页。

② Alexander Hamilton,James Madison,John Jay：The Federalist Papers,No.47.

机以抵制其他部门的侵犯。野心必须用野心来对抗"。① 国会对行政的控制是维持分权原则，保持立法部门和行政互相平衡的宪法手段。此外，美国之所以比较彻底地实行"三权分立"体制，还有历史方面的原因：美国在殖民地时期，其行政官员只对英王负责，不能反映人民的利益。美国人民在争取自由的过程中，逐渐形成一种信念——不能把个人或集体的命运交付于他们很少能够控制的行政官员。行政官员不能很好地反映人民的利益，所以他们转向民选的代表，以保护他们合法的利益。如果议员不能履行这方面的任务，则议员的政治生涯很难延续。② 根据美国宪法，国会对行政机关具有组织的权力，授予进行活动的权力，监督行政活动的权力。由于建立国家所处的时代和历史背景的不同，近代各国议会设置的对行政权力控制监督的制度是有差别的。但不论是英国的"政府统治，议会监督"，还是美国的"分权与制衡"，虽然议会对政府的控制和监督在方式、程序上千差万别，但其实质性功能在几百年的发展历程中并未改变。威尔逊说过："严密监督政府的每项工作，包括所见到的一切议论，乃是代议机构的天职。它应该是选民的耳目和代言人，应能体现选民的智慧和意志。如果不是国会拥有并运用能对政府行政官员的行为和气质进行了解的一切手段，全国民众是无法知道这些官员们是怎样为他们工作的。如果不是国会对这些情况进行检查，并通过对各种形式的议论进行细微的审查，全国民众对他们应该了解和给予指导的、最重要的大事，仍是一无所知。"③ 议会对行政权力的控制和监督是现代议会的重要职能。

（二）人民代议机关对行政权力监督的理论基础

西方国家政权组织制度的基本原则是分权制衡，而我国人民代表大会的组织原则是民主集中制。在民主集中制下，代议机关是国家权力机

---

① Alexander Hamilton, James Madison, John Jay: The Federalist Papers, No.51.

② 王名扬：《美国行政法》（下），中国法制出版社 1995 年版，第 892—893 页。

③ ［美］威尔逊：《国会政体——美国政治研究》，商务印书馆 1986 年版，第 167 页。

关，它负有对行政机关监督的职责，这一理论源于马克思主义的代议制理论。

马克思在总结巴黎公社经验时，就明确提出建立新型无产阶级国家建设的理论。他指出："公社必须由各区全民投票选出的城市代表组成，这些城市代表对选民负责，随时可以撤换。其中大多数自然会是工人，或者是公认的工人阶级的代表。它不应当是议会式的，而应当是同时兼管行政权和立法的工作机关。警察不再是中央政府的工作者，而应当成为公社的勤务员，像所有其他行政部门的公职人员一样由公社任命，而且随时可以撤换；一切公职人员像公社委员一样，都应当只领取相当于工人工资的薪金。法官也应当由选举产生，随时可以撤换，并且对选民负责。一切有关社会生活事务的创议权都留归公社。总之，一切社会公职，甚至原应属于中央政府的为数不多的几项职能，都要由公社的官吏执行，从而也就处在公社的监督之下。"① 根据这一论述，我们可以清晰地看到，马克思对新型国家政权建设的基本观点是：新的人民代议机关是同时兼管行政和立法的工作机关，而非资产阶级议会式的"清谈馆"；这一代议机关是由选民直接选举产生并直接受到选民监督的，它任命政府官员并对他们实行监督；代议机关掌握一切社会生活事务的创议决定权。

在谈到如何防止国家政权蜕变时，恩格斯也是强调人民对政府机关的监督，认为监督是防止新型国家蜕变的重要措施之一。他在《〈法兰西内战〉一书导言》中提出："为了防止国家和国家机关由社会公仆变为社会主宰——这种现象在至今所有的国家中都是不可避免的——公社采取了两个正确的办法：第一，它把行政、司法和国家教育方面的一切职位交给由普选选出的人担任，而且规定选举者可以随时撤换被选举者。第二，它对所有公职人员，不论职位高低，都只付给跟其他工人同样的工资……。这样，即使公社没有另外给各代议机构的代表规定权限委托书，

① 《马克思恩格斯全集》第 17 卷，人民出版社 1963 年版，第 646—647 页。

也能可靠地防止他们去追求升官发财了。"① 同时，恩格斯提出防止新的国家公职人员蜕变的根本措施就是两条：一是人民对他们的选举和监督，二是取消他们的经济特权。

可见，在马克思主义国家政权建设理论中，人民代议机关对政府官员的监督受到特别强调。它与资产阶级虚假的议会制是不同的，是保证人民的议会真正为人民所掌握的根本所在。

（三）民主集中制的政权组织原则

我国行政权力要受到强有力的监督，是在民主集中制理论基础上建立的。民主集中制是我国人民代表大会制度的组织原则。民主集中制原则的本质就是"人民当家作主"。在我国，人民是国家的主人，享有管理国家事务、管理经济和文化事业，管理社会事务的权力。我国《宪法》第二条规定："中华人民共和国的一切权力属于人民"（第一款）；"人民行使国家权力的机关是全国人民代表大会和地方各级人民代表大会"（第二款）；"人民依照法律规定，通过各种途径和形式，管理国家事务，管理经济和文化事业，管理社会事务"（第三款）。这条规定就是对"人民当家作主"思想的最好诠释。

"人民当家作主"的思想可以一直追溯到"主权在民"理论。"主权在民"是近代资产阶级启蒙思想家在反封建专制斗争中提出的一个口号，是针对封建社会"主权在君"而提出的，其目的是号召全社会的人们起来同封建专制作斗争，所以它宣布新政权要按照主权归属于人民的原则来组织。如何实现"主权在民"呢？资产阶级创造了代议制的形式，即让人民选举代表机构，由它来行使人民委托给它的权力，由它来制定法律，并监督国家统治者的执行。"主权在民"也是现代资产阶级国家议会的基本原则。当然，资产阶级私有制的社会基础，决定了多数人不可能参加国家政权，"主权在民"不能真正成为现实。中国民主革命的先驱孙中山，在深刻分析西方资产阶级国家由少数人玩弄政权的弊端时，提出

---

① 《马克思恩格斯全集》第 22 卷，人民出版社 1985 年版，第 228 页。

要把政权"完全交到人民的手里"，真正让人民去"管理国事"。那么，如何组织政权才能达到这一目的呢？孙中山创造了"民权"与"治权"分立，同时两者相互监督的政权组织形式，即由人民掌握"民权"，统治者掌握"治权"，但"治权"归属于"民权"，由"民权"决定。然而，由于历史条件的局限性，孙中山的理想并没有实现。

马克思主义者在吸收资产阶级启蒙思想家"主权在民"思想、总结资产阶级民主政权建设实践的基础上，提出国家一切权力归属于广大劳动人民的观点，并把它作为政权建设的根本原则。实现这一原则的方式就是由人民选举一个代表机关，赋予代表机关掌握国家的一切权力、进行国家事务的管理，由人民对其机构及其人员实施监督罢免。这种形式在我国就表现为人民代表大会制度。

人民代表大会制度体现了广泛的民主，是人民当家作主的最好组织形式。中国有 13 亿多人口，这样多的人不可能都直接行使管理国家的权力，总得有个适当的政权组织形式。这个形式就是全国人民代表大会和地方各级人民代表大会。它能够便利人民行使自己当家作主的政治权利，能够便利人民群众经常地通过它参与国家的管理，从而得以充分发挥人民群众的积极性和创造性。彭真说：人民代表大会是"全国人民管理国家的基本组织形式，是政权工作从群众中来到群众中去的基本组织形式。老百姓管理政府是靠这一条，政府把老百姓动员起来做事情也是靠这一条。"[1]

民主集中制原则的内容为何，先辈们都进行了探索。民主集中制是由列宁首先提出的，在当时的历史条件下，多是针对地方自治，反对官僚主义和无政府主义提及的。1945 年，毛泽东同志在《论联合政府》中，对民主集中制原则的内容作了阐述，即"在民主基础上的集中，在集中指导下的民主。"他说，讲民主是指人民代表大会决定大政方针，选举政府，使各级人大有高度权力；讲集中是指政府集中处理被各级人民代表

---

[1]　彭真：《论新时期的社会主义民主与法制建设》，中央文献出版社 1989 年版，第 328 页。

大会所委托的一切事务。所以，在国家政权意义上使用民主集中制原则，就是围绕"代表机关与人民，代表机关与其他机关"的关系展开。具体表现在：

（1）全国人民代表大会和地方各级人民代表大会都由民主选举产生，对人民负责，受人民监督。人民通过民主选举，选出自己的代表，并能控制和监督这些代表。这种选举，实质上是一种权力委托，即把本来属于人民的权力委托给自己选出的代表，由这些代表组成国家权力机关——人民代表大会，去行使国家权力。民主选举是人民当家作主的前提和重要内容。它表明了人民代表大会权力的来源，即这种权力来自人民。人民代表大会必须代表人民的利益和意志行使权力，人民可以依照法定程序，罢免自己选出的代表。

（2）人民代表大会按照民主原则和程序决定问题。人民代表大会行使权力是通过会议的形式进行的，代表个人不能单独行使权力。在审议议案时，代表都可以充分发表意见，决定问题时每个人只有一票的权利。全国性的重大问题经过全国人民代表大会讨论决定，地方的重大问题经过地方人民代表大会讨论决定，而不是由个人或少数几个人决定。这样才能使国家权力最终掌握在全体人民手中。

（3）国家机关及其工作人员接受人民的监督。国家行政机关、审判机关、检察机关都由人民代表大会产生，并对它负责，受它监督。为什么人民代表大会有这种权力？它的权力合法性基础是什么？是因为人民代表大会产生于人民，最终受人民监督。所有的国家机关都要受人民监督，但是，人民对行政等国家机关的监督主要还是通过代表大会的途径实现。当然，我国《宪法》还规定：公民对一切国家机关及其工作人员，都有提出批评、建议的权利，对他们的违法失职行为有检举、控告、申诉的权利。

（4）各少数民族在民族自治区域内，行使自治权。根据我国《宪法》及其相关法律的规定，我国在少数民族聚居的地区实行民族区域自治制度，少数民族在平等参与国家经济、政治、文化等事业管理中，依法享有自治权。在以民主集中制为组织原则的人民代表大会制度中，行政权力应受到最强有力的监督，人民代表大会选举产生政府，政府要向人民代表大会负责并报告工作。这种监督是全面的，既有宏观的计划和预算的监督、法律实施的监督，也有具体的执法行为和行政行为责任监督。

二、国家权力机关与行政机关的监督关系

国家行政机关由人民代表大会产生，对它负责，受它监督。这是人民代表大会同行政机关法定的基本关系。国家机关从本质上看是统一的、不可分的，但就它的具体内容来看是可以分解的。① 大体上说，人民通过人民代表大会行使的国家权力可以分解为两部分：一部分是由人民代表大会直接行使的，它体现为宪法和法律规定的各级人民代表大会的职权（主要是立法、决定重大问题、选举和任免国家机关组成人员、监督等具有决定意义的权力）；另一部分则由全国人民代表大会通过制定宪法和法律，授予由各级人民代表大会所产生的国家机关分别去行使，其中很重要的一部分是由政府行使行政权。国家行政机关由人民代表大会产生，国家行政机关的权力是由宪法授予的，因而必须对人民代表大会负责，受人民代表大会监督，决不能脱离或者违背人民代表大会的意志进行活动。

中国是社会主义国家，可以而且必须由人民代表大会统一行使国家权力。同时，在这个前提下，明确划分国家的行政权、审判权和检察权，使各个国家机关能够在各自的职权范围内进行工作。国家机构的这种合理分工，既可以避免权力过分集中，又可以使各项工作有效进行。在法律的制定和重大问题上，必须由国家权力机关，即全国人民代表大会和地方各级人民代表大会，充分进行民主决策，以求真正集中和代表人民的意志和利益；而在它们贯彻执行上，则必须实行严格的责任制，以求提高工作效率。我国之所以如此，是因为人民代表大会、政府等国家机

---

① 我国的权力分配不同于西方国家的三权分立。我国是在人民代表大会统一行使国家权力的前提下，根据内容，将权力细化为决策、执行与监督。相对于三权分立，此划分方法更为体现功能主义立场，更加科学，符合我国国情。

关都是代表人民利益、为人民服务的。它们的根本目标相同，只是分工不同，职责不同。人民代表大会同政府的关系不是对立的，而是监督与被监督的关系。这种监督既是一种制约，也是支持。它可以使政府的工作以人民代表大会作依靠，获得强有力的支持；又可以把政府的工作置于人民代表大会的有效监督之下，尽可能地避免失误。毛泽东早就指出："没有人民代表大会作依靠的政府，处理事情往往脱离群众的意见。只有以人民代表大会作依靠，政府的力量才特别强大"。①

三、国家权力机关对行政机关监督的必要性

我国的国体和政体决定了人民是国家的主人。从法理上讲，根据我国《宪法》的规定，各级人民政府均由同级人民代表大会产生，各级人民政府均需要向同级人民代表大会负责并报告工作，而且还要接受同级人民代表大会的监督。但是，由于中国采用的是一种兼职的人大代表加上常务委员会的模式来共同行使决议权，又使得人民代表大会与人大常务委员会、与人民政府之间的结构性关系变得更为复杂。② 然而，不可否认的是，人大及其常委会的权力直接来自人民，它能够对国家的一切重大问题作出决定并监督其实施，其他国家机关不能脱离或者违背人大及其常委会的意志而进行活动。

国家权力机关监督权的实质是什么？概言之，就是以权力制约权力。以权力制约权力的思想是资产阶级思想家、理论家在反对封建专制主义的斗争中提出来的。英国历史学家约翰·阿克顿针对罗马教皇发布其"统治和权威至高无上的信条"时曾指出："权力有腐败的趋势，绝对的权力产生绝对的腐败。"③ 英国哲学家约翰·洛克也提出："为防止政府

---

① 《毛泽东选集》第一卷，人民出版社 1964 年版，第 71、345 页。

② 何俊志：《作为一种政府形式的中国人大制度》，上海人民出版社 2013 年版，第 112 页。

③ 见王力群：《宪政体制与人大监督专题研究》，全国人大常委会办公厅研究室编：《人大监督专题研究》（内部材料），第 353 页。

滥用权力，应把国家政治权力分为立法权、执行权和外交权。这个立法权不仅是国家的最高权力，而且当共同体一旦把它交给某些人时，它便是神圣的和不可变更的；如果没有得到公众所选举和委派的立法机关的批准，任何人的任何命令，不论采取什么形式或以任何权力做后盾，都不能具有法律效力和强制性。"① 法国政治学家孟德斯鸠进一步提出："……一切有权力的人都容易滥用权力，这是万古不易的一条经验。……要防止滥用权力，就必须以权力约束权力。"② 应当肯定，资产阶级思想家、理论家所提出的分权制衡理论是有进步意义的，应视为人类政治文明发展的一个组成部分。因为它代表了新兴资产阶级同封建贵族分权的政治要求，为维护资产阶级的阶级意志找到了一种政治统治形式。其后，许多资本主义国家就是依据权力制衡的分权学说，建立了议会、政府和法院三权分立的制度。

　　我国是人民民主专政的社会主义国家，当然不能照搬西方三权分立的制度。但是，自巴黎公社以降的历史经验证明，社会主义国家也必须建立起依法行使权力的制约机制和监督机制。社会主义政权建设的先哲们都曾对此有过论述。在无产阶级夺取政权后，为了防止社会公仆变成社会主人，为了避免可能出现的权力主体与权力行使者脱节的现象，必须加强人民对国家权力的监督，使社会公仆置于社会主人的有效制约之下。1871 年 4 月，马克思在总结巴黎公社历史经验时指出，公社"彻底清除了国家等级制，以随时可以罢免的勤务员来代替骑在人民头上作威作福的老爷们，以真正的责任制来代替虚伪的责任制，因为这些勤务员总是在公众监督之下进行工作的。"③ 1918 年 4 月，列宁在谈到如何防止苏维埃政权受官僚主义毒害时，特别强调了加强人民监督的重要性。他说："正是苏维埃同劳动'人民'的亲密关系，造成一些特殊的罢免形式

① ［英］约翰·洛克：《政府论》（下篇），商务印书馆 1964 年版，第 82 页。
② ［法］孟德斯鸠：《论法的精神》（上册），商务印书馆 1982 年版，第 154 页。
③ 《马克思恩格斯选集》第 3 卷，人民出版社 1995 年版，第 96 页。

和另一种自下而上的监督，这些现在应该大力加以发展。"① 列宁认为，要使苏维埃机关的工作真正体现人民的利益，防止领导干部特别是最高机关的领导干部滥用权力，一个重要条件就是通过讨论、检查、批评、检举，乃至罢免等多种形式，对国家机关及其工作人员实行严格监督。②

1945年7月，毛泽东在中国革命胜利前夕，同黄炎培先生有过一段发人深省的谈话。黄炎培先生说："我生六十多年，耳闻的不说，所亲眼看到的，真所谓'其兴也勃焉'，'其亡也忽焉'，一人，一家，一团体，一地方，乃至一国，不少单位都没有能跳出这周期率的支配力。……一部历史，'政怠宦成'的也有，'人亡政息'的也有，'求荣取辱'的也有。总之，没有能跳出这周期率。"毛泽东回答说："我们已经找到新路，我们能跳出这周期率。这条新路就是民主。只有让人民来监督政府，政府才不敢松懈。只有人人起来负责，才不会人亡政息。"③ 1957年4月，邓小平在《共产党要接受监督》一文中指出："宪法上规定了党的领导，党要领导得好，就要不断地克服主观主义、官僚主义、宗派主义，就要受监督，就要扩大党和国家的民主生活。如果我们不受监督，不注意扩大党和国家的民主生活，就一定要脱离群众，犯大错误。"④ 其后，改革开放之初，邓小平总结了历史的经验教训，深刻提出要防止干部队伍发生腐败，颠倒"主人"和"公仆"的位置，必须建立、健全人民群众监督制度。他说："有一些干部，不把自己看作是人民的公仆，而把自己看作是人民的主人，搞特权、特殊化，引起群众的强烈不满，损害党的威信，如不坚决改正，势必使我们的干部队伍发生腐败。……要有群众监督制度，让群众和党员监督干部，特别是领导干部。凡是搞特权、特殊化，经过批评教育而又不改的，人民就有权依法进行检举、控告、弹劾、撤换、罢免，

---

① 《列宁选集》第3卷，人民出版社1995年版，第506页。
② 《列宁选集》第3卷，人民出版社1995年版，第526—527页。
③ 参见薄一波：《若干重大决策与事件的回顾》（上卷），中共中央党校出版社1991年版，第156—157页。
④ 《邓小平文选》第三卷，人民出版社1993年版，第270页。

要求他们在经济上退赔，并使他们受到法律、纪律处分。"①

历史和实践都证明，掌握权力而不受监督，必然走向腐败。拒绝人民监督，权力愈重，腐败愈深。自中共十八大以来，以习总书记为核心的领导团体开展了新一轮的反腐工作，坚持"老虎""苍蝇"一起打，在高压反腐之下，一系列行政官员的腐败行径被陆续揭发，令人扼腕。而其中，众多的腐败案件都是人民群众揭发的，如"表叔""房姐"等案件。从上述一系列论述可以看出，反腐败必须从源头上解决问题，加强人民监督，现阶段最主要的途径为人民代表大会的监督，是避免权力走向腐败的根本措施。这种政权体制的监督，对于完善国家政治体制，防止干部腐化，保证国家机器正常运转，乃至跳出历史兴衰存亡的周期率，具有十分重要的意义。

而且，国家权力机关对行政权力的监督还具有特别的意义，这是因为行政权力具有更强的易滥用性和易腐蚀性。现代社会管理事务日益繁重，行政机关的权力处于不断膨胀的态势，代议制机关及其行使权力的过程受到了威胁。如何实现现代政府这匹"烈马"为代议机关所驾驭，已是非常迫切的事情了。同样，处于不断改革和建设进程中的全国人民代表大会，如何更好地控制和监督各级行政机关，应当说是一个特别重大的问题。

第二节　国家权力机关对行政权力的监督方式

一、对政府工作的宏观监督

（一）听取和审议政府工作报告

听取和审议政府工作报告，是国家权力机关对政府工作进行全面监督的基本形式。这里主要是指各级人民代表大会听取和审议本级政府的

---

① 《邓小平文选》第二卷，人民出版社 1994 年版，第 32 页。

《政府工作报告》。报告通常由行政机关首长作出。政府工作报告的内容主要包括两部分：前一部分是对过去一年或五年工作情况及经验的总结；后一部分是对今后工作的安排或建议。报告首先由报告人开宗明义地说明报告的对象、报告的主体、报告的主要内容等。然后，报告人就政府所负责的各项事务，包括经济、政治、文化、社会、生态等各个方面，分条逐项地向代表作出汇报。但是，对于五年或十年经济计划和规划，政府只向人代会提交"国民经济和社会发展五年计划（十年规划或国家中长期目标纲要）"的报告，不作政府工作报告。

我国现行《宪法》第九十二条明确规定："国务院对全国人民代表大会负责并报告工作……"；第一百一十条规定："地方各级人民政府对本级人民代表大会负责并报告工作……"自人民代表大会制度建立以来，全国和地方各级人民代表大会依照《宪法》和法律的规定，都实行了在人代会上听取和审议政府工作报告的制度。

经过30多年的实践，人代会听取和审议政府工作报告已经形成了较为完善的制度。主要做法是：（1）会前初审与会议审议相结合。有的地方将政府工作报告的征求意见稿，由代表团在当地组织代表集中阅读和审议，将所提意见反馈给政府；政府根据这些意见进行修改，使提交大会审议的报告更加符合实际。有的地方将报告草稿，在人代会召开前20天或30天印发代表，使代表有比较充裕的时间提前审阅，更好地征求和反映选民的意见。（2）大会期间，代表围绕提请会议审议的报告，严肃认真地提出意见和建议，使政府的决策更具有科学性和可操作性。（3）重视审议意见的办理落实工作，督促政府有关部门将代表审议意见吸收到修改的报告中去。有的地方人大还将代表的发言综合整理成书面审议意见，交由政府有关部门办理，并跟踪监督，要求有关部门反馈办理结果。[1]

---

[1] 见路可浩等：《代表大会审议工作报告专题研究》，全国人大常委会办公厅研究室编《人大监督专题研究》（内部材料），第119—120页。

（二）审查批准国民经济和社会发展计划

审查批准国民经济和社会发展计划及计划执行情况的报告，是人大及其常委会对政府进行工作监督的重要内容。这项监督制度的内容主要是：全国人民代表大会行使审查和批准全国的计划和计划执行情况的报告的权力；县级以上各级人民代表大会行使审查和批准本行政区域内的计划和计划执行情况的报告的权力；乡镇人民代表大会行使根据国家计划决定本行政区域内的经济、文化事业和公共事业的建设计划的权力；全国人大常委会行使在全国人民代表大会闭会期间，审查和批准计划在执行过程中所必须作的部分调整方案的权力；地方各级人大常委会行使根据本级人民政府的建议，决定本行政区域内计划的部分变更的权力。《宪法》第六十二条第九项规定："全国人民代表大会有权审查和批准国民经济和社会发展计划和计划执行情况的报告。"《宪法》第六十七条第五项规定："在全国人民代表大会闭会期间，全国人大常委会有权审查和批准国民经济和社会发展计划、国家预算在执行过程中所必须作的部分调整方案。"《宪法》第九十九条第二款规定："县级以上地方各级人民代表大会审查和批准本行政区域内的国民经济和社会发展计划、预算以及它们的执行情况的报告。"《全国人民代表大会议事规则》第三十一、三十二、三十三条分别规定："全国人民代表大会会议举行的一个月前，国务院有关主管部门应当就国民经济和社会发展计划及计划执行情况、国家预算及预算执行情况的主要内容，向全国人大财经委员会和有关的专门委员会汇报，由财经委员会进行初步审查"；"全国人代会每年举行会议的时候，国务院应当向会议提出关于国民经济和社会发展计划及计划执行情况的报告、关于国家预算及预算执行情况的报告，并将国民经济和社会发展计划主要指标（草案）、国家预算收支表（草案）和国家预算执行情况表（草案）一并印发会议，由各代表团进行审查，并由财经委员会和有关专门委员会审查"；"财经委员会根据各代表团和有关的专门委员会的审查意见，对关于国民经济和社会发展计划及计划执行情况的报告、关于国家预算及预算执行情况的报告进行审查，向主席团提出审查结果报告，主席团审议通过后，印发会议，并将关于国民经济和社会发展计划的决议草案、关于国家预算和预算执行情况的决议草案提请大会全体会议表决。有关专门委员会的审查意见应当及时印发会议";"国民经济和社会发展计划、国家预算经全国人民代表大会批准后,在执行过程中必须作部分调整的,国务院应当将调整方案提请全国人大常委会审查和批准。"《中华人民共和国地方各级人民代表大会和地方各级人民政府组织法》(以下简称《地方组织法》)第八、九条规定:县级以上地方各级人民代表大会有权保证国家计划在本行政区域内执行,有权审查和批准本行政区域内的国民经济和社会发展计划及其执行情况的报告;乡、镇人民代表大会有权根据国家计划,决定本行政区域内的经济、文化事业和公共事业的建设计划。《地方组织法》第四十四条规定:县级以上地方各级人大常委会有权"根据本级人民政府的建议,决定对本行政区域内的国民经济和社会发展计划、预算的部分变更"。

2006 年 8 月 27 日第十届全国人民代表大会常务委员会第二十三次会议通过的《各级人民代表大会常务委员会监督法》(以下简称《监督法》),对国民经济和社会发展计划的审议、批准以及调整作了专门规定。该法第十六、十七条分别规定:"国务院和县级以上地方各级人民政府应当在每年六月至九月期间,向本级人民代表大会常务委员会报告本年度上一阶段国民经济和社会发展计划、预算的执行情况。""国民经济和社会发展计划、预算经人民代表大会批准后,在执行过程中需要作部分调整的,国务院和县级以上地方各级人民政府应当将调整方案提请本级人民代表大会常务委员会审查和批准。严格控制不同预算科目之间的资金调整。预算安排的农业、教育、科技、文化、卫生、社会保障等资金需要调减的,国务院和县级以上地方各级人民政府应当提请本级人民代表大会常务委员会审查和批准。国务院和县级以上地方各级人民政府有关主管部门应当在本级人民代表大会常务委员会举行会议审查和批准预算调整方案的一个月前,将预算调整初步方案送交本级人民代表大会财政经济委员会进行初步审查,或者送交常务委员会有关工作机构征求意见。"此外,全国部分省及地方市人大及其常委会都制定了关于监督国民经济和社会发展计划方面的专项地方性法规或者综合性监督法规。从实践情况看，人大对计划的审查和批准的程序主要是：一是提前介入，做好计划的初审工作。目前我国的各级人民代表大会会议会期较短，不可能有比较充裕的时间对内容十分浩繁的计划进行深入的、细致的、具体的审查。在这种情况下，各级人大特别是地方人大在代表大会召开前，要由人大有关专门委员会或人大常委会或由人大常委会委托有关工作机构，对政府准备提请大会审议的计划草案或编制中的计划草案的主要部分、主要内容进行初步审查。二是普遍采取"一揽子"的方式审查和批准。具体是：政府的计划草案向人大整体性提交；代表大会各代表团和人大有关专门委员会作整体性审议；代表大会全体会议就决定批准计划草案的有关决议草案进行整体性表决。

（三）听取政府专题工作汇报

听取专题工作报告包括人民代表大会听取和审议专题工作报告和人大常委会听取和审议的专项工作报告。

关于人代会上的专题工作报告审议，全国人大很早就运用了这种形式。比如第一届全国人大第二次会议听取和审议根治黄河水害和开发黄河水利的综合规划的报告。1989 年 4 月，第七届全国人大第二次会议通过的《全国人大议事规则》第三十条规定："全国人大每年举行会议的时候，全国人民代表大会常务委员会、国务院、最高人民法院、最高人民检察院向会议提出的工作报告，经各代表团审议后，会议可以作出相应的决议。"根据这一规定，第七届全国人大第五次会议听取和审议关于兴建长江三峡工程的报告。

关于常委会听取和审议政府专项工作报告的情况，实践中有一个发展过程。以 1982 年第五届全国人大第五次会议为标志，之前全国人大常委会对国务院及其有关部门的工作报告或汇报，只是"听取"，并"进行讨论"，几乎没有使用"审议"一词。提交这次大会的常委会工作报告明确提出：听取国务院的有关报告，"并进行审议"。此后，常委会对政府部门工作报告或汇报的审议制度逐步完善，监督政府工作的力度得以加强。1987 年 11 月 24 日，第六届全国人大常委会第二十三次会议通过的《全国人大常委会议事规则》第三章专就听取和审议工作报告作了规定。

其中第二十二条规定："常委会全体会议听取国务院及国务院各部、各委员会和最高人民法院、最高人民检察院向常务委员会的工作报告。"第二十三条规定："常委会全体会议听取工作报告后，可以由分组会议和联组会议进行审议。委员长会议可以决定将工作报告交有关的专门委员会审议，提出意见。"第二十四条规定："常务委员会认为必要时，可以对工作报告作出决议。"1989年，在第七届全国人大第二次会议的常委会工作报告中也明确规定："每两个月一次的常委会会议，可以根据需要听取和审议国务院及其部委、最高人民法院、最高人民检察院的工作汇报，这是常委会进行工作监督的基本形式。常委会对工作汇报要认真审议，一般不需要作出决议。"《监督法》第二章对人大常委会听取和审议人民政府、人民法院和人民检察院的专项工作报告作了比较全面而具体的规定，同时，对于报告议题往往缺乏针对性、计划性以及"重报告、轻审议"等问题作出了针对性的制度构建。该法第八条第一款规定："各级人民代表大会常务委员会每年选择若干关系改革发展稳定大局和群众切身利益、社会普遍关注的重大问题，有计划地安排听取和审议本级人民政府、人民法院和人民检察院的专项工作报告。"第十三条规定："专项工作报告由人民政府、人民法院或者人民检察院的负责人向本级人民代表大会常务委员会报告，人民政府也可以委托有关部门负责人向本级人民代表大会常务委员会报告。"等等。更明显的是，《监督法》规定的确定专项工作报告议题的途径，有一个显著的特点，即突出问题意识①，以突出、普遍的问题确定报告的议题，使监督更具有现实针对性，效果也更加显著。当然，一些省、自治区、直辖市制定的监督法规中对地方各级人大常委会听取工作报告也作了具体规定。人大常委会听取政府专项报告的制度在实际中也发挥了不小的作用，比如，2006年10月，郑州市人大常委会不予通过政府专项工作报告，对政府起到震动作用。②

---

① 许安标：《监督法的特点与创新》，《国家行政学院学报》2007年第1期。
② 人民代表大会制度研究所：《地方人大常委会30年——重大事件回放与点评》，人民日报出版社2010年版，第222—227页。

（四）听取经济形势报告

这是各级人大对政府有关部门的一种新的监督方式。从 20 世纪 90 年代初期，全国人大财经委及大多数省区市人大财经委逐步建立和完善了经济形势分析会制度，每个季度都召集计划、经贸、财政、银行、统计等经济部门，听取他们的工作汇报，认真研究和找出经济运行中存在的困难和问题，提出建议和对策。

全国人大的情况大致是：全国人大财经委员会分别在每年的四月中旬、七月中旬、十月中旬举行会议，听取国家计委、经贸委、财政部、中国人民银行、国家税务总局、国家统计局等部门就第一季度、上半年、前三季度国民经济运行情况作出汇报，并进行讨论和研究。这项措施从实行，目前已形成制度。它对于人大及时了解经济运行情况，督促政府有关部门严格执行人代会通过的国民经济和社会发展计划及有关决议意义非凡。

以上听取政府工作报告和工作汇报制度是我国人大对政府工作监督的特点，国外很少有此种制度。

二、对政府财政的监督

（一）国外议会财政监督的基本情况

议会对政府财政的监督是世界各国的通例。理论上讲，财政监督是代议机关行使财政权的重要内容。在西方议会的发展历史上，议会的立法权是以获得财政权为基础的。17 世纪，英国就开始建立预算监督程序。经过 300 年的完善和发展，当今许多国家都把预算案视为仅次于宪法的重要法案，并通过财政监督程序对政府活动进行监督。[1]

1. 预算案形成的监督。预算案的形成本来是议会的职权，但随着国家事务、社会生活的日益复杂和政府职能的不断专业化，当今世界各国的预算案一般由政府部门编制，议会主要是对预算案的审查批准等。由

---

[1]　参见尹中卿：《国外议会监督程序与我国人大监督专题研究》，全国人大常委会办公厅研究室编：《人大监督专题研究》（内部材料），第 446 页。

于预算案所列款项庞杂烦琐，各国议会一般都设有预算委员会负责预算案的审查工作，但在预算审查和批准的程序上是有差异的。在英国，预算案经内阁同意后，由财政大臣向下议院作年度预算报告；下议院通过辩论审查预算案的新增部分和变动部分，制定各项概算决议和拨款法案；预算报告提交议会审查批准后，方能实施。在美国，由总统将预算文本连同预算报告提交国会；经过有关委员会审查，国会两院通过共同决议案，对每一部分预算提出授权；总统可以对联邦预算提出建议，利用各种手段来影响预算，但预算的决定权主要在国会，国会可以用绝对多数投票否决总统的决定。在德国，联邦政府提出预算计划，联邦议院通过后就形成议会的预算法案。

由于预算案专业性强的特点，议会不可能像审议其他议案对预算案逐条进行修改，而只能就其整体或大项上作出评价，并在有限范围内进行修改。如在英国、法国，议会对预算案中有关支出项目只能削减或者取消，不能增加；对有关收入项目进行削减必须相应增加其他项目来保持预算平衡。在美国、日本，议员可以按照法定程序对预算案提出增加或减少的修正案，议会通过的预算与预算原案往往有较大变化。[①]

2. 预算执行的监督。预算案一经批准，议会就转向对预算执行的监督。主要有定期听取政府执行预算情况的汇报；对预算执行过程进行检查；批准政府动用后备金；审查和批准预算变更或追加预算；跟踪和监督预算开支；等等。日本法律规定，内阁必须定期就国家财政状况向国会提出报告，国会有关专门委员会进行审查和监督。在英国，政府动用资金必须经过下议院批准；国会有关委员会经常举行听证会，传唤有关大臣汇报预算执行情况。在美国，法律规定预算变更须经国会议员三分之二以上同意才能生效，未经国会批准擅自调整和变更预算的行为需负刑事责任；国会还向各个行政部门派驻监察代表，对所驻部门的预算执行监督。

---

① 见尹中卿：《国外议会监督程序与我国人大监督专题研究》，全国人大常委会办公厅研究室编：《人大监督专题研究》（内部材料），第447页。

3. 审计监督。对政府财政收支及预算执行结果（决算）的审计监督是现代国家对行政监督制度的重要组成部分。审计监督一般由专门机关进行。该机关有的隶属于议会，有的隶属于政府，有的是独立机构。无论是哪种情况，都要求依法对政府财政收支及预算执行结果进行全面、详细的监督，并向议会提出审计报告。美国国会设立审计署充当"牧羊犬"，对政府财政收支及预算执行结果进行检查、分析和评估，向国会提出年度审计报告；审计报告经过国会审议通过后，作为蓝皮书向社会公开发表，接受社会的监督。在英国，审计长作为下议院的官员，领导国家审计局，对被审计单位的账目进行审计，并向下议院提供报告；下议院国家账目委员会根据审计长的报告，传唤各部审计官作证，监督政府各部门的开支金额、经费的使用和效益。在德国，政府的决算报告由联邦议院预算委员会和联邦审计署负责审计监督。联邦审计署署长由联邦议院选举，联邦审计署负责对财政收支问题进行全面审核，并将审核意见提交议会；联邦议院审计署的审核结果作出决议。在日本，审计预算执行结果的任务由独立于政府的会计检察院执行，会计检察院向国会作出决算报告，由国会作出决议。①

（二）我国各级人大的财政预算监督

在我国，对政府预算的审批监督是宪法和法律赋予各级人大及其常委会的重要职责。现行《宪法》《地方组织法》《预算法》《审计法》《监督法》等法律明确规定了各级人大及其常委会审批监督预算的职权，并赋予人大常委会审查批准决算和调整、变更部分预算的权力。在此基础上，到目前为止，31 个省、市和自治区的人大都相继制定和实施了有关财政预算审查监督的条例、规定或决定，以地方立法的形式，规范和明确了本行政区域的财政预算审查监督制度。② 有的地方在综合性监督条例

① 全国人大常委会办公厅研究室编：《人大监督专题研究》（内部材料），第 448—449 页。
② 《地方人大预算审查监督三十年：现状与展望》，见《中国人大网》——《研究论述：监督纵横》栏目。

中专章对预算编制、审批、执行、监督和法律责任等作出了规范。1999
年12月25日，第九届全国人大常委会第十三次会议通过了《全国人大
常委会关于加强中央预算审查监督的决定》，对国务院提交全国人大审
查、批准的预算草案的内容，对预算执行的监督，对决算的编报和审查，
对审计工作以及对备案制度等，提出了明确要求。2006年8月27日通过
并于2007年1月1日起施行的《监督法》也对各级人大对于预算等的监
督进行了细致规定，这些都标志着我国各级人大的预算监督，进一步适
应国家财政体制改革和社会主义市场经济的发展要求，在制度建设上迈
出了实质性步伐，实现了由程序性监督向程序性和实体性相结合的转变。
具体表现在：对预算草案主要内容的初步审查日臻规范；人民代表大会
审查批准预算逐步深入，到2001年第九届全国人大第四次会议，国务院
26个直属部门向全国人大提交了部门预算，① 2011年，98个中央政府部
门向人大提交预算案，其中90个部门向社会公开了预算，并对预算项目
进行了细化；审批决算和预算调整变得更为严格。而且，近几年来预算
范围方面也不断在扩大，政府从2011年开始将非税收入纳入预算；2012
年提交全国国有资本预算，要求政府试编社会保障预算，并由2012年起
要求政府向全国人大报告地方土地出让收支情况。② 各级人大常委会每半
年听取一次政府关于预算执行情况的报告；全国人大财经委员会和部分
地方人大常委会或财经委员会每季度听取一次预算执行情况的报告；在
每年审批决算以及依法听取同级政府关于对预算执行和其他财政收支的
审计工作报告；有的地方还尝试开展对财政工作评议，对重大财政收支
项目的合法性、真实性、效益性进行监督检查等。

各级人大审批监督预算的工作机构普遍有所加强。全国人大于1983年
成立了财政经济委员会，负责审查国家预算和监督预算的执行情况。1998

---

① 见苏宁：《积极探索适合中国国情的预算管理制度》，全国人大培训中心编：《全
国人大干部培训讲义》，中国民主法制出版社2003年版，第155页。

② 《专访全国人大财经委员会副主任委员吴晓灵：看得见的政府》，经济观察网，ht-
tp://www.eeo.com.cn/2013/1021/250964.shtml。

年底，全国人大常委会成立了专门负责预算监督的预算工作委员会。1979年以后，县级以上地方人大陆续设立常委会后，设区的市级人大普遍建立了财经委员会或财经工作委员会。目前，31个省级地方人大中均设立了财政经济委员会。上海、河南、湖北、重庆、四川等27省市还在人大常委会下单独设立预算工作委员会，专司负责预算审查监督的日常跟踪。

总体上看，我国各级人大对同级政府预算的审批监督程序，主要有如下三个环节：

1. 审查批准预算根据实践，全国人大及其常委会对政府预算的审查批准程序大致是：（1）在预算编制过程中，国务院财政部门应当及时向全国人大财经委员会和全国人大常委会预算工作委员会通报有关中央预算编制的情况。（2）在全国人民代表大会会议举行的一个半月前，将中央预算初步方案提交财经委员会，由财经委员会对上一年预算执行情况和本年度中央预算草案的主要内容进行初步审查。初步审议，既要对预算的总量和大的支出方向进行分析审查，也要对主要部门进行详细的分析审查；同时在了解和分析预算支出的主要项目时，不同意见要和财政及有关部门协商，在达成一致意见的基础上形成审查报告的初步方案。（3）全国人民代表大会会议期间，财经委员会根据各代表团和有关专门委员会的意见对中央及地方预算草案进行审查，并提出审查结果报告，提交大会主席团进行表决。①

2. 听取和审议财政审计报告，目前我国实行审计监督的主体是国家审计署和县以上地方人民政府设立的审计机关。② 审计对象是各级人民政

---

① 见苏宁：《积极探索适合中国国情的预算管理制度》，全国人大培训中心编：《全国人大干部培训讲义》，中国民主法制出版社2003年版，第168—169页。

② 其实，就监督系统来看，行使监督权的主体有各级人大、司法机关、审计机关等。而人大不仅作为监督一般机关的监督者，也监督行使监督权的主体，这主要存在两方面的监督系列，一方面是全国人大对其委员会及专门委员会的监督，以及全国人大与下级人大之间的双向监督，此类监督属于系统内监督；另一方面还包括全国人大及其常委会对司法机关以及审计机关的监督，此类监督属于系统内监督。（参见陈国权：《权力制约监督论》，浙江大学出版社2013年版，第203—204页）

府及其各部门、国有金融机构和企事业组织。全国人大常委会和地方各级人大常委会没有设立审计机构。

根据《宪法》第九十一条的规定，我国于 1983 年 9 月成立了国家审计署。此后地方各级审计机关相继建立。政府的审计监督工作在全国范围内逐步开展。1985 年 8 月，国家审计署第一任审计长吕培俭向第六届全国人大常委会第十二次会议作了审计机关成立两年来工作情况的报告。这是国家审计署第一次向全国人大常委会作工作报告。

1994 年 8 月第八届全国人大常委会第九次会议通过了《审计法》，明确规定国家审计署和地方各级审计机关每年要受本级政府的委托向本级人大常委会提出对预算执行和其他财政收支的审计工作报告，接受人大监督。其实这是一种对监督机构的监督体制，属于人大系统外的监督。

与其他一些国家的审计监督制度相比，我国的审计制度在领导体制上具有"双重领导"的特征：（1）审计机关直接受本级政府行政首长领导，即国家审计署直接受国务院总理的领导，省级审计机关直接受省长、自治区主席、直辖市市长的领导，市县级审计机关直接受市县长的领导；（2）地方审计机关在接受本级政府行政首长领导的同时，还接受上一级审计机关的领导，既向本级政府又向上一级审计机关提出审计结果报告；（3）地方审计机关的业务以上一级审计机关的领导为主，对上一级审计机关负责，上一级审计机关对下一级审计机关的工作进行监督检查。

3. 审议批准预算变更和调整对于各级人大常委会在代表大会闭会期间，对政府部门预算变更和调整的审议与批准，目前，法律上已作出规定，但实践中很少运用。

2014 年修改后的《中华人民共和国预算法》第六十七条规定："经全国人民代表大会批准的中央预算和经地方各级人民代表大会批准的地方各级预算，在执行中出现下列情况之一的，应当进行预算调整：（一）需要增加或者减少预算总支出的；（二）需要调入预算稳定调节基金的；（三）需要调减预算安排的重点支出数额的；（四）需要增加举借债务数额的。"

《地方组织法》第四十四条规定："县级以上的地方各级人民代表大

会常务委员会行使下列职权：……（五）根据本级人民政府的建议，决定对本行政区域内的国民经济和社会发展计划、预算的部分变更；……"《监督法》第十七条规定："国民经济和社会发展计划、预算经人民代表大会批准后，在执行过程中需要作部分调整的，国务院和县级以上地方各级人民政府应当将调整方案提请本级人民代表大会常务委员会审查和批准。

严格控制不同预算科目之间的资金调整。预算安排的农业、教育、科技、文化、卫生、社会保障等资金需要调减的，国务院和县级以上地方各级人民政府应当提请本级人民代表大会常务委员会审查和批准。

国务院和县级以上地方各级人民政府有关主管部门应当在本级人民代表大会常务委员会举行会议审查和批准预算调整方案的一个月前，将预算调整初步方案送交本级人民代表大会财政经济委员会进行初步审查，或者送交常务委员会有关工作机构征求意见。"

三、对行政执法的监督

（一）对行政执法的检查

现行《宪法》规定，全国人大有权监督《宪法》的实施（第六十二条），全国人大常委会有权解释宪法和监督《宪法》的实施（第六十七条），地方各级人大及其常委会有权在本行政区域内保证《宪法》、法律和行政法规的遵守和执行（第九十六条）。[①] 地方人大对行政执法的检查主要规定于《监督法》，该法第四章"法律法规实施情况的检查"对各级人大常委会对法律实施的检查作了规定。行政执法检查作为法律实施检查的一部分，当然地属于人大监督的组成部分。对行政执法的检查简称执法检查，是各级人大常委会、人大的专门委员会组织人大常委会组成人员或人大代表，对法律、法规的实施情况进行检查监督的一种行为。执法检查的主体是人民代表大会、人大常委会、人大的专门委员会；对

---

① 张劲松：《宪政视角下人大监督权的研究》，广东省出版集团、广东人民出版社2009年版，第149页。

象是具有执法职能的本级行政机关、审判机关和检察机关；客体是国家的有关法律、法规，以及有关法律问题的决议和决定的贯彻执行情况；目的是监督行政机关依法行政、司法机关公正司法，以保证法律、法规和决议、决定的有效实施。

执法检查活动始于 20 世纪 80 年代。这一时期各级人大组织的执法检查活动在全国范围内迅速得以展开，形成了全国各级人大加强法律实施监督的热潮。① 但这个时期的执法检查还很不成熟。具体表现为：（1）执法检查只作为"视察"的一种形式，检查的目的停留在调查了解的层面上。检查的结果也是"非刚性"的，人大对检查发现问题的处理意见也只具有参考价值。（2）执法检查的范围和对象比较广泛，不仅检查宪法、

① 执法检查是从 20 世纪 80 年代初开始的。早在 1983 年，沈阳市人大常委会结合 1982 年宪法的宣传和贯彻，连续两年进行"大检查"（1983 年重点检查宪法第一章第 1 条至第 5 条和第二章公民基本权利义务的贯彻执行情况；1984 年，配合经济体制改革，重点检查了第一章有关社会主义经济制度的规定，先后两次作出有关决议，这是有据可查的人大最早的"执法检查"活动）。自 1984 年连续两年，北京市人大财经委员会组织大专院校师生、工商行政管理干部及政府法制部门干部近百人，对《经济合同法》的实施情况进行了检查，共成立 7 个调查组，检查了北京市工业系统和财贸系统 20 个局和本市 6 个大中型工商企业和市高级人民法院。在 1982 年宪法颁布三周年之前（1985 年 9 月），吉林省人大常委会党组向省委提出《关于对宪法实施情况普遍开展一次大检查意见的报告》，省委转发了这个报告。这次检查内容较多，包括是否遵守宪法和法律，有无维护宪法和法律尊严的自觉性；是否在宪法和法律范围内活动，是否违反法律程序；是否有侵犯公民权利和以言代法、以权代法、徇私枉法的问题；范围较广，主要是各级党政机关、群众团体、部队、学校和企事业单位；影响比较大。从 1985、1986 年开始，全国相当一些地方的人大常委会相继提出要针对法律实施情况进行执法检查。1986 年全国人大教科文卫委员会组织"调查组"，到江苏、湖南、四川等地调查了解《义务教育法》的实施情况。1987 年，浙江省委同意转发了省人大常委会机关党组《关于在全省范围内开展执法检查的报告》。此后江西省、甘肃省、安徽省、湖南省、陕西省、青岛市、广东省、云南省等地相继由党委转发了省（市）人大常委会的关于开展执法检查的报告。（见董珍祥：《人大监督方式新探索的评述与思考》，摘自蔡定剑、王晨光主编：《人民代表大会二十年发展与改革》，中国检察出版社 2001 年版，第 278—279 页）

法律、人大通过的决议、决定的实施情况，而且要检查人大通过的工作报告及预算的执行情况；不仅检查执法部门的执法状况，甚至基层单位、群众的守法情况也要检查。(3)执法检查的主体形式也多样化。有的是以党委的名义组织，人大、政府和其他部门或单位的人员参加；有的以人大常委会名义组织，人大专门委员会（工作委员会）与"一府两院"的人员共同检查，有的是上级人大与下级人大联合进行检查。(4)执法检查的方式和程序也很不一致。有的事先不作明确的范围划定，只是根据视察的主题，到各地调查了解有关的执法情况，采取的主要是实地考察的方式；有的则是针对执法中存在的突出问题，在检查过程中主要靠听取有关部门进行汇报或召开有关情况的座谈会进行，采取的是会议座谈讨论的方式。后一种方式发展到后来就是在常委会或专门委员会会议上听取有关部门的执法情况汇报，实际上已变成了会议审议的方式。在程序上，有的是先由人大发出通知，对检查的目的、内容、组织、时间及准备工作等作出规定，要求各部门自查自纠，在此基础上选择几个典型，组织检查组分赴各地进行检查，检查结束后向人大常委会写出执法检查报告；有的仅仅是个别常委会组成人员到地方就某方面法律的实施情况进行视察、调查研究；有的是一些代表在持证视察中，就发现的执法问题提出意见和建议，要求执法部门给予答复。

1988年《七届全国人大常委会工作要点》对执法检查这一监督形式给予肯定。

1991年12月，时任全国人大常委会委员长的万里提出要加强人大的执法检查。

1992年初全国人大常委会办公厅作出《关于全国人大常委会、各专门委员会执法检查工作安排的意见》。第八届全国人大常委会于1993年9月通过了《全国人大常委会关于加强对法律实施情况检查监督的若干规定》（已被2009年6月27日第十一届全国人民代表大会常务委员会第九次会议通过的《全国人民代表大会常务委员会关于废止部分法律的决定》废止）。该规定对执法检查的内容和重点，执法检查的组织和要求，执法检查报告的审议及对检查出问题的处置等，都作了规定。

1999 年 4 月 23 日，针对执法检查中出现的问题，第九届全国人大常委会第十四次委员长会议通过了《关于改进全国人大常委会执法检查工作的几点意见》。2006 年通过的《监督法》对行政执法检查也作了相应的规定。之后，一些省级人大常委会也制定了关于开展执法检查的地方性法规。这些法律、法规，对建立和完善执法检查方式，促进法律的实施，起了积极作用。

从全国人大的实践看，执法检查主要包括以下五个环节。

（1）制定计划。按照《监督法》的要求，"常务委员会年度执法检查计划，经委员长会议或者主任会议通过，印发常务委员会组成人员并向社会公布。"全国人大常委会的执法检查计划通常要提请 4 月份召开的委员长会议审议批准。执法检查计划草案是由全国人大常委会办公厅和全国人大有关专门委员会共同研究提出的。每年年初，全国人大常委会办公厅开始考虑这个问题，注意收集和听取各有关方面包括"一府两院"的意见；全国人大各专门委员会在拟定各自的年度工作计划时，也会对全国人大常委会的执法检查工作提出建议。在此基础上，全国人大常委会办公厅和全国人大专门委员会经过反复协商，提出全国人大常委会当年的执法检查计划草案（草案包括：执法检查的内容和时间、检查的对象和组织、检查的步骤和要求、检查的新闻报道等）。草案经秘书长办公会议讨论修改后，报委员长会议审批，然后印发 4 月份召开的常委会会议，并书面通知国务院办公厅、最高人民法院、最高人民检察院以及省、自治区、直辖市人大常委会。

（2）组织检查组。执法检查计划经委员长会议批准后，常务委员会根据年度执法检查计划，按照精干、效能的原则，组织执法检查组。检查组组长一般请副委员长担任，副组长由相关专门委员会主任委员或副主任委员担任，组员从全国人大常委会组成人员或者全国人大相关专门委员会组成人员，并可以邀请本级人民代表大会代表参加工作。赴地方检查时，检查组可分成若干个小组。每个小组由几位常委会委员组成，工作人员从全国人大机关抽调。全国人民代表大会常务委员会和省、自治区、直辖市的人民代表大会常务委员会根据需要，可以委托下一级人民代表大会常务委员会对有关法律、法规在本行政区域内的实施情况进行检查。受委托的人民代表大会常务委员会应当将检查情况书面报送上一级人民代表大会常务委员会。执法检查的具体组织、协调和服务工作，由全国人大常委会办公厅和全国人大相关专门委员会共同负责。执法检查组成立后，要认真做好检查前的准备工作，制定出切实可行的执法检查具体方案（包括检查的指导思想、重点内容、日程安排、人员分组等）；检查组成员和工作人员要学习和掌握有关法律、法规和政策，以及必要的专业知识。

（3）开展检查。执法检查组首先要听取法律实施主管机关及有关方面的汇报，了解法律实施的基本情况。到了地方之后，通常采取召开座谈会、实地考察、个别走访、随机抽查、问卷调查、开设热线电话等多种方式开展检查，听取各方面的意见，了解和掌握法律实施的情况。鉴于执法检查组只能去少数几个省份，《监督法》第二十五条规定："全国人民代表大会常务委员会和省、自治区、直辖市的人民代表大会常务委员会根据需要，可以委托下一级人民代表大会常务委员会对有关法律、法规在本行政区域内的实施情况进行检查。"并规定："受委托的人民代表大会常务委员会应当将检查情况书面报送上一级人民代表大会常务委员会。"

（4）撰写报告，提请常委会审议。到地方检查结束后，执法检查组召开全体会议，交流总结实地了解的情况，讨论分析法律实施中存在的问题，与法律实施主管机关的负责同志一道研究提出改进执法工作的措施。执法检查结束后，执法检查组应当及时提出执法检查报告，由委员长会议或者主任会议决定提请常务委员会审议。按照《监督法》的要求，报告应该包括：对所检查法律实施情况的全面评价，法律实施中存在的问题及原因分析，对改进执法工作的建议，以及法律本身需要修改、补充、解释的建议等内容。执法检查报告由执法检查组组长或委托副组长向全国人大常委会会议汇报，并在分组会议上进行审议。

（5）跟踪落实。执法检查报告经常委会会议审议后，由委员长会议委托全国人大常委会办公厅将执法检查报告及审议意见以书面形式送交法律实施主管机关。同时，《监督法》要求，有关机关应当将研究处理情况由其办事机构送交本级人民代表大会有关专门委员会或者常务委员会有关工作机构征求意见后，向常务委员会提出报告。

必要时，由委员长会议或者主任会议决定提请常务委员会审议，或者由常务委员会组织跟踪检查；常务委员会也可以委托本级人民代表大会有关专门委员会或者常务委员会有关工作机构组织跟踪检查。

1996年第八届全国人大第四次会议听取了全国人大常委会《关于农业法执法检查的报告》。由全国人代会听取和审议执法检查报告，这在新中国历史上尚属首次，对各级人大加强执法检查工作起到了示范和指导作用。现在，全国人大常委会把执法检查作为对政府执法监督的主要手段，每年年初作出计划，一年要检查三五部法律实施的情况，并向全国人大常委会作执法检查的报告。常委会要对执法检查报告进行审议，对报告中反映的政府执法中的问题提出意见，向有关执法部门进行反馈。就2013年度来看，全国人大常委会分别对《可再生能源法》《气象法》《行政复议法》《义务教育法》进行了执法检查，并就执法中的问题提出了建议。①

当然，此种对政府执法行为的监督效果，实践证明并不理想，监督越来越流于形式。主要是虽然发现了政府执法中的不少问题，但很少采取问责措施。

（二）对政府部门实行执法责任制

所谓部门执法责任制，就是由人大常委会组织和推动行政执法部门明确自己主要执行的法律、法规，并通过一系列制度保证执法责任到位的一种制度。这是人大对政府执法监督的又一种形式。

部门执法责任制是在"二五"普法的实践中总结出来的一种监督形式，对此，国务院于2005年颁布了《国务院办公厅关于推行行政执法责任制的若干意见》，积极推行行政执法责任制相关工作在全国范围的展开，并要求有关推行行政执法责任制工作的重要情况和问题，要及时报

---

① 房宁、杨海蛟：《政治发展蓝皮书：中国政治发展报告（2014）》，社会科学文献出版社2014年版，第53—55页。

告国务院。在此影响下，部门执法责任制已在全国各地得到推广。实行这一制度主要包括四方面的工作：一是人大常委会在同级党委的领导和支持下，作出实行部门执法责任制决议，并组织"一府两院"制定实施方案。二是在人大常委会指导下，由各行政执法部门和"两院"汇集并层层分解法律，做到法律到位，执法到岗，责任到人。有的地方执法部门上下级之间还签订了执法责任书。三是在普遍组织执法人员学习法律的基础上建章立制，保证执法责任的落实。主要是完善执法程序，建立健全执法内部约束机制和外部监督机制。四是人大常委会通过听取工作汇报、开展评议和执法检查等方式，对实行部门执法责任制的情况进行监督。

从各地实行部门执法责任制的情况看，实行这一制度对保证法律的实施起了一定作用，但实际效果有限。

四、对行政责任的监督

(一) 询问和质询

询问和质询，最初属于一种形式，都称作"质问"。在国外，质询是内阁制国家议会行使监督权的一种形式。质询起源于1721年的英国议会，于1789年由法国宪法明确规定，现已被大多数西方国家所采用。广义的质询包括询问，但询问是由议员向政府及有关部门提出问题，并要求在一定期限内答复，主要针对一般问题。与询问相比，质询所提出的问题往往涉及比较重要、比较广泛的公共利益，形式上虽然只是向质询对象寻究某一问题的内幕和处理结果，实际上却通常会导致一般性辩论，有时还会带来一定的政治责任追究后果，如不信任投票等。

在国外，质询通常分为口头质询和书面质询两种。（1）质询案的提出。一般来讲，提出质询案的主体包括议员个人、议员群体（联署）、议会团体（议会党团或代表团）、议会机构（议会专门委员会）。英国规定，质询由议员向有关大臣提出；每位议员最多只能提出2个附星标的口头质询。法国规定，议员提出书面质询案，须由议长转交政府；由议会党团提出的对整个政府工作的质询案，必须经议长审核。议长可以将类似问题加以归纳。日本规定，议员向内阁提出质询案，必须做成简明的意见书向议长提出，由议长将意见书转送内阁。德国规定，在会议周口头质询时间内，每位议员均有权向政府提出最多 2 个口头答复的问题；每位议员每月向政府提出最多 4 个书面答复的问题，由议长在会前确定质询的顺序。(2) 质询案的答复。各国法律都对答复质询案的形式和时间作了规定。一般说来，口头质询要求在议会上得到口头答复，书面质询要求用书面形式予以答复。英国规定，每名大臣一天只接受一件质询，只限于大臣职责范围内的或通过立法和行政措施可以解决的问题。德国规定，对于质询时由于时间不够而未答复的问题，可以书面答复，也可以在另一次会上答复。日本规定，从接到议长转交的质询书之日起，内阁必须在 7 日内到议会答辩。法国规定，书面质询由议员交议长秘书处转给政府，总理和部长必须在 1 个月内作出书面答复，并将其发表在议会公报上。①

在我国，1954 年的《宪法》规定，全国人大代表有权向国务院或者国务院各部委提出质问，受质问的机关必须负责答复。1954 年《地方组织法》也有类似规定，但都未规定质问的程序。

1982 年《全国人大组织法》则把询问和质询加以区别，并作了程序规定：在全国人大审议议案的时候，代表可以向有关国家机关提出询问，由有关机关派人在代表小组或者代表团会议上进行说明。在全国人大会议期间，一个代表团或者三十名以上的代表，可以书面提出对国务院部委的质询案，由主席团决定交受质询机关书面答复，或者由受质询机关的领导人在主席团会议上或者有关专门委员会会议上或者有关代表团会议上口头答复。在主席团会议或者专门委员会会议上答复的，提质询案的代表团团长或者提质询案的代表可以列席会议，发表意见。在常委会会议期间，常委会组成人员 10 人以上，可以向常委会书面提出对国务院和国务院各部委的质询案，由委员长会议决定交受质询机关书面答复，

---

① 见尹中卿：《国外议会监督程序与我国人大监督专题研究》，全国人大常委会办公厅研究室编：《人大监督专题研究》（内部材料），第 453—454 页。

或者由受质询机关的领导人在常委会会议上或者有关专门委员会会议上口头答复。在专门委员会会议上答复的，提质询案的常委会组成人员可以出席会议，发表意见。

《全国人大议事规则》《全国人大常委会议事规则》以及《监督法》都设专章对询问和质询作了一定程序性的规定，其中许多规定又对《宪法》作了补充，如规定质询案必须写明质询对象、质询的问题和内容；提质询案的代表或者代表团对答复质询不满意的，可以提出要求，经主席团决定，由受质询的机关再答复；常委会会议期间的质询对象除国务院及其各部委外，又增加了最高人民法院、最高人民检察院。地方人大组织法和代表法也对质询的法定人数、① 质询对象及质询程序，作了更为具体、详细的规定。"询问" 主要是代表在代表团会议、主席团会议、专门委员会会议上审议议案时，对不了解的情况或者不理解的问题，提出疑问，有关机关予以解释说明。询问本质上讲，是人大及其常委会行使知情权的一种方式，对被询问者是一种带督促性质的监督。由于询问基本没有程序限制，具有较大的灵活性，在地方人大工作中被广泛使用。如 2000 年 4 月广州市人民代表大会会议期间，一些代表团的代表在审议政府工作报告时就市政用地规划、水泥厂搬迁、燃气具垄断经营等问题向政府有关部门 8 次提出询问，经大会主席团转交政府，政府有关部门负责人先后到提出询问的代表团回答询问。②

需要特别指出的是，随着询问制度的不断发展，近几年出现了一种最新的询问监督方式，即人大常委会对政府的专题询问。2010 年 3 月 9 日，在第十一届全国人大第三次会议上，吴邦国委员长作全国人大常委会工作报告时指出，2010 年全国人大常委会将选择代表普遍关心的问题听取国务院有关部门专题汇报，根据有关法律的规定，要请国务院有关

---

① 规定地方各级人大代表 10 人以上联名，省、自治区、直辖市、自治州、设区的市人大常委会组成人员 5 人以上联名，县级人大常委会组成人员 3 人以上联名。

② 见高咏沂：《质询和询问专题研究》，全国人大常委会办公厅研究室编：《人大监督专题研究》（内部材料），第 287 页。

部门主要负责同志到会听取意见、回答询问、答复问题。由此拉开了开展专题询问的序幕。目前，专题询问已成为经常性的监督方式，各级人大常委会专题询问工作逐步常态化、机制化、规范化。① 全国人大常委会开展专题询问的主要做法是：精心选择询问题目，深入开展调查研究，充分发挥常委会组成人员的主体作用，认真做好组织协调，全面及时客观报道，着力加强跟踪问效。② 全国人大进行过较多的专题性询问，比如，2013 年度，十二届全国人大常委会就传染病防治、国家财政科技资金分配与使用以及农村扶贫开发工作做了专题询问。③ 自全国人大常委会开展专题询问后，上海、湖北、安徽 3 个省级人大常委会在当年就组织了专题询问，2011 年有 21 个省级人大常委会针对 26 项议题开展了专题询问，2012 年有 24 个省级人大常委会针对 30 项议题开展了专题询问。④

"质询"从表面上看也是行使知情权，但实际上多是对不适当行为包括违法失职行为提出质询案，对被质询者是一种带责成纠正不适当行为的监督方式。2004 年 9 月党的十六届四中全会通过的《中共中央关于加强党的执政能力建设的决定》提出："依法实行质询制、问责制、罢免制。"把质询制同问责制、罢免制一起，作为反腐倡廉、加强执政能力建设的重要措施。⑤ 地方人大及其常委会依法进行质询的实例比较多，一般都取得积极的监督效果。如 1985 年 4 月湖北省六届人大三次会议上，22 名代表就省邮电局变相提高 55 种邮资提出质询。省邮电局的负责人和分

---

① 房宁、杨海蛟：《政治发展蓝皮书：中国政治发展报告（2014）》，社会科学文献出版社 2014 年版，第 62 页。

② 《全国人大常委会专题询问形成机制》，《人民之友》2012 年第 10 期。转载于房宁、杨海蛟：《政治发展蓝皮书：中国政治发展报告（2014）》，社会科学文献出版社 2014 年版，第 62 页。

③ 房宁、杨海蛟：《政治发展蓝皮书：中国政治发展报告（2014）》，社会科学文献出版社 2014 年版，第 58—60 页。

④ 房宁、杨海蛟：《政治发展蓝皮书：中国政治发展报告（2014）》，社会科学文献出版社 2014 年版，第 64 页。

⑤ 《询问和质询》，中国人大网，http://www.npc.gov.cn/npc/xinwen/rdlt/rdjs/2006/11/15/content_354160.htm。

管副省长对质询作了认真答复和自我批评。事后省邮电局以加急电报通知全省各邮电局立即停止涨价，并退还用户多收邮资 32 万多元。再如，2000 年初，广东省九届人大三次会议期间，佛山市代表团 24 名代表对四会市北江边 18 家电镀厂未经批准就进行建设的情况提出质询案。3 日后，省环保局局长、有关副局长到佛山市代表团答复。对环保局的答复，过半数代表不满意，省环保局进行再次答复。但代表对第二次答复更为不满，进而联名提出撤销环保局一名副局长的建议。这些质询案不仅在本省，而且在全国引起了较大的反响。① 根据《南方周末》的报道，2004 年，广东省惠州市人大代表就市政府迟迟不执行市人大常委会关停违规建筑东江明珠高尔夫球场的决议提出质询，但人大常委会力劝代表放弃质询。地方上最近的一次质询是，2009 年湖南省人大常委会对省政府部分直属机构违法收费和挪用财政资金的行为提出质询案。湖南省人大常委会委员、湘潭大学法学院院长胡肖华是领衔者。②

（二）　特定问题调查

特定问题调查，在国外称为"国政调查"，就是议会就国家的重大问题、重大事件或者国家机关的重大政策、重要决策进行调查。议会的这项职能起源于 17 世纪的英国。现代世界各国，无论宪法有无明确规定，均普遍承认议会拥有国政调查权，并形成了较为完善的国政调查程序。国外议会的国政调查，通常有四个阶段：（1）调查的提出和批准。国政调查由议会决定，议员个人无权擅自调查。如在德国，成立调查委员会的动议通常由议会在野党提出。日本规定，议会会议期间，常任委员会请求对其所管辖的事项进行国政调查时，需向议长提交，说明欲调查事件的名称、目的、方法、时间等；若议长同意，即报告议院，常任委员会就可以开始着手启动国政调查程序。（2）组织调查机构。从理论上讲，

---

① 全国人大常委会办公厅研究室编：《人大监督专题研究》（内部材料），第 289—291 页。

② 《全国人大质询案仍"待机"》，民主与法制，http://www.mzyfz.com/index.php/cms/item-view-id-342627.shtml。

国政调查权应当由议院亲自行使。由于议院人数较多，为了便于调查，各国多通过议院作出决定，将国政调查事项交给常任委员会进行调查；有时也根据各党团人数比例成立临时的特别问题调查委员会担任。英国议会开始是由特定问题调查委员会调查，后来逐渐发展到由议会调查法庭专门负责。德国规定，经四分之一议员提议，联邦议院有权成立调查委员会，对国政问题进行调查。美国通常是由两院的司法委员会承担国政调查任务。为使调查工作更加富有成效，委员会调查时还要组织一个强有力的工作班子辅助工作。为提高调查效率，工作班子除向议员提供相关材料、联络新闻媒体外，还要提前找主人取证，确定拟传唤证人的名单的提问顺序，为听证会做准备。（3）举行调查听证会。各国议会开展调查时，一般都要举行听证会，即传唤当事人作证、陈述意见、接受询问，为议院或者调查委员会提供必要的证言、证据、证物或者有关文件。为了便于议会行使调查权，各国法律大多赋予调查委员会以一定的司法性权力，如传唤证人、处罚伪证等。德国规定，联邦议院调查委员会对证据的审理，适用刑事诉讼法的规定，法院和政府有义务给予法律上和公务上的帮助。日本规定，众议院和参议院进行国政调查时，可以要求有关证人出席并提出文书，无论何人均应答应其要求。美国规定，根据议员的要求，被调查的当事人都必须参加听证会。如果证人拒绝到场或者拒绝提供证词、证物、文件，就会以"藐视国会罪""伪证罪"的罪名，给予罚金或者监禁的处罚。（4）公布调查结果。多数国家议会的调查委员会没有直接的处置权，处置权往往掌握在大会或者其他机构手中。委员会在听证、取证、调查的基础上，对收集到的信息资料进行辩论，通过投票表决得出结论，并向大会提供报告或者向社会公布调查结果，同时附具所掌握的材料。美国规定，秘密听证会取得的证言和材料，经调查委员会投票通过后可以公开；公开听证会取得的材料必须向社会公布。①

---

① 见尹中卿：《国外议会监督程序与我国人大监督专题研究》，全国人大常委会办公厅研究室编：《人大监督专题研究》（内部材料），第450—452页。

关于特定问题调查，我国1954年《宪法》只作了原则性规定，全国人大和全国人大常委会认为必要的时候，可以组织对特定问题的调查委员会。1982年《宪法》进一步规定，全国人大和全国人大常委会认为必要的时候，可以组织关于特定问题的调查委员会，并根据调查委员会的报告，作出相应的决议。调查委员会进行调查的时候，一切有关的国家机关、社会团体和公民都有义务向它提供必要的材料。1986年修改《地方组织法》时，增加第二十六条规定："县级以上的地方各级人民代表大会及其常务委员会可以组织对于特定问题的调查委员会。"从此开始，不仅全国人大及其常委会享有特定问题调查权，县级以上地方各级人大及其常委会也享有特定问题调查权。

《全国人大议事规则》设专章对调查委员会作了更为具体的规定：一是规定了调查委员会议案的提出，即主席团、三个以上的代表团或者十分之一以上的代表联名，可以提议组织关于特定问题的调查委员会，由主席团提请大会全体会议决定。二是规定了调查委员会的组成：由主任委员、副主任委员若干人和委员若干人组成，由主席团在代表中提名，提请大会全体会议通过。调查委员会可以聘请专家参加调查工作。三是规定了调查委员会的职权和工作程序：调查委员会进行调查的时候，一切有关国家机关、社会团体和公民都有义务如实向它提供必要的材料。提供材料的公民要求对材料来源保密的，调查委员会应当予以保密。调查委员会在调查中，可以不公布调查的情况和材料。调查委员会应当向全国人大提出调查报告。全国人大根据调查委员会的报告，可以作出相应的决议。全国人大可以授权全国人大常委会在全国人大闭会期间，听取调查委员会的报告，并可以作出相应的决议，报全国人大下次会议备案。地方组织法对组织特定问题调查委员会也作了规定。

《监督法》总结各地人大工作的实践经验，将"特定问题调查"列专章作出了相关规定。根据《宪法》和《监督法》的规定，关于在什么情况下需要组织特定问题调查委员会，有以下两个基本点：第一，组织特定问题调查委员会，是人大常委会行使职权的需要。对于人大常委会职权范围内的事项，必要时，可以组织调查委员会进行调查。第二，组织特定问题调查委员会，应是人大专门委员会、常委会工作机构无法胜任完成的重大问题。也就是说，在一般情况下，人大常委会在行使职权中，遇有事实不清需要调查的，首先应由人大专门委员会或常委会工作机构进行调查，向常委会提出调查报告，不必组织特定问题调查委员会。只有在问题特别重大，由人大专门委员会或者常委会工作机构进行调查无法完成时，才需要组织特定问题调查委员会进行调查。①

组织特定问题调查委员会作为一种较为严厉的监督手段，是保证各级地方人大依法行使职权，树立人大作为国家权力机关的权威，改变监督工作不力，强化人大监督职能所必需的，也是监督某些疑难事宜的重要手段。例如，1987年初，黑龙江大兴安岭发生了新中国成立以来最严重的森林火灾，造成了严重的生命和财产损失，对此，全国人大常委会组织成立了一个专门小组负责调查此事，最终认为火灾的发生系领导人员疏于管理、缺乏纪律，违反规定和严重的官僚主义造成的，并免去了杨钟的林业部部长职务。② 由此也开启了全国人大常委会成立特定问题调查委员会的先河。此后，全国人大的特定问题调查小组数量戏剧性增加，仅1996年全国人大就成立了30个以上的特定问题调查小组。③ 而地方人大及其常委会设立特定问题调查委员会也雨后春笋般地出现。1991年辽宁省铁岭市人大常委会对群众反映强烈、久拖未决的银州区第四和第九小学校舍问题组织特定问题调查委员会进行调查，引起市政府及有关部门的重视，促使政府投资近500万元分别在两校新建教学楼，解决了两所小学的校舍问题。④ 2003年3月，成都市锦江区人大常委会组织特定问题调查委员会，介入锦江区原国有企业成都化学试剂厂引进民营资本改制纠纷，以中立、权威的身份解决了企业合营各方的矛盾和争端。⑤ 2005

---

① 《特定问题调查》，中国人大网，http://www.npc.gov.cn/npc/xinwen/rdlt/rdjs/2006/12/05/content_354737.htm。

② 参见孙哲：《全国人大制度研究》，法律出版社2004年版，第211—213页。

③ 赵宝旭：《民主政治与地方人大：调查与思考之一》，陕西人民出版社1990年版，第71—74页。

④ 全国人大常委会办公厅研究室编：《人大监督专题研究》（内部材料），第306页。

⑤ 闵捷、杨长寿、蒋传斌：《破解企业与政府间困局》，《中国青年报》2004年8月10日。

年 6 月 30 日，湖南省益阳市第三届人大常委会第九次会议决定成立特定问题调查委员会，对城市规划区范围内闲置土地情况进行调查。同年 9 月 29 日，市人大常委会作出决议，要求市政府对特定问题调查委员会认定的 54 宗闲置土地在半年内处置完毕，并建立起土地利用集约、节约、可持续发展的良好机制。①

五、对政府工作的评议

近些年，地方人大及其常委会按照宪法和法律规定的原则和精神，勇于实践，大胆探索，在监督工作方面创造了一些行之有效的形式。其中，对政府部门及其领导人员的"两评"，即工作评议和述职评议，最为引人注目。

（一）对政府部门的工作评议

由常委会组织人大代表评议"一府两院"的工作，其中主要是政府部门的工作，简称工作评议或者代表评议。从 20 世纪 80 年代初，部分县级人大常委会组织代表对基层政府"七所八站"② 的工作进行评议，是基层人大代表在闭会期间开展活动的一种方式。后来逐步发展到由人大常委会作出决议，有计划有重点地评议同级政府及其部门和法院、检察院的工作。③ 近几年，一些省级人大常委会每年都组织代表评议两三个政府部门或"两院"的工作，已经形成制度。

---

① 田必耀：《震动益阳的"特别调查"》，《浙江人大》2006 年第 2 期。

② 县政府有关部门派驻乡政府的工作机构如派出所、工商所、税务所以及农机站、卫生防疫站等机构。

③ 早在 1982 年，黑龙江省肇源县就曾组织人大代表评议"一府两院"干部，并在省人大工作经验交流会上介绍了做法。1984 年，上海市普陀区真如镇组织人大代表对镇政府工作进行评议；1985 年夏，辽宁省岫岩满族自治县人大常委会组织开展评议工作；1986 年，河南省平顶山市舞钢区人大常委会组织代表评议区政府工作。在此期间，山东省及全国其他地区的一些人大相继采用了"代表评议"这种形式。（参见董珍祥：《人大监督方式新探索的评述与思考》，摘自蔡定剑、王晨光主编：《人民代表大会二十年发展与改革》，中国检察出版社 2001 年版，第 281 页）

　　由于目前没有统一的法律规定，各地制定的地方性法规对这种监督方式的规定也不尽一致，具体做法上多种多样。从评议主体看，一般有四种情况：部分人大代表参加的评议；常委会会议进行的评议；人代会上进行的评议；在专门委员会会议上或者常委会主任会议上的评议。从评议对象看，有的地方认为是本级人民政府及其所属部门，有的地方认为应当加上本行政区域内上级政府所属部门或派驻机构。从评议内容看，有的是对政府的全面工作进行评议；有的是对政府部门执法工作进行评议；有的是对政府其他某一项工作进行评议。从评议方式看，有的将执法检查与工作评议结合起来，有的是将工作评议与述职评议结合起来；有的仅对同级政府工作进行评议，有的则是上下结合，搞联动评议。

　　但是，应该看到工作评议在评议对象和范围、内容和原则、组织和方式、评议后果的处理等问题上有一些共性的情况。其中关于工作评议的对象主要是地方政府的各个工作部门。一些地方人大常委会主要是依据两条来确定进行评议的对象：一是当前党和国家或所在行政区域一个时期工作重点涉及的有关部门；二是人民群众反映强烈的"热点"问题涉及的有关部门。对于本行政区域内的条条管理部门，如土地管理、税务、技术监督等部门，常被列为人大代表的评议对象。而且在评议程序上，一般有准备、调查研究、会议评议、整改四个阶段。（1）准备阶段主要是确定参加评议的人员，确定被评议的对象和内容，制定评议方案，组织参评人员学习法律、法规和文件等。（2）调查研究阶段主要是评议小组通过视察、检查、调查、召开座谈会、走访群众、民意测验等形式掌握被评单位的情况。（3）会议评议阶段主要是人大常委会听取被评议对象工作报告，常委会委员和人大代表进行评议，最后形成评议意见。有些人大常委会在这一阶段还组织代表或委员对被评对象进行民主测评。（4）整改阶段，主要是评议对象按照评议意见提出整改方案，在人大的监督下，于一定期限内完成整改任务，并向人大常委会反馈。①

---

① 见王芳等：《工作评议专题研究》，全国人大常委会办公厅研究室编：《人大监督专题研究》（内部材料），第 202 页。

（二）对政府领导的述职评议

述职评议是指人大常委会对由它选举或任命的本级政府领导人或部门首长在一定任期内的工作听取汇报和进行评议的活动。它是由前面的工作评议逐渐发展为由常委会会议听取和审议"一府两院"工作人员的述职报告。述职评议通常也有四个阶段。

第一，准备部署阶段。人大制定工作方案，向同级党委报告，征得党委的原则同意；有的地方将工作方案提请本级人大常委会审议通过，并作相应的决定。成立评议领导小组，有的地方由党委、人大和政府等方面的负责人员组成；有的地方由党委和人大的负责人员组成；有的地方只是由人大的负责人员组成；也有的地方不成立领导小组，由人代会主席团或常委会主任会议领导并组织实施。组织办事机构。向评议对象发出书面通知。确定参加述职评议人员。组织参评人员学习和培训。召开动员会。

第二，调查研究阶段。由参评的人大代表、常委会组成人员和其他有关人员组成调查组，在吸取评议对象本人意见的同时，深入评议对象所在部门及其下属单位，以及与其工作联系较为密切的单位，采取集体座谈、个别谈话、接待来访、微服私访、问卷调查、实地察看、查阅资料、设立意见箱、公布投诉电话、发放征求意见卡等形式，广泛听取各方面反映，了解评议对象履行职责的第一手资料。调查组在掌握详细情况的基础上，写出综合性的调查报告；同时评议对象根据要求，撰写述职报告。调查研究临近结束时，人代会主席团会议或常委会主任会议或者领导小组举行会议，认真听取述职报告、调查报告准备情况的汇报，并对不妥之处予以纠正。

第三，述职评议阶段。先举行大会，听取评议对象作述职报告，各调查组作调查报告。然后，举行分组会议，结合述职报告、评议报告，对评议对象进行评议；有的地方在此基础上还举行联组会（常委会会议上）或者全团会议（代表大会上），进一步提出评议意见。评议时，评议对象到会听取意见，并认真回答评议人员的询问。如对评议意见有不同看法，还允许评议对象进行解释和申辩。评议会议结束时，由主持人总结，对评议对象提出整改要求。最后，评议对象表态。

第四，整改落实阶段。评议会议后，尽快将会议上提出的意见和调查研究阶段收集到的意见汇总整理，形成书面评议意见，经人代会、常委会会议，或者人代会主席团会议、常委会主任会议，或者领导小组会议审议，送交评议对象，同时报送党委，抄送有关部门。评议对象根据评议意见，及时制定整改措施，在一定期限内将整改方案报送人大及其常委会。人大及其常委会通过检查、听取汇报等形式，跟踪监督，促进整改。在评议会议后3—6个月内，再在人代会或常委会会议上，或者专门举行述职评议整改情况汇报会议，听取并审议评议对象关于整改情况的报告，并作出评议结论；有的地方还通过量化打分、投票表决等方式，对评议对象是否称职，或者对整改工作是否满意进行无记名测评；有的地方还把评议结果告知政府领导人和党委组织部门，作为评价干部的参考。评议基本结束后，进行认真总结，并向同级党委写出全面的书面报告。①

目前，地方各级人大常委会普遍开展了述职评议。一些省级人大常委会每年一般评议两三个政府厅级干部。个别省对副省级干部开展了评议，如北京市人大常委会开展对副市长的述职评议。

述职评议是人大监督由知情权向处置权过渡的中间环节，很好实现了对事监督与对人监督的结合。通过述职人向人大常委会作述职报告并接受评议的方式，可以把听取和审议工作报告、一般调查、执法检查、特定问题调查、罢免和撤职有机结合起来，实践效果是比较好的。

上述对政府工作进行评议的两种形式，是中国地方人大及其常委会开展监督工作的一个"创造"。在表现形式上，与国外议会"信任与不信任投票"程序有极为相似之处。信任与不信任投票是内阁制国家议会监督政府的一种方式，目的在于检验政府是否得到议会的信任，并通过投票表决对政府及其工作人员施加压力。应该看到，信任投票与不信任投

---

① 见张作峰：《述职评议专题研究》，全国人大常委会办公厅研究室编：《人大监督专题研究》（内部材料），第221—225页。

票虽然都要由议会作出判断，但在提出主体及其动机上却有不同的表现：信任投票往往由政府自己提出，目的是让议会确认对政府政策或决策的支持；不信任投票往往由议员，主要是反对党议员团提出，目的是对政府及其组成人员的执政资格提出挑战，追究政府及其成员的责任。如果信任投票没有获得通过，或不信任投票获得通过，就会导致内阁的解散，以及政府首脑或者个别内阁部长的辞职或被免职；或者导致议会的解散，进而重新大选，产生新的代议机构。①

六、对行政行为的违宪监督

"违宪监督"又称为"违宪审查"，是特定机构为了保证宪法的统一实施，通过一定程序审查和裁决国家机关和其他组织是否违宪的一项制度。随着现代社会行政权力不断扩张，实施对行政行为的违宪监督显得尤为迫切。纵观各国实施违宪监督的情况，可以将违宪监督制定划分为四种模式：（1）议会或权力机关模式。这种模式最初是以英国为代表，后来以苏联为代表的社会主义国家沿袭这一模式。英国奉行"议会主权""议会至上"原则，议会在法律上的地位优于行政和司法机关。苏联 1936 年《宪法》和 1977 年《宪法》都规定，最高国家权力机关和国家管理机关"监督苏联宪法的遵守情况，并保证各加盟共和国宪法符合苏联宪法"。20 世纪 80 年代之前，大多数社会主义国家的违宪监督制度与苏联相似。新中国自成立后沿袭苏联的这一模式。（2）普通法院模式。以美国为代表，属于这一类型的还有日本、挪威、丹麦、瑞典、瑞士、希腊等六十多个国家。在这些国家，宪法监督又称为"司法审查"或"违宪审查"，违宪案件与其他案件一样，都由普通法院审理。（3）宪法法院模式。以德国为代表，设立独特的宪法法院审查违宪案件。奥地利于 1920 年最早设立宪法法院；第二次世界大战后，联邦德国、意大利、西班牙，亚洲的韩国，社会主义国家中的南斯拉夫、捷克斯洛伐克、波兰等也相

---

① 　见尹中卿：《国外议会监督程序与我国人大监督专题研究》，全国人大常委会办公厅研究室编：《人大监督专题研究》（内部材料），第 455—456 页。

继设立了宪法法院。（4）专门机构模式。以法国宪法委员会为代表。宪法委员会兼有司法、监督、咨询等多重功能，在法律未实施之前，对其合宪性进行审查，且在诉讼活动之外实行违宪审查。①

我国的宪法监督，采用第一种模式。我国宪法和有关法律规定，全国人大及其常委会监督宪法实施。地方人大及其常委会保证宪法在本行政区域内的遵守和执行，协助全国人大及其常委会监督宪法的实施。人大对行政行为的违宪监督，既包括对政府行政法律规范创制活动的监督，又包括对政府行政行为的监督。本部分只就行政行为的违宪监督简要阐述一下。关于对行政法律规范创制活动的违宪违法监督，将放在"对行政立法的监督"部分加以阐述。

行政行为的违宪，主要表现在行政机关及其领导人员在采取行政措施时出现直接违反宪法的情况。根据实践，常见的行政行为违宪情况有3种：（1）宪法明确规定，地方行政建置和区域划分必须按照法律程序进行，但有的地方政府随意变更、撤销行政建置和区域，如撤销市辖区设立经济开发区、科技开发区，撤销乡镇设立市辖的办事处等，致使该区域内的公民依法行使管理国家事务的权利被转移或丧失。（2）有的地方不经国家权力机关的选举或决定任命，擅自任命或免除人民政府的组成人员。（3）政府领导人员干预司法活动。《宪法》第一百二十六条规定："人民法院依照法律规定独立行使审判权，不受行政机关、社会团体和个人的干涉。"比如某市一副区长在该区人民法院的一份判决书上作出批示，要求法院予以改判。②

但是，我国行政行为违宪法审查制度尚未建立，各级人大如何更好地监督行政机关实施宪法还处于探索完善过程中。尤其是对行政行为违宪如何界定并依法纠正未予明确，并且缺乏相应的程序规定。

---

① 见万其刚：《国外宪法监督专题研究》，全国人大常委会办公厅研究室编：《人大监督专题研究》（内部材料），第430—433页。

② 见周冶陶等：《违宪行为监督专题研究》，全国人大常委会办公厅研究室编：《人大监督专题研究》（内部材料），第78页。

七、对行政立法的监督

现阶段，人大对行政立法的监督，主要表现为对行政立法是否违宪违法进行监督，同时也包括对授权政府立法进行的监督。（鉴于本章是专门研究国家权力机关对行政机关实施监督的，所以关于人大对行政立法的监督主要介绍全国人大对国务院行政法规的监督。国务院各部门制定的行政规章及有立法权的地方政府制定的地方规章，不属于全国人大直接监督的对象）。对备案的行政法规进行审查监督虽然初步建立了制度，但全国人大常委会还没采取过撤销同宪法、法律相抵触的行政法规的做法。

（一）对行政立法的备案与审查

国家权力机关对行政规范性文件的备案与审查，最为典型的是全国人大常委会的法规备案审查工作。从法律上讲，法规备案审查是全国人大常委会按照《宪法》《立法法》和有关法律的规定，对法规进行立法监督的基本形式。备案是指上述法规在公布后的一定期限内，由法定机关报送全国人大常委会存档，以备审查；审查则是全国人大专门委员会对报送备案的法规是否同宪法和法律相抵触进行审查，并提出审查意见。

1. 对行政法规的备案

行政法规是从 2000 年 7 月 1 日《立法法》实施后开始向全国人大常委会报送备案的。2000 年 3 月第九届全国人大第三次会议通过了《立法法》，同年 10 月，第九届全国人大常委会第三十四次委员长会议通过了依据《立法法》制定的《行政法规、地方性法规、自治条例和单行条例、经济特区法规备案审查工作程序》，以及 2001 年国务院制定发布的《行政法规制定程序条例》使法规备案工作有了法律依据和规范化程序。到 2003 年 5 月 31 日，国务院共报备了 86 件行政法规。并且数量不断增加，就最近几年看，仅 2009 年，国务院就报备了 22 件行政法规，2011 年共报备了 25 件行政法规，而 2013 年共报备了 19 件行政法规。可见，行政法规的报备制度已经成熟，报备工作也达致完善。

全国人大常委会办公厅秘书局具体负责报备案法规的登记与存档工

作，并根据各专门委员会的职责分工，对法规进行分类，送交相关的专门委员会备查。

2. 对行政法规的审查

《宪法》和法律对全国人大及其常委会经审查有权撤销国家行政机关规范性文件作了规定。《立法法》第九十条、第九十一条分别对全国人大常委会法规审查工作作了具体规定：一是对谁可以提出审查，规定国务院、中央军委、高法、高检和省级人大常委会认为行政法规同《宪法》或者法律相抵触的，可以向全国人大常委会书面提出审查要求，由常委会工作机构分别送有关专门委员会进行审查、提出意见。前款规定以外的国家机关和社会团体、企业事业组织以及公民认为行政法规同宪法和法律相抵触的，可以向全国人大常委会书面提出进行审查的建议，由常委会工作机构进行研究，必要时，送有关专门委员会进行审查。二是对审查程序，规定全国人大专门委员会在审查中认为行政法规同宪法或者法律相抵触的，可以向制定机关提出书面审查意见；也可以由法律委员会与有关专门委员会召开联合审查会议，要求制定机关到会说明情况，再向制定机关提出书面审查意见。制定机关应当在两个月内研究提出是否修改的意见，并向全国人大法律委员会有关专门委员会反馈。全国人大法律委员会和有关专门委员会审查认为有关法规、条例同宪法、法律相抵触而制定机关不予修改的，可以向委员长会议提出书面审查意见和予以撤销的议案，由委员长会议决定是否提请常委会会议审议决定。《立法法》的这些制定，为法规的审查提供了法律依据。

当然，在此之外，《监督法》也专设了一章对规范性文件的备案审查作了规定，可以看作对《宪法》以及《立法法》的补充。《监督法》的规定不仅仅包括全国人大及其常委会对国务院的行政法规的备案审查，还包括县级以上人大常委会对同级政府所作的规范性文件进行的备案审查。如，《监督法》第二十九条规定："县级以上地方各级人民代表大会常务委员会审查、撤销下一级人民代表大会及其常务委员会作出的不适当的决议、决定和本级人民政府发布的不适当的决定、命令的程序，由省、自治区、直辖市的人民代表大会常务委员会参照立法法的有关规定，作出具体规定。"第三十条规定："县级以上地方各级人民代表大会常务委员会对下一级人民代表大会及其常务委员会作出的决议、决定和本级人民政府发布的决定、命令，经审查，认为有下列不适当的情形之一的，有权予以撤销：（一）超越法定权限，限制或者剥夺公民、法人和其他组织的合法权利，或者增加公民、法人和其他组织的义务的；（二）同法律、法规规定相抵触的；（三）有其他不适当的情形，应当予以撤销的。"

（二）对授权政府立法的监督

随着现代社会发展和政府职能专门化，议会制定法律规则，有相当一部分是靠授权政府立法（通常称为"实施细则"）来完成的。但为了保证授权立法符合宪法和法律，一些国家把对授权立法的审查批准作为议会监督的一项重要内容。在英国，议会主要从技术方面对授权立法进行监督。两院立法联合委员会负责对授权立法进行技术方面的审查，如审查实施细则草案的行文是否妥当，对本部门的权责规定是否符合授权，并将审查结果报告大会。议会对授权政府立法的监督分为两种情况：凡属重要法律授权制定的实施细则，政府将草案提交议会，议会在辩论的基础上进行表决，以决定是批准还是否决；其他法律授权制定的实施细则不需要议会批准，但要送议院备案。如果议会在一定日期内通过否决的动议，该实施细则停止实施。[1]

与西方国家相比，我国的授权立法独具特色。主要是授权的种类比较多样，主要有三种：全国人大授权其常委会立法；全国人大常委会授权国务院立法；全国人大及其常委会授权地方国家机关立法。[2] 授权采取

---

[1]　除英国对于授权立法作了严密的简单规定外，其他国家，如，日本、德国、法国、美国等，都作了具体的规定，也不断地完善各自的监督制度。（具体可参见《西方发达国家的授权立法》，载中国人大网，http://www.npc.gov.cn/npc/xinwen/rdlt/wysd/2011/05/13/content_1655610.htm）

[2]　周旺生：《关于授权立法的几个基本问题》，《立法研究》（第5卷），北京大学出版社2005年版，第15页。

发布专门的"决定"或"决议"的方式，而不是制定并颁布专门性法律进行授权；授权制定的规范性法律文件，地位比较特殊，既不等同于授权方制定的规范性文件的效力，又不等同于被授权方规范性文件的效力，而是介于两者之间。

在我国，对中央政府的授权立法主要是全国人大及其常委会授权国务院制定有关行政法规。对地方政府的授权立法是由全国人大常委会授权同级地方人大立法的同时授予的。

改革开放以来，全国人大常委会对国务院有三次重大的授权立法，主要有：

第一次是1983年9月2日，第六届全国人大常委会第二次会议作出决定："授权国务院对1978年5月24日第五届全国人大常委会第二次会议原则批准的《国务院关于安置老弱病残干部的暂行办法》和《国务院关于工人退休、退职的暂行办法》的部分规定作一些必要的修改和补充。"

第二次是在1984年9月18日，第六届全国人大常委会第七次会议根据国务院的建议作出决定："授权国务院在实施国营企业利改税和改革工商税制的过程中，拟定有关税收条例，以草案形式发布试行，再根据试行的经验加以修订，提请全国人民代表大会常务委员会审议。"关于此次授权的缘由，1984年9月11日国务院的《关于国营企业实行利改税和改革工商税制的说明》中讲得很清楚："鉴于目前城市经济体制改革正在进行，经济情况变化很快，各个税收条例（草案），尚需在执行中不断充实和完善，拟请人大常委会授权国务院以草案的形式颁发试行。待执行一段时间，总结经验，加以修改后，再提请全国人民代表大会或人大常委会审议批准，制定税法。"

第三次是1985年4月10日，第六届全国人大第三次会议决定："授权国务院对于有关经济体制改革和对外开放方面的问题，必要时可以根据《宪法》，在同有关法律和全国人大及其常委会的有关决定的基本原则不相抵触的前提下，制定暂行的规定或条例，颁布实施，并报全国人大常委会备案。"经过实践检验，条例成熟时由全国人大或全国人大常委会制定法律。这次授权范围较宽，应当属于综合性授权。经过此次授权，国务院制定了税收暂行条例、银行管理暂行条例、私营企业暂行条例、土地使用权出让转让暂行条例、审计条例、价格管理条例、乡村与城镇集体所有制企业条例、国家预算管理条例等。

当然，除以上三次重大的授权国务院立法之外，全国人大及其常委会还先后授权广东省、福建省和海南省人大及其常委会，深圳市、厦门市、汕头市和珠海市人大及其常委会，各级人民政府分别制定法规和规章。此外，在有关的法律、行政法规、地方性法规甚至行政规章中，法条授权更成为普遍的现象。① 最近一次全国人大常委会对国务院的授权立法事件无疑是引起学术界轰动的 2013 年 8 月 30 日第十二届全国人民代表大会常务委员会第四次会议通过《全国人民代表大会常务委员会关于授权国务院在中国（上海）自由贸易试验区暂时调整有关法律规定的行政审批的决定》。该项授权主要是对《中华人民共和国外资企业法》《中华人民共和国中外合资经营企业法》和《中华人民共和国中外合作经营企业法》有关的审批事项的调整。据此，国务院对 11 项行政审批事项在上海自贸区作了暂时调整。当然，这引发了法学界的猜疑，认为以全国人大常委会授权国务院决定在上海自贸区"暂停法律实施"的方式存在合法性质疑。② 无论如何，全国人大常委会的这次行为无疑是最近一次对国务院的授权立法。

然而，对政府授权立法的监督，现有规定比较简单。《立法法》第九十八条第（五）项规定："根据授权制定的法规应当报授权决定规定的机关备案……"。第九十七条第（七）项规定："授权机关有权撤销被授权机关制定的超越授权范围或者违背授权目的的法规，必要时可以撤销授权。"实践中，对政府授权立法实施监督的情况更是比较少，所以有关政府授权立法的监督制度还有待进一步完善。

---

① 魏月霞：《浅析授权立法监督的必要性》，《辽宁行政学院学报》2010 年第 6 期。
② 傅蔚冈、蒋红珍：《上海自贸区设立与变法模式思考——以"暂停法律实施"的授权合法性为焦点》，《东方法学》2014 年第 1 期。

八、对政府的人事监督

在西方，议会对政府官员主要是运用弹劾的手段进行监督的。代议机关的弹劾起源于14世纪的英国，最初只是控告和审判违法失职官吏的一种手段。到了18世纪初，弹劾逐步发展为一项免除不称职公职人员的重要制度。由于各国政体不同，法律规定的被弹劾对象和范围、受弹劾事由不尽相同。如英国议会的弹劾仅限于有职务犯罪行为的内阁成员或大臣；意大利议会扩大到有叛国或违宪行为的总统或国务员；联邦德国扩大到有叛国或违宪行为的总统或法官。美国受弹劾的官员范围最广，总统、副总统和联邦政府所有文职官员，以及州长、州级司法官员，如果有叛国罪、贿赂罪或其他重罪、轻罪、严重失职行为，都可列入国会或州议会的弹劾。与其他监督程序如信任与不信任投票相比，弹劾程序更为复杂，既具有司法审判的性质，同时带有政治行为的色彩，是所有监督手段中比较严厉的一种。①

在我国，没有弹劾这种人事监督方式。国家权力机关对同级行政机关进行人事监督，主要是罢免与撤职两种方式。"罢免"和"撤职"是人大最严厉的两种监督手段。列宁曾说过，罢免权，体现了真正民主制的基本原则，是真正的监督权。②

1954年《宪法》只对罢免对象作了规定。1982年《宪法》《全国人大组织法》及《地方组织法》除了规定罢免对象外，还初步规定了提出罢免案的程序。《全国人大议事规则》作了更为全面、具体的规定：一是规定了提出罢免案的主体（主席团、三个以上的代表团或者十分之一的代表）；二是把国务院的组成人员规定为罢免的对象；三是规定了提出罢免案的程序（由主席团交各代表团审议后，提请大会全体会议表决，或

---

① 见尹中卿：《国外议会监督程序与我国人大监督专题研究》，全国人大常委会办公厅研究室编：《人大监督专题研究》（内部材料），第458页。

② 《列宁全集》第33卷，人民出版社1995年版，第102、106页。

由主席团提议，经大会全体会议决定，组织调查委员会，由全国人大下次会议根据调查委员会的报告审议决定；罢免案应当写明罢免理由，并提供有关材料，允许被罢免人申辩）。《地方组织法》规定：县级以上地方各级人大举行会议的时候，主席团、常委会或者十分之一以上代表联名，可以提出对本级人民代表大会常务委员会组成人员、人民政府组成人员、人民法院院长、人民检察院检察长的罢免案。乡级人大举行会议的时候，主席团或者五分之一以上代表联名，可以提出对人民代表大会主席、副主席，乡长、副乡长，镇长、副镇长的罢免案。同时规定了罢免程序。《地方组织法》还规定：县以上的地方各级人大常委会在本级人代会闭会期间，有权决定副省长、自治区副主席、副市长、副州长、副县长、副区长的个别任免。《监督法》第五章对撤职案的审议和决定作了规定，主要包括了撤职的主体和对象，以及撤职案的提出主体和审议主体、方式，同时规定了撤职案的内容要求。比如，《监督法》第四十四条规定："县级以上地方各级人民代表大会常务委员会在本级人民代表大会闭会期间，可以决定撤销本级人民政府个别副省长、自治区副主席、副市长、副州长、副县长、副区长的职务；可以撤销由它任命的本级人民政府其他组成人员和人民法院副院长、庭长、副庭长、审判委员会委员、审判员，人民检察院副检察长、检察委员会委员、检察员，中级人民法院院长，人民检察院分院检察长的职务。"第四十五条规定："县级以上地方各级人民政府、人民法院和人民检察院，可以向本级人民代表大会常务委员会提出对本法第四十四条所列国家机关工作人员的撤职案。县级以上地方各级人民代表大会常务委员会主任会议，可以向常务委员会提出对本法第四十四条所列国家机关工作人员的撤职案。县级以上地方各级人民代表大会常务委员会五分之一以上的组成人员书面联名，可以向常务委员会提出对本法第四十四条所列国家机关工作人员的撤职案，由主任会议决定是否提请常务委员会会议审议；或者由主任会议提议，经全体会议决定，组织调查委员会，由以后的常务委员会会议根据调查委员会的报告审议决定。"以及第四十六条规定："撤职案应当写明撤职的对象和理由，并提供有关的材料。撤职案在提请表决前，被提出撤职的人员有权在常务委员会会议上提出申辩意见，或者书面提出申辩意见，由主任会议决定印发常务委员会会议。撤职案的表决采用无记名投票的方式，由常务委员会全体组成人员的过半数通过。"

在法治中国建设过程中，地方各级人大及其常委会对贪污腐败、渎职等行为行使了罢免权和撤职权。如 1986 年 10 月，江西省第六届人大第五次会议罢免了原省长倪献策的职务；1989 年 5 月，湖南省第九届人大第二次会议罢免了原副省长杨汇泉的职务；同年 8 月，新疆维吾尔自治区第七届人大常委会第九次会议撤销了原自治区副主席托乎提沙比尔的职务；2000 年 12 月，浙江省杭州市第九届人大常委会第三十八次会议撤销了原副市长叶德范的职务；2001 年 2 月，河北省石家庄市第十届人大第四次会议罢免了原市长张二辰的职务。①

在《监督法》实施之前，全国人大常委会曾有过根据国务院总理提请、解除、撤销个别领导成员职务的先例，如 1980 年 5 月，第五届全国人大常委会第十五次会议，根据总理华国锋的提请，解除了宋振明的石油部部长职务；同年 9 月，第五届全国人大第三次会议解除了陈永贵的国务院副总理的职务；1987 年 6 月，第六届全国人大常委会第二十一次会议，根据总理赵紫阳的提请，撤销了杨钟的林业部部长职务；② 对成克杰的处理，是依法由选举单位（广西壮族自治区人民代表大会）罢免其代表职务，其全国人大常委会副委员长职务相应撤销，由全国人大常委会予以公告。

① 参见艾志鸿：《罢免和撤职专题研究》，全国人大常委会办公厅研究室编：《人大监督专题研究》（内部材料），第 323—324 页。

② 参见尹中卿：《国外议会监督程序与我国人大监督专题研究》，全国人大常委会办公厅研究室编：《人大监督专题研究》（内部材料），第 322—323 页。

第三节　国家权力机关对行政权力监督的评述

一、对人大监督争论的焦点和主要问题

经过多年的探索和实践，人大对政府部门的监督工作有了一定的加强，也取得了较为明显的成效。然而，加强人大的监督工作仍是在做好人大各项工作中值得关注的焦点之一。提得比较多的是：人大监督的现状与《宪法》和法律的规定有一定的差距；人大的监督工作与普通民众的期望与要求也有一定差距。在已经开展的监督工作中，有些流于形式，效果有待提高，同时，监督工作中存在一些空档，有的法定职权或法定的监督方式方法没有充分行使和运用起来。总体上看，监督工作仍是一个薄弱环节。国家权力机关对行政机关监督难的根源，主要集中在以下几方面。

1. 对人大监督重要性认识不足，政府部门自觉不自觉地规避人大的监督。目前，多数行政机关已认识到，人大对其实施监督是一种国家体制和政治制度上的设计，可以保证行政权力取得合法性，并保证各项行政权力在法治轨道上运行，避免行政权力滥用和腐败现象滋生蔓延。各级政府部门接受人大的监督，很有必要。但实践中，一旦成为被监督对象，又觉得人大监督是在"找麻烦""挑刺"，影响行政工作效率，束缚了"手脚"。这种认识说到底仍然是一种特权思想，即政府部门凭借其拥有的行政权力和强大优势地位，规避人大的监督。根源还是"人民民主"的思想没有彻底地树立起来，还缺乏应有的民主法治观念和人民代表大会制度意识。

实践中，还有一种情况很值得注意：就是政府有关部门在处理一些棘手问题的时候，怕处理不好带来麻烦，就将矛盾和问题交给人大。这种做法貌似尊重人大，实则不然。将不好解决的事情提交人大讨论决定不是不可以。但问题是，这些事情是不是属于人大职权范围的事务。如

若是法律法规确认的重大事项、重大问题，人大当然有权力、有责任处理和解决。如果是属于行政机关职责范围内的事务，那就应由政府部门予以解决，不宜借口事情需要协商、讨论，将矛盾和问题推给人大。防止这种情况的出现，根本的办法是在法律上将人大的职权与政府的职权明晰化，使各级人大和政府能够依法办事、各司其职；同时保证政府的行为处于人大监督视野之内。还有一些人认为，人大是国家权力机关，即代议机构。人大的立法和决策过程，是充分发扬民主、群策群力的过程；同样，人大的监督也是民主协商、互谅互让的过程，人大的监督，可以不像"一府两院"行为那样，必须执行，可以相互商量。说到底，人大的监督可以商量，可以"讨价还价"。其实，这是一种错误的认识，某种程度上，是一种规避行为。人大开展各项工作，都要贯彻民主集中制原则，但人大的决定一旦作出，它就具有了与立法同等的效力，必须执行，没有商量的余地。

2. 现实体制关系不顺，制约国家权力机关监督作用的发挥。从现实情况看，有的地方党委仍然习惯于以党代政，包揽过多，权力过分集中。

一些有关国家事务的重大问题，往往是党委决定，政府去办，把人大撇在一边。在此情况下，人大很难对政府进行有效的监督。如果不做大量的协调工作，人大监督很容易监督到党委头上，影响同党委的关系。一些政府部门则认为，重大问题都是党委定的，只要向党委负责就可以了，不愿接受人大监督，甚至认为人大监督是多了一个"婆婆"。这些情况，根源在于现实体制关系尚未理顺。

人们常说的现实体制关系，主要指两种情况：一种情况是指理顺党政关系。在我国政治体制中，执政党与国家机关之间，既存在领导与被领导的关系，又存在依法管理与被管理的关系。从前一种关系看，党是领导者，应按照政治领导所要求的形式和途径，切实加强对国家机关的领导；从后一种关系看，党应当自觉地尊重国家机关的管理，在国家宪法和法律范围内活动。理顺党政关系，重要的是要建立这样一种机制：党对政府重大问题进行决策，人大依法作出决定，政府去组织实施。只有这样，才符合党对国家实施政治领导和人民民主管理国家事务的要求，才符合依法治国的要求。

另一种情况是指理顺权力机关与行政机关之间的关系。现行体制下，人大上下级之间只是工作联系的指导关系，对同级政府是监督。但上下级政府是领导和被领导关系，政府的财政预算和重大决策必须执行上级政府的决定。下级人大在监督同级政府部门与上级政府发生差异或矛盾时，人大监督就会出现很尴尬的局面。可见，现实中人大对政府部门的监督缺乏应有的约束力和制约手段。还有，由于政府管理体制上存在的垂直领导、条块分割等情况，一些与地方经济发展有决定性影响的政府职能部门如工商、税务、质量监督等，列在政府组成部门之外，人大无法对它们实施监督，出现了"管着的看不见""看见的管不着"的监督盲区。

3. 人大代表和人大常委会组成人员专职化程度较低，使人大监督难以到位。目前，人大代表和人大常委会组成人员在配置上还是偏重于代表性，专职化水平比较低。相当一部分常委委员兼有其他职务（非国家行政、审判、检察职务），而且这些职务忙于人大工作。真正专门从事人大监督工作的人大代表和常委会委员很少。而人大的监督工作都是一项专业性很强的工作，其所要求的法律、经济以及其他方面的知识，都应达到相当的水平，尤其是预算监督、执法检查、司法监督等，如果不具备相应的知识水平，是很难发现重点和主要问题，作出准确有效的判断，提出有重要参考价值的意见来的。这样的监督很难取得理想效果。

解决这一问题，一方面要优化人大代表和常委会组成人员结构，让其中具有较高水平的专家参加相关的监督工作，充分发挥他们在人大监督中的专业作用；另一方面为代表和委员专职化创造各种便利条件，为他们配置必要的助理人员。由此从监督主体上加强对政府部门的监督力度。在实践中，地方人大也进行过积极的探索，比如，2004 年 3 月，浙江省温州市人大代表周德文在全国率先设立"人大代表工作室"。2005 年 8 月，广东省深圳市人大代表杨剑昌设立"人大代表接访室"。此后，有山东省淄博市人大代表杨光磊成立"人大代表工作室"，浙江省奉化市人大代表练旭华成立"网上代表工作室"等。当然，最引人注目的是 2010 年 6 月，四川省罗江县试行县级专职人大代表制度，全国首位为官方认可的专职人大代表李国喜的工作室高调出场。虽然如此，但 2010 年 8 月，第十一届全国人大常委会第十六次会议审议的《代表法修改草案》明确规定"代表不脱离各自的生产和工作"，并增加规定"代表在闭会期间的活动以集体活动为主，以代表小组活动为基本形式"。这意味着，专职人大代表和人大代表工作室的探索被立法"封杀"。①

4. 一些监督制度尚未规定适宜的监督程序，使人大监督缺乏应有的可操作性和工作力度。

尽管《全国人大组织法》和《全国人大议事规则》《地方组织法》《监督法》以及其他一些法律对各级国家权力机关实施监督的程序作了规定，但在很多方面还不够具体、明确，一旦适用起来还会出现漏洞。主要表现在：

（1）关于监督的法律规定过于原则，缺乏操作性，对计划和预算如何进行有效的审查和监督？对人大选举和人大常委会任命的国家机关工作人员通过什么方式和程序进行监督？如何对司法机关依法、公正、有效率地处理案件实施监督？等等。

（2）《宪法》和法律的某些规定互相矛盾或存在遗漏。如地方人大和政府组织法规定了人大常委会对由其任命的国家机关工作人员的撤职、罢免权；《宪法》和《全国人大组织法》却没有规定全国人大常委会对由其任命的国务院各部委负责人的撤职、罢免权，这不能不说是法律规定上的疏漏。

（3）监督后果处理规定不清，对违反有关法律规定者缺乏处置手段。如违反预算法、不执行人大及其常委会的决议应承担什么责任，工作报告在人代会上未获通过应如何处置等都没有明确规定。

（4）宪法监督制度尚未建立起来。对于实现我国宪政至关重要的宪法监督制度目前还没有建立，宪法只规定了国家权力机关的宪法监督权，但并未规定监督的机构、途径和方法。

---

① 田必耀：《积极与稳健地完善人大制度——新修改代表法的几点解读》，《人大研究》2011 年第 1 期。

上述情况在很大程度上限制了国家权力机关对政府监督作用的发挥，各级人大的监督实效大打折扣。

二、对监督现状的评述

人民代表大会制度经过几十年的建设，特别是改革开放和社会主义市场经济的发展，人大监督的重要性已逐渐得到人们的认识，党的十八届四中全会也将完善人大监督作为重点，人民群众已切身感受到人大监督的威力所在。但是，仅有这些外在的因素是远远不够的。解决人大监督难的关键，是将人大制度中的监督与被监督法律关系"内在化"，而这首先要由被监督的"一府两院"充分认识人大对其监督的重大意义，并且实实在在地落实到行动中，落实到具体措施中；同时国家权力机关自身要强化人大立法和决议执行的监督力度，要将监督立法和有关决议贯彻落实情况，作为树立权威的核心内容和突破口，确保国家权力机关能有所作为，以建立真正的权威。

人大监督形式分成两类。已有的法定监督形式，如关于听取和审议政府工作报告、政府有关部门专题报告（包括计划、预算报告）、受理群众申诉控告检举、罢免撤职等，主要面临的不是探索和创新的问题，而是如何进一步细化有关法律规定、更好落实这些规定的问题。对于这些形式，受监督的对象——各级政府及其有关部门，是可以接受的，没有多少可以探讨和争论的。今后的任务，就是各级人大自身要把监督工作放在突出位置，着力加强监督工作，积极落实监督法律。要集中精力，从细化操作程序入手进一步完善人大各项监督制度，以增强监督实效。要认真总结经验，抓紧修改组织法和议事规则，制定监督程序法，使现有的监督方式具有较强的可操作性。下面，我们着重就几个人大监督政府部门中"具有创新意义"的监督方式作一些评析。

20世纪80年代，一些地方人大常委会在实施监督，尤其是在开展法律监督过程中进行了探索和尝试，创造了几种新的监督方式。主要有：常委会组织部分常委会组成人员或者专门委员会（工作委员会）组织本委员会部分组成人员，就行政部门执法情况开展执法检查；常委会组织部分人大代表对政府及其有关部门的工作进行评议；常委会组成人员要求由常委会任命的行政部门主要负责人在常委会会议上述职并对其进行评议；采取直接或间接的方式推行执法责任制；运用法律监督书或者审议意见书加大监督力度；等等。这些监督方式经新闻媒体宣传报道和工作经验交流，逐渐被更多的地方推广采用。但各地的具体做法不大一致，有些做法也不够规范。到了20世纪90年代，随着我国民主法制建设步伐的加快和人大工作的逐步加强，各地人大在监督方式探索中进一步取得经验，使已有的一些做法逐渐成熟完善起来。其中有的已被《监督法》确定下来，成为各级人大行使监督权的主要方式，有的仍在探索、实践中。

（一）关于执法检查

从各地情况看，执法检查作为各级人大常委会的一项常规性监督制度已经被《监督法》确定了下来，并成为县级以上各级人大常委会监督法律实施情况的主要形式。在《监督法》颁布之前，各级人大常委会对于执法检查作了积极的探索，制定了相应的监督（工作）条例，对执法检查监督作了规范。全国人大常委会也在总结地方人大工作经验的基础上，结合自身情况，于1993年8月制定了《关于加强对法律实施情况检查监督的若干规定》（已被废止）。该规定对执法检查的组织、活动原则、主要程序等内容作了规定，较好地促进了全国人大常委会和各专门委员会的执法检查活动。

1999年4月23日，第九届全国人大常委会第十四次委员长会议通过了《关于改进全国人大常委会执法检查工作的几点意见》，提出执法检查主要由人大常委会来组织，同时要求各专门委员会要协助人大常委会做好执法检查工作。随着2007年《监督法》的实施，《关于加强对法律实施情况检查监督的若干规定》也于2009年被全国人大常委会废止。相比《监督法》实施之前的规定，《监督法》突出了监督重点和问题意识、强调了监督的实效性。由于执法检查一般都涉及面广，具有一定声势，执法检查的经常开展容易为改善执法创造良好环境。基于这样的认知，各级人大常委会和专门委员会每年都要组织几次执法检查，作为人大监督的"重头戏"。目前，多数省级人大根据《监督法》制定了《监督法实施办法》，对执法检查这一监督方式的基本内容和主要环节进行了细化。执法检查作为人大监督执法部门的一种监督方式，似乎无可挑剔，然而我们在肯定执法检查取得积极成效的同时，还要看到执法检查带来的困难和问题。具体体现在：（1）检查主体不清。人大组织的执法检查，人大当然应是主体。但在许多情况下，人大机关都会要求行政执法机关配合检查，有时还会依赖于行政执法机关。从总体上看，执法检查还有一定的局限，还需要改进和完善，使之进一步规范化、制度化。（2）检查客体混淆。有些地方人大混淆了执法检查的客体，把重点放在执法对象上，放在有关单位和群众遵守法律上，而对执法机关如何运用法定权力，保障法律贯彻实施关注不够，导致检查针对性不强，效果不明显。（3）热点、难点关注较少。有些地方人大往往避重就轻，不能直面矛盾，对一些执行难度较大的法律法规以及执法中的热点、难点不敢监督。（4）检查不够深透，落实效果较差。有的检查往往满足于听听汇报，看看材料，即使下基层，也往往走马观花，浅尝辄止；特别是与被检查的执法机关联合检查，一方刻意准备，一方走走过场，很难看到真实情况。此外，提出的建议或意见，很多得不到执法机关重视和落实，往往是一交了之，没有回音；即便有答复或汇报，也多是文来文往，敷衍应付，实际效果大多难尽如人意。①

（二）关于"两评"工作

"两评"即代表评议（人大代表对政府部门工作的评议）和述职评议（人大常委会对政府及部门领导人的评议）。1992年，时任全国人大常委会副委员长兼秘书长的彭冲同志在人民代表大会制度研究和宣传工作座谈会上，对代表评议给予评价："实践证明这（代表评议）是人民群众创造的社会主义民主政治建设的一种好形式，是代表执行代表职务进行监督的一个重要途径，也是密切联系群众和加强廉政建设的一项重要措施。"

---

① 《浅谈如何提高执法检查的成效》，中国人大网，http://www.npc.gov.cn/npc/zt/qt/dfrd-30year/2011/02/18/content_1621163.htm。

"述职评议"是从代表评议活动中演变而来的。20世纪80年代初，一些地方人大常委会组织的代表评议就把评议对象由执法部门延伸到了执法人员，这是述职评议的萌芽状态。到1988年前后，一些地方的人大常委会根据《宪法》《地方组织法》的有关规定和党的十三大关于"改变缺乏民主法制现状，实现干部人事的依法管理和公开监督"的精神，继续进行这方面的探索和尝试。① 据统计来看，述职评议已经在全国各个省份得到开展，包括省级以及各地方人大。应该看到，述职评议之所以与代表评议有区别，最主要的是"述职评议"的范围集中在常委会任命的政府及有关部门人员上，其特征是将被任命人员向常委会述职与常委会对述职人员进行评议结合起来。

"两评"工作在全国一些地方取得成效后，地方人大特别是基层人大不断探索、总结和交流经验，推动了"两评"工作由点到面的发展。多年的实践说明，"两评"工作有几方面值得肯定：（1）将监督人与监督事结合起来，拓宽了人大实施监督的渠道，调动了代表、常委会组成人员长期以来想充分行使监督权的积极性，焕发了他们的工作热情，有效地推动了人大监督工作；（2）"两评"工作的灵活性，使人大的监督不仅仅局限于会议期间而能经常进行；（3）有的地方在开展"两评"工作时还进行了量化评审，采取信任投票的方式，这就使人大的监督具有了可操作性，强化了监督力度；（4）通过评议，使被评者受到触动，从而增强他们的工作责任心，强化了被评者的人大意识和"公仆"观念；（5）"两评"工作的积极开展，使更多的社会力量参与了人大对"一府两院"的监督活动，每一次评议都受到了生动的民主法制教育。

然而"两评"工作也存在着一些值得研究探讨的问题："两评"的监督方式尽管效果比较明显，有一定的轰动效应，但在理论上还不是十分清

---

① 浙江省杭州市下城区人大常委会从1987年酝酿提出，1988年正式开展，1989年制定通过关于干部述职的试行办法以来，几乎每年都要对人大常委会任命干部开展一次述职评议。（参见董珍祥：《人大监督方式新探索的评述与思考》，摘自蔡定剑、王晨光主编：《人民代表大会二十年发展与改革》，中国检察出版社2001年版，第282页）

晰，诸如"两评"有无法律依据，其活动是否规范、合理，是否具有可行性、工作能否坚持下去等问题，还需要认真看待和认识。首先，评议是一种代表活动，还是一种监督方式，还是对现有监督手段的组合？对评议如何定性，还有待进一步研究。其次，评议主体是谁？绝大多数地方，参加评议的是部分代表，少数地方（如上海）是全体代表，有的地方则规定代表参加的比例（如安徽规定 10%）。再次，采取哪种形式评议比较适宜？目前还难有统一认识。人大的评议不同于党委的评议，人大开展评议应在代表大会或常委会会议上进行，会议之外的活动属于评议前的准备工作或评议后的落实工作；人大的评议不宜采取召集代表或常委会组成人员开座谈会、办公会或者逐一走访的形式进行评议。目前各地人大的评议，有的是常委会主要领导或常委会主任会议根据需要临时安排的，有的则是在年初工作安排时确定评议工作计划。这些评议尚未成为一项经常性的监督制度。最后，评议效果如何？不具备法定人数的评议和会议外的评议，不具有普遍的约束力，其后果是否有法律效力也值得考虑。

（三）关于执法责任制的推行

执法责任制①本身是监督方式，它们将监督者与被监督者的权责关系

---

①　在 1986 年的普法热潮中，河北省景县人大常委会率先提出"实施法律、法规实行部门责任制"，并作出决议，制定了实施方案。1987 年 12 月，河北省人大常委会召开的部分县、市人大常委会法制监督座谈会上，景县人大介绍经验，将原来的提法改为"实施法律、法规部门责任制"（即执法责任制）。后来，河北、河南、陕西、湖南等省的一些市、县和其他一些地方相继推行了部门执法责任制。其中有的地方还作了进一步探索实践，创造了一些新的经验，如河北省辛集市把实行执法责任制同实行"两公开一监督"（即办事内容公开、办事制度公开、接受群众监督）结合起来；河北省元氏县人大常委会把执法责任制同实行干部任期目标责任制结合起来；河南省郑州市、开封市、洛阳市等地把执法责任制同推行错案责任追究制结合起来；等等。这些措施不同程度地增强了执法责任制的实际效果。此后，1995 年 1 月天津市人大常委会作出《关于市和区、县国家机关实行部门执法责任制的决定》；同年 11 月北京市人大常委会作出《关于加强行政执法工作的决定》，将推行执法责任制规定在内；1996 年 4 月内蒙古自治区人大常委会作出《关于在自治区人民政府、自治区高级人民法院、自治区人民检察院实行执法责任制的决定》等。全国相当一些省级人大开展了执法责任制这项工作。（参见董珍祥：《人大监督方式新探索的评述与思考》，摘自蔡定剑、王晨光主编：《人民代表大会二十年发展与改革》，中国检察出版社 2001 年版，第 290 页）

加以明确，对提高执法监督效果是有积极意义的。比如，部门执法责任制被一些同志认为是"普法教育的好形式，依法治理的硬措施，人大监督的新途径"。人大通过建立健全各项工作制度来加强监督工作，思路是对的，但执法责任制能否作为人大监督的组成部分却值得商榷。

执法责任制将每个法律执行的责任分解到相关的执法部门，这种"对号入座"的办法，使执法问题的解决仅仅局限在部门管理上，而非制度管理和法治秩序的层面上。人大能否将其作为监督"一府两院"的方式，尚需认真考虑。从本源讲，执法责任制这种责任明确、分门把关的方式，主要适合于部门管理，不符合人大工作集体决策、讲求程序、抓大事、抓主要问题等特点和规律。执法责任制本身是一种执法机关内部自我约束和权力机关外部监督相结合的一种执法保障机制。人大推行执法责任制，会混淆国家权力机关与行政机关内部不同性质的监督职能，容易使人大工作越俎代庖，陷于具体事务；同时容易弱化行政机关内部的监督。人大与政府部门之间是决定与执行、监督与被监督的关系。即使要推动行政执法部门内部实行执法责任制，人大起的也只是倡导和督促的作用，而不是动员、组织、实施的作用。换言之，人大不是推行执法责任制的当事者，而是监督者。所以当前最要紧的，是要建立健全人大督促执法部门严格执法的保障机制，使人大的监督与行政机关的监督制约衔接起来，从而保证人大的监督职责与行政监察机关监督职能达到分工协作、互相配合的效果。

三、改革权力机关对行政权力监督的建议

要加强人大对政府部门的监督工作，进一步改革和完善人大监督制度，总的看，有两方面的建议：一方面要总结各级人大监督工作的经验，抓紧完善有关法律，将监督的有关职权规定具体化，变成可操作的程序规定，真正使人大监督工作制度化、规范化。另一方面要积极、稳妥地推进政治体制改革，按照《中共中央关于全面深化改革若干重大问题的决定》以及《中共中央关于全面推进依法治国若干重大问题的决定》关于法治中国建设以及国家治理体系和治理能力现代化的要求，实现改革

党和国家的领导制度，划清党组织与政权机关的职能，理顺党与人大、政府的关系，党不代行政府职能，使人大能够监督，不使人大对政府的监督成为对党的监督。这是改善人大对政府监督的根本方面。

针对每项监督制度的具体情况，提出相应的建议。

（一）完善听取和审议工作报告制度

听取和审议"一府两院"的工作报告，已成为各级人大及其常委会开展工作监督的基本形式。许多人提出，对人大这一监督制度，可以从以下几方面进一步改革和完善。

1. 听取和审议政府专项工作报告的程序上再作一些具体规定。《监督法》第二章对人大常委会听取和审议专项工作报告作了比较详细的规定，但其主要侧重于从宏观角度对有关内容进行规范，缺乏具体的操作性。因此需要对听取和审议政府专项工作报告的程序上再作一些具体规定，如，规定应提前把报告稿送给代表、委员，不能临会才发；规定有关部门负责人不仅在会上作报告，还要到会面对面地听取意见，回答询问。这种询问类似国外的质询，最近几年在全国人代会上已经作了成功的尝试。

2. 在审议报告时，提倡代表或委员畅所欲言，充分发表意见，包括不同的意见。不仅要倾听多数人的意见，而且要照顾少数人的意见，并且通过新闻媒介公之于众，以便在高度民主的基础上高度集中。

3. 完善工作报告审议反馈制度，切实改变"会上议一议，会后无声息"的状况。《监督法》对工作报告审议反馈只是单纯地作了"常务委员会组成人员对专项工作报告的审议意见交由本级人民政府、人民法院或者人民检察院研究处理"的规定，过于原则化。目前，有关审议意见反馈的"审议意见书"或"审议意见"存在着整理不规范、报送无程序、办理不得力的问题。需要进一步总结经验，通过法定程序，使"审议意见书"这一形式走向规范化、法律化。

4. 对工作报告未批准作出处置规定。在人代会上，代表们听取和审议政府部门的全面工作报告后，都要分别对报告决议进行表决。目前在有的地方人代会上，已经出现表决某工作报告时未被通过的情况。在常委会上常委会组成人员在听取和审议政府部门的专题工作报告后，通常不作决议。在有的地方，也已经出现多数常委会组成人员不认可某工作报告的情况。为了增强听取和审议工作报告这一监督方式的权威性和实效性，应当对工作报告未被批准作出处置规定。如果在人代会上工作报告未被批准的，从性质上说是人大代表对政府工作不满意，从法律性质上说，政府向人大负责，报告未被批准，表明政府没有负起责任，提出报告的机关的政府首长必须提出辞职。

（二）完善计划、预算监督制度

国家权力机关的计划、预算监督，虽然有一些法律规定，但实施中的问题仍然比较突出。如何使计划、预算监督不流于形式，一直是人大监督工作的一个难点。为了使计划、预算的审查和批准落到实处，可考虑从以下几个方面进行改革。

1. 提前介入。对计划、预算的编制工作进行监督编制计划、预算是政府的职能，人大不能干预。但能否编制一个实事求是、切实可行的计划、预算，是人大计划、预算监督的前提。因此，人大及其常委会对编制计划、预算这一至关重要的政府行为必须加强监督。当前编制工作的问题主要是由于编制时间短（如预算编制时间从 11 月 10 日国务院向省级政府和中央各部门下达编制下一年度预算草案的指示，到下一年度 1 月 10 日前省级政府部门汇总本级总预算草案并报财政部，仅两个月的时间），加上各级人代会没有法定会期，在下一级人代会没有审查和批准预算的情况下，通常是由上一级政府财政部门代编预算，这样做显然会影响预算的科学性和真实性。同时，预算编制项目不细，预算草案科目级次太少，一般只列到"类"一级，至多到"款"，没有"项"和"目"的内容。为了解决上述问题，除了从总体上进一步完善人大会期制度外，人大常委会要加强和改进对计划、预算编制工作的监督。全国人大常委会可以按照关于加强中央预算审查监督的决定的要求，"坚持先有预算，后有支出，严格按预算支出的原则，细化预算和提前编制预算"，要按照预算法的规定要求编制部门预算和单位预算。一些地方人大常委会在督促政府细化预算编制方面进行积极探索，取得一定成效。如有的省人大财经委员会提前介入对预算编制活动的监督，参加政府有关部门召开的会议，深入有关部门及企事业单位了解情况，对计划、预算编制提出合理化建议。有的地方人大常委会早在 10 月份就将预算细化工作列入常委会议程，及时督促政府早编预算，细编预算，编好部门预算，及时批复预算。

2. 变笼统的审查为切实的重点审查。计划、预算是一项专门性、技术性很强的工作，加上编制方面存在一些问题，对计划、预算草案，往往是"外行看不懂，内行说不清"，要让代表在有限的会期内对国家和地方的计划、预算每个科目都进行全面、详细的审查是不可能的。可以考虑对计划、预算的综合性指标和对国计民生有影响的重大事项进行重点审查。以全国人代会审查年度计划、预算草案为例，重点审查的内容似可包括：国民经济增长速度、主要行业增长速度及经济效益情况，全社会固定资产投资规模和结构情况，国家特别重大建设项目情况，货币投放、国际收支、价格变动情况，人口、土地和环境保护情况，国家财政收支、中央财政收支、赤字和债务情况，国家税收及其他收入情况，预算超收及使用情况，财政对农业、教育、科技的投入情况等。审查好这些重点内容，就可以从总体上、全局上把握编制计划、预算的指导思想是否正确，编制依据是否确实，主要措施是否切实可行，减少和避免大的失误。在进行重点审查时，要注意发挥对经济工作比较熟悉的代表的作用。有关专门委员会和工作机构要对计划、预算草案做好专门审查和论证工作，协助人大对计划、预算的合法性、真实性、效益性进行监督。为了代表更好地行使审查、批准计划、预算的职权，还可以考虑建立审查计划、预算草案的修正案制度。能否规定：一定数量的代表联名，可对计划、预算草案提出修正案，由主席团决定是否列入会议议程。当然提出修正案应有限制性规定，如规定修正案不得增加新建项目，不得影响预算收支平衡。

3. 加强计划、预算执行情况的监督，建立和健全经常性经济监督制度。按宪法和有关法律规定，计划、预算的执行，包括计划、预算的部分调整和变更，在县级以上都由人大常委会监督。

（1）进一步规范对计划、预算部分调整和变更的审查和批准。《宪法》第六十七条、《预算法》第五十三条、《地方组织法》第四十四条以及《监督法》第十七条，都对计划、预算部分调整或变更要由人大常委会审查、批准或决定作了规定。但是按照《预算法》规定，预算调整是指在执行中因特殊情况需要增加支出或者减少收入，使原预算的总支出超过总收入或者举债数额增加的部分变更。因此有的地方认为，如果既增收又增支，只要维持平衡，就可以不向常委会提交预算调整方案，结果出现编制预算时将收入预算尽量留有余地，执行中又尽量多收，超收部分由政府自由安排。这就容易造成监督漏洞。为了解决这一问题，《全国人大常委会关于加强中央预算审查监督的决定》强调要加强对预算超收收入使用的监督，规定中央预算执行过程中，需要动用超收收入追加支出时，应当编制超收收入使用方案，由国务院财政部门及时向全国人大财经委员会和预算工作委员会通报情况，国务院应向全国人大常委会作预算超收收入安排使用情况的报告。上述《决定》还规定，应当严格控制不同预算科目之间的资金调剂，中央预算安排的农业、教育、科技、社会保障预算资金的调减，须经全国人大常委会审查和批准。一些省级人大常委会制定预算管理方面的地方性法规时，有的把"预算调整"和"预算变更"相区别，有的则把调整和变更统称为"预算变更"，要求政府将超收安排、预备费动用、预算划转、返还和补助、减少对农业、教育、科学支出或增加基本建设、行政管理费支出等情况，都提请常委会审查、批准。有的还对变动到多大幅度作出数量界定。鉴于对不同法律规定的"调整"或"变更"有不同理解，需要通过修改或制定有关法律加以规范。

（2）加强审计监督，重视追问问题的处理结果。按照《预算法》规定政府审计机构对本级各部门、各单位和下级政府的预算执行、决算实行审计监督。《监督法》《全国人大常委会关于加强中央预算审查监督的决定》也对加强中央预算执行情况的审计提出了要求。现在全国人大常委会每年6月听取审计机关的审计工作报告，审计也揭露出了不少问题，但是，这些问题的相当一部分没有得到及时严肃的处理。所以听取审计报告以后，常委会要对审计工作报告作出决议，对审计出的问题要督促政府限期处理，并要听取处理结果的汇报。

（3）建立健全各项经常性监督制度。包括人大常委会要及时（现在均在每年第二季度）审查和批准本级政府决算；常委会要在第三季度听取政府上半年计划、预算执行情况的报告，同时要求政府报告当年预算外资金的收支情况；人大财经委员会或有关工作机构要定期听取政府有关部门关于国民经济运行情况的报告，并进行分析研究；要严格执行有关计划、预算方面的文件和资料向常委会及人大财经委员会提交备案的制度等。

（三）完善执法检查制度

从实际情况看，人大的执法检查虽然取得了一定成绩，但仍存在不少问题。为了增强执法检查的实效，可以考虑从以下几个方面进行改革和完善。

1. 进一步明确执法检查的主体和对象。执法检查的主体当然是人大常委会，人大专门委员会也可以单独安排执法检查，协助人大及其常委会进行法律监督。一些人指出，有的地方人大常委会同政府部门搞联合执法检查，是不妥当的。因为这样做混淆了监督的主体和对象，使人大执法检查的权威受到影响。人大检查应与政府部门自查自纠相区别。还要明确执法检查的对象是执法机关，督促"一府两院"及时解决法律实施中存在的问题。不直接处理具体单位的具体问题。

2. 合理地、有重点地确定检查内容。虽然《监督法》规定："各级人民代表大会常务委员会参照本法第九条规定的途径，每年选择若干关系改革发展稳定大局和群众切身利益、社会普遍关注的重大问题，有计划地对有关法律、法规实施情况组织执法检查。"但具体如何作出判断，规定不免模糊。对哪些法律的实施情况进行检查，结合《监督法》的规定，根据各地的经验可以从下列三种情况加以补充确定：（1）当年党和政府的中心工作；（2）某些法律执行中问题比较多；（3）人民群众关注的"热点"问题。每年确定的法律不宜过多。从全国人大常委会多年来执法检查的情况看，每年确定检查三至五个法律的实施情况为宜。

3. 力避形式主义，采取一竿子插到底的方法，深入基层，深入群众，力求掌握第一手材料，把执法检查的过程变成体察民情、反映民意的过程。在此基础上认真写好执法检查报告，从带有全局性、倾向性问题的高度提出改进执法的方案。

4. 落实审议反馈制度，要加强检查意见的督办。《监督法》虽然对审议反馈作了规定，但正如上文所言，实际中提出的建议或意见，很多得不到执法机关重视和落实，往往是一交了之，没有回音；即便有答复或汇报，也多是文来文往，敷衍应付，实际效果大多难尽如人意。因此，要强化落实审议反馈制度，要加强检查意见的督办，如采取质询、特定问题调查等刚性监督手段。

5. 对检查中发现的重大违宪违法案件，可以组织深入调查，必要时可以组织特定问题调查委员会，根据调查结果作出严肃处理，并且公之于众。

6. 同其他监督形式相结合。如把执法检查、实行执法责任制、开展执法评议三者结合进行；在听取和审议政府部门工作报告时，可包括听取和审议政府部门执行某项法律情况的专题报告；把执法检查同舆论监督结合起来等，都能取得较好的效果。

以上改革和完善建议，有的已经写进法律，只是实施不力；有的则需要总结经验，进一步从法律上作出具体规定。

（四）完善工作评议、述职评议制度

这两项评议制度在地方人大已普遍推行，效果比较好。但各地做法不尽相同，各地制定的地方性法规对这两种监督方式的规定又不尽一致，影响了监督的力度和效果。需要进一步总结经验，从法律上对两项评议的对象和范围、内容和原则、组织和方式、评议后果的处理等问题作出统一规范。

1. 规范工作评议的对象是一个重要的问题。一些地方人大常委会主要是依据两条来确定评议对象：一是当前党和国家或所在行政区域一个时期工作重点涉及的有关部门，二是人民群众反映强烈的"热点"问题涉及的有关部门。对于本行政区域内的条管部门，如土地管理、工商、税务、质量监督等部门，有的也列为评议对象。实践证明效果是好的。关于工作评议要对述职人的确定作出规范。一些地方的做法是：对人大常委会任命的政府部门所有工作人员都要求年终向常委会提交书面述职报告，同时以发函的形式征求常委会组成人员和有关单位的意见，经主任会议从意见比较集中的人选中确定述职评议的对象。

2. 关于述职评议的内容，一般集中在四个方面：一是依法行政、公正司法的情况；二是执行人大及其常委会决议、决定的情况；三是办理代表议案和建议的情况；四是勤政廉政情况。实际上可概括成执法和廉政两个方面。关于评议结果的处理，通常是将评议意见整理成书面文书交给有关部门和被评议人。有的地方在评议结束时还对被评议人进行测评，区分出称职、基本称职、不称职等档次。有的省级人大常委会的述职评议工作条例规定，被评议人称职票达不到省人大常委会组成人员半数以上的应责令其辞职。至于在全国人大常委会如何建立和实行工作评议、述职评议，也应进行研究、论证，并适时作出法律规定。

（五）完善质询、特定问题调查、罢免或撤职的监督程序

这三项监督制度通常是人大及其常委会行使处置权时所采用的刚性监督手段。在地方人大中有较多使用这些监督手段的事例，一般都取得较好的效果。在全国人大则尚未正式或较少使用过。完善这三种监督手段，并依法实施，有利于增强人大监督力度，解决人大监督不力的问题。

对质询制度，主要是要对如何启动质询程序，哪些问题可以提出质询案，质询答复不满意怎样处置等，再进一步作出具体规定。对特定问题调查制度，要增加规定全国人大常委会组织特定问题调查委员会的程序，参照《全国人大议事规则》《监督法》关于全国人大组织特定问题调查委员会的程序，建议规定全国人大常委会会议期间，委员长会议或者五分之一以上的常委会组成人员联名，可以提议组织关于特定问题调查委员会，由委员长会议提请全体会议决定。关于罢免和撤销国家工作人员制度，《地方组织法》《监督法》只规定了能够撤销哪些人的职务，对于撤职的程序也只是作了原则性规定，实践中不好操作。建议参照人大代表提出罢免案的程序和人大常委会提出撤职案的程序作出具体规定。

为了增强全国人大常委会人事监督的力度，也可以考虑同地方人大常委会一样，授予全国人大常委会以撤职权。

（六）完善对行政立法的监督制度

关于对行政立法的监督，首先要注意主动审查和被动审查结合的问题。对行政法规的审查，《立法法》已经作了一些规定。但由于《立法法》关于法规审查的提出，带有被动审查的色彩，因此又出现了另外一个方面的问题：《立法法》实施以来，全国人大常委会一直没有收到国务院对哪一件行政法规提出进行"审查的要求"，只收到一些企事业单位和个人提出的对某些法规进行"审查的建议"。有关部门对已经备案的法规是否存在同宪法和法律相抵触或不一致的问题，也没有主动过问。这样一来，在《立法法》实施后的近15年时间里，没有一件备案的法规正式进入专门委员会的审查程序。

应该看到，实践中法规或法规的某些条款与法律相抵触或不一致的情况是存在的。因此，需要加强法规的审查工作。从目前情况看，在认真受理"审查的要求"和"审查的建议"的同时，采取适度的主动审查是必要的。就是说，专门委员会和工作机构可以主动研究备案的法规，选择少量的法规做典型，在做好充分准备的前提下，按照《立法法》的规定，启动审查程序。这种被动审查和主动审查相结合的方式，不仅有助于法规备案审查这一监督形式起到应有的作用，而且可以更好地发挥专门委员会的积极性和主动性。这项工作做好了，将会有效地督促法规制定机关增强宪法意识和法律意识，在立法工作中自觉维护我国社会主义法制的统一。

对有些行政规范性文件，如国务院部委命令、指示和规章，省级人民政府的决定、命令和规章等，如何进行审查，也需要在制定、完善监督方面的法律时作出明确规定。

|第三十九章|
行政系统监督

王周户

西北政法大学教授，博士生导师，行政法学院院长，宪法学与行政法学学科带头人。兼任中国行政法学研究会副会长、陕西省法学会行政法学研究会会长。主要研究方向：行政法与行政诉讼法、国家赔偿法等。主编、参编专著、教材、工具书二十多部，在《法律科学》《行政法学研究》《法商研究》等发表《行政诉讼原告资格论》《行政行为界定的法律问题》《行政听证制度的法律价值分析》等论文六十多篇。

第一节　行政监督概述

一、行政监督的含义

行政监督①，也称行政内部监督或者行政系统监督，是指在行政组织系统内部进行的自上而下的监督检查，或者设立专门的行政监督机关对行政机关及其公务人员进行的监督检查。之所以称为行政系统监督或者行政内部监督，是因为，一方面，从监督对象和监督客体角度来看，主要是对行政机关及其公务人员所实施的行政活动进行的监督检查。另一方面，从监督主体及其监督权限的归属领域来看，也是由行政机关运用行政权进行的内部监督检查。

根据有些相关专业性单行法律制度中的用语表述或者规范内容，行政机关运用行政权实施的监督活动，可以概括为两种情况：一是对行政相对人是否遵守行政法规范和执行行政决定等情况进行的监督检查，也称行政监督检查或者行政检查②；二是对行政机关及其公务人员实施公共

---

① "行政监督"一词有两种用法：一是指行政主体基于行政职权依法对行政相对人是否遵守行政法规范和执行行政决定等情况进行的监督检查，也称行政检查。（参见叶必丰编：《行政法与行政诉讼法》，中国人民大学出版社2003年版，第133页）二是指行政组织系统内部的监督检查，此系行政法学教材中较为普遍的用法。（参见张正钊编：《行政法与行政诉讼法》，中国人民大学出版社1999年版，第263页）

② 例如《中华人民共和国价格法》第五章规定的"价格监督检查"、《中华人民共和国土地管理法》第六章规定的"监督检查"、《中华人民共和国草原法》第七章规定的"监督检查"、《中华人民共和国食品卫生法》第七章规定的"食品卫生监督"等。

行政活动的监督①。在上述两类监督中，第一类监督实质上是对"权利活动"的监督检查，理应属于行政管理职能与行政执法活动的组成部分，而第二类监督实质上是对"权力活动"的监督检查，属于权力制约与监控范畴。"在现代社会，'监督'一词的含义更丰富、更深刻，它正成为国家民主政治的重要内容，它的实质是对权力机关的制约、督导，防止权力的滥用和腐败，以谋求国家社会的协调、稳定、健康的发展。"② 据此，将"监督"理解并定位于对"权力"的制约与监督，应当说更为妥当。同时，在国家权力体系构成及权力制约与监督机制中，其核心是对行政权力的监控与制约，"法律监督的目标是控制公共权力的运用，而以权控权的基本方式不外'以权力控制权力'和'以权利控制权力'，两者都是以行政机关作为主要的被监督对象的。"③ 而行政权力系统内部所形成的制约与监督机制，既是行政权力本身内部自我控制的需要，也是"以权力控制权力"的必然反映和体现。因而将"行政监督"概念适用于特指行政系统内部监督最为适宜④。

我们已经普遍认识到，行政权力需要监督。因为，行政权具有作用领域广泛、活动方式积极、多样等特征，对经济及社会活动有着较多的

---

① 《土地管理法》《草原法》有关"监督检查"规定中，在内容上除了主要是对行政相对人遵守相关法律规范情况的监督检查外，也包含了上级行政机关对下级行政机关及其工作人员执法情况的监督。在《中华人民共和国行政许可法》第六章"监督检查"的规定中，首先规定了上级行政机关对下级行政机关实施行政许可情况的监督规范，其次又以较多条款规定了针对行政相对人从事许可事项活动的监督检查规范。

② 沈宗灵编：《法理学》，高等教育出版社1994年版，第447页。

③ 汤唯、孙季萍：《法律监督论纲》，北京大学出版社2001年版，第329页。

④ 其实在《湖南省行政程序规定》（2008年10月1日施行）、《四川省凉山州行政程序规定》（2010年1月1日施行）、《汕头市行政程序规定》（2011年5月1日施行）、《山东省行政程序规定》（2012年1月1日施行）、《西安市行政程序规定》（2013年5月1日施行）等一些地方制定和颁布的行政程序制度中，已将"行政监督"设定为只指上级行政机关对下级行政机关及其工作人员行政执法等行使行政职权和履行行政职责活动的检查监督。

干预、干涉，对公民、法人及其他组织的权利富于"侵略性"。对此，这里不再赘述。但需要解决的问题，就在于行政机关是否具有监督职能，行政权力是否包含监督内容，特别是在行政系统中，是否需要和存在行政权力对行政权力的监督。对此，我们认为，赋予行政权监督职能并实行行政系统自我监控，不仅是现实存在的，而且也是必要的和可行的。

首先，"权力制约权力"是行政系统监督形成的基础，也使得行政权力系统形成自我监控成为一种必然。尽管"权力制约"理论使得行政权与其他国家权力（即立法权、司法权等）相互形成了制约与监督机制，然而，在庞大的国家行政组织系统中，因一定领域、对象、内容及具体职能等方面的差异性，按照级别、地域、职能等形成了职权与职责的划分并严格遵循职权法定和不得超越权限的法律原则，这就使得行政权力系统内部必然也存在一定的相互制约与监督机制。这也是权力体系内部相互制约的需要。可以说，基于权力制约并促使行政权力更好地发挥作用，才确定了行政职权的划分，那么，同样是基于权力制约并为了确保行政权力能够按照法律要求在法定范围内有机地发挥作用，也需要建立行政权力系统内部的相互监督机制。同时，基于行政权力系统中具有的上下隶属关系及其所包含的强制性、命令性、权威性、效率性和行政的专业性、特殊性，使得行政监督也表现出了其他外部监督（如立法监督、司法监督）所不具有的特定效果及作用的特点。如对抽象行政行为的监督以及对那些不能通过申请行政复议和提起行政诉讼的其他行政行为的监督，还有以其他许多不同方式对行政管理活动与工作进行的监督检查并对检查中所发现的问题作出相应处理，都是通过行政系统监督实施的。这些都说明了行政监督存在的必要性。

其次，行政机关系统中监督权力的内容、方式及行政监督法律制度的形成，使得行政系统监督不仅存在，而且可行。一般而言，当我们将行政机关运用行政权力对行政相对人是否遵守法律规范或者行政行为设定的义务实施监督检查时，可以将其看作行政执法权的组成部分。进而推之，也许有人会将行政监督权力看作行政指挥、领导、组织权力的组成部分。但是，"监督不是指挥、领导、组织、执行、服务活动本身，而是这些活动的必要的延伸。"① 一方面，尽管行政权力中的监督权会与一般管理权、指挥权与领导权在目的、功能上具有相同或相近之处，如置于事前的行政许可与行政许可之后的监督检查，其目的是为了促进相对人的特定行为符合法定要求和遵守法定义务，还有置于事前的上级行政机关对下级行政机关有关决定的审批，或者置于事后的上级行政机关对下级行政机关已经生效的决定或者规定的备案审查，其目的是为了保证上级领导机关领导权的统一性，不会被下级行政机关所破坏或者违背。但就监督权与其他权力行使所处的阶段以及所包含的内容、表现的功能等来看，应属于不同内容及其方式的行政权力，而不能因其目的与方向上的一致性，就认其属于同一种权力方式。另一方面，在有关行政法律制度之中，行政监督权力已具有了其监督权力所应有的法定内容与方式，如《中华人民共和国行政许可法》第六十条规定了"上级行政机关应当加强对下级行政机关实施行政许可的监督检查，及时纠正行政许可实施中的违法行为"，还有第六十九条中规定的对几种违法行政许可的撤销等，都显示了行政监督权力在其行使的阶段、内容与方式等方面的特定性，再比如《中华人民共和国审计法》《中华人民共和国行政监察法》以及国务院制定的《信访条例》等均集中规定了行政监督的相应实施机关和行政监督权力行使的条件、内容、方式及其程序等。

因此，中共中央《关于全面推进依法治国若干重大问题的决定》提出了"强化对行政权力的制约和监督"，并指出"加强对政府内部权力的制约，是强化对行政权力制约的重点"，要"完善政府内部层级监督和专门监督，改进上级机关对下级机关的监督，建立常态化监督制度。"

按照权力制约原理，行政监督机制应当存在并渗透于行政系统的每个环节和每个层次之间，既包括上下级行政机关相互的监督关系，也包括平行行政机关之间的监督关系，还包括行政机关与公务员相互之间的监督关系。但作为一种具有法律意义并依照法律程序运行上的监督，无论在行政法学理论中，还是在现实行政法律制度中，行政监督只是指法

① 汤唯、孙季萍：《法律监督论纲》，北京大学出版社2001年版，第333页。

定行政监督机关依法基于一定内容与方式所表现出来的监督权力对行政活动实施监督检查而形成的行政监督关系及监督行为。也就是说，这种行政监督关系包含着法定的主体、客体与内容等要素，并因一定的法律事实而产生、变更和消灭。因而，本章所述的行政监督，主要是指基于领导或者业务指导关系而形成的上级行政机关对下级行政机关进行的层级监督关系和基于专门监督职权与职责而形成的监察、审计等专门监督关系。

从监督主体与监督对象的关系所属领域及监督权力的内容、性质与法律效果来看，应当说行政复议也应属于行政监督①。但由于行政复议是建立在解决行政争议和法律利害关系人基础上并以实现对当事人合法权益进行救助为直接目的的一种行政救济法律制度，其程序的引发采用"民告官究"的启动机制，因而行政复议的监督功能主要是通过对行政相对人合法权益实施救济的过程与结果而体现出来的②。可以说，解决争议、实现救济的目的与功能是行政复议的核心、主流与出发点，而监督功能是行政复议救济内容及其过程所表现出来的外在的客观效果。同时，又由于行政复议被作为一种独立的行政救济制度将在后面进行专章介绍与阐述。因此，除了在层级监督中会涉及行政复议法中有关对抽象行政行为的监督及处理外，本章中的行政监督一般是不包含行政复议在内的。

二、行政监督的特点

第一，行政监督属于行政内部监督。行政监督的实质是"行政权力对行政权力的监督"。一方面，从监督对象看，其不同于行政管理活动中针对行政相对人是否遵守行政法律规范和履行行政义务所实施的监督检

---

① 根据《中华人民共和国行政复议法》第一条规定，其立法目的包括了防止和纠正违法的或者不当的具体行政行为，保护公民、法人和其他组织的合法权益，保障和监督行政机关依法行使职权等三方面。
② 《中华人民共和国行政复议法实施条例》第一条规定了制定该条例的目的是"为了进一步发挥行政复议制度在解决行政争议、建设法治政府、构建社会主义和谐社会中的作用"。

查，而是针对行政机关行使行政权力实施行政管理活动所实施的监督；另一方面，从监督主体看，其既不是来自行政机关以外的其他国家机关运用其他国家权力进行的监督，也不是来自新闻、社会团体等单位或个人的社会监督，而是来自行政机关运用行政权力进行的监督。正如前面所说，行政监督是按照行政权力设定、配置与行使的机制及其要求在行政组织系统内设立的一种自我监控体系。这不仅是行政系统政令畅通、协调一致的一种保障，而且也是行政权的重要组成部分。如《中华人民共和国宪法》第八十九条第（十三）项规定的国务院有权"改变或者撤销各部、各委员会发布的不适当的命令、指示和规章"和第（十四）项规定的"改变或者撤销地方各级国家行政机关的不适当的决定和命令"，还有第一百零八条规定的"县级以上的地方各级人民政府领导所属各工作部门和下级人民政府的工作，有权改变或者撤销所属各工作部门和下级人民政府的不适当的决定"，以及第九十一条和第一百零九条有关审计监督的规定，已是很好的例证和说明。

第二，行政监督具有完全性。行政监督的完全性表现在，既能监督行政机关对外部事项的管理行为，也能监督行政机关对内部事项的管理行为；既能监督抽象行政行为，也能监督具体行政行为；既能监督与处理行政行为的合法性问题，也能监督与处理行政行为的合理性问题；既能监督行政机关，也能监督国家公务员以及行政机关任命或委派的其他人员；既能因公民、法人或者其他组织的检举、揭发、投诉、申请而实施监督，也能依据职权进行检查而实施监督；既可以采用责令被监督行政机关改正违法或不当行政行为的方式进行监督，如责令限期改正或者履行法定职责，也可采用直接处理方式进行监督，如作出撤销或改变原行政行为的决定。行政监督之所以能够做到完全，就是因为其是行政系统内的监督，在职能权限和事项管理方面具有同质性，同时又基于上级行政机关所具有的领导或者业务指导地位，因而也就具有了法律规定上的"有权改变或者撤销所属各工作部门和下级人民政府的不适当的决定"。行政监督的这些全面性特征，使得行政监督具有了其他监督行政的机制与模式所不具有的优势，因而也不能完全被其他监督行政的机制与模式所取代。

第三，行政监督具有效率性。行政职能较之于其他国家职能的不同特点之一，就是以果断、灵活、简便、迅速而具有很高的效率性。尽管依法行政和符合公正原则是行政活动所应遵循的基本要求，但这些都不足以改变和消除行政活动应有的效率性要求及特点。否则，行政也就将不成为行政。同时，对行政权力及行政活动进行监督，从根本上讲，也正是为了实现依法行政和公平、公正原则要求，保护公民、法人和其他组织的合法权益。因此，在行政监督中强调效率性的特点，既符合对行政权力监督的目的，也符合公民、法人和其他组织选择行政监督和建立行政监督的本意。行政监督的效率性，主要通过行政监督权力基于行政隶属关系所具有的命令性与服从性、监督措施及方式的多样性与灵活性以及监督程序上的简便与迅速、监督成本的廉价等来实现。当然应当指出的是，目前我国行政监督除在一些地方政府制定的行政程序规定中作出了相应规定外，因在程序方面存在整体上的不明确、不规范而导致的某些时候监督效率低下，属于我们亟待完善监督程序来解决的问题。

三、行政监督的主要类型

（一）行政机关上下级之间的层级监督

上级行政机关对下级行政机关进行的层级监督是基于上下级行政机关之间隶属关系而构成的一种纵向监督关系。由于无论在各上下级人民政府之间，还是在县以上各级人民政府与其所属的职能工作部门之间，都主要是依赖行政隶属关系而在上下级行政机关之间建立了严密的行政组织体制，形成统一和完整的国家行政职能体系，保障了行政组织机构之间的协调一致，并与其他国家职能系统相对应。因而，这种纵向的层级监督体制及其监督关系是行政监督体系中最基本也是最广泛的监督类型。例如《湖南省行政程序规定》第一百五十二条第一款规定："县级以上人民政府应当加强政府层级监督，健全完善政府层级监督制度，创新政府层级监督机制和方式。"行政层级监督发生于县级以上人民政府对其所属工作部门以及上级人民政府对下级人民政府实施的监督。其具有三个特点：第一，行政层级监督是基于上级对下级的领导关系在行政组织系统中所建立和形成的监督机制，依赖于领导、命令与从属体制，是领导权、决策权与监督权的统一①。在这种行政隶属关系中，由于存在严密的组织结构与体系以及领导、命令和服从关系，因而监督权既是其领导权与决策权的应有之义，也是其领导权与决策权的保障。第二，行政层级监督是由县级以上各级人民政府作为监督主体所实施的监督行为，其监督权具有完整性，是一种完整的监督处理权，既包含着对违法行政行为的撤销及必要时责令重新作出行政行为，也包含着责令改正或者予以纠正，以及责令履行法定职责。第三，行政层级监督具有全面性。县级以上各级人民政府对其所属工作部门和下级人民政府作出的抽象行政行为与具体行政行为、违法行政行为与不当行政行为、内部行政行为与外部行政行为、行政法律行为与行政事实行为等，均有权依法实施监督。例如《宪法》第八十九条规定，国务院有权改变或撤销"各部、各委员会发布的不适当的决定和命令"和"地方各级国家行政机关的不适当的决定和命令"，《宪法》第一零八条规定"县级以上地方各级人民政府""有权改变或者撤销所属各工作部门和下级人民政府的不适当的决定"。

（二）上级行政主管机关对下级行政主管机关的职能监督

职能监督是指上级政府职能主管工作机关对下级政府工作部门或者职能机关的行政执法行为所实施的监督②。也有学者称之为"条条监督"③。职能监督也是一种上级行政机关对下级行政机关的监督，但其又

---

① 参见汤唯、孙季萍：《法律监督论纲》，北京大学出版社 2001 年版，第 335 页。

② 有学者认为职能监督是基于监督主体依法获得的独立行使的职权而在职能部门之间形成的横向监督关系，如财政主管部门依据法定的职权对口监督同级人民政府其他各部门的财政法律法规的执行情况。但我们认为，财政主管部门的上述活动主要是一种职能部门的管理活动及其相应的监督活动，而非行政系统内部监督。（参见汤唯、孙季萍：《法律监督论纲》，北京大学出版社 2001 年版，第 336 页）

③ 参见方军：《浅议行政执法监督机制及其完善》，载李传培编：《行政执法监督》，中国法制出版社 1994 年版，第 54 页。

具有不同于层级监督中上级人民政府对所属工作部门下级人民政府实施监督的三个特征：第一，职能监督主要是以上下级行政机关的职能业务领导或者业务指导关系为基础的，是以一定的职能任务为内容而形成。比如，国家药品监督管理局与省、自治区、直辖市人民政府药品监督管理部门之间的监督关系，就是基于药品生产流通监督管理职能、药政管理职能和中药流通监督管理职能等为内容而形成。第二，职能监督主要是针对一定职能范围内的行政执法事项实施监督。由于县级以上各级人民政府的工作部门或者实行垂直领导关系的职能机关均是以一定行业领域或者某一方面职能事项为其管理对象和范围，从事的是专业性很强的业务管理活动，而且所实施的管理内容与方式也主要表现为相关行业领域内的部门性法律法规规章的执行。如公安、工商、税务、物价、海关、环境保护、食品卫生、技术监督、文化等。其上级职能部门对下级职能部门的职能业务范围内的行政执法活动实施监督，较之于层级监督中各级人民政府对所属工作部门的监督而言，主要是业务监督。第三，职能监督是在职能管理权与专业执法权基础上对监督权的行使，因而其监督权的内容及方式主要是对相应专业领域内的行政执法活动的一定处理权（如撤销违法行政行为、纠正不当行政行为、责令履行职责）或者建议权（如建议改正违法行政行为、建议对直接责任人员进行处理）。也就是说，较之于层级监督中各人民政府在监督范围内所拥有的完整处理权而言，职能监督在监督权的内容与方式方面受制于上级职能主管部门与下级职能主管机关的行政隶属关系性质，即：或者基于业务领导关系而拥有相应的监督处理权，或者基于业务指导关系而享有一定的指导建议权，或者基于法律法规授权而获得特定方式的监督处理权。

（三）专设监督机关的专门监督

专设监督机关的专门监督是指在行政组织系统内设立的专职监督机关对行政机关及其工作人员实施的监督，主要是指监察机关的监察监督和审计机关的审计监督。由于监察机关、审计机关属于同级人民政府的职能工作部门，因而这种监督最初也属于职能监督。但随着其监督职责的强化及监督权能的专门化和业务化，逐步形成了以上下级专门监督机关之间为主要业务领导关系的相对独立的组织体系和监督机制，以保障能够"专司监督职能"①，因而形成了专门监督。

专职监督机关的"专职"性，表现为两点：其一，实施监督检查是其全部职责内容，即具有监督检查的职业性。也就是说，从其组织机构的组建与存在，到其职权内容的赋予及其行为活动方式，都是围绕着监督检查功能而设立和设定。上下级专门监督机关的隶属关系及其对监督检查案件的处理权限，也都是其专门监督职能的组成部分。其二，监督检查职能的专业性。专门监督在职能上已具有一定程度的专业技术性内涵，无论从其监督对象及其监督领域，还是监督职责内容和职权方式，以及监督检查的措施及其实施程序，都包含并体现着一定的专门化特点。这在《行政监察法》和《审计法》中都有明显反映。从专门监督的实施对象与领域来看，既包含着对本级人民政府的各工作部门的监督，也包含着对下级人民政府的监督。由于专门监督机关同这些被监督机关没有隶属关系，只是基于其依法拥有的专门监督职能而对监督对象及其相关领域实施监督检查和相应处理，因而其监督职能与职权由上述法律规范予以专门规定，并应在法定权限内按法定程序行使。

从广泛意义上说，行政机关内部专设的监督机构所实施的监督检查也应属于专门监督。这主要包含两类：一类是上述专门监督机关在各个行政机关内的延伸系统，如各个行政机关内设立的审计、监察机构；另一类是许多行政机关内专门设立的行政执法监督机构，如政府法制办内设置的行政执法监督处，公安机关内设的警务监督处（科、队）。

四、行政监督的法律体系

行政监督的法律体系是指有关调整与规定行政监督关系的各个法律规范及其制度所构成的一个整体，也是行政监督赖以存在与实施的法律依据。对于行政监督法律体系，可以从法律法规规定的基本内容与表现形式两方面进行考察与认识。

---

① 参见汤唯、孙季萍：《法律监督论纲》，北京大学出版社 2001 年版，第 337 页。

根据行政监督法律体系的构成要素及其形成过程来看，行政监督法律体系的基本内容主要包含了以下几点。

1. 监督主体。行政监督主体只能是依法承担着监督职责和享有监督职权的行政组织机构及其相应工作人员。根据《宪法》《行政机关组织法》以及相关法律规范的规定，行政监督主体一般主要有上级行政机关（包括上级人民政府和上级职能主管机关）、专门监督机关及行政机关内设的专门监督机构和在监督职位上取得监督职务身份的行政工作人员（如监察人员、审计人员、警务督察人员）。可以看出，在监督主体与监督对象的关系中，前者的法律地位优越于后者，即要么属于监督对象的上级机关，基于其领导权或者业务指导权形成监督关系，要么属于专门监督组织，基于法律法规所赋予的特定监督职权内容与方式形成监督关系。因为，没有一定的法律地位上的优越性与单方主导性，则将失去监督职能的内涵及其保障。

2. 监督对象。包含了行政组织机构和行政机关工作人员两大类。在行政组织机构中，主要是指行政机关及其内设机构、具有公共事务职能的派出机构，同时还包含着法律法规授权的和行政机关委托的具有管理公共事务职能的组织。在行政机关工作人员中，主要是指国家公务员，此外还包含具有公共事务职能组织中的公务人员及行政机关任命或委派到其他组织中的工作人员。

3. 监督客体。具有较大的广泛性，包括监督对象行使职权和履行职责的行为以及与其职权职责或者职务身份相联系的行为。在其行使职权与履行职责行为中，最基本的应属行政行为，既有外部行政行为，也有内部行政行为，既有具体行政行为，也有抽象行政行为。除此之外，还有许多其他行使职权职责的行为及与职权职责相联系的行为，如行政指导、行政调查、行政计划和政府采购、财务管理、人事管理、公共财物保管与使用等行为，以及行政机关工作人员在生活中实施的与其职务身份相联系的行为。

4. 监督原则与权能。监督原则是监督主体实施监督活动的基本准则，也是指导、统率行政监督法律制度中各个具体制度与条款的设定及其协调一致的基本准则。如《行政监察法》中就规定了"实事求是,重证据、重调查研究""在适用法律和行政纪律上人人平等""实行教育与惩处相结合、监督检查与改进工作相结合"等原则,《审计法》中规定了"依照法定职权和程序进行审计监督""依法独立行使审计监督权,不受其他行政机关、社会团体和个人干涉"等原则。监督权能是行政监督机关在职责范围内对监督对象的行为依法拥有的"进行评价、控制、督促、处理的权力"①。行政监督主体的权能会因为其与监督对象之间的关系以及所监督的领域与客体的不同,而有所不同。例如,在上级行政机关对下级行政机关的抽象行政行为的监督权能中,主要拥有审查批准权、备案权、责令改正权、改变或撤销权,而在行政监察机关对行政机关和行政机关工作人员等监察对象的监督权能中,则依法拥有检查权、立案调查权、责令停止违法及违反政纪行为权、作出行政处分或者其他监察决定权、提出监察建议权等。

5. 监督体制与监督程序。行政监督体制基本上是按照行政机关系统的组织制度而建立,接受上级行政监督机关领导,对下级行政机关按照隶属关系与管理权限进行监督。但基于监督职能的性质及其特殊性,在专门监督机关体制中,《行政监察法》《审计法》等相关监督法律制度均规定,专门监督机关对本级人民政府和上一级专门监督机关负责并报告工作,但监督业务应以上级专门监督机关领导为主。监督程序包括了行政监督机关实施监督检查活动时应当遵循的法定步骤、行使监督权力的方式与条件、监督对象在监督程序中的权利与义务以及监督机关实施个案监督检查所应遵守的顺序、期限等。不过,随着全面深化改革和全面推进依法治国,在面对如何建立独立、高效、统一的专门监督体制和确保发挥监督作用和效果,中共中央《关于全面推进依法治国若干重大问题的决定》提出了"完善审计制度,保障依法独立行使审计监督权"和"强化上级审计机关对下级审计机关的领导。探索省以下地方审计机关人财物统一管理。推进审计职业化建设"。

---

① 汤唯、孙季萍:《法律监督论纲》,北京大学出版社 2001 年版,第 344 页。

根据行政监督法律规范的法律文件来源及其表现形式，行政监督法律体系包括了宪法、法律、法规和规章。按照其内容与表现形式之间的位阶及效力关系，可以分为以下几方面。

1. 宪法。作为根本大法，宪法中的相关规定既是行政监督法律制度的制定依据，又直接规定着行政监督体制及其基本权限与方式。首先，宪法规定了行政管理体制中上级行政机关对下级行政机关的监督体制及监督权限和方式。其次，宪法规定了行政系统内设立专门行政监督制度，如行政监察、审计等。

2. 一般性法律法规和规章。在有关规定行政管理活动的法律、法规及规章中，也相应地规定了行政监督职权职责内容及要求。如《中华人民共和国行政处罚法》第五十四条第一款规定："行政机关应当建立健全对行政处罚的监督制度。县级以上人民政府应当加强对行政处罚的监督检查。"再如《行政许可法》第六十条规定："上级行政机关应当加强对下级行政机关实施行政许可的监督检查，及时纠正行政许可实施中的违法行为。"还有《国务院行政机构设置和编制管理条例》第二十二条第一款规定："国务院机构编制管理机关应当对国务院行政机构的机构设置和编制执行情况进行监督检查。"国务院发布的《安全生产许可证条例》第十六条规定："监察机关依照《中华人民共和国行政监察法》的规定，对安全生产许可证颁发管理机关及其工作人员履行本条例规定的职责实施监察。"此外，还有大量法律、法规和规章中规定了对行政机关和行政机关工作人员实施行政管理和行政执法活动，按照管理权限由有权行政机关（包括行政监察机关、审计机关）进行监督检查并依法追究其对违法行为所应承担的法律责任。

3. 专门性法律法规和规章。指专门规定行政监督活动的法律、法规和规章。在法律层面，如《行政监察法》《审计法》；在行政法规层面，如《审计法实施条例》《信访条例》；在地方性法规层面，如《吉林省行政执法条例》（1990年10月13日）、《石家庄市行政执法条例》（1992年8月26日）；在部门规章层面，如监察部《监察机关调查处理政纪案件办法》；在地方政府规章层面，如《辽宁省行政执法监督规定》（1992 年 3 月 1 日）、《济南市行政执法监督暂行规定》（1991 年 10 月 14 日）。

五、外国行政监督

行政监督作为行政法制监督体系与制度的重要组成部分，在世界各国和地区受到了不同程度的重视，也表现为不同的监督体制和监督形式。但总体上来说，可以归纳为行政机关内部的一般监督和专门监督。

一般监督是一种行政机关内部根据行政隶属关系而建立的垂直性层级式的监督。如在法国，对行政活动的监督可以由行政机关主动采取，也可以由利害关系人请求有权限的行政机关采取。按照行政隶属关系，在总统、总理、部长等中央行政机关和省长、大区行政长官等地方行政机关之间存在着严格的层级监督关系和监督权力，另外，国家有关行政机关还可以通过请求行政法院审查地方团体行为的合法性来发动对地方团体的行政监督。① 而当事人通过向原作出行政决定的行政机关及其上级监督机关申请行政救济、向调解专员提出申诉以及向行政法院提起行政诉讼等救济方式，也都是行政监督的重要方式。② 在英国，为了保证全国性质的公共行政事务达到一个最低的标准、保障社会公平以及保障国家利益优先于地方利益等，中央政府通过制定条例和规章、批准地方政府制定的单行条例、计划和命令、对某个地方政府发布指示和通令、视察和公开调查地方政府的某些事务等方式，对地方政府实施行政监督。法律还授权部长通过对其领导机构成员的任命和免职、对其活动发出一定指令及制定规章等方式，实施对公法人的行政监督。另外，行政裁判所受理大量具有很强专业性的行政纠纷，裁决公民与政府之间的争议，以救济模式发挥着行政机关内部的行政监督功能。同时，部长也依照法律规定受理公民对地方政府侵害其权利和利益的申诉，并就地方政府决定的事实方面、法律方面以及决定是否妥当进行全面考察，而且有权变更

---

① 参见王名扬：《法国行政法》，中国政法大学出版社 1988 年版，第 115 页。
② 王名扬：《法国行政法》，中国政法大学出版社 1988 年版，第 515 页。

地方政府的决定。①

美国属于联邦制国家,联邦政府与以州政府为代表的地方政府实行分权制,一般不存在直接领导与从属关系。但美国政府也存在着一定的行政监督体制。首先,在美国联邦政府中,总统运用最高行政权力对总统执行机构、部和独立管制机构等行政机关进行监督,以保障法律的执行。② 其次,联邦政府通过法律规范州政府的活动、对各州的财政补助影响和控制各州的决策等措施实行对州政府的监督控制。③ 最后,州政府根据法律的规定对地方政府的组织和活动实施监督,包括要求地方政府提供报告、对州政府进行视察和调查、事先审查或批准地方政府的行为等各种方式,其中最集中的监督事项是财政和公共卫生事务。④

专门监督主要表现为专设的一种监察或者反贪机构和审计机构。世界许多国家和地区都在政府组织内部建立了一些专司一定监督职能的专门行政监督制度。比如美国联邦政府建立了监察长制度,监察长由总统直接任命,在各部级单位和直属机构设监察长办事处制度,负责本部门的廉政和效能监察,防止公共财产被侵害、欺诈和浪费。再如新加坡的贪污调查局,置于总理公署之下,根据《公务员惩戒规则》《反贪污法》《防止贪污法》《没收贪污所得法》等专项法律,行使对公务员行为的监督与调查、处理权。⑤ 此外,还有如波兰的监察院、英国的卫生行政监察专员、日本的行政监察局及中国香港特别行政区廉政公署等。⑥ 此类专门

---

① 参见王名扬:《英国行政法》,中国政法大学出版社1987年版,第82、91、132页。

② 参见王名扬:《美国行政法》,中国政法大学出版社1995年版,第137页。

③ 参见张正钊、韩大元编:《比较行政法》,中国人民大学出版社1998年版,第649页。

④ 王名扬:《美国行政法》,中国政法大学出版社1995年版,第261页。

⑤ 参见监察部政策法规司编著:《外国及港台监察制度》,中国政法大学出版社1989年版,第68、78页。

⑥ 参见监察部政策法规司编著:《外国及港台监察制度》,中国政法大学出版社1989年版,第28、49、72、89页。

行政监察制度均以公务员为主要监察对象，工作重点是反腐倡廉。专设审计机关对政府机关行政活动进行经济监督，已为世界绝大多数国家建立和施行。不过大多数国家的审计机关设立在立法机关之下，并对立法机关负责。还有法国、意大利、西班牙等国家将审计机关设置于司法部门内。只有泰国、沙特阿拉伯、瑞典等少数国家将审计机关作为一种行政监督方式设置于行政机关系统内部。

纵观外国行政监督，由于各国国家结构及政治文化的差异性，在行政监督体制与监督形式方面并非完全相同。但多数国家都有宪法和相应的法律、法规来保障行政监督权，并注重行政监督权限及其监督方式、条件和程序等过程的依法进行。

第二节　行政层级监督

一、行政层级监督概述

行政层级监督，即行政机关的上下级监督，是指上级行政机关基于行政隶属关系对下级行政机关实施的监督，既包含县级以上各级人民政府对其所属各工作部门和下级人民政府的监督，也包含上级行政业务主管部门对下级相关业务工作部门的监督。这是行政监督中最基本的监督机制和监督关系。

行政层级监督是以宪法和相关行政机关组织法确立的行政机关组织体制为基础和依据的。《宪法》第八十九条规定：国务院"规定各部和各委员会的任务和职责，统一领导各部和各委员会"，"统一领导全国地方各级国家行政机关的工作，规定中央和省、自治区、直辖市的国家行政机关的职权的具体划分"，"改变或者撤销各部、各委员会发布的不适当的命令、指示和规章"，"改变或者撤销地方各级国家行政机关的不适当的决定和命令"。《宪法》第一百零八条规定："县级以上的地方各级人民政府领导所属各工作部门和下级人民政府的工作，有权改变或者撤销所属各工作部门和下级人民政府的不适当的决定。"《中华人民共和国地方各级人民代表大会和地方各级人民政府组织法》第五十九条规定：县级以上的地方各级人民政府"领导所属各工作部门和下级人民政府的工作"，"改变或者撤销所属各工作部门的不适当的命令、指示和下级人民政府的不适当的决定、命令"。该法第六十六条规定："省、自治区、直辖市的人民政府的各工作部门受人民政府统一领导，并且依照法律或者行政法规的规定受国务院主管部门的业务指导或者领导。""自治州、县、自治县、市、市辖区的人民政府的各工作部门受人民政府统一领导，并且依照法律或者行政法规的规定受上级人民政府主管部门的业务指导或者领导。"可以看出，在这种行政隶属关系中，上级行政机关的领导权就包含着对下级行政机关所作出的不适当的命令、指示、决定予以改变、撤销或者责令其改正等监督权力。反过来，只有拥有与领导权相适应的监督权，也才能够真正保障上级行政机关对下级行政机关实施领导。因此，这是行政监督中最全面也是最基本的监督关系。

同其他监督形式相比较，行政机关的层级监督具有的特点：

第一，广泛性和全面性。上级行政机关基于隶属关系和领导权，不仅能够对下级行政机关实施监督，还能够对下级行政机关的公务员实施监督；不仅能对下级行政机关的具体行政行为实施监督，还能够对其抽象行政行为实施监督；不仅能够对下级行政机关的行政行为的合法性实施监督，还能够对其行政行为的合理性实施监督。在县级以上各级人民政府对下级行政机关实施的监督中，其监督范围的广泛性几乎达到了极致，既能够对所属各工作部门的一般行政工作进行监督，也能够对其行政执法活动进行监督，并且还能够对下级人民政府的所有行政工作与行政管理活动进行监督。

第二，主动性、直接性和及时性。由于上级行政机关对下级行政机关拥有领导权或者业务指导权，使得上级行政机关对下级行政机关的行政工作和行政执法活动情况通过一定方式或方法进行检查、了解并提出相应要求或者作出一定处理，均成为理应具有的权限内容。而下级行政机关通过定期或不定期地向上级行政机关汇报工作或者对相关问题进行请示，也直接接受了上级行政机关的监督检查。同时，在上下级行政机关之间存在的命令与服从关系以及行政组织运作原则，也使得这种上下级监督从程序启动到对问题的查处和纠正，具有简便、果断、迅速的特点。

第三，监督方式多，见效快。上级行政机关对下级行政机关的监督检查方式灵活多样，既可以定期检查、定点检查或者定行业、定部门检查，也可以不定期地抽样检查、抽点或抽部门检查；既可以对规范性文件和一些重大决策、决定采用备案方式进行一般性审查监督，也可以对具体行政行为或者具体事件采用调查方式进行特定审查处理。也同样基于领导权，使得上级行政机关对下级行政机关违法或不当的行为，既可以责令其改正并就改正结果及时汇报，也可以直接予以撤销或者变更，并对有关直接负责的主管人员和其他直接责任人员给予或者命令所在单位给予行政处分。由于上下级行政机关之间存在着严格的组织纪律原则和服从与执行的体制约束，因而上级行政机关的监督检查及其处理结果和要求，一般也都能够得到尽快贯彻和落实。

应当说，行政机关的层级监督所具有的上述特点和优势，能够使得其在行政法制监督体系中占有十分重要的地位并发挥着巨大作用。然而，也正是由于上下级行政机关之间的隶属关系及其内部组织系统因素，既导致了上级行政机关对下级行政机关存在的某些问题或错误，有时不能客观面对并得到应有的处理，也致使行政系统以外的人因顾虑"官官相护"而对其公正性产生怀疑。因此，在行政层级监督中，明确并理顺和依法规范监督体制、权限及其程序等问题是十分必要的。

二、行政层级监督的体制与权限

（一）县级以上各级人民政府实施的监督

县级以上人民政府按照领导体制对所属工作部门和下级人民政府实施监督。在对下级人民政府的监督中，既对其行政执法工作进行监督（如对下级人民政府有关批准土地使用权的监督），也对其行政组织工作和管理工作进行监督（如对下级人民政府有关发展经济的决议、命令实施的监督），但主要表现为对下级人民政府行政组织工作和管理工作及其决策、决定、命令、执行等行为的监督。同时，还应当包含县级以上各级地方人民政府对其派出机关的监督。在对所属各工作部门的监督中，尽管也包含着对其行政组织工作和管理工作的监督，但应当主要是对各工作部门实施行政执法行为及其职能管理工作的监督。应当指出，国务院对各个职能工作部门的监督范围是全面的，其有权对所有职能工作部门及其职能管理工作进行监督（既包括公安、城建、国土资源等实行双重领导体制的职能机关，也包括海关、铁路、金融等实行垂直领导的职能机关），而地方县级以上各级人民政府只能对其所属的各个工作部门实施监督，但对于垂直领导系统中设在地方的职能工作部门是无权进行监督的。

（二）上级主管部门实施的监督

上级主管部门实施的监督包括上级人民政府主管工作部门对下级人民政府相应工作部门的监督和实行垂直领导体制的上级职能机关对下级职能机关的监督。前者如上级人民政府的水行政主管机关对下级人民政府的水行政主管机关实施的监督，而后者如上级海关机关对下级海关机关实施的监督以及在地方行政管理体制中实行垂直领导关系的上级职能主管机关对下级职能主管机关（如地税机关、技术监督管理机关等）所实施的监督。

在上级主管部门实施的监督中，由于其一般不拥有对下级职能工作部门的人事、财务等直接管理与决定权，因而其主要是针对下级职能机关实施职能管理和业务执法的行为及活动实施监督和处理，而不对该下级职能机关的其他事务性行政工作及其工作人员行使处理权。如《中华人民共和国产品质量法》第六十六条规定："产品质量监督部门在产品质量监督抽查中超过规定的数量索取样品或者向被检查人收取检查费用的，由上级产品质量监督部门或者监察机关责令退还；情节严重的，对直接负责的主管人员和其他直接责任人员依法给予行政处分。"在这里，作为上级产品质量监督部门对下级产品质量监督部门的监督方式主要表现为对其违法执法行为的处理权限上。尽管这里也规定了"对直接责任人的主管人员和其他直接责任人员依法给予行政处分"，但由于该规定是在没有明确规定有权"给予行政处分"的实施主体并强调了应当"依法"的情况下，又根据《行政监察法》第二十四条第二款规定监察机关就行政处分作出检查决定或者提出监察建议"应当按照国家有关人事管理权限和处理程序的规定办理"，因此，上级主管部门一般不对下级主管部门的国家公务员直接行使监督处理权。但对于实行垂直领导关系的上级职能主管机关以及法律、法规另有授权的上级主管机关而言，可以依法拥有对下级职能机关的违法执法行为及其相关责任人员实施监督和处理。

三、行政层级监督的制度及其措施

根据有关法律、法规和规章及其他规范性文件的规定，我国行政机关的层级监督基本包括了下列监督制度及其措施。

1. 登记和备案审查制度。具体包括规章备案审查制度、规范性文件备案审查制度和重大具体行政执法行为登记和备案审查制度。根据《立法法》《规章制定程序条例》和《法规规章备案条例》的规定以及中共中央、国务院发布的《法治政府建设实施纲要（2015—2020）》的要求，规章和规范性文件应当报送上级行政机关备案审查。另外，下级行政机关对某些重要的具体行政行为应当报送上级行政机关备案，以便实施监督检查，如《工商行政管理机关行政处罚程序暂行规定》第八章就对重大工商行政处罚案件规定了应当向上级工商行政机关报送"备案"的制度。当然，这是一种事后监督审查方式，一般不影响被要求备案审查行政行为的实施及其效力。

2. 行政执法监督检查制度。上级人民政府对下级人民政府、上级行政职能执法机关对下级行政职能执法机关和县级以上各级人民政府对所属行政职能执法机关在行政管理工作中执行法律、法规和规章的行为及其活动实施监督，以督促和保障对行政机关抽象行政行为和具体行政行为的合法性和适当性。《行政处罚法》《行政许可法》等法律中都规定了上级行政机关应当加强对下级行政机关实施行政处罚、行政许可等行为的监督检查，并要求建立健全监督制度。相应的，许多行政职能执法系统和地方人民政府也都建立了行政执法监督制度，如《工商行政管理机关执法监督暂行规定》（1999 年 12 月 8 日国家行政工商管理局令第 92 号公布）、《北京市行政执法和行政执法监督暂行规定》（1990 年 9 月 24 日）、《辽宁省行政执法监督规定》等。在此类监督检查中，上级行政机关通过定期或者不定期、巡视检查与实地查访、查阅执法案卷和走访被处罚单位、参加执法活动和开展执法情况调查、实行"主动"检查与"被动"检查相结合等多种方式，对行政执法活动进行监督，并对所发现的违法执法行为予以制止和纠正。2005 年国务院办公厅发布的《关于推行行政执法责任制的若干意见》（国办发〔2005〕37 号）对建立健全行政执法评议考核机制提出了要求，这是就行政执法监督检查常态化所采取的推进措施。中共中央、国务院发布的《法治政府建设实施纲要（2015—2020）》明确提出要"完善政府内部层级监督，改进上级行政机关对下级行政机关的监督，建立健全常态化、长效化监督制度。"

3. 行政执法情况统计制度。这是在行政管理实践中所建立和实施的一种监督检查制度，通过对行政执法情况和信息从多角度、多层次进行统计和分析，能够使政府从宏观上掌握执法情况，了解行政执法中带倾向性、普遍性的问题，以便对行政执法工作进行有效的指导和规范。

4. 行政执法主体资格审查制度。按照依法行政的基本要求和相关法律制度（如行政处罚法律制度）规定的基本条件，县级以上人民政府对所属工作部门的执法人员和上级行政职能执法机关对所属职能系统执法人员的执法资格与条件以及执法证件的印制和发放等加强管理与监督检查，以保证行政执法主体资格和执法程序的合法性和正当性。

5. 信访制度。信访制度始于新中国成立初期，各级国家行政机关通过处理来信、接待来访，倾听人民群众意见、建议和要求，接受人民群众监督，具有简便、灵活、广泛和直接的特点。在肯定信访制度实施多年来所起到的重要作用并总结所取得的经验基础上，针对新形势下信访工作所面临的任务及所存在的问题，国务院于 1995 年 10 月制定了《信访条例》，使得信访制度又跨上了法制化、规范化的新台阶，2005 年 5 月 1 日又施行了新的《信访条例》。根据条例规定，所谓信访，就是指公民、法人或者其他组织采用书信、电子邮件、传真、电话、走访等形式，向各级人民政府、县级以上人民政府工作部门反映情况，提出建议、意见或者投诉请求，依法由有关行政机关处理的活动。有关涉及层级监督问题，《信访条例》做了这些规定：信访人的信访事项应当向依法有权作出处理决定的有关行政机关或者其上一级行政机关提出；对涉及两个以上行政机关的信访事项，在所涉及的行政机关不能通过协商处理受理争议的，由其共同的上一级行政机关协调决定受理机关；对于信访人未按照条例有关规定信访而是直接到上级行政机关走访的，若上级行政机关认为有必要直接受理的，可以直接受理；对公民、法人或者其他组织报告的可能造成影响的重大、紧急信访事项和信访信息，接到报告后的地方各级人民政府或者其所属各工作部门，应当立即报告上一级人民政府或者本级人民政府和上一级主管部门；各级行政机关对依法应当由上级行政机关作出处理决定的信访事项，应当及时报送上级行政机关；信访人对原办理机关的处理决定或者复查意见不服的，可以自收到处理决定书或者复查意见书之日起 30 日内请求上一级行政机关复查，上一级行政机关自收到复查请求之日起 30 日提出复查；上级行政机关发现下级行政机关对信访事项的处理、复查确有错误的，有权直接处理或者责令下级行政机关重新处理；对行政机关在信访工作中不履行职责、推诿、敷衍、拖延的，上级行政机关可以通报批评，并视情节对有关责任人员依法给予行政处分。从实质上来看，信访制度是一种中国特色的诉求表达和意见建议制度，也是引起并推动实现行政层级监督的一种重要制度及其机制。但近年来在社会现实中有将信访制度应用并推向行政救济制度的实践效应，既严重冲击和影响了行政复议、行政诉讼以及其他诉讼和仲裁等救济法律制度功能作用的正常发挥，也扭曲了信访制度的功能定位，进而会妨碍法治国家和法治社会的建设进程。因此，按照中共中央《全面推进依法治国若干重大问题的决定》和中共中央、国务院《法治政府建设实施纲要（2015—2020）》的要求，应当明确信访功能定位和推行信访制度法治化。

6. 行政复议制度。行政复议制度起源于许多单行法律法规中规定的申诉、复审、复查等制度，即作为行政相对人的公民、法人或者其他组织认为行政机关的行政处理决定等管理行为侵犯其合法权益而不服，要求原处理机关或者其上一级行政机关进行依法重新处理或者纠正原处理决定的一种行政救济制度。后按照《中华人民共和国行政诉讼法》和《行政复议条例》的规定，构建了统一的行政复议制度。1999 年 10 月 1日施行的《中华人民共和国行政复议法》，从法律制度上进一步完善了行政系统中救济制度对公民、法人和其他组织权益的保护，同时也在救济制度中进一步完善了行政机关内部自我纠正错误的监督机制。后来国务院又制定了《中华人民共和国行政复议法实施条例》并于 2007 年 8 月 1日施行。具体而言，行政复议制度中的层级监督表现为两方面，即作为行政复议机关的上级行政机关，一是对公民、法人或者其他组织申请复议的具体行政行为及其所依据的行政规范性文件依法进行受理、审查和作出行政复议决定，以及责令被申请人限期履行复议决定；二是对在复议审查过程中发现具体行政行为的依据不合法时，属于本复议机关有权处理的，应当依法在 30 日内作出处理，即应当依法主动作出改变或者撤销作为"依据"的行政规范性文件，而对于本复议机关无权处理的依据，应当依法定程序转送有权机关处理。

此外，行政机关的层级监督还有专案调查与处理、依法行政联席会议制度、行政执法投诉、请示报告等监督方式或制度。

目前有些地方行政程序制度中对行政监督方式进行了统一明确规定，例如《湖南省行政程序规定》第一百五十五条第二款就规定了"监督检查的主要方式：（一）听取本规定实施情况的报告；（二）开展实施行政程序工作的检查；（三）重大行政行为登记和备案；（四）行政执法评议考核；（五）行政执法案卷评查；（六）受理公众投诉、举报；（七）调查公众投诉、举报和媒体曝光的行政程序违法行为；（八）查处行政程序违法行为；（九）其他监督检查方式。"再例如《山东省行政程序规定》第一百二十六条第二款规定"监督检查应当采取下列方式：（一）听取本规定实施情况的报告；（二）行政执法评议考核；（三）行政执法案卷评查；（四）调查处理公众投诉、举报以及新闻媒体曝光的行政程序违法行为；（五）监督检查的其他方式。"类似规定在《湖南省行政程序规定》《四川省凉山州行政程序规定》等都有体现。

四、行政层级监督的法律体系及其完善

目前有关行政机关层级监督的法律体系结构主要表现为几个层面：其一，以上下级行政机关之间确立的行政隶属关系和组织体系为基础，宪法及相关行政机关组织法规定了寓于县级以上人民政府对其所属职能工作部门和下级人民政府行使领导权中所拥有的改变、撤销等项监督权力；其二，在《行政处罚法》《行政许可法》《行政强制法》以及《政府信息公开条例》《信访条例》等法律和行政法规以及一些地方性法规中①，均相应规定了县级以上人民政府对其所属职能工作部门和上级职能主管机关对下级职能主管机关的监督职权与职责，并要求其建立健全对下级行政机关实施相关执法行为的监督制度；其三，以地方政府规章或者部门规章的形式，专门就某种或者某方面的行政层级监督作出专门规定。②

应当看到，行政机关的层级监督在已初步取得上述法律化、规范化、制度化状况的同时，其在法律体系上还应就下列问题进行建立和完善。

第一，应当建立统一规定行政层级监督的专门法律制度。特别是县级以上人民政府对所属职能工作部门和对下级人民政府实施监督，没有统一的专门法律制度进行基本规定，使得层级监督法制化、规范化程度不高。尽管从组织体制、隶属关系以及领导权内涵方面看，上级行政机关对下级行政机关的监督范围与监督能力是广泛的和全面的，但从依法行政原则与法治政府的基本要求方面看，层级监督也是一种法制监督，

---

① 如《陕西省实施〈中华人民共和国土地管理法〉办法》（1999年11月30日陕西省人民代表大会常务委员会第17号公告）。

② 如《安徽省行政执法监督暂行办法》（1992年6月5日）、《四川省行政执法监督检查规定》（1991年11月11日）和《林业行政执法监督办法》（1996年9月27日林业部令第9号发布）、《工商行政管理机关执法监督暂行规定》。

因此，有关上一级与上级（即越级）之间的监督体制以及实施监督的依据、权限、事项、内容、条件、程序等，应当以统一的规范作出基本规定，既能够保障层级监督的有效建立与实施，也能够有利于促进层级监督走向法律化、规范化和制度化。

第二，强化程序化和透明度。应当指出的是，程序化以及透明度的不足，影响了层级监督的公信力及其法律效果。程序是行使权力和实施行为所要经过的时间、空间（行为步骤、表现形式）等过程，而做任何事情都少不了要经过一定的过程。法律上的程序只不过是对实施某项行为所需要经过的正确过程及其客观规律按照一定的价值取向提升为强制性规范以及制度化而应当予以遵守的过程。透明度原则要求层级监督的过程及其相关信息能为外界和社会所了解、知晓。由于层级监督机制中程序性法律规范和监督过程公开化程度不足，不仅使得监督行为因缺乏程序制约而具有很大的随意性，往往导致监督案件"有上文"而"无下文"，不能"善始善终"，而且会滋生和衍化新的腐败和违法乱纪现象，影响了层级监督在法律上的权威性和所应具有的社会公信力。因此，建立严密的程序制约机制，并按照公开原则要求提高监督过程及其结果的透明度，是完善层级监督法律体系的一项重要内容。

第三，建立统一、明晰和专门的监督组织机构及其体制。审计、监察等专门监督体制中依法设有相应的专门监督机关及其组织体系，而在层级监督体制中，《行政复议法》规定由行政复议机关负责法制工作的机构具体办理行政复议事项和履行相应职责，《信访条例》规定由县级以上各级人民政府及其所属工作部门确定的信访工作机构或者人员负责具体受理、办理信访事项，在有关地方政府规章和部门规章中，有的规定行政执法监督检查由行政机关的法制工作机构负有具体监督检查职责，而有的却无明确规定。由于行政权力涉及的范围广泛，行使权力的方式及措施多样，行政机关及其机构繁多，如果不在行政机关中建立或者明确统一、专门的具体负责履行层级监督职责的职能机构和组织体制及其岗位设置并配置具备相应资格和能力条件的工作人员，将会使得层级监督事项的管辖与调查处理出现交叉重叠、分工不明、职责不清等情况，最终影响层级监督的效果与功能。因此，应当在层级监督的法律体系中从组织体制上明确规定统一、专门的监督执法机构及其职责。

第三节 行政监察

一、行政监察概述

监察作为一种国家职能活动，具有察看并督促、纠察、纠举、弹劾、处理等含义。[1] 在我国，监察制度成为一种国家职能制度，始于秦朝的御史府及御史大夫、监御史，至西汉末期发展为专门的监察机构及监察制度，后被历代封建王朝所承袭并进一步得到发展和完善。尽管中国古代监察制度具有严密的组织形式即专门的监察机关系统，但由于其主要作用在于维护皇权，因而其核心是对各级官吏特别是地方官吏之监督，即"行纠弹官邪之责"和"司监察政权得失之任"。[2]

在旧中国国民政府时期，其按照孙中山先生"五权分立"学说，将监察院及监察权作为"五权"之一独立设置，具体行使同意、弹劾、纠举、审计四种权力，并制定了一系列监察法规，确立了监察院的地位、组织及权限。目前我国台湾地区的"监察院"及其制度基本上属于此种模式。可以看出，这种监察制度下所确立的监察机关与监察权限，属于国家治权之一，其所行使的同意权、弹劾权，在很多国家属于国会或议会权力。

在外国，也有类似于上述监察机制与功能的监察制度，其中最为典型并具有代表意义的是瑞典议会司法监察专员制度。瑞典议会司法专员公署（Office of the Parlia-mentary Justitie Ombudsman，简称"JO"），是一个根据宪法和法律设定并经议会选举产生的四人机构，分别受理一切控告国家机关（包括行政机关、司法机关、军事机关）和企（事）业单

---

[1] 参见高潮、彭勃编：《行政监察概论》，中国政法大学出版社1990年版，第2页。

[2] 参见董翔飞：《中国宪法与政府》，三民书局2000年版，第23页。

位及其工作人员（包括法官、文官、军官、经理人员）的申诉案件，有权进行调查、视察、批评、建议以至提起公诉，来监视法律法令的执行，限制国家工作人员不合法、不公平的行为，以完善行政管理，保障公民的合法权益。瑞典的议会司法监察专员制度后来相继传入西欧、英联邦各国、美国的部分州等。如英国就设有议会行政监察专员，对依照议会专员法所列举出来的行政部门进行监督。①

在我国现行法律规范或者法律制度中，将"监察"一词置于与行政活动相关的领域及情形中，大概有两种不同的功能方向：一是用于行政管理与行政执法领域，主要指行政主体及其执法人员对行政相对人守法与履行法定义务情况的检查与处理，即常说的行政监督检查，如水政监察、土地监察、煤矿安全监察等②；二是用于监督行政活动领域，指在行政系统内部由专门监察机关对其他行政机关及其公务员执行法律法规和遵守行政纪律情况的检查、调查与处理或提出处理建议的监督制度，即行政监察制度。

从监察制度产生及其历史发展过程所确立的监察功能及其原理来看，并结合中外监察制度的内容构成与适用范围，我们认为，监察制度作为

---

① 参见龚祥瑞：《比较宪法与行政法》，法律出版社1985年版，第515—533页；监察部政策法规司编：《外国及港台监察制度》，中国政法大学出版社1989年版，第35—42页。

② 在以往的行政法学教材中，较多地将行政主体对相对人守法与履行义务情况的检查称之为"行政监督检查"。（参见罗豪才编：《行政法学》（高等学校法学教材），中国政法大学出版社1989年版，第144页；张尚鷟编：《走出低谷的中国行政法学》，中国政法大学出版社1991年版，第213页；王周户编：《行政法学》（西北政法学院教材委员会审定教材），陕西人民教育出版社1992年版，第246页）另外，《水政监察组织暨工作章程（试行）》（1990年8月15日水利部第一号令发布）有关水行政执法组织及其人员的规定；《陕西省实施〈中华人民共和国土地管理法〉办法》（1999年11月30日陕西省人大常委会第17号公告）在第六章"监督检查"中规定了"县级以上土地行政主管部门设立土地监察机构，配备土地监察人员，对本行政区域内遵守和执行土地管理法律、法规的情况进行监督检查"，也都与此意思基本相同。

一种监督制度模式，将其性质与功能定位于对担负着公共权力与公共事务职能的组织机构及其人员的监控、督促与纠举、处理，以保障公共权力与公共财产、资源及事务在行使、利用或分配、管理过程中的合法性与正当性，而非对一般权利与义务的拥有者的监控、督促与纠举、处理，似乎更为妥当。也就是说，就公共权力与一般权利在性质上的差异而言，权力需要控制和监督，而权利需要确认和保护。同时，也与我国宪法中有关"监察"一词的内容与用法相背离。因此，在行政管理与行政执法领域中针对行政相对人的守法情况所进行的检查与处理，不应当适用或者实施监督制度或者监察机制，以免导致监察制度性质与功能的混乱。对于我国现行有关行政执法检查法律规范中对"监察"概念及其制度化、规范化的不当使用，应予以逐渐停止和纠正。根据《行政监察法》及其实施条例规定，行政监察是国家行政监察机关对国家行政机关和法律、法规授权的具有管理公共事务职能的组织以及国家行政机关依法委托的组织、国家公务员和国家行政机关任命的其他人员执行法律、法规、政策和决定、命令、纪律情况进行监督、检查、纠举和惩戒的法律制度。行政监察是行政监督的一种方式，是行政系统内的一种自身监督。同上述中国古代监察制度、旧中国国民政府时期的监察院以及外国监察制度的不同之处，就在于行政监察机关设在行政系统内，属于行政机关，而且监察权本身属于行政权的构成内容之一。同时，行政监察只是以国家行政机关、国家公务员和国家行政机关任命的其他人员为监督对象，并不包含其他国家机关及其工作人员。

行政监察具有以下特征。

第一，行政监察是行政系统内的一种专门监督制度。行政监察是由国家在行政机关系统内以职能工作部门形式设立的一种专门履行监察职能的机关，专门从事监察活动。一般行政监督活动是由行政监督主体在从事行政管理活动中基于领导权或者业务指导权而拥有相应的行政监督权，比如县级以上各级人民政府对其职能工作部门和下级人民政府的监督，就是在行使领导权与管理权的同时也行使着一定的监督权。行政监察作为一种专门监督法律制度，还表现在由《行政监察法》对行政监察的原则、监察对象、监察体制及权限、程序等进行了专门系统规定，为行政监察提供了法律依据和法律保障。

第二，行政监察对国家行政机关和法律、法规授权的具有管理公共事务职能的组织以及国家行政机关依法委托的组织、国家公务员和国家行政机关任命的其他人员的违法违纪行为实施全面监督。从监督对象上看，行政监察既监督行政机关，也监督法律、法规授权的具有管理公共事务职能的组织以及国家行政机关依法委托的组织，既监督国家公务员，也监督行政机关任命的其他人员（主要是指由行政机关委任或派遣等形式任命到企业、事业单位、社会团体的公职人员），具有广泛性。从监督内容看，行政监督既对国家行政机关和国家公务员行使职权和履行职务行为中遵守法律法规情况进行监督，也对其在其他情况下遵守行政纪律情况进行监督，具有全面性。例如，《行政许可法》第七十五条第一款规定："行政机关实施行政许可，擅自收费或者不按照法定项目和标准收费的，由其上级行政机关或者监察机关责令退还非法收取的费用；对直接负责的主管人员和其他直接责任人员依法给予行政处分。"类似规定，在行政许可法其他条款及行政处罚法等法律制度中多有体现。《行政强制法》有关条款（如第六十一、六十二、六十三、六十四条）中虽然没有明确指出监察机关，但其中规定的"上级行政机关或者有关部门"对直接负责的主管人员和其他直接责任人员依法给予相应行政处分，并结合行政监察法律制度的相关规定，可以看出这里的有关部门应当包括了行政监察机关。行政监察的广泛性与全面性，使其与其他行政监督形式有了一定的区别，既对行政机关进行监督，也对法律、法规授权的具有管理公共事务职能的组织以及国家行政机关依法委托的组织进行监督；既对行政机关工作人员进行监督，也对行政机关以委任或派遣等形式任命到企业、事业单位、社会团体的公职人员进行监督；既对职权与职务中的违法行为实施监督，也对工作中与职权、职务相关的违反行政纪律行为实施监督；既对违法性进行监督，也对不当性进行监督。

第三，行政监察以多种形式及措施对国家行政机关和国家公务员实施监督。根据《行政监察法》及其实施条例规定，行政监察机关实施监督检查活动，从履行职责与行使职权方式上看，既有主动监督检查国家行政机关和公务员在遵守和执行法律、法规及人民政府的决定、命令中的问题，还有被动地受理公民、法人或者其他组织对国家行政机关、国家公务员和国家行政机关任命的其他人员违反行政纪律行为的控告、检举；从时间顺序上看，包括了事前监督（如监察机关的领导人员可以列席本级人民政府的有关会议，监察人员可以列席被监察部门举行的与监察事项有关的会议）、事中监督（如对被监察机关正在进行的工作是否按照国家法律、法规、政策及决策和计划执行）和事后监督（如对违反行政纪律案件的调查、处理）；从监督检查的方法上看，既可以采取一般检查方法对国家行政机关在遵守和执行法律、法规及政令中的问题进行检查、了解，也能够采取暂予扣留、封存相关文件、资料、财务账目以及其他有关的材料等行政强制措施，还能够采用受理与立案的方法对违法及违反行政纪律案件进行调查、处理。可以看出，行政监察作为行政系统内部监督形式，基本上是按照行政自律机制而建立的一种监督模式，其目的就在于保证国家法律的执行和政令畅通，维护行政纪律，促进廉政建设，改善行政管理，提高行政效能。因此，行政监察不同于行政复议，而后者的核心在于对公民、法人和其他组织合法权益的救济，是以申请人的诉请为行政复议启动的前提条件的。

二、行政监察的原则

（一）依法独立行使监察权原则

根据《行政监察法》第三条规定，依法独立行使监察权原则，是指行政监察机关在履行监察职能过程中，服从法律并忠诚于法律，不受其他行政部门、社会团体和个人干涉的原则。行政监察权的法律性质和行政监察机关的法律地位，使得确立并保障行政监察机关独立行使行政监察权成为一种基本要求。行政监察机关对监察权的独立行使，是以服从法律和对法律的忠诚为标准的。首先，行政监察权的设定与取得是以法律为依据的，而行政监察权的行使也是以法律法规是否得到遵守与执行为其内容的。监察机关在行使职权时，必须严格按照这些法律、法规和政策的规定进行工作，既不得超越职权或滥用职权，也不得放弃职责而失职，更不得徇私枉法。其次，对行政监察权独立行使的保障，就更要排除其他行政机关、社会团体和个人的干涉。行政监察机关作为政府的一个职能部门，要对其所在的本级人民政府的其他部门及其工作人员和下级人民政府及其领导人员进行监察，在体制上将会遇到许多困难和矛盾。因此，要强调并保障独立行使监察权，就应当排除其他行政部门、社会团体和个人利用职权、地位及组织体制关系等诸多因素的干扰。但应当指出，正是因为行政监察机关是政府的一个职能部门，承担的是行政系统内部监督职能，因而，这只是在法定行政领导下的一种独立。因此，正确处理并理顺行政领导体制与依法独立行使监察职权、忠于法律之间的关系尤为重要。

（二）实事求是原则

实事求是原则是宪法规定的"以事实为根据，以法律为准绳"原则在行政监察制度中的具体转化与体现。根据《行政监察法》第四条规定，它要求监察机关在履行监察职能过程中，尤其是对违法违纪案件的调查与处理，必须从实际出发，重证据、重调查研究，尊重客观事实，忠于事实真相，防止主观臆断或先入为主，以保证法律规范在适用前提与基础上的正确性。这就要求行政监察机关在监察工作中，牢固树立法治观念及依法行政意识，准确理解和把握法律事实与客观事实的辩证关系及区别，严格遵守法定程序，重视证据的调查、收集及其判断、运用，从而保证监察工作质量。

（三）适用法律和政纪人人平等原则

这是《行政监察法》第四条规定的另一项行政监察的基本原则。在适用法律、政纪上人人平等原则，是指监察机关在开展监察工作，尤其是在查处违法及违反行政纪律案件中，在适用法律规范和行政纪律方面，对于任何监察对象都要一律平等，一视同仁，不允许有任何超越法律、法规和行政纪律的特权。行政监察对象包括国家行政机关、国家公务员和国家行政机关任命的其他人员，其权力有大有小，职位有高有低，但在法律、法规和行政纪律面前应当一律平等，都应同样受到约束与保护，不允许有法纪之外的特权。具体而言，该原则包含了几层含义：一是任何监察对象的合法权益都平等地受到法律的保护；二是任何监察对象都必须遵守法律和政纪，不得有超越法律和行政纪律以外的特权；三是一切违反法律、法规和行政纪律的行为都必须依法受到追究。

（四）教育与惩处相结合原则

《行政监察法》第五条规定，监察工作实行教育与惩处相结合的原则。它是指监察机关在开展监察工作中，既要严肃、认真地依据法律、法规和行政纪律规定，对监察对象的违法和违反行政纪律行为给予适当、必要的惩处，又要立足于教育，着眼于提高国家公务员及其他人员的政治素质，将惩处和防范、治标与治本很好地结合起来。说到底，惩处只是一种手段而非目的，通过运用惩戒手段，既使违法违纪者认识到自己的错误并真正改正错误，又使其他工作人员从而受到教育，最终达到引导、约束行政管理行为，提高行政管理实效。教育的本质就是促进认识，提高觉悟，以发挥正面的积极因素；而惩处的内涵就是制裁、惩处违法违纪者，抑制、阻却消极因素的继续与蔓延。教育是基础，惩处是手段，单纯惩处而不贯彻教育思想，只是为惩处而惩处，则会背离惩处的目的。但只强调教育而不依法惩处，则会混淆是非标准，违反权利义务与责任相一致原则，破坏法律、法规及行政纪律的严肃性。

（五）监督检查与改进工作相结合原则

《行政监察法》第五条规定了行政监察应当实行"监督检查与改进工作相结合"原则，主要是指监察机关在履行监察职能过程中，不仅要对监察对象的行政管理活动及其相关行为进行监督检查，以便发现监察对象工作中存在的问题与不足，而且要针对其存在的问题与不足，提出监察建议，促使其改进工作。尽管从建立和完善行政管理体制及其制度机制方面来讲，监督检查工作是行政管理制度机制中不可缺少的一环，但就行政管理工作的性质与内容而言，应当说，行政监察本身并非属于行政管理工作应有之义。因此,行政监察的目的也在于通过一系列监察措施、监察活动,来实现行政监察的防范、补救、追惩的综合效能,达到改善行政管理,提高行政效能,实现国家行政机关廉政和勤政的实效①。这就要求,行政监察应当将监督检查与改进工作紧密结合,既要通过监察发现和揭露行政管理工作中存在的各种问题和不廉洁的现象,惩处违法违纪行为,又要注意研究和解决行政管理工作中这些问题与现象发生的对策和方案,提出建立、改进和完善相关规章制度的建议和措施,以促进行政管理工作的廉洁、勤政、务实和高效。

(六) 依靠群众原则

我国《宪法》规定,一切国家机关和国家工作人员必须依靠人民的支持,经常与人民保持密切联系,倾听人民的意见和建议,接受人民监督,努力为人民服务。《行政监察法》第六条规定的"监察工作应当依靠群众"的原则,就是上述宪法规定在行政监察工作中的具体体现,是行政监察机关必须遵循的一项基本原则。这就要求行政监察机关和监察人员发挥职能优势,要让群众了解行政监察工作的目的与内容、方式与方法,充分信任行政监察机关及其工作人员,相信行政监察的功能与作用。行政监察机关和行政监察人员在行政监察工作中要认真对待和正确、及时处理好人民群众对国家行政机关及其公务人员违法行为的检举和控告案件,切实主动地开辟吸引人民群众参与监督的途径与环境,支持舆论监督,倾听人民群众的意见和建议,维护人民群众的合法权益。要真正做到依靠群众,有一条最重要也是最基本的举措与保障制度,就是行政监察机关要建立和健全举报制度,切实保证公民对于任何一个国家行政机关、国家公务员和国家行政机关任命其他人员的违法失职行为向监察机关提出控告或检举权利的享有与行使。

---

① 参见马原、孙秀君编:《行政监察法及配套规定新释新解》,人民法院出版社2003年版,第66页。

三、行政监察体制

行政监察体制是指行政监察工作的组织制度。根据《行政监察法》第七条至第十四条规定，行政监察职权由行政监察机关和监察人员具体行使。我国在国务院和县级以上地方各级人民政府设立监察工作部门并配备相应监察人员。监察机关实行双重领导体制，即：国务院监察机关主管全国的监察工作，县级以上地方各级人民政府监察机关负责本行政区域内的监察工作，对本级人民政府和上一级监察机关负责并报告工作，监察业务以上级监察机关领导为主。之所以这样规定，旨在以符合监察机关的性质与任务的需要，从组织上保障法律、法规赋予监察机关的专业性、独立性和权威性。

（一）行政监察机关

根据《行政监察法》第七条规定，行政监察机关作为政府内部专司综合性行政监督检查工作的职能部门，设置于国务院和县级以上地方各级人民政府内，负责对国家行政机关和法律、法规授权的具有管理公共事务职能的组织以及国家行政机关依法委托的组织、国家公务员以及国家行政机关以委任或派遣等形式任命到企业、事业单位、社会团体的公职人员执行国家法律、法规、政策和决定、命令的情况以及违法违纪行为进行监督检查。可以看出，行政监察机关设立在政府序列，具有突出的行政性特点，即行政监察被作为一项行政职能，由专设的政府职能部门统一负责行使。

行政监察的行政性特点，使得行政监察机关的领导体制，必须考虑并与我国现行的行政管理体制相适应，即在行政组织体制上按照横向划分若干部门，各部门地位平等，基于所管业务自成体系。因此，监察机关作为各级政府职能部门，接受所在政府机关的领导，得到地方政府行政负责人的有力支持，并能够提供开展监察工作的必要的人员配备、物质条件及其他工作协助的保障。但是，由于监察机关承担着对本级政府各工作部门和下级政府的监督检查职责，若不考虑如何保证其在现行行政管理体制中所具有的相对独立性，则将会因体制上的掣肘变成阻力，再加之地方保护等因素的干扰，难以很好履行监察职能和开展监察工作。因此，实行上级监察机关对下级监察机关的领导，尤其在监察业务方面以上级监察机关领导为主，对地方各级行政监察机关主要领导人员的任免，在提请决定前必须取得上一级监察机关的同意，才能在体制上保证监察机关具有一定的独立性。监察机关对重要检查事项的立项和对重要、复杂案件的立案、撤销，应当报本级人民政府和上一级监察机关备案；对作出的重要监察决定和提出的重要监察建议，应当报经本级人民政府和上一级监察机关同意。

根据《行政监察法》第八条规定，县级以上各级人民政府监察机关根据工作需要，经本级人民政府批准，可以向政府所属部门派出监察机构或者监察人员。派出监察机构或者监察人员对派出的监察机关负责并报告工作。据此可以看出：一是在派出方向上，强调了监察机关所在的本级人民政府的各部门；二是在程序上，强调了应经本级人民政府同意；三是在组织关系上，强调了派出监察机构及监察人员是监察机关的组成部分，代表监察机关履行职能，贯彻监察机关的指示、决议和规定，向监察机关负责并报告工作；四是在案件管辖上，监察机关负责对派驻部门领导人员违法违纪案件的查处工作，派出监察机构负责派驻部门各职能机构及其工作人员违法违纪案件的查处工作。

（二）派出监察机构

根据《行政监察法》第八条以及《行政监察法实施条例》第六条规定，派出监察机构是县级以上地方人民政府监察机关根据工作需要并经本级人民政府批准而向政府所属工作部门派出的监察工作机构，以及在实行垂直管理的国家行政机关中的监察机关派出的监察机构根据工作需要并经派出它的监察机关批准而向驻在部门的下属行政机构再派出的监察工作机构。派出监察机构对派出它的监察机关负责并报告工作，并由派出它的监察机关实行统一管理。依据《行政监察法实施条例》第七条规定，派出监察机构履行与监察机关相同的职责，根据第八条规定，行使与派出它的监察机关相同的权限。

（三）行政监察人员

行政监察人员是指依法在行政监察机关或者派出监察机构的监察职位上从事行政监察业务工作的国家公务员。行政监察人员作为行政监察机关的重要构成要素，代表行政监察机关履行监察职能，同时也与监察机关之间存在着行政监察职务上的权利义务关系。因此，行政监察人员是行政监察主体的重要组成部分，具有自己的法律地位。《行政监察法》第九条至第十四条对行政监察人员作出了相应的具体规定。据此规定，行政监察人员应当在符合国家公务员条件及其要求的基础上，还必须熟悉监察业务和掌握监察专业知识及相关法律专业知识。行政监察人员应当承担下列义务：遵纪守法、忠于职守、秉公执法、清正廉洁、保守秘密；办理的监察事项与本人或者其近亲属有利害关系的，应当回避；接受监察机关对其执行职务和遵守纪律情况的监督。

行政监察人员依法执行职务，受法律保护。任何组织和个人不得拒绝、阻碍监察机关人员依法执行职务，更不得对监察人员实行打击报复。根据《行政监察法》第八条和《行政监察法实施条例》第六条规定，县级以上各级人民政府监察机关根据工作需要并经本级人民政府批准可以向政府所属部门派出监察人员，以及在实行垂直管理的国家行政机关中，监察机关派出的监察机构根据工作需要并经派出它的监察机关批准，可以向驻在部门的下属行政机构派出监察人员。依据《行政监察法实施条例》第七条及第八条规定，派出的行政监察人员承担着与派出监察机构相同的职责和行使一样的权限。

四、行政监察的对象及其职责与权限

（一）行政监察的对象

行政监察对象是指行政监察机关实施监督检查所针对的组织机构、人员及其行为。根据我国《行政监察法》规定，行政监察对象在范围上表现为两大方面：一是机关及组织机构与人员范围，二是行为范围。根据监察法及其实施条例规定，作为监察对象的机关与人员范围（也有的称为监察对象的本体或主体范围)①，以各级监察机关的监察对象为基点，包括了四个方面：一是本级人民政府各部门及其公务员；二是本级人民政府及各部门任命或者委派的其他人员；三是下一级人民政府及其领导人员；四是法律、法规授权的具有管理公共事务职能的组织以及国家行政机关依法委托的组织及其工勤人员以外的工作人员。所谓行政机关任命的其他人员，主要是指由中央和地方各级人民政府及其部门以直接任命或者委派形式批准在企业、事业单位中从事公务的人员。之所以将行政机关任命的其他人员也纳入行政监察对象范围，是因为一方面这些人员是由行政机关任命，对行政机关负责，与行政机关之间存在着行政职务关系，同公务员与行政机关之间关系有许多类似之处；另一方面，这些人员的活动在一定程度上也是国家行政管理活动的延伸，与公共权力、公共资源及公共事务之间具有一定的交织与渗透因素。上述行政监察对象范围，较之于新中国成立初期的行政监察对象而言，更加明确和趋于合理：一是监察范围只限于行政机关及其国家公务员，而不再是所有国家机关及其公务人员；二是除了行政机关任命或者委派的其他人员外，不再包括所有企事业单位及其工作人员。对于前者而言，由于国家职能分工体系及其监督体制日趋明晰、合理、规范和法制化，作为设置于行政系统内部的专司监察职能的监察机关，只对行政机关及其国家公务员和由行政机关任命的其他人员进行监察监督，更为科学与合理。对于后者而言，随着经济体制改革和市场经济的建立及其法律制度的建立与完善，企业、事业单位不具有行政职能，其工作人员不是公务人员，其受劳动法及劳动关系约束而不受行政纪律约束，因而监察机关无权也无必要对其行使监督权。②

　　作为行政监察对象的行为范围，监察法在有关监察对象的条款中并未作出直接明确规定。但就行政监察的目的与功能而言，最根本的问题

---

① 参见高潮、彭勃编：《行政监察概论》，中国政法大学出版社1990年版，第93页。
② 参见陈斯喜：《制度变革中的行政监督》，载应松年、袁曙宏编：《走向法制政府》，法律出版社2001年版，第311页。

是对有关行使行政权力和履行行政职责的行为和活动的监察监督。结合行政监察法及其实施条例中有关行政监察机关职责与权限的规定，应当说行政监察对象包含了行政行为以及相关公务行为范围。如果说行政机关及其国家公务员是行政监察的静态对象范围，则行政活动及其相关行为就是行政监察的动态对象范围。只有静态对象与动态对象的结合，才能真正把握一个完整的行政监察对象及其范围。

根据监察法及其实施条例规定，行政监察机关监督检查的是行政机关遵守和执行国家法律、法规和政府决定、命令的行为，以及对被监察的部门和人员违反行政纪律行为。应当说，这种遵守和执行行为是指行政机关在实施行政职能和行政管理活动中的行为，不包含行政机关以民事主体所实施的普通民事行为。但值得注意的是，对于行政机关基于公共职能和完成行政机关管理任务所实施的某些行为，尽管其也要遵守并受民事法律原则及其规范的约束，然而由于其中有公共职能与公共权力如公共财力因素的存在，因而也属于行政监察的对象范围。进一步来看，从行政职务及行政权的地位和依法行政原则的要求来看，作为行政监察对象的行政机关的行为主要表现为行政行为，既包括抽象与具体的行政行为，也包括外部与内部的行政行为，还包括作为与不作为、依职权与依申请等行政行为。但同样应注意的是，除行政行为外，行政监察的行为对象还应包括其他行政活动方式及行为，如行政指导、行政计划等。①

根据监察法规定，行政监察机关监督检查的是国家公务员和国家行政机关任命的其他人员的职务行为。这里的职务行为应作广义理解，既包括其在行使职权、履行职责和执行职务过程中的行为，也包括其实施的与职权职责或职务身份相关的行为。对国家公务员和国家行政机关任命的其他人员的生活事务及个人私交等个人行为，如果不涉及其职权与职务或者基于职务身份关系具有特定行为规则和行为义务要求的，则不属于行政监察对象范围。

---

① 在行政法学理论中，按照行政行为构成要素进行界定，行政指导、行政计划等不属于行政行为。但这些行为仍然是行政机关行使职权和履行职责的方式，也要受依法行政原则和法律法规的约束。因此，它们也应归属于行政监察对象范围。

（二）行政监察机关的职责

行政监察机关的职责，是指行政监察机关依照法律、法规和政策的规定，为实现国家赋予的监察职能所应承担的具体责任或者任务。① 监察机关的职责与行政监察对象有着密切联系，即均指向了行政机关及其国家公务员和行政机关任命的其他人员执法的行为和职务行为。但二者又存在着明显区别，其侧重点不同：行政监察对象所解决的是行政监察作用的范围与领域，即针对哪些人的哪些行为实施监督检查；而行政监察机关职责所解决的是行政监察的内容问题，即对行政监察对象的什么样的问题进行监督检查。

根据监察法规定，行政监察机关主要有以下几方面的职责。

1. 检查行政执法情况。从行政机关的性质与地位来看，这里的行政执法既包括行政机关在行政执行中的执法情况，也包括行政机关在行政决策中的执法情况。具体表现为：在依据方面，既包括对宪法、法律法规的遵守与执行情况，还包括对规章、规范性文件及人民政府决定、命令的遵守与执行情况；在内容方面，既检查在行政管理中对法律、法规、规章和人民政府决定、命令的贯彻、落实与执行情况，也检查是否还存在违反法律、法规的情况；在性质方面，既检查一般执法情况，也检查廉政方面的情况；在法律规范适用方面，既检查下位阶法律规范与上位阶法律规范之间适用关系情况，也检查新旧法律规范之间适用关系情况，特别一般法律规范之间适用关系情况等。应当指出的是，在有关检查行政执法的职责的具体规定中，《行政监察法》较之于过去的《行政监察条例》，将其更为明确地规定为检查行政机关在行政执法中所存在的"问题"，符合了监察制度特性要求。②

---

① 马原、孙秀君编：《行政监察法及配套规定新释新解》，人民法院出版社 2003 年版，第 199 页。

② 1990 年 12 月 9 日发布生效的《中华人民共和国行政监察条例》第二十条对行政监察机关职责的规定，侧重于对行政机关执法情况进行一般检查和对被监察部门工作的专项检查，而《行政监察法》第十八条对行政机关职责的规定，侧重于对行政机关执法中问题的检查。

2. 受理对行政监察对象违反行政纪律行为的控告、检举。所谓控告，是指机关、团体、企事业单位和公民，以口头或者书面的形式向监察机关揭发、控诉行政监察对象侵害其合法权益的违反行政纪律的事实，并要求予以调查处理的行为。所谓检举，是指机关、团体、企事业单位和公民，以口头或者书面形式，向监察机关揭发、举报其发现或者了解的行政监察对象违反行政纪律的事实或者线索，并要求予以调查处理的行为。① 控告、检举是宪法赋予公民及其他社会成员对国家机关及其工作人员进行监督和维护公共利益、维护自己合法权益的一项基本权利。受理上述控告、检举并作出相应处理使公民及其他社会对该项宪法基本权利的享有与行使依法得到保障和实现，是行政监察机关的一项法定职责。

3. 受理不服行政处分的申诉及法律、行政法规规定的其他由监察机关受理的申诉。所谓申诉，通常是指当事人对有关自身的权益问题，依法向有关国家机关申述理由，并请求给予重新处理的行为。申诉可分为诉讼中的申诉与非诉讼中的申诉。此处讲的是一种非诉讼上的申诉。属于行政监察机关职责范围内应当予以受理的申诉有两种：一是国家公务员和国家行政机关任命的其他人员不服主管行政机关给予行政处分决定的申诉；二是法律、行政法规规定的其他由监察机关受理的申诉。对于前者中将不服行政处分申诉的受理规定为行政监察机关的职责，主要是基于行政处分本身是对违反行政纪律的一种处理后果，与行政监察职能内容相一致，同时，主管行政机关与其所属国家公务员及其任命的其他人员均属于行政监察对象，有关二者的关系及其行为，也都属于行政监察的范围与领域。对于后者，主要是基于法律、行政法规的特别规定。如《中华人民共和国全民所有制企业法》第六十一条规定，企业不服有关政府部门侵犯其依法享有的经营管理自主权、向企业摊派人力、物力、财力和要求企业设置机构或者规定机构的编制人数的，可以向作出决定的机关的上一级行政机关或者政府监察部门申诉。

---

① 参见监察部政策法规司编：《〈中华人民共和国行政监察条例〉释义》，中国政法大学出版社 1991 年版，第 37 页。

除上述职责外，行政监察机关还履行由法律、行政法规规定的其他职责。

（三）行政监察机关的权限

根据《监察法》规定，行政监察机关的权限是指其在法定范围内为履行监察职责所能够享有的监察职权及其能行使监察权的措施或方法。监察机关的监察权限表现为履行监察职责所拥有的能够在法定范围内实施一定的检查、调查、列席会议、提出建议及作出处理决定等项权力，表现为行使监察权过程中所能够采用的一系列相应措施或方法。与20世纪50年代监察机关的权限相比较，监察法对监察机关的权限范围和内容有所调整，在保留了监察机关享有的检查权、请求协助权、列席有关会议权、建议权外，一方面增加了监察机关还享有部分行政处分权和处理权，另一方面因审计机关的设立，监察机关不再拥有对财政及财务收支的审查权。[①]

1. 检查权。检查权是监察机关对行政机关遵守和执行法律、法规和人民政府的决定、命令的情况及其存在问题进行检查与了解的权力。监察机关进行的检查可分为一般检查和专项检查。一般检查是指监察机关通过定期或者不定期地采取列席会议、召集会议、听取工作汇报、实地检查、调查、审查文件和资料等方法，对监察对象遵守和执行法律、法规和人民政府的决定、命令的情况进行全面性、综合性的了解与检查。专项检查是指监察机关根据本级人民政府或者上级监察机关的决定，或者根据本地区、本部门工作的需要，在一定时期内组织力量对行政机关特定的具体工作事项进行的集中检查。[②]

根据《监察法》及其实施条例规定，监察机关行使检查权的具体措施有：要求被监察的部门和人员全面、如实地提供与监察事项有关的文

[①] 参见陈斯喜：《制度变革中的行政监督》，载应松年、袁曙宏编：《走向法制政府》，法律出版社2001年版，第311页。

[②] 参见监察部政策法规司编：《〈中华人民共和国行政监察条例〉释义》，中国政法大学出版社1991年版，第40—41页。

件、资料、财务账目及其他有关的资料；对上述资料进行查阅和复制；要求被监察的部门和人员就监察事项涉及的问题作出解释和说明；责令被监察的部门和人员停止违反法律、法规和行政纪律的行为；对监察事项涉及的单位和个人有权进行查询。

2. 调查权。调查权是监察法赋予监察机关对监察对象的违法违纪行为立案调查的权力。调查权与检查权一样，是监察机关享有的一项重要权力，也是行政监察权中的一项基本权力。调查权与检查权有着紧密的联系以及功能上的互补性。调查权的行使是建立在检查权行使的基础上，即在监察范围内广泛地开展检查之后，对于检查中所发现的违法违纪问题，需要进一步查明事实和收集证明材料时，才有针对性地进行调查和行使调查权。然而，正是因为行使调查权所具有的针对性、特定性和个案性，才使得调查权在行使的对象范围、程序条件及具体措施等方面存在着一定的区别。一般来说，调查权行使的对象范围较小，是指具有违法违纪行为的行政机关和人员，而且在程序上是在已经立案的前提下并严格按照调查程序进行的，必要时可以依法采取相应的特定强制措施来实施调查活动。

根据监察法及其实施条例规定，监察机关在行使调查权时，除了依法可以采取上述检查权、调查权中所列措施外，还可以依法采取的调查措施有：暂予扣留、封存可以证明违反行政纪律行为的文件、资料、财务账目及其他有关的材料；责令案件涉嫌单位和涉嫌人员在调查期间不得变卖、转移与案件有关的财物；责令有违反行政纪律嫌疑人员在指定的时间、地点就调查事项涉及的问题作出解释和说明；建议有关机关暂停有严重违反行政纪律嫌疑人员执行职务；在调查贪污、贿赂、挪用公款等违反行政纪律的行为时，经县级以上监察机关领导人员批准，可以查询案件涉嫌单位和涉嫌人员在银行或者其他金融机构的存款；在必要时，可以提请人民法院采取保全措施，依法冻结贪污、贿赂、挪用公款等违反行政纪律行为案件中涉嫌人员在银行或者其他金融机构的存款。

3. 请求协助权。请求协助权是指监察机关在办理行政违纪过程中，基于公务需要和本身条件所限，依法请求有关行政机关予以协助的权力。监察机关行使请求协助权的基本条件是：监察机关办理行政违纪案件过程中，对于所涉及的资料或者某些情况，由于其自身条件所限而无法获取或者执行公务，但该资料或情况又属于办理行政违纪案件所需要；被请求的有关行政机关具备依法进行协助的法定条件或因素，如具有协助从事特定公务行为的职权及其相应措施，或者掌控着某些与案件有关的文书、资料、信息等。在协助过程中，被请求协助的行政机关，也可能是通过行使相应法定职权方式来实施协助行为的。但就监察机关依法行使请求协助权而言，被请求协助机关进行协助是一种法定义务，其若违反或者不履行法定义务，是要被依法追究法律责任的。根据监察法及其实施条例规定，监察机关在办理违法违纪案件过程中，遇有"需要向在押的犯罪嫌疑人、被执行刑罚的罪犯调查取证的""需要阻止与案件有关的人员出境的""需要协助收集、审查、判断或者认定证据的"等情形的，可以提请公安机关、司法行政部门予以协助；遇有"需要对有关单位的财政、财务收支情况进行审计查证的""需要协助调查取证的"等情形的，可以提请审计机关予以协助；遇有"需要协助调查取证的""需要协助收集、审查、判断或者认定证据的"等情形的，可以提请税务、海关、工商行政管理、质量监督检验检疫等机关予以协助；遇有需要依法冻结涉嫌人员在银行或者其他金融机构的存款的，可以提请人民法院采取保全措施。也就是说，监察机关在办理违法违纪案件过程中遇到上述情况时，向相关机关提出协助请求的，这些被提请协助的机关就具有法定的协助义务，应当根据监察机关提请协助办理的事项和要求，在职权范围内予以协助。同时，监察机关提请公安、司法行政、审计、税务、海关、工商行政管理、质量监督检验检疫等机关予以协助时，应当出具提请协助书，写明需要协助办理的事项和要求。

4. 列席有关会议权。根据《监察法》规定，监察机关的领导人员可以列席本级人民政府的有关会议，监察人员可以列席被监察部门召开的与监察事项有关的会议。一般来讲，可以将列席有关会议视为监察机关行使监察权的一种具体措施与方法。① 但在《监察法》中，是将列席有关会议作为监察机关的一项独立职权并以专门条款形式予以规定。这样

---

① 参见彭武文、赵世义、秦前红编：《中国行政监察学》，中国人事出版社 1992 年版，第 217、289 页。

做的意义，不仅在于明确了列席有关会议是保证监察机关能够正确履行监察职责的一项权力，而且在于凸显并确保了列席有关会议的重要性以及监察机关的独立法律地位。

5. 监察建议权。监察建议权是监察机关在检查和调查的基础上就发现并确认的法定监察事项向有关机关提出一定的处理意见的权力。监察建议权是监察机关根据检查或调查的结果而行使的一项权力。监察建议可以向监察对象所在的机关或者其上级机关、主管机关提出。监察建议是监察机关行使监察建议权的具体表现，依法具有一定的法律约束力，有关机关无正当理由的，应当予以采纳而不得拒绝或者置之不理。根据监察法及其实施条例规定，监察机关行使监察建议权的情形及其权限内容为：一是对拒不执行法律、法规或者违反法律、法规以及人民政府的决定、命令，具体包括决定、命令、指示的内容与法律、法规、规章相抵触的和决定、命令、指示的发布，超越法定职权或者违反法律、法规、规章规定的程序的等情形，应当予以纠正的，建议予以纠正；二是对本级人民政府所属部门和下级人民政府作出的决定、命令、指示违反法律、法规或者国家政策，应当予以纠正或者撤销的，建议纠正或者撤销；三是对给国家利益、集体利益和公民合法权益造成损害，需要采取补救措施的，建议采取包括消除影响、恢复名誉、赔礼道歉、给予赔偿等补救措施；四是对录用、任免、奖惩决定明显不适当，具体包括被录用、任命人员明显不符合所任职务的条件，或者不符合任职回避规定的，超越权限或者违反程序作出录用、任免、奖惩决定的，奖励明显不适当，或者处分畸轻畸重的等情形，应当予以纠正的，建议予以纠正；五是对依照法律、法规的规定，应当给予行政处罚的，建议给予行政处罚；六是对违反行政纪律，依法应当给予行政处分的，建议给予行政处分；七是对违反行政纪律取得的财物，依法应当没收、追缴或者责令退赔的，建议作出相应处理；八是其他需要提出监察建议的。

6. 监察决定权。监察决定权是指监察机关根据检查和调查的结果，依法在权限范围内就一定监察事项，对监察对象作出行政处分或其他处理决定的权力。监察决定是监察机关依照法定职权，在检查和调查的基础上，就一定的监察事项向监察对象作出的具有行政法律效力的行为。对于监察机关依法作出的监察决定，有关部门和人员应当执行。

根据监察法规定，监察机关行使监察决定权的内容及其适用范围为：一是行政处分决定权。对国家公务员和行政机关任命的其他人员违反行政纪律，依法应当给予警告、记过、记大过、降级、撤职、开除行政处分的，监察机关按照国家有关人事管理权限和处理程序的规定，依法在法定权限范围内有权给予一定的行政处分。二是其他行政处理权。对国家公务员和行政机关任命的其他人员违反行政纪律取得的财物，依法应当没收、追缴或者责令退赔的，监察机关有权作出相应的监察处理。对于后一种监察处理决定权，由于包含了"没收"财物的规定，是否据此可以认为这是法律对监察机关可以行使一定的行政处罚权的规定？我们认为，若以此来理解该项监察处理权的性质是值得斟酌的。首先，这将与《行政处罚法》规定的行政处罚适用的对象与范围相矛盾。行政处罚适用于公民、法人和其他组织违反行政管理秩序的行为，而行政监察处理决定适用于行政机关和国家公务员及行政机关任命的其他人员违反行政纪律的行为。其次，行政处罚是由具有社会管理职能（即外部职能）的行政主体所拥有的一项职权，而行政监察处理决定是基于行政组织系统内部监督机制所拥有的一项职权，不具有社会管理职能的性质，属于行政内部权力。最后，尽管"没收"措施本身表现了与行政处罚手段（即种类）在形式方面的相同性，但就没收、追缴及责令退赔措施的实体内容来看，其实质上是对监察对象因违纪行为所造成的一种后果（财物方面）的纠正或消除。因此，我们认为还是将其认定为是监察机关所拥有的一种属于有关财物方面的其他监察处理决定权较为妥当。

五、行政监察程序

行政监察程序是指监察机关履行监察职责、行使监察职权所表现出来的整个监察活动的过程、步骤及方式的总和。行政监察程序的功能主要在于：一是对履行行政监察职责的保障功能。行政监察程序是按照监察机关所应完成的监察职能而作了相应的设立与规定。如检查程序、调查程序、申诉与复审程序等。二是对行政监察权力的约束和对监察活动的规范功能。三是对监察对象权利的保护功能。四是对行政监察效率的保障与提高功能。

（一）检查程序

行政监察中的检查，是指行政监察机关对监察对象在行政管理活动中执行法律、法规和政策、决定、命令等情况所进行的了解、督促活动。根据行政监察法及其实施条例的规定，监察机关依法按照下列程序进行检查：

1. 立项。监察机关对其确定需要检查的事项应当依法作出进行检查的决定，明确实施检查项目的根据、目的、对象、范围、领域等。立项一经确定，只能对立项确定的事项进行检查，而不能对其以外的事项实施检查。立项应当采取书面形式。对于根据本级人民政府或者上级监察机关的部署和要求确定的检查事项，或者监察机关认为在本行政区域内有重大影响而需要检查的事项等确定需要检查的重要事项，还应当报本级人民政府和上一级监察机关备案。

2. 制定检查方案并组织实施。检查方案是根据立项而制定的具体检查的方式、措施、步骤、期限、标准、目标及对被检查部门和有关人员的要求等。检查方案的制定，使检查活动更具有目的性、计划性和科学性，有利于达到检查的预期效果。检查方案制定之后，监察机关就要确定实施检查的组织机构及其负责人和有关人员，在合法、科学和可行的检查方案基础上，采取预先的检查方式与措施，对需要检查事项所涉及的问题进行了解，对有关文件资料调阅、查询，必要时听取被监察部门或者有关人员的陈述，弄清并掌握监察对象执行法律、法规和规章、决定、命令、政策等情况。

3. 提交检查情况报告。监察机关在对监察对象存在的问题检查结束后，应当向本级人民政府或者上级监察机关提出对监察对象检查情况的说明和处理意见或者建议的书面报告。本级人民政府或者上级监察机关收到检查情况报告后，应对检查情况报告进行审定并提出审定意见。

4. 作出监察决定或者提出监察建议。监察机关根据检查结果和本级人民政府或者上级监察机关的审定意见，视不同情况，对监察对象需要给予处理或者向有关部门提出监察建议。监察机关对在职权范围内依法作出的重要监察决定和提出的重要监察建议，应当报经本级人民政府和上一级监察机关同意。监察决定和监察建议均具有法律约束力。对于前者，被监察部门和有关人员应当执行。对于后者，被监察部门和有关人员无正当理由应当采纳。

（二）调查处理程序

行政监察中的调查处理，是指监察机关对监察对象违反国家法律、法规以及违反行政纪律的行为，经过立案，对涉案情况与事实进行核查与收集证据，以确定监察对象是否有违法违纪行为，并在此基础上对案件本身进行程序性处理和对案件涉及的部门、人员和财物进行实体性处理的监察活动。根据行政监察法及其实施条例的规定，监察机关依法按照下列程序进行调查处理。

1. 立案。监察机关对需要调查处理的事项经过彻底审查，认为有违反行政纪律的事实，需要追究行政纪律责任的，应当立案。监察机关的立案，需要经过几个程序环节：一是受理。即对涉及监察对象违法违纪行为的线索和材料的正式接受。二是初步审查。即对受理的违法违纪案件的线索与材料进行初步审查，以判断和确定是否存在违法违纪事实及是否构成行政违纪责任，而对违反行政纪律行为进行初步审查，还应当经监察机关领导人员批准。三是撰写立案报告或者填写《立案审批表》。四是领导审批。初步审查后，应当向监察机关领导人员提出报告，对存在违反行政纪律事实并且需要追究行政纪律责任的，经监察机关领导人员批准，予以立案，而对那些属于本级人民政府所属部门或者下一级人民政府违法违纪的、需要给予本级人民政府所属部门领导人员或者下一级人民政府领导人员撤职以上处分的、社会影响较大的、涉及境外的等重要、复杂案件的立案，还应报本级人民政府和上一级监察机关备案。

立案应当符合的条件：一是认为有违反行政纪律的事实。尽管这里的"认为"是指行政监察机关的主观认识，但其需要一定的证据材料作为其"认为"的根据，即有证据资料表明足以使监察机关"认为"行为人的行为已客观存在并构成了违反国家法律、法规、政策和行政纪律规范的规定。二是认为需要追究行政纪律责任。立案的目的就是要对行为人追究行政纪律责任。因此，仅有违反行政纪律的事实的条件还不够，还应具备认为需要追究行政纪律责任的条件。同样，监察机关是否"认为"行为人违反纪律行为需要追究行政纪律责任，应根据有关规定追究行政纪律责任的法定情形，并结合行为人违反行政纪律行为的事实、情节及程度，进行判断并作出认定。

2. 调查。监察机关在立案之后，按照规定的权限和程序收集证据，查清案件事实。在调查过程中，监察机关的中心任务就是通过调查取证查明案件事实是否存在，以及存在事实的具体情况。而监察机关要做到这一点，就必须确保所收集证据资料的真实、合法、有效及与案件事实之间具备一定的客观联系。这就要求监察机关在调查与收集证据过程中，从调查取证人员的资格条件、调查取证的措施与方式，到证据资料的表现形成、证据材料形成的时间与空间环境等方面，以及对证据的认识、判断与运用，均应符合法律、法规等法律规范的要求。

根据《监察法实施条例》规定，监察机关决定立案调查的，应当通知被调查单位的上级主管机关或者被调查人员所在单位，但通知后可能影响调查的，可以暂不通知。监察机关已通知立案的，未经监察机关同意，被调查人员所在单位的上级主管机关或者所在单位不得批准被调查人员出境、辞职、办理退休手续或者对其调动、提拔、奖励、处分。同时，监察机关调查取证应当由两名以上办案人员进行，调查时应当向被调查单位和被调查人员出示证件；办理监察事项的监察人员具有属于被监察人员的近亲属的、办理的监察事项与本人有利害关系的、与办理的监察事项有其他关系而可能影响监察事项公正处理的等情形的，应当自行回避，而被监察人员以及与监察事项有利害关系的公民、法人或者其他组织有权要求其回避。

3. 审理。监察机关对于经过调查终结并有证据证明违反行政纪律，需要给予行政处分或者作出其他处理的案件，应当进行审理。审理由监察机关内部设立的案件审理部门或者机构来进行。审理的主要任务，就是对案件全部材料进行审核，鉴别证据的真实性、合法性、关联性；根据有关规定对案件性质进行认定；依据相关规定提出处理意见。有关审理程序的设定应当是对行政监察机关内部职能分离制度的体现，以保证案件在事实认定、证据运用、法律规范适用和处理内容及方式上的正确和恰当，实现调查处理过程公平与公正，强化事中监控。

4. 作出监察决定或者提出监察建议。监察机关对经过审理的案件，将会面临几种处理方式：一是针对行为人具有违法违纪事实，作出监察决定（具体包括依法给予或者免予行政处分，没收、追缴或者责令退赔违法所得，责令采取补救措施）或者提出监察建议；二是对违法违纪事实不存在，或者不需要以作出监察决定或提出监察建议方式处理的，撤销案件。监察机关办理重要检查事项和重要、复杂案件所作出的重要监察决定和提出的重要监察建议，应当报经本级人民政府和上一级监察机关同意；对于重要、复杂案件的撤销，应当报本级人民政府和上一级监察机关备案。

监察机关立案调查的案件，应当自立案之日起 6 个月内结案；因案件发生在交通不便的边远地区的、案件涉案人员多、涉及面广、取证困难的和案件所适用的法律、法规、规章需要报请有权机关作出解释或者确认的等特殊原因需要延长办案期限的，可以适当延长，但最长不能超过 1 年，并应当报上一级监察机关备案。监察决定、监察建议应当以书面形式送达有关单位或者有关人员。有关单位和有关人员应当自收到监察决定或者监察建议之日起 30 日内将执行决定或者采纳监察建议的情况通报监察机关。

5. 保障被监察对象的程序权利。尽管行政监察属于行政系统内的监督，但无论依照全面推进依法治国的精神及其内容要求，还是依照实施行政监察的法律制度及其依据，从事行政监察活动应当按照法治思维与法治方式并遵循法治中的公平、正义、民主、公开等原则和精神，这就必须在监察程序中保障监察对象应有的程序权利。根据监察法规定，监察机关在检查、调查中应当听取被监察的部门和人员的陈述和申辩。

（三）救济与监督程序

根据《行政监察法》及其实施条例规定，对行政处分、监察决定和监察建议不服或者有异议的，分别按下列申诉程序进行救济。

1. 对行政处分不服的救济程序

一是申诉的提起。申诉人应当是受到行政处分的国家公务员和国家行政机关任命的其他人员。若受处分人丧失行为能力或者死亡的，可以由其近亲属代为提起。申诉期限为收到行政处分决定之日起 30 日内。二是申诉的受理与复查。申诉的受理机关为监察机关，并对这些不服行政处分的案件进行管辖：不服本监察机关和本监察机关派出机构的行政处分案件；本级人民政府各部门的行政处分案件；下级人民政府的行政处分案件。监察机关应当自收到申诉之日起 30 日内作出复查决定。监察机关对受理的申诉，经复查认为原决定不适当的，可以建议原决定机关予以变更或者撤销，对属于自己职权范围内的行政处分决定，也可以直接作出变更或者撤销的决定。三是申请复核。申诉人对监察机关的复查决定仍不服的，可以自收到复查决定之日起 30 日内向上一级监察机关申请复核。上一级监察机关应当自收到复核申请之日起 60 日内作出复核决定。复核决定为最终决定。在复查、复核期间，不停止原处分决定的执行。

2. 对监察决定不服的救济程序

一是申请复审。复审申请人是受到监察决定处理的单位和国家行政机关工作人员及国家行政机关任命的其他人员，申请复审的期限为自收到监察决定之日起 30 日内。受理复审申请的机关是作出原监察决定的监察机关，并应当自收到复审申请之日起 30 日内作出复审决定。二是申请复核。申请人对复审决定仍不服的，可以自收到复审决定之日起 30 日内向上一级监察机关申请复核，上一级监察机关自收到复审申请之日起 30 日内作出复核决定。复核决定为最终决定。上一级监察机关认为下一级监察机关的监察决定不适当的，可以责成下一级监察机关予以变更或者撤销，必要时也可以直接作出变更或者撤销的决定。在复审、复核期间，不停止原决定的执行。

3. 对监察建议的异议程序

根据监察法实施条例规定，尽管有关单位和人员对监察机关依法提出的监察建议应当采纳，但在其认为监察建议具有"依据的事实不存在，或者证据不足的""适用法律、法规、规章错误的""提出的程序不合法的""涉及事项超出被建议单位或者人员法定职责范围的"等情形的，可以提出异议。一是异议的提出与回复。有权对监察建议提出异议的人是收到监察建议的有关部门或单位，提出异议的期限为自收到监察建议之日起 30 日内。受理提出异议的机关是作出原监察建议的监察机关，并且其应当自收到异议之日起 30 日内予以回复。二是裁决。异议提出人对回复仍有异议的，可以再一次向监察机关提出，由监察机关将此异议提请本级人民政府或者上一级监察机关进行裁决。本级人民政府或者上一级监察机关针对监察异议所作出的裁决即具有终局效力，有关单位不得再向监察机关提出异议。

4. 救济与监督的结论和处理

监察机关复查申诉案件，认为原决定事实清楚、证据确凿、适用法律法规规章正确、定性准确、处理适当、程序合法的，作出维持决定。监察机关通过复查申诉案件证据及事实、法律规范依据及相关规范文件依据及其适用、调查处理程序等后，认为原决定存在"适用法律、法规、规章错误的""违法违纪行为的情节认定有误的""处理不适当的"等情形之一的，可以在其职权范围内直接变更或者建议原决定机关变更原决定；而上一级监察机关认为下一级监察机关作出的监察决定有上列情形之一的，也可以直接变更或者责令下一级监察机关变更原决定。如果监察机关认为原决定存在"违法违纪事实不存在，或者证据不足的""违反法定程序，影响案件公正处理的""超越职权或者滥用职权的"等情形之一的，可以在其职权范围内直接撤销或者建议原决定机关撤销原决定，并在原决定被撤销后，发回原决定机关重新作出决定；而上一级监察机关认为下一级监察机关作出的监察决定有上列情形之一的，可以直接撤销或者责令下一级监察机关撤销原决定，并在原决定被撤销后，责令下一级监察机关重新作出决定。当然，监察法实施条例赋予了监察机关一定的裁量权即"可以"而非"应当"，就在于是否需要发回重新作出决定，要视复查申诉案件的具体情形而定，因为在法律规定这种概括抽象情形下，并不是所有的案件都要或者会发回重新作出决定的。但也指出，这里的裁量权也绝不是指由监察机关可任意选择那个案件发回要求原机关重新作出决定，其也是要受合法性以及公正合理性原则及其条件约束的。

第四节　审计监督

一、审计监督概述

审计是由专职机构和人员，对被审计单位的财政、财务收支及其他经济活动的真实性、合法性和效益性进行审查和评价的独立性经济监督活动。[①] 可以看出审计概念包含了几层要素：其一，审计是由具有独立地位的第三者实施的经济监督活动；其二，审计的对象是被审计单位的财政、财务收支及其他经济活动；其三，审计的基本方式是审查与评价，即收集证据，查明事实，对照依据和标准，作出对会计资料及其所反映的财政、财务收支的真实性、合法性和效益性的判断。

对审计可以按照不同的标准进行分类。按照审计主体不同可分为国家审计、部门审计、单位审计及社会审计。国家审计是指由国家专设的审计机关实施的审计监督。部门审计是指由政府部门或企业主管部门的审计机构或专职审计人员，对本部门及其所属单位的财政收支及经济活动所进行的审计监督。单位审计是由企事业单位内部设置的审计机构或专职审计人员，对本单位范围内的经济活动所进行的审计。社会审计是指由社会上的注册会计师事务所进行的审计。按照审计主体与被审计单位的隶属关系，审计又可分为内部审计和外部审计。内部审计是部门、

---

① 李凤鸣编：《审计学原理》，中国审计出版社 2000 年版，第 2 页。

单位实施内部监督，依法检查会计账目及其相关资产，监督财政收支和财务收支真实、合法、效益的活动。外部审计是指独立于政府机关和企事业单位以外的国家审计机构所进行的审计，以及独立执行业务的会计师事务所接受委托进行的审计。

按照审计的目的和内容，审计可分为财政财务审计和经济效益审计。财政财务审计，是指对审计单位财政财务收支活动和会计资料是否真实、准确、合法和有效所进行的审计。经济效益审计以审查评价实现经济效益的程度和途径为内容，以促进经济效益提高为目的所实施的审计。

按照被审计的客体机构性质，可以分为政府审计和企业审计。政府审计是指国家特设的审计单位，对政府机关的财政财务收支及各种经济资料所进行的审计。企业审计是指在企业单位或者具有企业经营性质的事业单位开展的对经济活动和各种经济核算资料进行的审计。

根据《审计法》及《审计法实施条例》的规定，审计监督，是指国家审计机关依法独立检查被审计单位的会计凭证、会计账簿、会计报表以及其他与财政收支、财务收支有关的资料和资产，监督财政收支、财务收支真实、合法和效益的行为。结合上述有关审计的分类，可以看出审计监督具有下列特征。

第一，审计监督性质的行政性。依法享有审计监督权和实施审计监督行为的主体是国家审计机关，而审计机关及其审计监督职能被设置于县级以上各级人民政府的职能工作部门之列。显然，审计监督属于国家审计，不包括单位审计和社会审计。

第二，审计监督机关的独立性。独立性是审计监督的最根本的特征。1977年世界最高审计机关国际组织公布的《利马宣言——审计规则指南》指出：审计机关"必须独立于被审计单位以外并不受外来影响，才能客观有效地完成任务"[1]。根据我国《宪法》和《审计法》规定，审计监督机关的独立性表现在：一是审计机关是独立于被审计单位以外的专职机

---

① 转引自李凤鸣编：《审计学原理》，中国审计出版社2000年版，第114页。

构和专职人员。二是审计机关依照法律规定独立行使审计监督权，不受其他行政机关、社会团体和个人的干涉。审计人员依法执行职务，受法律保护。三是审计机关履行职责所必需的经费，应当列入财政预算并由本级人民政府予以保证。这说明，审计监督对被审计单位而言，是一种外部审计，而非内部审计。

第三，审计监督对象的特定性。根据《审计法》规定，审计监督中的被审计单位包括国务院各部门和地方各级人民政府及其各工作部门、国有的金融机构和企事业单位，审计范围主要为财政收支、财务收支。可以看出，审计监督对象所包含与涉及的主要是占有和行使公共财政、财产权及国有资产权的组织和单位的财政收支、财务收支行为。从严格意义上来讲，作为行政系统内部监督的审计监督是指对国务院各部门和地方各级人民政府及其各工作部门的财政收支和财务收支情况的审计监督。企业审计和经济效益审计是不应当包括在内的。

第四，审计监督内容的专业性与审计方式的技术性。审计监督的实质是一种经济监督活动，是对财政财务执法活动的监督检查，因而必然将以财会知识为理论基础，以审计、会计、财税、预算等方面的法律法规为依据实施审计监督。在审计监督的方式与方法上，主要运用审计查账的特殊方法，检查票据、账目、报表、文件、资料等，经过核对、比较、查询、验证、盘点、数据处理、账目调查等过程，具有一套完整、科学的技术方法与操作体系。因此，审计监督行为应当严格遵守法定的证据收集与适用规则及程序要求，坚持"以事实为依据，以法律为准绳"的原则，维护审计监督的客观性、公正性和权威性。

第五，审计监督的真实、合法和效益目标。审计目标是指人们通过审计实践所期望达到的理想境界或最佳结果[1]。根据《审计法实施条例》规定，审计机关通过审计活动，监督被审计单位的财政收支的真实、合法和效益性。"真实"是指财政收支、财务收支及有关经济活动是否发生和真实存在，有关会计资料及其他有关资料对此是否有反映以及反映的

---

[1] 李凤鸣编：《审计学原理》，中国审计出版社 2000 年版，第 75 页。

是否符合客观实际，有无任意增加、减少、隐瞒等弄虚作假情形。"合法"是指财政收支、财务收支及有关的经济活动是否遵守法律、法规和有关规章制度的规定。"效益"是指财政收支、财务收支及其有关的经济活动的经济效益和效果。

根据以上特征分析，作为行政系统监督的审计监督，共包含了几个要素：其一，审计监督主体是国家行政机关；其二，审计监督对象是各级人民政府及其各部门的财政收支、财务收支及其有关的经济活动，是对行政管理中的物质活动或者与物质有关的行政活动的审查与监督；其三，审计监督是行政权力监督与经济监督的结合与统一，具有双重属性；其四，审计监督的职能就是"以事实为根据，以法律为准绳"，监督被审计单位财政收支、财务收支的真实性、合法性与效益性。

我国国家审计最早产生于西周时代，其主要标志是"宰夫"一职的出现。周王亲自听取大宰的财政收支报告，史称"上计"。旧中国国民政府时期，设有"审计院"，后改为"审计部"，隶属监察院，并制定有《审计法》及《审计法实施规则》《审计院组织法》。新中国成立后的相当一段时期，以会计取代了审计，没有设立独立的审计机构。1982年颁布的《宪法》，规定了在我国设立审计机构，实行审计监督制度。

1985年8月公布了《国务院关于审计工作的暂行规定》，同年10月又公布了《审计工作试行程序》。1988年12月，国务院发布了《中华人民共和国审计条例》。1994年全国人大常委会通过了《中华人民共和国审计法》。1997年国务院又发布了《中华人民共和国审计法实施条例》。2006年2月28日第十届全国人民代表大会常务委员会第二十次会议《关于修改〈中华人民共和国审计法〉的决定》，对《审计法》进行了修正，而2006年国务院也对《中华人民共和国审计法实施条例》进行了修改。另外，《会计法》《预算法》及其他有关财政制度、会计制度、财务纪律等方面的法律、法规、规章，也都相应地规定了审计监督的行为准则和规范依据。

西方大多数国家的国家审计，实行议会下设立专门的审计机构，由议会或者国会授权，对政府及公营企业、事业单位财政财务收支进行审计监督，即立法型审计体制。如美国于 1921 年公布了《预算和会计法》，并根据该法建立了审计总局（署）作为美国最高审计机关，受理政府账目审计。英国审计具有悠久的历史，早在 13 世纪就正式建立了王室财政审计制度。1861 年开始在众议院设预算审计委员会，建立了统一的独立审计机构。1983 年英国通过了《国家审计法案》，正式更名为英国审计署，代表议会对政府财政财务收支进行监督，向议会报告工作。除上述立法型审计体制外，还有些国家在司法部门中设立审计机构，即司法型审计体制。如法国审计法院就是独立于立法机构（议会）和行政部门（内阁政府）的司法机构，审计法院的院长由总统任命，为终身制。审计法院的裁决为终审判决，具有法律效力。再如意大利、西班牙的审计法院等都属于司法型的审计体制。此外，还有些国家将国家最高审计机关隶属于政府行政部门，属于政府中的一个职能部门，根据国家赋予的权限，对政府机关的财政财务收支活动进行审计监督，即行政型审计体制。如泰国审计长公署应向内阁总理呈报，再如瑞典审计局若要报告有关情况，应向政府负责部门或者直接向政府报告。我国审计机关体制也属于此类型审计体制。总之，国外的国家审计体制，无论属于哪种类型，都在立足于保证审计机关的独立性和权威性，使其能够客观、公正地行使审计监督权。但相比较而言，行政型审计体制中的审计机关地位较低，独立性要相对较差，其审计监督权也有限，因而其审计监督行为的法律约束力不强。针对此情况，中共中央在《关于全面深化改革若干重大问题的决定》提出了"健全严格的财务预算、核准和审计制度"，而在《关于全面推进依法治国若干重大问题的决定》中更是明确提出了"完善审计制度，保障依法独立行使审计监督权。对公共资金、国有资产、国有资源和领导干部履行经济责任情况实行审计全覆盖。强化上级审计机关对下级审计机关的领导。探索省以下地方审计机关人财物统一管理。推进审计职业化建设。"中共中央、国务院《法治政府建设实施纲要（2015—2020）》进一步明确指出"健全有利于依法独立行使审计监督权的审计管理体制，建立具有审计职业特点的审计人员管理制度，基本形成与国家治理体系和治理能力现代化相适应的审计监督机制。"这就为下一步通过体制改革及其法治化来进一步确保审计监督的独立性提供了重要保障。

二、审计监督的体制

审计监督体制是指审计监督工作的组织制度，包括审计监督主体的设置、组成及其组织体系。

(一) 审计机关

根据《审计法》和《审计法实施条例》的规定，审计机关是指依法承担国家审计监督职能并独立履行审计监督职责和行使审计监督权限的专门机关。审计机关具有双重法律地位：一是作为各级人民政府的组成部门，在本级政府行政首长领导下，对本级政府财政预算执行情况和其他财政收支情况进行审计监督和提出审计结果报告，并由本级政府每年向本级人民代表大会提出审计工作报告。二是作为各级人民政府的职能工作部门，具有独立的法律地位，是依法具有独立拥有审计监督权的行政主体，以自己的名义实施审计监督行为，并对行为后果承担审计法律责任。

审计机关的具体设置为：国务院设立审计署，在国务院总理领导下，主管全国的审计工作。县级以上地方各级人民政府设立地方审计机关，在本级政府行政首长和上一级审计机关的领导下，按照分级负责的原则，负责本行政区域内的审计工作。地方审计机关实行双重领导体制，对本级人民政府和上一级审计机关负责并报告工作，审计业务以上级审计机关领导为主。地方各级审计机关正职和副职负责人的任免，应当事先征求上一级审计机关的意见。但根据中共中央《关于全面推进依法治国若干重大问题的决定》和中共中央办公厅、国务院办公厅印发《关于完善审计制度若干重大问题的框架意见》的要求"强化上级审计机关对下级审计机关的领导"和"探索省以下地方审计机关人财物统一管理"的改革与发展思路，下一步随着法治化进程和将来对审计法律制度的修改与完善，我国省级以下地方审计机关领导体制在人财物等方面将会发生重大改变。

为了保证审计机关能够依法独立行使审计监督权，排除其他干扰，客观公正地实施审计监督行为，《审计法》及《审计法实施条例》对审计机关履行职责所必需的经费以及编制年度经费预算草案的依据作出了明确规定，要求在本级财政预算中单独立项，由本级人民政府予以保证。

由于我国各级审计机关的审计管辖范围是按照财政隶属关系来划分并实行分级负责的，因而《审计法》规定，审计机关根据需要，经本级人民政府批准，可以在审计管辖范围内设立派出机构。派出机构根据审计机关的授权，依法进行审计工作。

对于依法属于审计机关审计监督对象的单位，应当按照国家有关规定建立健全内部审计制度；其内部审计工作应当接受审计机关的业务指导和监督。由于这种内部审计机构属于该审计监督对象单位的组成部分，在该单位领导下代表其实施审计监督行为，是一种自我监督，因而不属于审计机关的审计监督行为。

社会审计组织所实施的实际活动，尽管也受审计机关的行政领导和业务指导，但这只是一种行业领域里的行政主管关系，因而不属于国家审计监督。但若审计机关委托社会审计组织实施审计监督活动，则应属于国家审计监督。

（二）审计人员

审计人员是审计机关组织体制中的重要构成要素之一，是指在审计机关中代表审计机关行使审计监督权、从事审计事务的人员。根据《审计法实施条例》的规定，审计人员应当符合两个资格条件：首先，审计人员是审计"公务员"，因而必须依法取得国家公务员资格。其次，审计人员应当具备与其从事的审计工作相应的专业知识和业务能力，而其标准和条件就是依法通过国家专业资格考试，取得任职资格。国家对审计人员实行专业技术资格制度，其中审计师资格和初级资格均要通过国家考试。对审计机关根据工作需要依法所聘请参加审计工作的人员，可以不要求其必须取得公务员资格，但对其依法应当具有与审计事项相关的专业知识的规定和要求，应理解为必须具备专业技术资格。若审计人员不符合法定资格条件与要求，可能会因此影响其所参与和实施的审计监督行为的法律效力。

审计人员在办理审计事项时，应当遵守回避制度。对于具备下列情形之一的，审计人员应当自行申请回避，被审计单位也有权申请审计人员回避：一是与被审计单位负责人和有关主管人员之间有夫妻关系、直系血亲关系、三代以内旁系血亲以及近姻亲关系的；二是与被审计单位或者审计事项有经济利益关系的；三是与被审计单位或者审计事项有其他利害关系，可能影响公正执行公务的。

为了保证审计人员依法执行职务，任何组织和个人对审计人员依法执行职务行为不得拒绝、阻碍，更不得对审计人员进行打击报复。对审计机关负责人在任职期间不存在下列违法失职或者其他不符合国家规定任职条件的情形之一的，不得随意撤换：一是因犯罪被追究刑事责任的；二是因严重违法失职受到行政处分，不适宜继续担任审计机关负责人的；三是因身体健康原因不能履行职责 1 年以上的；四是不符合国家规定的其他任职条件的。

中共中央办公厅、国务院办公厅印发的《关于完善审计制度若干重大问题的框架意见》提出："根据审计职业特点，建立分类科学、权责一致的审计人员管理制度和职业保障机制，确保审计队伍的专业化水平。根据公务员法和审计职业特点，建立适应审计工作需要的审计人员分类管理制度，建立审计专业技术类公务员职务序列。完善审计人员选任机制，审计专业技术类公务员和综合管理类公务员分类招录，对专业性较强的职位可以实行聘任制。健全审计职业岗位责任追究机制。完善审计职业保障机制和职业教育培训体系。"

三、审计机关的职责与权限

（一）审计机关的职责

审计机关的职责，是指国家法律规定的审计机关应当承担的事项和完成的任务。

1. 职责范围。是指审计监督对象的范围，包括国务院各部门、地方各级人民政府及其各部门、国有的金融机构和企事业组织，以及法律、行政法规规定的其他单位。

对于行政机关工作人员是否属于审计监督的对象，《审计法》及《审计法实施条例》没有明确规定。若就审计中检查、处理等业务活动所直接作用和指向的对象而言，审计监督对象只能是针对一定的组织单位，似乎不将行政机关工作人员作为审计对象。但若从审计监督内容、行为效果和监督的目的性来看，应将行政机关工作人员包括在内。事实上，《审计法》第六章"法律责任"相关条款规定"审计机关认为对直接负责的主管人员和其他直接责任人员依法应当给予处分的，应当提出给予处分的建议"，也是对该问题的很好说明。另外，近几年来，逐步推行的对行政机关负责人实行"离任审计"，就是以行政机关工作人员为对象的审计监督制度。中共中央办公厅、国务院办公厅印发《关于完善审计制度若干重大问题的框架意见》也提出，"审计机关要依法对地方各级党委、政府、审判机关、检察机关，中央和地方各级党政工作部门、事业单位、人民团体等单位的党委（党组、党工委）和行政正职领导干部（包括主持工作1年以上的副职领导干部），国有企业法定代表人，以及实际行使相应职权的企业领导人员履行经济责任情况进行审计。主要检查领导干部贯彻执行党和国家经济方针政策、决策部署情况，遵守有关法律法规和财经纪律情况，本地区本部门本单位发展规划和政策措施制定、执行情况及效果，重大决策和内部控制制度的执行情况及效果，本人遵守党风廉政建设有关规定情况等，以促进领导干部守法、守纪、守规、尽责。"这样就更加明确了一定范围内的工作人员应当成为审计监督对象的要求。同审计监督职责紧密相连的另一个问题，就是审计机关之间职责范围的划分与界定。《审计法》及《审计法实施条例》规定，审计机关根据被审计单位的财政、财务隶属关系，确定审计管辖范围；不能根据财政、财务隶属关系确定审计管辖范围的，根据国有资产监督管理关系，确定审计管辖范围；审计机关之间对审计管辖范围有争议的，由其共同的上级审计机关确定。同时还规定，上级审计机关可以将其审计管辖范围内的审计事项，授权下级审计机关进行审计；而对下级审计机关审计管辖范围内的重大审计事项，也可以由上级审计机关直接进行审计。

2. 职责内容。指上述审计监督范围内的财政收支、财物收支及其有关的经济活动，以及审计机关应当承担的其他审计工作任务。具体包括下列几方面。

（1）对财政收支的审计职责。这是审计机关的主要职责。审计机关依法对各级政府财政收支的真实、合法、效益进行审查、监督，具体包括对本级政府各部门和下级政府的预算执行情况和决算，以及其他财政收支的管理与使用情况，进行审计监督。本级预算执行审计是审计署和地方各级审计机关在国务院总理和本级政府首长的领导下，对本级预算执行情况实施的审计。下级政府预算执行和预算审计，是审计机关对下级政府预算执行和政府财政收支决算的真实、合法、效益情况进行的审计监督。其他财政收支审计，是国家审计机关对预算外资金和财政专项周转金的筹集、管理和使用情况实施的审计监督。

（2）对财务收支的审计职责。这是审计机关的重要职责。对中央银行的财务收支，对国有金融机构的资产、负债、损益，对国家事业单位的财务收支，对国有企业的资产、负债、损益，对国家建设项目预算的执行情况和决算，对政府部门管理和其他单位受政府委托管理的社会保障基金（包括社会保险、社会救助、社会福利基金以及发展社会保障事业的其他专项基金）、社会捐款金（包括来源于境内外的货币、有价证券和实物等各种形式的捐赠）以及其他有关基金、资金的财务收支，对国际组织和外国政府援助、贷款项目的财务收支，进行审计监督。

（3）对内部审计机构的业务指导与监督职责。审计机关对审计监督对象单位的内部审计机构，负有业务指导与监督职责。

（4）对社会审计组织的指导、监督与管理职责。

（5）对国家机关和依法属于审计机关审计监督对象的其他单位的主要负责人，在任职期间对本地区、本部门或者本单位的财政收支、财务收支以及有关经济活动应负经济责任的履行情况，依照国家有关规定进行审计监督。

（6）法律、行政法规规定的应由审计机关审计的事项。

另外，对于社会审计机构审计的单位依法属于审计机关审计监督对象的，审计机关按照国务院的规定，有权对该社会审计机构出具的相关审计报告进行核查。

审计监督职责反映了审计监督的业务内容和特点，也是审计监督效果与作用的直接体现。如国家审计署驻某省特派办审计组对该省 1997 年度财政决算实施了就地审计，并对地方财政部门借入中央财政专项周转金的管理、使用情况，以及对省级财政部门预算外资金的清理、检查情况，也分别进行了专项审计和调查，结果发现该省存在越权减免税、未按规定管理使用中央专项补助资金、预算收入中未收企业所得税上交国库、自设"专控商品附费"作为"教育基金"来源以及"生猪基金""旅游基金""民贸基金"等①，维护了国家财政管理制度的统一性和权威性，有利于认真贯彻和执行收支两条线制度。

（二）审计机关的权限

审计机关的权限，即审计监督权，是指国家法律赋予审计机关在审计监督过程中所拥有的资格和权能。根据《审计法》和《审计法实施条例》规定，审计机关的权限具有两个基本特征：其一，属于行政监督权。一方面，表明该权限不是立法监督权，也不是司法监督权；另一方面，表明该权限不同于一般社会审计组所享有的权利和内部审计机构所享有的权利，而是依法取得的行政职权，具有一定的强制、命令与支配能力，其审计监督行为会产生公定力、确定力、拘束力和执行力等法律效力。其二，只能由审计机关行使。审计监督权专属于审计机关，既保证了审计机关应有的独立地位及权威性，也明晰并理顺了审计机关与其他行政机关之间的审计与被审计、监督与被监督关系。

1. 要求提供有关资料权。审计机关有权要求被审计单位按照审计机关的规定提供预算或者财务收支计划、预算执行情况、决算、财务会计报告，运用电子计算机储存、处理的财政收支、财务收支电子数据和必

---

① 参见葛长银：《审计经典案例评析》，中国人民大学出版社 2003 年版，第 6—11 页。

要的电子计算机技术文档，在金融机构开立账户的情况，社会审计机构出具的审计报告，以及其他与财政收支或者财务收支有关的资料，被审计单位不得拒绝、拖延、谎报。

2. 检查权。指审计机关对被审计机关反映财政收支、财务收支情况的有关经济活动的会计凭证、会计账簿、财务会计报告和运用电子计算机管理财政收支、财务收支电子数据的系统，以及其他与财政收支、财务收支有关的资料和资产的检查与了解权。审计机关有权要求被审计单位报送有关材料和资料，也有权直接查阅审计单位有关材料和资料。被审计单位不得拒绝。

3. 调查取证权。审计机关有权就审计事项向有关单位和个人进行调查并取得有关证明材料，有关单位和个人必须如实反映情况，提供有关证明材料。这里应当明确两点：一是审计机关行使权力的对象不仅是被审计单位，还包括与审计事项有关联的其他单位及个人；二是审计机关行使权力时可以采取调查、询问和提取证明材料等方式。

4. 查询账户权。经县级以上人民政府审计机关负责人批准，审计机关有权查询被审计单位在金融机构的账户。对有证据证明被审计单位以个人名义存储公款的，经县级以上人民政府审计机关主要负责人批准，审计机关有权查询被审计单位以个人名义在金融机构的存款。

5. 制止违法行为或建议制止、纠正违法行为权。针对被审计单位正在进行的违法行为，包括对被审计单位转移、隐匿、篡改、毁弃会计凭证、会计账簿、财务会计报告以及其他与财政收支或者财务收支有关的资料，或者转移、隐匿所持有的违反国家规定取得的资产，还有对被审计单位正在进行的违反国家规定的财政收支、财务收支行为，审计机关有权予以制止，或者建议有关部门采取相应制止或纠正措施。例如，在上述国家审计署驻某省特派办审计组对该省1997年度财政决算的案例中，在审计结果出来并进行分析后，就提出了一系列相应的建议，包括对许多不符合《预算法》和《中华人民共和国金库条例》规定的行为，要求停止代审代拨的预算管理办法，对罚没收入必须入库或退库，对未收取上缴国库的税款应按照规定全部缴入国库，建议对各业务处室所管周转金、基金及收取的占用费、利息等全面进行清理，建立财政预算资金有偿使用的管理办法，制定和建立全省统一的财政管理工作规范化制度、社会监督制度，促进财政管理工作和财政预算资金有偿使用的规范化、制度化。

6. 行政强制措施权。审计机关针对被审计单位的违法行为，有权采取通知有关部门暂停拨付有关款项、暂停使用已拨付的款项、暂时封存有关账册等临时性强制措施。对被审计单位转移、隐匿、篡改、毁弃会计凭证、会计账簿、财务会计报告以及其他与财政收支或者财务收支有关的资料，或者转移、隐匿所持有的违反国家规定取得的资产，除有权予以制止外，在必要时并经县级以上人民政府审计机关负责人批准，有权封存有关资料和违反国家规定取得的资产。如果对其中在金融机构的有关存款需要予以冻结的，应当向人民法院提出申请。

7. 请求协助权。审计机关在履行审计监督职责过程中，在遇到某些仅依靠自身权力或者条件不能完成审计职责或者进行调查取证等特定情形下，可以提请公安、监察、财政、税务、海关、价格、工商行政管理等机关予以协助。

8. 提出建议和提请处理权。审计机关认为被审计单位所执行的上级主管部门有关财政收支、财务收支的规定与法律、行政法规相抵触的，应当建议有关主管部门纠正；有关主管部门不予纠正的，审计机关应当提请有权处理的机关依法处理。

9. 通报和公布审计结果权。审计机关有权就有关审计事项向政府有关部门通报审计结果，依照规定条件和方式向社会公布审计结果。例如，国家审计署近几年通过公布每年审计结果及所查违法违纪案件的数量和违规资金的数额，通报在政府预算执行和决算及其他财政收入等方面所存在的透明度不高、预算约束性不强、越权或违法减免税、未缴应缴预算收入或截留土地收入、挪用专项资金、自立收费项目等问题，以纠正和促进上述现象得到改进。

四、审计程序

审计程序是指审计机关和被审计单位双方在审计监督活动中应当遵循的步骤及其顺序、形式和期限等过程。审计工作是一项规范性很强的经济监督活动，是由许多存在着内在逻辑关系的工作所组成的活动过程。因此，遵循法定的程序规范，既是审计监督工作顺利进行的保证，也是依法审计原则的基本要求。根据《审计法》和《审计法实施条例》对"审计程序"的专章规定，审计活动一般分为准备、实施、处理、执行复议等阶段。

（一）审计准备阶段

审计监督的准备阶段是指实施审计监督检查前的准备工作。在此阶段，大概包括了这样几项内容：一是建立审计工作目标。审计机关根据法律、法规和政策，按照本级人民政府和上级审计机关的要求，并参考财经法律法规执行情况等社会因素，确定审计监督目标和年度审计工作重点，编制年度工作计划；二是委派审计人员组成审计组，进行具体分工，制定科学、具体、得当的审计工作方案，确定审计范围、方式、顺序及时间安排；三是下达审计通知书。审计机关应当在实施审计3日前，向被审计单位送达审计通知书。被审计单位应当配合审计机关的工作，并提供必要的工作条件。审计通知书是审计机关签发的审计指令，它既是对被审计单位的书面通知，也是审计组执行审计任务、行使审计监督权的重要依据。审计通知书的送达，应当遵循并符合法定的行为方式和形式要件。但当遇有办理紧急事项的、被审计单位涉嫌严重违法违规等特殊情况时，经本级人民政府批准，审计机关也可以直接持审计通知书实施审计。

（二）审计实施阶段

这是审计监督活动的实质阶段，也是根据审计工作方案所确定的范围、重点和步骤，运用各种审计方法，收集充分、必要的审计证据，以取得证明材料，实现审计目标的过程。《审计法》第三十九条第一款规定："审计人员通过审查会计凭证、会计账簿、财务会计报告，查阅与审计事项有关的文件、资料，检查现金、实物、有价证券，向有关单位和个人调查等方式进行审计，并取得证明材料。"

审计实施阶段的主要任务是做好查证核实工作。在此过程中，审计人员既要运用和发挥审计专业技术方面的能力优势，做好有关会计单据、凭证及款物的收集、审查、判断与核实工作，在此基础上编写审计工作底稿；又要注意采取具体措施、实施行为方式及取得证明材料过程的合法性。比如，进行调查时应当出示审计公务执行标志，在证明材料上应有提供者的签名或者盖章。

（三）审计处理阶段

审计处理阶段，是在审计结果的基础上编写审计报告、制作审计意见书或者作出审计决定，对违法违纪行为进行处理的过程。这也是实现审计目的、完成审计任务的阶段，也叫审计的终结阶段。其主要步骤有：

1. 编写并提出审计报告。根据《审计法》第四十条规定，审计组对审计事项实施审计后，编写审计报告，并征求被审计单位意见。被审计单位自接到审计报告之日起 10 日内，提出书面意见送交审计组。逾期未提出的，视同无异议。审计组对被审计单位就审计报告所提出的意见，经核实后对审计报告作出必要修改，并将审计报告和被审计单位的书面意见一并报送审计机关。

2. 审定审计报告，进行审计处理。审计机关对审计报告进行复核、审定后，作出以下处理。

（1）对没有违反国家规定的财政收支、财务收支的，应当对审计事项作出评价，出具审计意见书。

（2）对有违反国家规定的财政收支、财务收支行为的，应当对审计事项作出评价，出具审计意见书。

（3）对有违反国家规定的财政收支、财务收支行为，情节轻微的，应当予以指明并责令自行纠正；需要依法给予处理、处罚的，应当在法定职权范围内作出处理、处罚；认为应当由有关主管机关处理、处罚的，应当作出审计建议书，向有关主管机关提出处理、处罚意见。

（4）对在审计中遇有损害国家利益和社会公共利益而处理、处罚依据又不明确的事项，应当向本级人民政府和上级审计机关报告。

审计意见书和审计意见决定是两种不同性质的审计法律文书。审计意见书是审计机关向被审计机关或单位出具的评价审计事项、表达审计意见和提出建议的法律文书，主要是对被审计单位财政收支、财务收支作出是否真实、合法、有效的评价，并对其违反国家规定的财政或财务收支行为予以指明并要求其予以纠正，主要包括审计的范围、内容、方式和时间、对审计事项的评价意见和依据、要求纠正的行为和事项、改进财政及财务收支管理工作的意见和建议等内容。审计意见书一般不具有强制性效力。审计决定是审计机关对被审计单位违反国家规定的财政或财务收支行为依法作出的处理、处罚决定的法律文书，具有法律上的强制性，被审计单位和有关单位必须执行。审计决定主要包括审计的范围、内容、方式和时间，被审计单位违反国家规定的财政及财务收支的行为事实以及审计定性、处理、处罚决定和依据、对审计处理和处罚决定执行的期限和要求以及不服审计决定的申请复议期限和复议机关等项救济权利。

3. 送达审计决定。审计机关作出审计决定后，应当依法送达被审计单位。对审计决定需要有关主管部门协助执行的，应当制发协助执行审计决定通知书。

（四）审计执行复议阶段

根据《审计法》第四十一条第二款规定，审计决定自送达之日起发生法律效力。《审计法实施条例》第四十二条规定，审计决定生效后，被审计单位应当按照审计机关规定的期限和要求予以执行，并将应当缴纳的款项按照财政管理体制和国家有关规定缴入专门账户，对被依法没收的违法所得和罚款，全都缴入国库。审计决定需要有关主管机关、单位协助执行的，审计机关应当书面提请协助执行。

《审计法实施条例》第五十四条规定，被审计单位应当将审计决定执行情况书面报告审计机关，而审计机关应当检查审计决定的执行情况。对被审计单位未按规定期限和要求执行审计决定的，审计机关可以依法采取两项措施：一是先应责令执行；二是经责令仍不执行的，申请人民法院强制执行，并建议有关主管机关、单位对直接负责的主管人员和其他直接责任人员给予处分。

五、审计的监督裁决与复议和诉讼

（一）审计的监督

审计的监督是指上级审计机关对下级审计机关实施审计行为的监督。根据《审计法实施条例》第四十三条规定，上级审计机关应当对下级审计机关的审计业务依法进行监督。其一，针对下级审计机关作出的审计决定违反国家有关规定的，上级审计机关可以责成下级审计机关予以变更或者撤销，也可以直接作出变更或者撤销的决定；审计决定被撤销后需要重新作出审计决定的，上级审计机关可以责成下级审计机关在规定的期限内重新作出审计决定，也可以直接作出审计决定。其二，针对下级审计机关应当作出而没有作出审计决定的，上级审计机关可以责成下级审计机关在规定的期限内作出审计决定，也可以直接作出审计决定。

（二）审计的裁决

审计的裁决是指被审计单位对审计机关所作出的某些审计决定不服而向审计机关所属的本级人民政府提出裁决申请并由本级人民政府作出终局决定。根据《审计法实施条例》第四十三条的规定，被审计单位对审计机关在下列情形下进行审计监督作出的审计决定不服的，可以自审计决定送达之日起60日内，提请审计机关的本级人民政府裁决，本级人民政府的裁决为最终决定：其一，《审计法》第十六条规定的"审计机关对本级各部门（含直属单位）和下级政府预算的执行情况和决算以及其他财政收支情况，进行审计监督"；其二，《审计法》第十七条第一款规定的"审计署在国务院总理领导下，对中央预算执行情况和其他财政收支情况进行审计监督，向国务院总理提出审计结果报告。"第二款"地方各级审计机关分别在省长、自治区主席、市长、州长、县长、区长和上一级审计机关的领导下，对本级预算执行情况和其他财政收支情况进行审计监督，向本级人民政府和上一级审计机关提出审计结果报告。"其三，《审计法实施条例》第十五条规定的"审计机关对本级人民政府财政部门具体组织本级预算执行的情况，本级预算收入征收部门征收预算收入的情况，与本级人民政府财政部门直接发生预算缴款、拨款关系的部门、单位的预算执行情况和决算，下级人民政府的预算执行情况和决算，以及其他财政收支情况，依法进行审计监督。经本级人民政府批准，审计机关对其他取得财政资金的单位和项目接受、运用财政资金的真实、合法和效益情况，依法进行审计监督。"在上述情形下所作出的审计决定，审计机关应当在审计决定中告知被审计单位提请裁决的途径和期限。审计的裁决由本级人民政府法制机构办理，裁决决定应当自接到提请之日起 60 日内作出；有特殊情况需要延长的，经法制机构负责人批准，可以适当延长，并告知审计机关和提请裁决的被审计单位，但延长的期限不得超过 30 日。

(三) 复议和诉讼

根据《审计法实施条例》第五十三条规定，除应当申请裁决的审计决定以外，被审计单位对审计机关作出的其他审计决定不服的，可以依法申请行政复议或者提起行政诉讼。审计机关应当在审计决定中告知被审计单位申请行政复议或者提起行政诉讼的途径和期限。

未修改前的《审计法实施条例》第四十六条第一款规定"对地方审计机关作出的审计决定不服的，应当先向上一级审计机关或者本级人民政府申请复议；对审计署作出的审计决定不服的，应当先向审计署申请复议"，使得尽管被审计单位对审计复议决定不服依法可以提起行政诉讼，但申请行政复议是提起行政诉讼的先置程序。而修改后的《审计法实施条例》将被审计单位对审计决定不服行政复议变成了提起诉讼前的选择程序。

需要指出的是，在审计监督领域适用行政复议和行政诉讼法律救济制度，使得将审计监督体制及监督活动完全视为行政系统内部监督的传统理论观点被突破。因为，按照行政系统内部监督理论，它是一种发生在行政机关之间的行政权之间的监督，而对于行政主体之间因行政职权职责（应当含行政监督权，如行政复议机关通过行政复议权对下级行政机关具体行政行为的监督）发生的纠纷或者争议，是不适用外部法律救济制度的（如行政复议和行政诉讼）。因此，可以说，审计机关作为政府一个职能部门的设置模式，还有审计机关在审计工作中可以行使一定的审计处罚权，以及对审计决定不服可以申请行政复议和提起行政诉讼，都预示着审计监督已不再是一种行政内部监督，而是趋向于一种行政管理职能。除审计决定外，对于审计机关在审计工作中作出或者实施的其他行为，能否申请行政复议和提起行政诉讼，《审计法》及《审计法实施条例》未作规定。我们认为，对审计机关在审计过程中的行政强制措施、制止违法行为或者责令改正等行为，是符合《行政复议法》和《行政诉讼法》规定的案件受理范围的，应当可以申请行政复议和提起行政诉讼。至于对审计组向审计机关提出的审计报告，由于其在本质上属于审计机关内部的汇报行为，不具有独立的法律意义，应当不属于行政复议和行政诉讼案件受理范围。对于审计机关作出的审计建议书，由于它只是引起有关主管机关作出处理、处罚决定的一种信息和认识来源，其本身并不产生法律上的认定效力，因而也应当不属于行政复议和行政诉讼案件受理范围。但对审计机关作出的审计意见书，由于它是审计机关对审计报告经过复核、审定后就审计事项在审计法律程序上作出的最终正式评价与认定，具有独立的法律地位和法律意义，是具有法律效力的法律文书。因此，应当属于行政复议和行政诉讼案件受理范围。

第四十章

行政问责

曹 鎏 　　法学博士后，现为中国政法大学法治政府研究院副教授。美利坚大学华盛顿法律学院访问学者。兼任北京市法学会行政法学会理事、中国行政法学研究会会员。主要研究领域为问责制、责任政府等。曾主持或参加二十余项国家级、省部级科研课题的研究工作，著有《行政官员问责的法治化研究》，参与编写教材和专著多部，在《中国行政管理》《中国法律》《国家行政学院学报》《行政法学研究》等杂志上发表论文二十余篇。

从 2002 年我国香港地区推行"高官问责制",问责正式进入公众视野。历经 2003 年"非典"期间包括两名省部级高官在内的上千名官员因隐瞒疫情或防治不力而被罢免,问责在我国内地得以正名以来,这一原本只定位于"非典"特殊时期的非常举措,其在中国人民战胜"非典"过程中所表现出来的为政权合法性和正当性保驾护航的强劲生命力,使其迅速发展成为我国政治生活的强人符号,并为我国深入推进政治体制改革提供了重要突破口。同时,学术界对于问责议题的研究也达到了前有未有的热度。本章旨在对现有问责研究成果梳理的基础上,以切实回应问责实践中的难题为依托,建构并解构问责的基础理论,并提出问责发展的终极目标,即问责法治化的目标构成及其实现路径,以期能够为引领并助力于问责实践的深入推进贡献智识。

第一节　行政问责概述

有别于西方国家的现实轨迹,问责是我国经济体制改革和政治体制改革推进到一定阶段的产物,不可避免地带有浓重的中国特色。事实上,自 2002 年香港政府推行"高官问责制","问责"正式进入中国公众视野以来,问责似乎就以一种约定俗成的姿态出现在政府组织以及民众中间。因此,从中国现实需要的情境之中,归纳出中国特色行政问责的深刻内涵,无疑应当成为后文建构问责基本理论的基点和前提。

一、"关键词"解析

基础概念的澄清构成学术研究的逻辑起点。问责制在我国的发展具有鲜明的本土特色。自问责正式进入我国大陆地区以来,当普通民众甚至还没有来得及仔细品读其深刻内涵,它就在以一种约定俗成的姿态发挥其整肃吏治、以儆效尤的功能。其实，无论是目前的中央立法还是地方的问责文件，即便是浩如烟海的学术著作以及期刊论文，实务界乃至理论界对问责内涵的认识依旧莫衷一是，无法统一。归纳起来，这种认识上的差异性主要表现为两种路径：一种是通过对责任范畴的考量，或者在泛化意义上去使用问责，直接将问责等同于责任追究机制的简称，相应的就将问责对象确定为全体公务员，或者是从我国当前的现实需要出发，认为问责应该具有填补中国当前监督行政体制漏洞的基本功能，故采用问责之狭义，认为问责应该定位于对政治责任和道德责任的追究，将问责对象锁定为享有一定领导职务的行政官员；另一种路径则体现为对"问"重视程度的不同，一种观点认为问责应该侧重于问之属性，强调对责任的过问以及对"过问"的回应，另外一种观点恰恰相反，认为问责与传统的责任追究机制并无不同，应当仍然注重其事后制裁的功能。正如马克思揭示的"理论在一个国家的实现程度，取决于理论满足这个国家的需要的程度"①，故对于问责内涵的把握，应当从我国政治体制改革特别是行政体制改革的现实需要出发，通过追本溯源式地从问责被引入以及发展的背景分析，以获得具有相当说服力的权威阐释。基于此，对于中国特色行政问责的理解，需要首先对"行政""问"以及"责"三个关键词的内涵作出澄清。

（一）"行政"的范畴及其特殊性

从语义构成来看，"行政"作为对问责外延的限定，表明了问责适用的具体对象。问责对象到底应当泛指行政机关所有工作人员，还是应当将其锁定为享有一定领导职务的行政官员？正如有学者所言，"政府作为一个组织，政府责任不仅应当表现为组织的整体性责任，同时也必须将责任落实到个人身上，尤其是要强化政府官员的责任，因为只有对领导责任的问责才能够从根本上推动领导加强对政府的组织领导，从而使政

---

① 《马克思恩格斯选集》第1卷，人民出版社1995年版，第78页。

府成为一个能承担组织责任的有机整体"①，实际上，也正是因为问责"剑指"享有领导职务的政府官员，其整肃吏治、以儆效尤的独特功能蕴含的治官治权理念与现代民主语境中民众对掌权者治理能力与时俱进的期待和渴望才得以达致完美的契合。中国的现实需要亦是如此。如何实现对执掌权力的行政官员的有效制约，以确保其能够鞠躬尽瘁地"为民服务"，尤其是对于实践中所发生的使人民的生命和财产招致重大损失的事件或者事故，如何真正贯彻"对民负责""受民监督"的执政理念，对于我国这样一个深受"官本位"思想②影响的社会来说，无疑构成推进民主化进程中最亟待解决的难题之一，而问责制就恰恰为此提供了一个突破口。将问责的对象限定为享有领导权力的政府官员即领导干部，而不是一般工作人员，实际上正是抓住了责任体系中最为关键和核心的环节，正所谓"纲举目张"，因为在行政系统内部，对一般公务员的监督和制约通过系统内的上级对下级的追责方式即可实现，故只有强化人民对行政领导权的有效规制才能从根本上促成行政官员能够秉承"执政为民"的根本宗旨来组织管理整个行政机关。故问责语境中的问责对象应当具有特定性，只限于经过特别程序（选举或任命）产生、具有一定行政领导级别和职务并且系属于国家公务员范畴的行政机关工作人员，我们将其简称"行政官员"。可以说，正是问责对象的这种特殊性，确在一定程度上彻底地改变了我国为官能上不能下的政治逻辑，使得我国责任政府的建构从此有了可以依托的、更加真实和有效的路径。

基于此，问责语境中的"行政"作为行政官员的简称，具体包括经由人民代表大会（或常委会）选举产生的一级政府组成人员以及需

① 参见陈国权等：《责任政府：从权力本位到责任本位》，浙江大学出版社 2009 年版，第 11 页。

② 正如有学者所概括的，中国传统政治文化的核心就是"官本位"，具体表现在三个方面：一是万事皆下品，唯有做官高；二是一人得道，鸡犬升天；三是官进则荣，官退则耻。（参见胡良俊：《浅议我国领导干部引咎辞职制度》，《学术探讨》2004 年第 12 期）

经有权主体任命而产生的非政府组成人员以外的其他行政官员两大类。根据《中华人民共和国公务员法》的相关规定，行政官员涵盖国家级正职、国家级副职、省部级正职、省部级副职、厅局级正职、厅局级副职、县处级正职、县处级副职、乡科级正职、乡科级副职共 10 类人员，具体包括在中央和地方各级政府以及所属职能部门任职的前述行政领导，也就是我们常说的领导干部。但需要说明的是，鉴于我国的政治国情，我国的行政官员既不同于西方国家与政党共进退的政务官，也不是完全按照绩效制进行管理的事务官，而是兼有政务官与事务官的双重性质，一方面体现为政治上的不中立，即绝大多数行政官员具有政党背景，身兼行政体制内部成员以及政党成员（大多为共产党员）的双重身份；另一方面则表现为行政职务与党内职务相交织的特殊性，即部分行政官员往往同时兼任党内职务，比如一级政府的行政首长往往同时兼任地方党委副职，而政府组成部门的正职负责人大多情况下又同时兼任该部门党委的一把手。

（二）问的含义及其基本要素

"问"作为责的前缀，决定了问责所应具有的动态性与过程性的特点。根据《汉语大词典》的界定，"问"不仅有"追究"之意，同时还可以将其解释为"询问"①。显然，为了确保问责结果的公正性，责任追究之前必然需要展开调查确认的过程，"问"的过程以及"问"的结果应当是问的主体与问的对象双向交流后的"产物"。这种通过对话来促进问责主体和问责对象之间的良性互动与相互认可，以及确保权力的行使受到问责的制约意义重大。可见，实施问责蕴含了监控（monitoring）与监督（oversight）之意，其使命在于发现事实并查找证据，同时，问责又要求运行中的权力不仅要受到法治（rule of law）的约束，而且要满足理性

---

① 《汉语大词典》对问的解释主要包括：①询问：诘问；②论难：探讨；③考察：过问；④审讯；⑤追究等等。（参见罗竹风：《汉语大词典》，汉语大词典出版社 1993 年版，第 29 页）

之治（ruleofrea-son）的基本要求，符合最为基本的推理逻辑①。与传统的责任追究机制强调事后制裁结果的功能相比，现代民主框架下的问责机制应当更注重公众参与的基本理念，强调追责前人民所享有的对政府官员职责履行情况的过问与质疑的权利，以及政府官员因此所负有的回应与说理之义务：一方面体现为正当程序原则对问责过程的有效规制，另一方面，通过问的过程强化被问责官员的内心认可程度并使其真正内化为日后认真履职的道德约束力量进而实现问责的预防与修复功能。因此，问责语境中的"问"应当包含两个方面的内容、缺一不可并且有先后顺序之分：首先是问责过程的双向性，体现为问责事件发生后，问责主体对问责对象进行询问、质询以及问责对象对问责主体进行解释说明回应的过程；其次才是问责主体实现责任对接进行实体层面的追责过程。故问责语境中完整意义上问的过程需要涵盖包括问的主体、问的对象、问的范围、问的程序、问的方式、问的执行以及问后的救济共七大方面的基本要素。

（三）责的内涵

所谓"责"，即"责任"的简称。究其精髓，对责任内涵的界定必须把握两个方面：首先，责任意味着责任主体应尽的职责和义务，要求责任主体不但要做正确的事，还要正确地做事，属于积极责任范畴；其次，体现为责任主体因未履行或未正确履行职责和义务而承担的否定性后果，即应当被追究的责任，带有谴责和惩罚的含义，属于消极责任范畴，其中积极责任是消极责任的前提和基础，因为没有积极责任的具体规定，消极责任也就丧失了存在的根基；而消极责任又是积极责任的必要保障，因为没有消极责任所蕴含的责任追究制度，终将因缺少强制力和震慑力而难以实现积极责任的内容。总之，问责语境中的"责任"一词应当是其内部逻辑体系中所蕴含的积极责任与消极责任的有机统一。

---

① Andreas Schedler (etal.), The Self-restraining State: Power and Accountability in New Democracies, London: Lynne Rienner Publishers, 1999, p.15.

另外，鉴于行政官员作为公共权力的主要行使者，其履行职责、从事活动、发挥作用的领域及形式直接构成行政官员责任体系的具体内容①，直接决定了行政官员问责的广度和深度，故行政官员责任体系的内容范畴也是能够反映"责任"内涵的必要方面。根据行政官员履行职责、承担义务的内容属性不同，理论上，行政官员的责任体系可以细化为政治责任、行政责任、法律责任和道德责任四个方面。这四类责任之间既相互区别，又相互影响和渗透，从而共同形成一个多元复合的责任体系。

1. 政治责任

所谓政治责任，是指政治官员制定符合民意的公共政策并推动其实施的职责及没有履行好职责时应承担的谴责和制裁，既包括对积极意义上的政治责任的履行，也包括消极意义上的政治责任的承担，承担方式主要体现为政治官员在政治上受信任的程度降低，具体方式随失去信任程度的不同而有所差异，最严厉的形式就是失去行使政治权力的资格。②正如有学者言，"政治责任体现的是政府存在的根本理由和目的，是直接反映国家和公民之间的契约关系及民主性质的，并直接体现主权所有者公民与治权者政府之间的委托—代理关系，故政府及其官员的一切活动和安排必须以政治责任为轴心和核心理念，政治责任在行政官员责任体系中占据着统领性的地位和作用"③。

对政府官员政治责任的追究是由英国的弹劾程序逐渐演变而来的。在部分西方国家，以英国和美国较为典型，经选举和政治任命而产生的政务类公务员因政策成败对民众承担政治责任已经发展成为比较成熟的

① 参见王美文：《当代中国政府公务员责任体系及其实现机制研究》，人民出版社2008年版，第116页。

② 参见张贤明：《政治责任与法律责任的比较分析》，《政治学研究》2000年第1期。

③ 参见王美文：《当代中国政府公务员责任体系及其实现机制研究》，人民出版社2008年版，第130—131页。

政治惯例。虽然我国政治体制中并不存在严格意义上的政务类公务员，但正如时任国务院总理温家宝在 2006 年《政府工作报告》中所作的精辟概括，"政府的一切权力都是人民赋予的，必须对人民负责，为人民谋利益，接受人民监督"，我国行政官员作为经过选举或政治任命而执掌公权力的主要领导者，根据《宪法》的相关规定①，显然应当以"人民意志和公共利益需要"作为判断其是否承担消极意义上的政治责任的依据。事实上，一个国家的政府官员是否承担政治责任以及如何承担政治责任乃是由这个国家的民主政治体制、政治民主的发展程度、政治文化传统、政治惯例等诸多因素综合作用的结果②。

2. 行政责任

行政责任是为了保障政治责任的实现而设计的技术形式和组织方法。所谓行政责任，是指行政官员职位分内应做之事以及未做好分内之事在行政组织内部所受到的谴责和制裁，包括两个方面的内容，其中积极意义上的行政责任要求行政官员执政为民、尽职尽责，而当行政官员不能尽职尽责地完成其本职工作或者违法行使职权时，行政官员将承担消极意义上的行政责任。可见，行政责任作为一种行政内部自律和控制机制，行政官员不仅要根据事先已经确立好的行政职务关系履行岗位职责，同时也要严格服从上级组织的领导和指挥，否则将受到上级的谴责和制裁。行政责任旨在以最合理的技术手段、高度的稳定性以及严格的

---

① 我国《宪法》第二条规定："中华人民共和国的一切权力属于人民。人民行使国家权力的机关是全国人民代表大会和地方各级人民代表大会……"，第三条第二款和第三款规定："全国人民代表大会和地方各级人民代表大会都由民主选举产生，对人民负责，受人民监督。国家行政机关、审判机关、检察机关都由人民代表大会产生，对它负责，受它监督"，以及第二十七条第二款规定："一切国家机关和国家工作人员必须依靠人民的支持，经常保持同人民的密切联系，倾听人民的意见和建议，接受人民的监督，努力为人民服务。"可见我国《宪法》上述条款已经对行政官员对人民负责的根本原则作出了明确的规定。

② 参见蒋浩：《我国政府官员问责制研究》，华中师范大学 2005 届行政管理专业硕士学位论文，第 8 页。

纪律性敦促行政官员履行岗位职责并完成好上级交派的任务，以保证行政目标的顺利实现。但要注意的是，鉴于政治与行政无法截然分开的客观现实，前者侧重于公民意志的发达和民主的健全与完善，而后者侧重于执行公共意志以及如何高效率地完成任务，两者相互渗透，相互依存①。这种政治与行政密不可分的关系在我国行政官员身上表现得淋漓尽致。我国行政官员既有权参与行政决策过程并影响决策结果，同时在其执行上级领导命令以及国家法律法规的具体规定时，在法定裁量空间范围内又会不可避免地附带自己的选择和意志，因为"行政人员的活动绝不是驯服的和简单机械的顺从行为，而是一种奇怪的忠诚的混合物，这种忠诚主张以那种信徒的变化而变化的信徒式事业忠诚为后盾，同时也依赖于它的独立自主，这普遍适用于包括最高层即政治官员在内的行政管理科层制的各个层级"②。可见，我国行政官员享有的领导权兼具政治属性与行政属性的基本特征，决定了我国行政官员的领导责任也应当相应地体现为对民负责的政治责任以及对上级负责的行政责任的有机结合。

3. 法律责任

所谓法律责任，是指行政官员依法行使职权以及出现违法失职行为而受到的谴责和制裁。显然，这里的法律责任专指与行政官员行使职权有关的行为而引发的责任追究问题。根据我国现有的法律规定，基于违法性质的不同，行政官员承担的法律责任主要可以细分为行政法律责任以及刑事法律责任两种类型。

（1）行政法律责任

行政官员依法行政是建设法治政府最为基本的要求。"行政法是专门用来控制和限制政府权力的法律制约器"，故行政官员依法行政中"法"

---

① 参见王美文：《当代中国政府公务员责任体系及其实现机制研究》，人民出版社2008年版，第75页。

② 参见［美］特里·L.库珀：《行政伦理学：实现行政责任的途径》，张秀琴译，中国人民大学出版社2001年版，第74页。

的范畴主要应指散见在包括宪法、法律、法规、规章构成的行政法法律渊源体系中的行政法律规范。行政官员承担的法律责任形式主要表现为行政法律责任。与民法和刑法不同，我国现有行政立法并未专门对行政法律责任承担方式作出统一规定，而只是散见于行政法各种形式的法律渊源之中。

行政法律责任主要是指行政官员在对外行使职权的过程中，因违反行政法律规范的义务性规定而承担的不利后果。在外部法律关系中，行政官员虽然作为行政权力的具体行使者，但因没有独立的法律人格而只能以所属行政机关的名义实施行政行为，违法的不利后果自然也由所属机关对外承担，但行政官员这种违法行使职权的行为同时也侵害了行政机关的内部管理秩序，行政机关自然有权对行政官员的这种违纪行为追究责任。根据现有法律规定，行政官员受到的行政法律责任的追究主要有两种形式：一种为惩罚性的法律责任，主要表现为行政处分；另一种为补偿性的法律责任，即当行政官员因违法行使职权给相对人合法权益造成损害，行政官员所属行政机关对受害人承担赔偿责任之后，行政机关有权依法责令有过错（故意或重大过失）的行政官员承担全部或部分赔偿费用。

（2）刑事法律责任

所谓刑事法律责任，也可简称为《刑事责任》，是指行政官员违法行使职权的行为已经严重危害到社会秩序以致构成犯罪时，依据《刑法》的有关规定所承担的法律责任。我国刑法典专辟第八章（贪污贿赂罪，共15条）和第九章（渎职罪，共23条）对公务员利用职务之权力、机会和方法从事违法行为构成犯罪的基本构成要件作出了明确规定。需要注意的是，行政法律责任和刑事责任系属于针对两种侵害不同法益的违法行为所实施的性质迥异的法律制裁机制，虽然刑事责任构成最为严厉的法律责任类型，但因同一违法行为受到刑罚也不能免除行政官员依法所应当承担的行政法律责任。

4. 道德责任

所谓道德责任是指行政官员在履行职权时必须承担的道德义务以及违反道德要求所应受到的责任追究。与政治责任、行政责任和法律责任系属于客观责任不同，"道德责任属于典型的主观责任范畴，是公务行政人员对自身忠诚、良知和认同的信仰，对客观责任具有'补位'和'提升'的功能，因为任何责任都不可能是一种纯粹的外部性设置，任何责任都只有通过具体的人的信念才能发挥作用，才能切实得到履行。"① 可见，道德责任渗透和贯穿于行政官员行使权力的始终，主要依靠行政官员的自律和自觉以发挥其事前预防性的约束功能。从本质上说，"道德责任的根本目的就是要唤起政府官员对民众及其根本利益尊重的良知，从而决心把自己的经历、创造力完全投注于工作之中，为公众谋取并维护更多的利益，从一定意义上讲，道德责任蕴含着公共行政的基本精髓与精神"②。

正如卢梭所言："政府中的每个成员首先应是公民，然后才是行政官，然后才是他自己本人，而不是相反。"③ 行政官员的道德责任包含两个层面的内容，首先，要求公务员应当具备一个普通公民应具有的道德素质；其次，要求行政官员必须承担与领导身份和职位相匹配的道德责任，即行政伦理责任。虽然道德责任的实现主要依靠行政官员内在的自我约束，但随着民主法治化程度的不断提高，社会公众对行政官员道德责任的诉求必然愈加强烈，仅靠行政官员的自我约束显然无法达致，许

---

① 参见林琼：《论行政责任在公共服务型政府中的实现》，《湖南行政学院学报》2005 年第 3 期。

② 参见王美文：《当代中国政府公务员责任体系及其实现机制研究》，人民出版社2008 年版，第 128 页。

③ ［法］卢梭：《社会契约论》，何兆武译，商务印书馆 1980 年版，第 83 页。

多国家都相继对公务员的道德责任进行专门立法①，公务员道德责任的规范化乃至法治化程度已经越来越高。但即便是法治化的道德责任也并不能等同于法律责任，道德责任自觉性、广泛性以及前瞻性等固有属性②决

---

① 最为典型的国家为美国和日本。美国在 1978 年通过《政府道德法案》，规定政府官员、国会议员和政府中某些雇员必须每年公开自己的财产状况，并且详细规定了对包括总统在内的高级政府官员所提出的指控进行调查的程序，美国国会在 1989 年通过《伦理改革法案》，重点是强化政府伦理办公室的职能，并最终使政府伦理办公室成为行政系统内部独立的道德问责机构，联邦政府机构内部也都设立了专门的政府伦理官员，随后政府伦理办公室颁布实施的《美国行政机关工作人员伦理行为准则》中针对公务员行贿受贿、公务回避、正确有效行使职权等方面又作出了详细规定，美国国会于 1992 年颁布、1993 年实行、2002 年 10 月修订的《美国行政机关工作人员伦理行为准则》对公务人员收受礼物、避免经济利益冲突、公务回避、离开公职后的再就业、防范滥用职权等方面均作出了详尽的规定。日本专门制定的《国家公务员伦理法》是一部专门对公务员职业伦理进行规范的法律，分为总则、国家公务员伦理规程、接受礼品等的报告与公开、国家公务员伦理审查会、伦理监督官以及杂则六章内容，而《人事院规则》也专门对国家公务员违反《国家公务员伦理法》的处罚标准作出了具体规定。而我国虽然没有专门对公务员道德责任进行立法，但有关公务员道德责任的规定散见在宪法、法规、规章以及党的文件之中，比如《公务员法》第二章第十二条和十三条对公务员权利义务的规定乃是对公务员道德责任的法律规定，而以党内法规形式出台（中共中央办公厅和国务院办公厅联合制定）的《关于党政机关县（处）级以上的领导干部收入申报的规定》《关于对党和国家机关工作人员在国内交往中收受的礼品实行登记制度的规定》以及《中国共产党党员领导干部廉洁从政若干准则（试行）》等文件，都是对包括行政官员在内的党政领导干部有关道德责任的追究作出了具体规定。

② 道德责任具有以下三个方面的显著特点：（1）自觉性，道德责任是道德责任主体自觉自愿承担和履行的，而法律责任则强调国家强制力的作用；（2）广泛性，道德责任范围十分广泛，并不局限于某个特定领域，而是贯穿于社会各个领域之中；（3）前瞻性，道德责任作为自觉意识到的义务，具有"自律"性质，而法律责任、政治责任往往只讨论行为发生以后的责任，除此以外，道德责任往往是连带的，而且也不可能由法律作出完全精确的规定，而法律责任则是不连带的，而且必须由法律明文规定。（参见杨海坤、章志远：《中国特色政府法治论研究》，法律出版社 2008 年版，第 292—293 页）

定了其与法律责任之间存在着永远无法跨越的鸿沟。此外，道德责任的实现是一项系统工程，乃是由包括社会整体道德发展水平以及社会成员的综合素质等多种因素共同作用的结果。可见，道德责任实际上构成行政官员所担负的最为根本的责任形式，也是一种理想化的道德模式，充分体现出职业伦理对行政官员道德标准的要求。

二、行政问责的基本内涵

通过前文对"行政问责"中三个关键词的语义分析，我们可以将行政问责理解为问行政官员之责，其中行政官员限定了问责对象的范围，而"问责"作为核心词语，直接决定了行政官员问责的基本内涵。

事实上，"问责"（英文名称为"accountability"）一词最早发端于西方国家有关政党政治与民主宪政的土壤之中，但是基于一国国情、政治体制以及历史文化传统等多种因素的差异，问责在各国的发展模式和路径极具国家特色，有关问责的内涵迥异。比如，在美国，问责被认为是贯彻于美国民主宪政进程的始终、最能体现出民主制度安排的最为核心的价值体现，具体包含两个方面的基本内容：回应性（answerability）以及制裁性（enforcement），前者是指政府官员负有对其从事的行政决策、行政行为及其行政后果进行公开并解释的义务，后者是指政府官员因其失职行为受到的制裁①，这里的政府官员主要是指经过选举或者任命的政务类官员。而在欧洲国家，以英国和德国为代表，"问责"一词更多地出现在"政治问责"的语境中，专指部长级官员要对自己的政策、决定和行动以及所属部门的政策、决定和行为向总理（或首相）、进而向议会负责，具体制裁方式包括解释、道歉，最严重的就是辞职②。

而国内学者对问责内涵的认识主要体现在对"问责制"概念的界定

---

① Andreas Schedler (etal.), The Self-restraining State: Power and Accountability in New Democracies, London: Lynne Rienner Publishers, 1999, p.14.

② Richard Bellamy, Antonino Palumbo, Political accountability, VT: Ash gate Pub. Co., 2010, pp.46-68.

之中。"制"只是"制度"一词的简称,故"问责制"意即问责制度的统称,故我们可以从"问责制"内涵的界定中领会有关"问责"的基本内涵。

国内研究者们从不同视角对"问责制"的内涵进行阐释,有代表性的观点可以归纳为六种。有学者直接将问责制定义为责任追究制,认为"问责制是民主政治的一个组成部分,在民主政治下,由选举和人民产生的官员必须对人民负责,他们必须为自己的言论和行为承担责任。"① 也有学者认为"问责制是西方政治政党的产物,其核心是通过一系列制度安排,使官员真正能够树立一种高度的责任意识和危机意识,并对那些由于官员个人行为失当,或者违法、渎职、失职等,在公务活动中造成的后果承担责任"②。还有学者认为"问责制是现代国家,由选民和行政上级依法追究因失职而造成不良后果的政府官员,特别是失职政府高官责任,以强化和明确政府官员职责,提高行政效率,克服行政权力可能带来腐败的一种政治制度。"③ 另有学者将"问责制"看成"对政府及其官员的一切行为和后果必须而且能够追究责任的制度,其实质是通过各种形式的责任约束,限制政府权力和官员行为,最终达到权为民所用的目的"④。也有学者认为"问责制作为一种权力监督与制约的方式,是在现代民主政治条件下,问责主体按照法定的程序和规则,强制性地要求政府官员就其行政决策、行政行为和行政结果进行解释、正当性辩护和接受失责的惩罚的制度,具有强制性、回应性、外在性以及过程性四方面的特征。"⑤ 还有学者从三个方面理解问责,认为"问责制是责任追

---

① 参见顾杰:《论我国行政问责制的现状和完善》,《理论月刊》2004 年第 12 期。

② 参见赵素卿:《问责制:民主执政的重要方式》,《中共山西省委党校学报》2004 年第 6 期。

③ 参见蒋晓伟:《要重视中国特色问责制度的建设》,《检察风云》2005 年第 6 期。

④ 参见梁妍慧:《问责制——深化党政领导干部监督管理的重要一环》,《中国党政干部论坛》2004 年第 9 期。

⑤ 参见田侠:《行政问责机制研究》,中共中央党校 2009 届政治学理论博士学位论文,第 17 页。

究制度、监查制度以及吏治规范的有机统一"①。可见，上述观点间的分歧点主要体现为两个方面。首先，关于问责的适用对象。鉴于"问责"是在"行政问责"语境中使用的，且前文已有阐释，"行政"实为"行政官员"的简称。其次，关于是否可以将"问责制"简单等同于"责任追究制度"。基于上文对"问"的理解，显然问责应当具有动态性以及过程性的双重特征，既应当包含行政官员对其责任履行情况接受质询并回应的过程，也应当包括行政官员因未履行或者未正确履行职责义务后承担责任的过程。正如美国学者杰谢菲尔茨在其 1985 年主编的《公共行政实用辞典》中对问责内涵的界定，"问责是指由法律或组织授权的高官，必须对其组织职位范围内的行为或其社会范围内的行为接受质问并承担责任"②，而世界银行专家组在对问责诸构成要素分析的基础上也将问责定义为"一个具有前瞻性的过程，通过它，政府官员要就其行政决策、行政行为和行政结果进行解释和正确性的辩护，并据此接受失责的惩罚。"③ 综上，所谓行政问责，是指行政官员因其职责和义务履行情况而受到质询进而承担否定性后果（谴责和制裁）的治理机制。但要注意的是，与传统意义上行政管理框架下的上问下责的运行机制不同，行政问责应当突出强调政府官员担负的"以人民需要和公共利益为依归"的领导责任：人民不仅有权享受政府的基本服务，同时还有直接监督政府官员依法行政并要求其承担责任的权利。故对于执掌权力的政府官员来说，他们不仅有义务制定符合民意的公共政策，同时更负有推动符合民意的公共政策良好执行的基本职责以及没有履行好这些职责时所应当承担的人民的谴责和制裁。可见，作为一种典型的民主视角下的责任追究机制，问责能够充分利用公众具有的强烈的主权意识和政治参与意识以形成对

---

① 参见钟毓宁、张七一、夏述云：《关于行政问责制的探讨》，《党政干部论坛》2005 年第 1 期。

② See Jay M. Shanfritz, The factsonfiledictionary of public administration, New York: Facts On File Publications, 1985, p. 125.

③ 参见世界银行专家组：《公共部门的社会问责》，中国人民大学出版社 2007 年版，第 13 页。

政府官员强有力的监督，从而真正促成政府官员负责任的行动，这种自下而上的公众参与为问责机制的良好运转提供了源源不竭的动力源泉。其实，问责机制对现代民主政治的重大贡献恰恰体现于此。

三、我国现实语境中问责之责任范畴及其基本特征

确定问责语境中的责任范畴构成厘清问责内涵的核心内容。实际上，关于责任范畴的讨论，一直以来都是学术界对问责内涵理解方面最大的争议点。鉴于行政官员履行职责、承担义务的内容属性将直接决定问责制的具体运行模式，故理论上，完整意义上的行政官员责任体系应当是政治责任、行政责任、法律责任以及道德责任的有机结合。但这种应然视角下行政官员所承担的责任体系显然无法直接等同于我国现实所需的责任范畴，毕竟任何新制度的产生必须有它独特的价值和意蕴。事实上，早在2002年香港推行高官问责制以前，我国内地就有改革开放以后第一起问责事件，即1979年"渤海二号"沉船事件，令时任石油部部长宋振明辞职。以后还有过其他问责事件①，但均以"个案式"处理为主，问责缺少制度化、规范化。当2003年"非典"疫情的爆发成为对我国政府执政能力特别是危机处理能力的深层次拷问时，我国中央政府在短时间内对包括两位省部级高官在内的上千位政府官员因隐瞒疫情或防治不力而制裁的问责举措，正式赋予了问责在我国所应具有的特殊意蕴。显然，将问责这样一种新的责任追究机制引入到我国内地，乃是为了弥补现有责任追究机制的不足，在法律制度、党纪和政纪之外另辟一个通道，使政府官员行使权力的全过程都能受到强有力的、无缝隙的监督和约束，

---

① 比如1987年5月6日，大兴安岭发生特大森林火灾，时任林业部部长杨钟、副部长董智勇被撤销职务，而大兴安岭多名处级以上干部受到党纪、政纪处分，直接责任人因犯有玩忽职守罪而承担刑事责任；1988年1月昆沪列车发生颠覆事故，时任铁道部原部长丁关根引咎辞职，不久全国人大常委会决定免去丁关根铁道部部长职务，等等，不一而足。

这正与香港推行高官问责制①的初衷具有异曲同工之处，即希望通过推行高官问责制来解决政府官员负有政治使命却在实践中不直接向代议机关承担政治责任和道德责任的问题。可见，问责背后蕴含的这种权力制约的理念正回应了现代民主框架下民众对一个负责任的政府的强烈诉求，这对于弥补传统意义上的行政管理框架下的内部问责机制动力不足的先天缺陷具有决定性意义。因此，在我国现实语境中，问责之责任范畴应当突出强调政府官员责任的政治维度和道德维度，即政治责任和道德责任的有机结合（我们将其简称为"领导责任"），这不仅与 2009 年中央办公厅和国务院办公厅联合出台的《关于实行党政领导干部问责的暂行规定》中问责之责任范畴相契合②，同时这也是与其他国家相比，我国最亟待强化的责任追究类型。鉴于此，我国现实语境中的行政问责具有以下六个方面的特殊性。

（一）民主性

与传统行政管理框架下的上问下责的责任追究机制不同，问责所独具的"以人民需要和公共利益为依归"的根本宗旨使其成为现代民主框架下一种极为重要的权力制约机制。也就是说，问责所独具的这种民主性特质，要求政府及其官员的一切行为都要"对民负责""受民监督"，否则将要受到人民的谴责和制裁。显然，这种来自权力所有者人民而形成的自下而上的监督和机制，对于从根本上消除依靠执政者为主导的"自我变革"可能会"动力匮乏"之弊具有不可替代的重要价值。当实践中发生对人民权益和公共利益招致重大损害的事件或者事故时，问责视

---

① 根据香港政府于 2002 年 6 月 28 日正式刊宪、7 月 1 日正式实施的《问责制主要官员守则》的相关规定，所谓高官问责制，是指香港政府的 14 位主要官员（即问责高官）从公务员队伍中分离出来，成为以合约方式聘用的政治官员，任期五年，并直接因政策成败和个人操守问题向行政长官承担政治责任。

② 纵观《问责暂行规定》的全部条款，虽然并未直接对问责内涵作出明确界定，但第四条有关问责与党纪政纪处分以及刑事责任竞合问题的规定实际上已经揭示了问责的作用范围。问责是与党纪政纪处分以及刑事责任并列的责任追究方式，即问责之责任范畴应当是指行政责任和法律责任以外的其他责任类型。

角下对官员领导责任的追究，其旨在于对民意的回应，给老百姓一个满意的、负责的交代。这显然与我国传统意义上的党纪政纪处分有本质的不同。后者更侧重于维护整个科层制管理体制的良性运转以确保管理目标的实现，故对于掌权者领导责任的追究，既可能是因掌权者未依法履职或者未正确履职的行为违反了科层制体系预先为其设定的纪律要求和规范而应受到上级的谴责和制裁，也可能是因为这种领导不力已经构成对"人民权益和公共利益"的重大侵害，人民也当然有权对其实施谴责和制裁。虽然这两种性质迥异的谴责和制裁的客体在特定情况下可能重合，但作为两种内在机理截然不同的责任追究机制，两者在任何情况下均应彼此独立，互不影响，并不存在所谓竞合或者吸收的问题。

（二）强制性

与其他国家权力相比，行政权天然就具有扩张和侵害的可能性，所以限制和监督行政权就显得格外重要和困难。其实权力无所谓善和恶，只是掌握权力的人在欲望的驱使下容易滥用权力。故作为对执掌权力的行政官员行使权力的监督和制约机制，问责显然无法仅靠行政官员的自觉行为加以实现，强制性必然为其根本属性，这是问责制能够发挥其整肃吏治功能的基本前提。一旦行政官员违背其职责要求，有悖于人民的意志和公共利益的需要，必将受到谴责和制裁，即问责主体享有强制执行的权力和能力，并以国家强制力作为最终保障手段。

（三）主动性

虽然强制性是问责的根本属性，但消极意义上的责任实现并不排斥行为人主动地承担不利后果。道德责任应当贯穿于行政官员权力行使的始终，对于客观责任的实现具有补位和提升功能，故问责事件发生后，我们应该允许乃至鼓励失职的行政官员主动自觉地承担不利后果，其必要性自不待言。正如马克斯·韦伯对政治家应当恪守的基本伦理所作的精练阐释："一个具有政治信念的政治家，他必须意识到了对自己行为后果的责任，真正发自内心地感受这一责任。然后他遵照责任伦理采取行动，在做到一定的时候，他说：'这就是我的立场，我只能如此'，这才是真正符合人性的、令人感动的表现，……这才构成一个真正的人——一个能够担当'政治使命'的人①。然而毕竟人类不是天使，尤其对于执掌行政权力的行政官员来说，仅靠行政官员伦理道德层面的自主性显然无法实现对公权力的有效制约，辅之以更加严厉的补充性制约机制才是能够敦促失职官员"良心发现"的关键。

（四）特定性

根据权责一致原则，权力与责任成正比例关系，即权力越大，责任就越大。故不同职务和级别的行政官员享有的行政权力不同，其被问责的"度"自然也就不同。因此，行政官员对于问责后果的承担应当具有特定性，不同类型的行政官员（比如政府组成人员与其他行政官员、行政首长与行政副职）应当适用不同的问责方式，以防在行政官员责任追究过程中发生"缺位""越位"乃至"错位"的现象。

（五）间接性

在我国现实语境中，行政官员承担的政治责任以及道德责任的总和即体现为行政官员担负的领导责任。领导责任在本质上是一种间接责任，担任领导职务的行政官员不仅要对自己的行为承担责任，同时也要因领导不力而承担连带责任。领导责任的含义非常广泛，既包括行政官员对其所管辖领域内出现重大事故或危机但却未及时采取有效措施进行补救或阻止危害继续蔓延的失职行为而被迫承担的不利后果，也包括对其下属在执行政策过程中出现的违法或不当行为而承担监督不力的后果责任。行政官员承担领导责任是民主政治的基本要求。虽然行政官员领导责任的承担与追究应当完全以"人民意志和公共利益需要"为依归，但"任何现世的权力都不应该是无限的，不论这种权力属于人民，属于人民代表，属于任何名义的人，还是属于法律。人民的同意不能使不合法的事

---

① 参见［德］马克斯·韦伯：《学术与政治》，冯克利译，生活·读书·新知三联书店1998年版，第116页。

情变得合法：人民不能授予任何代表他们自身没有的权利"①，行政官员承担的领导责任应当是合理状态下的有限责任。正如哈耶克揭示的，"要使责任有效，责任就必须是明确且有限度的，而且无论从情感上讲还是从智识上讲，它也必须与人的能力所及者相适应"②，既然权力的行使存在边界，那么行政官员领导责任的承担自然也要符合有限性原则的基本要求。如果指望行政领导对所有的事情都全权负责，那么对行政领导来讲实在也太苛刻了，过度的责任要求必将严重束缚行政权原本应具有的高效、灵活之特性，最终的结果不仅会适得其反，甚至还可能导致行政官员运用行政权管理国家之活动由此而停滞不前。

（六）程序性

问责语境中的"问"字已经充分体现出问责所具有的程序性特征。问责程序解决的是如何问的问题，需要由问责主体对行政官员是否承担领导责任以及如何承担领导责任进行判断、认定和追究。由于问责语境中消极意义上的领导责任的承担不仅仅是对行政官员的行为在形式上是否合法的评价，更是对其决策是否合理正当即是否合乎人民的意志和利益层面的考量，故问责的实体标准往往难以精确量化，问责程序的规范化就显得尤为重要。"问责程序不仅是实现问责目的的重要手段，而且在体现问责活动的合法正当性以及保障问责对象的权利等方面都具有重要的价值，问责程序必须以公正为主要价值目标，同时兼顾效率。"③由于问责必然会对行政官员的合法权益产生消极影响，故在对行政官员的领导责任进行认定和追究的过程中，必须严格遵守正当程序的基本理念。

---

① 转引自李强：《贡斯当与现代自由主义》，载《自由与社群》，阎克文等译，生活·读书·新知三联书店1998年版，第295页。

② 参见［英］弗里德利希·冯·哈耶克：《自由秩序原理》，邓正来译，生活·读书·新知三联书店1997年版，第99页。

③ 参见陈党：《问责法律制度研究》，知识产权出版社2008年版，第79页。

第二节 行政问责的基本原则

有关基本原则的研究，作为确保问责制得以良性运转的关键，是首先应当予以解决的问题。所谓行政问责的基本原则，是指能够反映问责制的本质特征和价值，并贯穿于行政问责制运行的始终，对问责法律的制定与实施具有普遍规制作用的根本法律准则。可见，行政问责的基本原则不仅能够高屋建瓴地指导和约束问责法律规范的制定和实施，确保问责法律体系的和谐统一，而且可以通过其拾遗补缺功能的发挥以达到弥补法律规范空白和漏洞的目的。我国行政问责的基本原则应当包括以下六个子原则。

一、权责一致原则

权责一致原则构成问责制的逻辑前提和理论基础。作为首要原则，所谓权责一致原则，是指行政官员享有的权力与其承担的义务具有高度的一致性：行政官员在依法享有权力的同时，也必须承担相应的义务，即权力有多大，责任就有多大。正因为行政官员、特别是行政首长执掌的公权力往往具有高度的概括性和灵活性，极易形成对公共利益的威胁甚至侵害，为了能够给行政官员在行使权力过程中套上强有力的"紧箍咒"，并充分贯彻以"人民的意志和利益需要"为依归的宗旨，人民作为公权力的真正来源和最后拥有者，理所当然地有权通过问责形成对行政官员更高层次的政治责任和道德责任的监督与制约机制，以便令执掌公权力的行政官员完全处于人民的绝对控制之下。基于此，权责一致原则应当包含以下两个方面的内容。

（一）权责的高度统一性

根据人民主权原则的意旨，行政官员执掌的公权力，即领导权，与其承担的责任相伴而生、不可分割，也就是说，行政官员在被授予权力的同时也就意味着要承担相应的义务，既没有脱离责任而存在的权力，同样也不存在脱离权力而存在的责任。行政官员的职权与职责具有高度的统一性，人民之所以授予行政官员权力乃是以其承担责任为前提，而行政官员之所以担负责任也正是以其执掌权力为基础，即责任是权力的孪生物，是权力的当然结果和必要补充，正如反腐专家李永忠所言："权力内含乐趣是一种必然，如果能让权力成为一种负担，那么权力就能成为为人民服务的公器；权力如果只是一种乐趣，那么权力肯定就是谋取一己之利的私产。"① 基于此，为了使行政官员行使权力的全过程都能受到强有力的监督和约束，我们需要借助问责制突出强调行政官员应担负的政治责任和道德责任的特性，以形成对传统意义上的行政责任和法律责任追究机制的有效补充，这恰恰体现了民主政治对执掌领导权力的行政官员最为根本的要求。

（二）权责的密切对等性

正如权力与责任的不可分割性体现出权责一致原则中"质"的要求，而它们之间的对等性其实就表现为一种量的关系②。行政官员执掌的公权力与其承担的责任具有一一对应关系，即行政官员执掌的领导权越大，其承担的责任也就越大，反之也成立，两者之间表现出的这种正比例关系正符合民主政治的基本要求。尽管行政官员执掌的公权力与其担负的责任之间具有密切对等性，但两者在价值序列上却是有先后之分的。既然公权力源自人民权利的让渡，为了解决好权力的存在与掌握权力的人容易滥用权力之间的矛盾，借助于责任来压制权力的侵犯性成为授权的基本前提，故行政官员行使职权必须以其履行职责为核心，职责是第一位的，而职权是第二位的，而且两者在量上必须保持均衡，否则无论权大责小还是权轻责重均弊端明显，前者极易导致权力的腐败，而后者显然也会严重挫伤官员执政为民的积极性，甚至还会导致行政官员运用行政权管理国家之活动停滞不前。故问责语境中行政官员应承担的领导责

① 李永忠：《权力应是负担，而不是乐趣》，载《厦门晚报》2004年11月15日。
② 参见胡建淼等：《领导人行政责任问题研究》，浙江大学出版社2005年版，第37页。

任，不仅要在量上与其享有的职权密切对应，更重要的是还要符合"度"的基本要求，显然这是确保责任机制得以发挥其监督制约功能的关键。

二、依法问责原则

依法问责原则是法治原则在问责领域的集中体现。所谓依法问责原则，是指问责制运行中的每一个环节都应当受到法律的约束。基于此，问责法定原则要求法律对问责制的各个构成要素（包括问责主体、范围、程序、方式等）都能够有所规制，即行政官员在个案中是否要承担领导责任，以何种方式来承担责任，由谁负责认定和追究，以及如何认定和追究等环节，都必须由法律事先作出全方位的规定。可见，依法问责原则首先要求"问责法定"，这是依法问责原则隐含的基本前提，也是确保问责制真正具有震慑力的必要条件；而在"有法可依"基础上，依法问责原则应当更加注重法律的实施问题，即问责主体的所有活动都必须在法定权限和范围内进行，任何逾越法定边界的行为都被视为无效，正所谓"无法律、则无问责"。概而言之，依法问责原则应当贯穿问责立法及其实施的各个阶段，是凸显法治的优越性，并彻底结束目前问责在实践操作层面上混乱状态的根本性指导原则。

三、比例原则

所谓比例原则，是指行政官员因问责而受到的制裁方式，必须与其过错大小、造成的损失及影响程度等客观事实成比例。这是确保公平、理性问责的基础和前提。具体来说，比例原则应当包含三个方面的内容：第一，适当性要求，即问责方式必须与问责制的价值诉求相匹配，鉴于行政官员之所以被问责乃是因实践中发生的客观事实而导致人民对其信任程度的降低，故根据该官员在个案中的过错大小以及情节轻重等要素，选择相应的制裁方式，是保证问责机制得以真正发挥其整肃吏治功能的关键；第二，必要性要求，又可称为"最小侵害原则"，即问责决定主体在法定权限范围内采用多种问责方式均可达致相同效果的情形下，应当选择对行政官员合法权益损害最小的方式，绝不能以最大限度地保护公共利益不受侵害为由牺牲行政官员的合法权益为代价，实践中，如果适用较轻微的制裁方式就足以挽回民众的信任，问责决定主体就不应当选择使用更为严厉的制裁方式；第三，相当性要求，又称狭义的比例原则，鉴于执掌权力的行政官员的频繁更迭必然会危及国家管理秩序的稳定性和持续性，故问责主体对所涉行政官员采取的问责方式，必须与得到的公共利益价值相当，不能为了较小的公共利益，而使人民承受更大的损失。可见，比例原则有助于对问责主体的裁量权形成有效规制，对实现系属于实质法治范畴的正义要旨具有重要作用。

四、问责平等原则

问责平等原则是"在法律面前人人平等"这一宪法原则在问责领域中的具体体现。所谓问责平等原则，是指在问责过程中，不管问责对象的级别与权力到底有多大，问责主体一律要做到同等对待、一视同仁，即便是位居于行政层级金字塔顶端的最高级别的行政首长也不存在任何法外特权和豁免。故此，在我国依旧深受官本位思想影响的背景之下，期望在问责过程中完全贯彻平等原则的基本要求，其难度可见一斑。

平等原则要求同等情况同等对待，其实这只是形式意义上的平等原则，因为在实践中，行政官员级别不同，其担负的职责也必然会有区别，相应的，其被问责的可能性也会随之发生变化，尤其是在具体问责个案中，包括主观过错大小、损失及其影响程度等客观事实又会千差万别，面对如此不同的问责情形，问责主体积极地采取差异化的措施，进行区别对待，才是贯彻实质平等原则的具体体现。可见，问责平等原则并非要求采取一种机械式的、不容有任何差别待遇的平等，而是应当依客观事实之性质与特性选择实质正当的标准，但并非仅仅因为事实上某些不同即可为不同处理，而是需要在事实不同与处理不同间具有某种实质的内在关联①。概而言之，问责平等原则要求问责主体在个案中做到相同事实应予相同处理，非有正当理由不得差别对待，即禁止任何恣意和专断的差别待遇。

---

① 参见林锡尧：《行政法要义》（增订版），台湾三民书局1996年版，第46页。

五、正当程序原则

正当程序原则对于实现问责制的有效规制至关重要。作为一项基本原则，正当程序原则从根本上承载了现代行政程序的基本价值追求——程序正义，从而借助程序正义这种被称为"看得见的正义"以最大限度地消弭难以从实体层面对问责制进行完全彻底规制所可能招致的不利后果。所谓正当程序原则，是指问责权力的行使应当遵循最低限度的程序要求，是促使问责有序化和理性化的根本保障。根据问责制本身的特点，并在充分考虑我国现实国情需要的基础上，问责过程应当遵守的最低限度的程序要求应当包含以下三个方面的内容。

（一）公开原则

正所谓阳光是最好的防腐剂，正当程序原则的首要原则即为公开原则，诚如有学者言，"没有事先通知其利益有可能因政府决定而受到影响的人，一切其他程序权利便可能毫无价值"[1]。公开原则对于问责程序的意义尤其如此：鉴于问责应当贯彻以"人民意志和公共利益"为依归的宗旨，作为一种如此重要的民主监督方式，公开原则的目的就在于满足公民知情权的需要，显然成为保障公民有序参与监督和问责的基本前提。同时，公开原则又使问责的全过程都置于公众的监督之下，无疑成为制止问责主体滥用裁量权最有效的武器，对于提高问责决定之于公众以及所涉行政官员的可接受性无疑具有关键性的作用。可见，作为一项最为基础的程序要求，"无公开则无正义"，即公开是公正的重要保证与实现方式，正如罗尔斯所言，"仅结果公正是不够的，只有在明白与无可怀疑地被注视下实现的公正，才可称为公正"[2]。基于此，问责过程中的公开要求应当是全方位的，公开原则应当贯穿于问责全过程的始终，具体包括事前问责依据的公开、事中问责过程的公开以及事后问责结果的公开，

---

[1] ［美］盖尔霍恩等：《行政法和行政程序概要》，黄列译，中国社会科学出版社1996年版，第133页。

[2] ［美］罗尔斯：《正义论》，何怀宏译，中国社会科学出版社1988年版，第68页。

至于公开的对象与方式，问责主体则应当根据问责个案事实在法定权限范围内进行权衡，原则上针对不同的公开对象可以采用不同的公开方式。

（二）参与原则

如果说公开原则是满足相关人"知"的权利的话，那么参与原则则旨在实现相关人"为"的权利，显然，"知"构成"为"的前提，而"为"则是"知"的目的。参与原则对于问责机制的良性发展具有不可替代的重要价值，它甚至直接影响到最终问责决定的公正性和可接受程度。问责过程中的参与原则包括两层含义：其一是针对问责个案中的所涉行政官员，即问责过程中应当充分保障问责对象参与权的实现，在问责决定作出之前应当充分听取所涉行政官员的陈述和申辩，如果对问责决定不服的，该官员也有权在法定期限内提出申诉；其二是针对问责启动主体，既然问责机制应当以"人民的意志和利益"为依归，那么问责启动主体必然极具广泛性，只不过多元化的问责启动主体基于自身权限的不同，会在参与问责过程中表现出差异化的问责能力。事实上，作为一种重要的民主监督形式，正是因为不同利益群体，特别是普通民众对行政官员具有的不同期待和诉求，才得以令问责机制具有源源不竭的发展动力，从这个角度来说，问责制也为有效推动公民政治参与提供了重要契机和制度平台。

（三）避免偏私原则

避免偏私原则是程序中立性这一最低限度的程序正义在问责程序中的具体体现。所谓避免偏私原则，是指问责决定主体在问责过程中应当与参与者各方保持一种超然和不偏不倚的态度和地位，以免受到各种利益或偏私的影响①，显然，该原则至少在形式上对于确保最终问责决定的公正性大有裨益。然而，我国目前问责制仍然是由同体问责占主导，异体问责，特别是国家权力机关在问责过程中被弱化，甚至缺位的状态极有可能导致问责主体的动力不足，从而影响问责制的有效执行。基于此，

---

① 参见周佑勇：《浅谈行政法的正当程序原则》，转引自 http://www.studa.net/xing-zheng/091027/13522760.html。

从民主政治的本质和核心要旨出发，改革目前的问责主体模式，无疑应当成为建构精英化的问责主体首先应当解决的问题。

六、惩教结合原则

纵然问责制应当突出强调它的制裁功能，但制裁并非唯一目的，借助问责制促成行政官员鞠躬尽瘁"执政为民"的为官理念，这才是问责方式的价值功能。故在问责过程中，应当严格遵守惩教结合的基本原则，寓教于惩，以惩施教，把严格制裁失职官员与提高行政官员的责任意识有机地结合起来，显然会对达至标本兼治的效果大有裨益。具体而言，惩教结合原则应当包含两个方面的内容：一是对于符合问责情形要求的行政官员，问责决定主体必须严格依法处理，绝对不能姑息纵容；二是必须将教育贯穿问责过程的始终，使制裁能够立足于挽救和防范，并着眼于提高行政官员的大局意识和责任意识，这是从根本上促成行政官员政治伦理道德的必经途径。

总之，在问责实践中，教育与惩处两者必须相辅相成，缺一不可，其中制裁是手段，教育是目的，只有在严肃惩处的同时，配合以主动、积极的教育，才能实现问责制的初衷，并确保问责制整肃吏治、以儆效尤功能的切实发挥。

第三节　行政问责的归责原则和构成要件

问责的归责原则及构成要件是从理论层面解决判断责任归属的依据问题。其中归责原则是判断行政官员是否承担领导责任的理论抽象，而构成要件则是对归责原则的具体细化和分解，两者共同作用决定问责的广度和深度。

一、行政问责的归责原则

问责语境中行政官员所担负的领导责任内容丰富，涵盖了决策、指挥、控制、协调、监督等各个环节。作为其所辖行政机关所有事务的主要领导者，一旦所辖地区或部门出现决策失误或者重大事故等造成重大损失的事件，只要行政官员存在领导不力、工作失察或者用人不当等失职行为就应受到制裁。可见，"问责不仅要追究政府官员的失职渎职行为，使政府官员为失职行为承担必要的惩罚，同时问责还应当不断地向政府官员追问他们承担的责任，强化他们的责任意识，提高他们的履责觉悟，使责任与权力在政府官员的意识中得到高度统一"①。概而言之，行政官员不仅要对自己违法失职的行为承担不利后果，也会因为其下属行为而承担连带责任。可见，这种对行政官员所担负的领导责任广泛而严格的要求，不仅有助于强化行政官员的管理压力，而且通过加重行政官员的授权责任，以敦促行政官员不仅要严于律己，正确授权，而且要严于律他，善于监督。②

由此，虽然我们无法对积极意义上的领导权作出全面精确的描述，但却可以采用逆向思维的方式。因为一旦行政官员决策失误或者领导不力，其危害后果是显而易见的。我们可以通过为行政领导责任的追究机制设定基本的制度框架，从而达到最大限度地遏制权力腐败以保障公众利益尽量不受侵害或者损害最小化目的。可见，问责视野下领导责任的归责原则应当具有双重功能。一方面，归责原则作为判断行政官员应否以及如何承担政治责任和道德责任的基本标准和依据，直接决定了问责的广度和深度；另一方面，更为重要的是，归责原则为我们切实实现对领导权的监督和控制提供了突破口。理想状态下的归责原则应当能够制裁行政官员所有的违法失当行为，以达到反向促成行政官员尽其所能、鞠躬尽瘁为民服务的精神，以真正实现"权为民所用""利为民所谋"的执政理念。

鉴于此，笔者认为，行政官员问责之归责原则应该采用特殊过错推定原则。所谓问责视野下的特殊过错推定原则，是指当发生法定问责的情形时，如果行政官员不能证明有法定抗辩事由存在，那么，就推定行

---

① 参见陈国权等：《责任政府：从权力本位到责任本位》，浙江大学出版社 2009 年版，第 6 页。

② 参见金太军：《公共行政的民主和责任取向析论》，《天津社会科学》2000 年第 5 期。

政官员存在过错而对其问责。实践中，虽然导致决策失误或者重大事故等问责事件的原因往往非常复杂，既然"行政官员具有把各个人、各部门工作联结起来的累计责任"，那么作为授权者的人民当然有权对在管理中处于强者地位的行政官员提出更高的要求，行政官员作为"人民的公仆"，理应尽其所能地防止或避免各种可能会对公共利益造成损害的事故或事件的发生，否则就要受到人民的谴责和制裁。正如过错责任原则在实践中暴露出的弊端一样，在问责实践中，行政官员的主观心理状态往往很难精确检验，毕竟行政官员们都不太可能以一种故意的心态去促成自毁前途事件的发生。为了能够及时抚慰民心，维护政府的公信力和权威，我们有必要借助过错推定原则中的特殊过错推定原则以形成对行政官员更加严格、更加苛刻的期待。对问责事件的发生，可以预先设定行政官员主观上存在过错，但行政官员同时享有法定抗辩权，有权推翻对其过错的认定，不过抗辩的理由并非任意而需法定。也就是说，行政官员必须证明有法定抗辩事由的存在才能够得以免责。可见，采用特殊过错推定原则，既可以对难以得到法律彻底规制的领导权形成强有力的制约和震慑，又可以把判断行政官员主观过错的复杂问题简单化。这种将判断标准直接归结为行政官员能否证明存在法定抗辩事由的方式，可以在增强问责制度可操作性的同时，又将问责主体的裁量空间限缩至最低，对于推行行政官员问责的法治化无疑具有至关重要的作用。

二、行政问责的构成要件

以"特殊过错推定原则"为基点，行政官员领导责任的构成要件包括责任主体、过错、损害结果、因果关系四个方面。

（一）责任主体

问责的对象即行政官员的范围和种类构成问责语境中领导责任的主体要件。行政机关科层制的管理体制决定了不同级别的行政官员职责权限差异明显，根据权责一致原则的基本要求，其自然也要承担不同程度的领导责任。实践中，行政官员因其类型不同，承担的领导责任也有所区别，具体表现为以下五种形式。

1. 政府组成人员以及政府组成人员以外的行政官员。这是根据行政官员产生方式的不同所进行的分类。根据宪法以及相关法律规定，政府组成人员是指由各级人民代表大会选举产生，或由人大常委会决定任命的，负责或主管本级行政机关所辖公共事务的领导人员，主要包括各级政府的行政首长及其副职以及各级政府所属部门（或机构）的行政正职负责人，而政府组成人员以外的行政官员则是指根据《公务员法》第十六条的规定，除了政府组成人员以外的其他享有行政领导职务的行政官员。

2. 领导成员和领导成员以外的行政官员。这是根据《公务员法》第十六条以及第一百零五条的规定而作的划分，其中领导成员专指各级政府及其所属部门（或机构）的行政首长及其副职，而领导成员以外的行政官员则是指除了行政首长及其副职以外的，只在该行政机关内部担任领导职务的领导人员。

3. 政府主要领导人、部门或者机构的正职负责人以及直接负责的主管人员。这是 2001 年出台的《国务院关于特大安全事故行政责任追究的规定》对领导责任人所做的分类，虽然该规定只限于行政官员所承担的行政责任，但这种划分思路足以表现出不同级别的行政官员职责的差异性。

4. 直接领导责任、分管领导责任、主要领导责任和上级领导责任。最早采用这种责任分解路径的是公安部于 1997 年发布的《公安机关追究领导责任暂行规定》。根据该规定，"直接领导责任者，是指（含县级）以上各级公安机关内部各工作部门的负责人，或者是受命执行某项具体警务工作、警务活动的临时负责人、现场指挥人员。分管领导责任者，是指对分管的工作或者参与决定的工作负领导责任的县（含县级）以上各级公安机关的领导成员。主要领导责任者，是指县（含县级）以上各级行政机关的行政首长，或者是依照有关机关的决定代行本级公安机关行政首长职权，主持全面工作的其他领导。上级领导责任者，一般是指上一级公安机关业务部门的负责人和分管领导，必要时也包括主要领导。"

5. 主要领导责任者和重要领导责任者。最早作出这种分类的是 2003 年发布的党内法规《中国共产党纪律处分条例》，根据该条例第三十八条规定，"主要领导责任是指在其职权范围内，对直接主管的工作不履行或不正确履行职责，对造成损失或后果负直接领导责任的党员领导干部；重要领导责任者是指在其职责范围内，对应管的工作或参与的决定的工作不履行或不正确履行职责，对造成损失或后果负次要领导责任的党员领导干部"。鉴于我国特殊的政治国情，行政官员往往具有党内职务，而且这种责任划分路径足以彰显出不同层级的领导干部承担责任的差异性，显然也可以适用于行政官员。比如深圳市政府于2005年发布的《深圳市行政过错责任追究办法》，就是将行政官员所承担的领导责任划分为主要领导责任和重要领导责任两种类型。

理论研究应当立足于实践的现实需要。鉴于问责旨在解决对行政官员更高、更深层次的领导责任（即政治责任和道德责任的有机结合）追究问题，为了更好地体现责任行政理念对行政官员的严格要求以及"以人民意志和公共利益需要为依归"的宗旨，问责语境中行政官员领导责任的责任主体应当主要是指《公务员法》第一百零五条所规定的各级行政机关的领导成员，同时又在由各级人大（或常委会）直接选举或任命产生的政府组成人员范围之内，具体包括两类：1. 国务院总理、副总理及国务院其他组成人员（含国务委员、秘书长、审计长），国务院各部委（同时包括国务院直属特设机构、国务院直属机构、国务院直属事业单位、国务院部委管理的国家局）正职负责人；2. 地方各级人民政府及其工作部门正职与副职负责人。其中各级政府及其工作部门（机构）的正职负责人，又可表述为行政首长。事实上，我国早在1982年的《宪法》中就已明确规定各级行政机关实行"行政首长负责制"的基本管理体制。所谓行政首长，是指依法行使职权、管理国家行政事务的行政机关正职负责人，其作为所属行政机关唯一享有法定最高行政职权的第一人，自然要对所辖地区（或部门）全部公共事务承担责任①，其实这也正符合"权责一致"原则的基本精神：行

---

① 有关行政决策方面的责任人归属问题，虽然根据组织法的规定，中央和地方政府所作出的行政决策都是由"两会"（政府常务会议和全体会议）讨论决定的，但根据行政首长负责制的意旨，行政首长仍然享有最后和最高的决策权，"两会"虽然是法定的决策机构，但仅是行政首长的辅助机构而已，故行政首长应当为行政决策成败而承担领导责任。而与党委决策机制不同，根据民主集中制原则的基本要求，对于重大问题决策应当按照集体领导、民主集中、个别酝酿、会议决定的原则，在理论上，党委书记和其他党委成员在党委会讨论和决定上的权利是相同的，对于决策失误的，各党委成员则应当承担连带责任。

政官员行使的权力越大、影响范围越广，其所受监督以及承担的责任就应当更加严格。而对行政副职领导责任的追究，虽然行政副职协助行政首长开展工作并对行政首长负责，行政首长与副职的关系属于典型的上下级领导关系，但实践中仍需依据具体职责范围和裁量权限来判断个案中的责任归属问题。"行政首长和行政副职应当分别对自己行使裁量权的事项承担责任，行政副职对其分管的工作承担领导责任，行政首长对本机关的所有工作承担责任，而对于不属于分管领导负责，但确属本机关职责权限范围的事项，由行政首长依据行政首长负责制对外承担责任"①。至于在具体问责案件中，责任人级别的归属问题，则无法一概而论，而是需要由问责主体在法定权限范围内综合考虑各种事实因素，比如损失的大小、影响的地域范围、民意的需求等客观情况后作出最终决定②。

① 参见胡建淼等：《领导人行政责任问题研究》，浙江大学出版社 2005 年版，第 92—95 页。

② 纵观目前问责案例，被问责官员的级别表面上看具有很强的不确定性，以引咎辞职为例，1988 年发生的昆沪列车颠覆事故，铁道部原部长丁关根引咎辞职；2004 年的北京市密云县密虹公园踩踏事故，县长张文引咎辞职；2004 年吉林市中百商厦特大火灾事故，市长刚占标引咎辞职；2005 年松花江水污染事件，国家环保总局局长解振华引咎辞职；2008 年"阳宗海砷污染事件"，玉溪市副市长陈志芬被劝引咎辞职；2008 年山西襄汾特大尾矿库溃坝事故，山西省省长孟学农引咎辞职；2008 年"三鹿"奶粉事件，国家质检总局局长李长江引咎辞职等等，不一而足。但根据案件调查结果分析，问责背后仍然存在一定的规律，比如松花江水污染事件以及"三鹿"奶粉事件，之所以将问责官员级别上溯到国家职能局的行政首长，笔者认为，很大程度上则是考虑到该事故波及的地域范围，显然已经超出省域可以控制的范围，而对于松花江水污染事件，污染不仅造成数百万群众遭遇饮水困难，该污染物已经延江流入俄罗斯境内，产生国际影响，自然应当由国家环保行政主管部门承担监管不力的后果责任。不得不承认，问责事件本身的复杂程度以及立法能力和技术的局限性决定了希冀法律作出明确而又具有可操作性的规定，既不现实也不可能，再加上对问责事件处理上的专业性和技术性要求，这显然也不是立法机关能够胜任的"领域"。问责主体在对问责事件处理中享有裁量权无法避免，立法机关所能做到的其实仅仅就是为其设定最为基本的框架而已。

（二）过错

过错要件构成对问责语境中行政官员可归责心理状态的否定性评价。行政官员主观上是否具有过错成为判断其是否承担领导责任的基本要件之一。根据特殊过错推定原则，作为行政官员领导责任构成要件之一的过错要件极具特殊性，主要体现为以下两个方面。

1. 对行政官员过错程度的"拿捏"

过错，就其性质而言，是一种对行为人主观心理状态的评价性概念，具体表现为故意和过失两种心理状态。故意和过失构成对行为人实施侵害行为时主观态度的描述，其中故意是指行为人（加害人）预见到损害后果的发生并希望或放任该结果发生的心理状态，如果行为人明知自己的行为会导致损害后果，但仍然积极追求则谓之为直接故意；如果行为人预见到自己的行为可能导致损害后果，但放任这种结果发生则谓之为间接故意。而过失是指行为人（加害人）因疏忽或者轻信而未达到应有注意程度进而导致损害后果发生的心理状态。如果行为人对损害后果的发生应当预见而未预见的心理状态谓之为疏忽大意的过失，而行为人已经预见到损害的发生却轻信能够避免的心理状态谓之为过于自信的过失。由于法律不调整人的思想，而只能规范人的行为，故只有当行为人的意志外化为行为时，才可能进入法律的调整领域，具有法律上的意义，即对行为人过错（故意和过失）的评价应采取客观标准，通过衡量行为人的行为是否合法、正当来认定该行为人是否具有法律上和道德上的应受非难性。① 而行政官员，特别是承担领导责任的责任主体往往"具有把各个人、各部门工作联结起来的累计责任"②，作为其所辖地区或部门的主要负责人，一旦出现决策失误或者发生重大事故等违背人民意志和公共利益的情形时，尽管造成上述事件或事故的原因往往非常复杂，有时行政官员的主观过错程度也难以直接认定，但是在行政官员向权力的授予

---

① 参见王利明：《侵权行为法归责原则研究》，中国政法大学出版社 2004 年版，第 269—270 页。

② 丁煌：《西方行政学说史》，武汉大学出版社 2006 年版，第 138、412 页。

者——人民"负总责"的体制之下，即便是行政官员已经制定了符合民意的政策并积极推动其实施，但基于行政官员职权范围的广泛性也必然导致其对重大事故的发生或者下属违法失职行为等难以完全控制的客观事实具有无法推卸的责任。基于责任政治的基本精神，我们虽然不能直接认定行政官员对上述客观事实存在过错，但是我们仍然可以反向推定是由行政官员领导不力所致，至少行政官员领导不力是导致上述事件或事故发生的原因之一，行政官员理应因其辜负了人民的信任和委托而受到相应的谴责和制裁。可见，问责语境中的领导责任，作为对行政官员更高、更深层次的政治责任和道德责任的追究机制，可以有效补充法律监督和纪律监督机制无法企及的领域，即便在实践中出现了对行政官员主观过错程度难以检验的情形，基于人民主权的基本原则，我们也可以通过反向逆推的方式实现对行政官员主观过错程度的认定。

　　与行政官员在违法违纪行为中的主观心理状态不同，行政官员因故意或过失而承担法律责任和行政责任乃是依据"责任自负"原则的一种自我责任，而行政官员的领导责任往往具有间接性，我们无法直接依据故意或过失的公认标准来认定行政官员的主观过错程度，因为承担领导责任的责任主体主要担负统筹安排、协调管理等抽象职责，自然就降低了违法犯错的几率，再加上作为突破重重"关口"而走马上任的行政官员，也几乎不太可能以一种故意的姿态去促成自毁其前途事件的发生。行政官员在引发问责事件或事故中的主观心理状态更多地表现为一种反向推定的过失。对行政官员领导责任中主观过错的认定，我们往往只能采取逆向思维的方式推导出行政官员存在未履行或未妥善履行职责的失职行为。当然这种未履行或未妥善履行要以能为其自身所控制，或者在其主观意志能力范围内为限[1]。可见，行政官员的职权兼具政治性、事务性、执行性的特点[2]，决定了行政官员要因其职责的广泛性而承担一定的

---

[1]　参见乔·莎托利：《民主新论》，冯克利、阎克文译，东方出版社 1993 年版，第 120 页。

[2]　参见王乐夫：《行政管理学》，高等教育出版社 2000 年版，第 112 页。

连带政治责任，因而也导致在问责实践中对行政官员主观心理状态的探求与证明过程变得相当棘手。

2. 过错认定方法的特殊性

鉴于行政官员在外部行政管理法律关系中作为执掌权力的管理者以及在更深层次的社会关系中作为"人民公仆"的性质定位，人民自然会产生对其严格要求、严密控制的强烈诉求。事实上，人民也有权要求他们参与的决策不仅要在形式上合法，而且要在内容上合理以真正契合人民的根本意志和利益。因此，根据特殊过错推定原则，只要在行政官员所辖地区（或部门）内发生决策失误或者重大安全事故等违反"公意"和"民意"的情形，认定行政官员没有履行或没有严格履行法定职责即行政官员存在领导不力等失职行为就变得顺理成章，从而推定或视为该行政官员存在过错而承担相应的后果责任。虽然这种过错是推定的，但整个推定过程是基于行政官员领导职权的特殊性而进行的逻辑思考，这种有理有据的思维方式自然不会产生令无辜者受罚之诘难。故在问责实践中，尽管对公共利益造成损害或损失的不利后果往往并非由行政官员的直接侵权行为导致，但是基于人民主权原则的意旨，人民作为"名副其实"的主权者，实在没有理由去忍受任何具有反人民倾向和态度嫌疑的权力行使者，即人民有权根据某些客观事实来判断行政官员是否违反法定职责的基本要求。也就是说，虽然对行政官员在领导不力等失职行为中的主观心理状态往往难以准确认定，我们却可以根据人民主权原则的基本要求，尝试采用"将主观状态客观化的认定标准"，即通过法律预先设定行政官员对公共利益造成损害或损失的事故或事件具有过失责任，同时也设定免责理由，对于行政官员能够在法定范围内提出抗辩理由的，给予免责，否则将要推定其存在危害公众或者公共利益的失职行为而受到相应的制裁。

概而言之，行政领导责任中的过错要件，本质上是一种基于职责要求的推定过错。为了降低对行政官员主观过错程度认定的难度，采用前述将主观认定标准客观化的尝试，将不仅有利于最大限度地保护公共利益，实现对行政官员职务行为严格而又严密的监督和控制，同时也符合对问责制进行有效规制的预期目标。

(三) 损害结果

"无损害则无责任",即没有损害结果,行政官员的领导责任就无从谈起,同时客观化的损害结果对于行政官员过错程度亦具有反证的效果。可见,损害结果要件在行政官员领导责任构成中具有至关重要的地位:不仅构成问责的逻辑基础,同时对于确定问责的范围和方式也意义重大。所谓问责语境中的损害结果,是指因责任主体一定的行为或事件使人民权益和公共利益遭受的不利影响,并具备以下两个方面的特质。

1. 确定性

确定性要求引起行政官员领导责任的损害必须是一个确定的事实,正如有学者所言:"从归责上看,损害事实必须确定,才能对因果关系和过错问题作出判断,进而确定行为人的责任问题"[1]。确定性是损害结果要件最基本的要求,具体包括以下两个要点。

(1) 关于损害的客体。问责语境中的损害是指对公共利益和人民权益的侵害。与一般侵权行为是对特定人造成的损害不同,行政官员失职行为是有悖于民意的,对人民整体、共同利益的侵害。公共利益和人民权益就是一个无法精确化的法律术语,具有较强的包容性和开放性。实践表明,"如果公民个人的正当利益遭到任意剥夺,那么最终的结果必定是公共利益的虚置或弱化,甚至是公共利益遭受肆意践踏"[2],同时,公共利益具备的公共性特征决定了公共利益至上性的特质。故在问责实践中,只要发生了对政府公信力和权威产生不良影响或者动摇人民信赖基础的客观事件,理论上都可以将其理解为是对政府权力的授予者——人民享有的合法、正当权益的损害,即对公共利益的损害。当然这种损害往往可以转化为能够通过货币计量化的、给人民生命财产和公共财产造成的实际损失。

---

[1] 王利明:《侵权行为法归责原则研究》,中国政法大学出版社 2004 年版,第 169 页。

[2] 参见陈国权等:《责任政府:从权力本位到责任本位》,浙江大学出版社 2009 年版,第 18 页。

（2）损害结果必须是现实已经发生或者必然发生的，未来可能发生但又不能确定的损害，或者纯粹臆想或虚构的损害均与确定性的含义相悖。故只有发生了对公共利益和人民权益造成损害的客观事实或者由于决策失误等事件必将给公共利益造成损害的，才符合确定性的基本要求。鉴于问责旨在规范和引导行政官员领导权力的合法、合理行使，从而达到保护公民的合法权益、维护社会秩序稳定发展的目标，故即使行政官员的失职行为尚未造成实际损害，只要该行为具有足以造成损害的危险，也应当属于问责制予以规制的损害范围①。

2. 严重性

诚如哈耶克所言，"要使责任有效，责任就必须是明确且有限度的，而且无论从情感上讲还是从智识上讲，它也必须与人的能力所及者相适应"②，尽管问责是在高于法律监督和纪律监督基础之上的、对行政官员更深层次的监督，但是鉴于人自身理性能力的有限性，如果期望行政官员能够对所有的事情都负责，这种苛刻的要求必将严重挫伤行政官员行使职权的积极性，行政官员对什么都负责同时也就意味着其对什么都不负责，况且行政官员的频繁更迭也会对管理秩序产生巨大的破坏力，最终的结果只能适得其反。因此，作为行政官员领导责任构成要件的损害结果必须同时受到"度"的约束，即损害结果必须在量上达到一定程度，才足以启动问责制。

理论上，只有当行政官员所辖地区或部门出现决策失误或者重大事故（或事件）以致给公共利益和人民权益带来重大损害、给人民生命财产带来重大损失或者严重影响时，才符合问责"度"上的要求。但"重大""严重"本身作为不确定的法律概念，无疑会令原本就抽象化的人民权益和公共利益概念本身变得更加"扑朔迷离"。因此，实践中，切实补

---

① 参见胡建淼等：《领导人行政责任问题研究》，浙江大学出版社 2005 年版，第 80 页。

② ［英］弗里德利希·冯·哈耶克：《自由秩序原理》，邓正来译，上海三联书店1997 年版，第 99 页。

充评价损害结果的客观化标准就显得十分必要，比如造成损失之大小、行政官员主观恶性程度、危害发生之地域范围以及民众的反应程度（民意的需求）等，都将有助于限缩问责主体的裁量空间。

（四）因果关系

1. 对因果关系的理解

所谓因果关系，是指损害结果与造成损害结果原因之间的关联性，它直接构成归责的逻辑前提和基础。与哲学上的研究旨趣不同，"法学视角下的因果关系研究主要是围绕如何寻求为损害结果承担法律责任而展开，旨在为认定、追究法律责任提供客观基础，它在研究方法上更多地依赖于社会经验法则，研究对象上着重于造成损害的外因的考察，其对因果链条的截取标准上较之一般哲学意义上的原则掺有更多的主观因素，为了适应社会公正及法律政策上的需求可能会对依据哲学标准确定的因果关系产生一定程度上的扩张和限缩"[1]。可见，确立因果关系的实质，目的就在于要将法律责任范围限定在一种合理、适度的空间之内。如何认定因果关系，无疑将直接影响到对行政官员领导责任认定与追究的宽严程度。

事实上，对于因果关系理论的探讨，一直以来都是各国学者孜孜不倦研究的议题之一，并已经在理论上形成了包括条件说、原因说、相当因果关系说、直接因果关系说、必然因果关系说等诸多学说。虽然上述学说在对因果关系认定上采用不同的分析路径，但在实现对受害人合法利益损害之补救的基本目标方面是相同的。而问责却是期望通过对行政官员领导责任的认定和追究以规范和引导行政官员合法、合理行使领导权力，关键在于约束责任行为、整肃吏治，责任行为导致的结果只是一个附带的考量因素罢了。由此，不同目标导向下的因果关系理论必然要有所区别。作为行政官员领导责任构成要件之一的因果关系必然会在传统因果关系理论基础上作出适当的调整，以秉承问责制设立的初衷："一方面，问责制可以确保责任成为抵制权力扩张的手段，在权力行使的每

---

[1]　参见朱新力：《行政法律责任研究》，法律出版社2004年版，第160—161页。

一过程，只要越轨就会被责任所制约；另一方面，通过对权力的制约和保护，使权力更加正当、合理并真正服务于公共利益"①。

2. 对因果关系的判断

因果关系是连接责任主体与损害结果的纽带，是责任主体承担责任的基础和前提。而问责语境中的行政官员，对决策失误或者某些客观事件（或事故）的发生承担领导责任，乃是基于行政官员（主要是行政首长）对外负总责的管理体制。虽然行政官员并未直接作出对人民权益和公共利益造成损害的侵权行为，鉴于行政官员处于宏观领导者的特殊地位，为了给权力的授予者——人民一个交代，特别是当某些客观事件（或事故）的发生已经严重影响到人民的信任时，根据权责一致的基本原则，由处于位高权重者的行政官员来承受人民的谴责和制裁，既符合人民主权原则的根本意旨，也有助于强化行政官员的授权责任和管理压力，使其不仅要做到严于律己，正确授权，而且要严于律他，善于监督。

因此，为了充分保障问责制整肃吏治功能的发挥，对行政官员领导责任认定与追究中的因果关系应当作扩张理解：只要所辖地区或部门出现决策失误或者发生重大事故等严重损害公共利益、人民权益的客观事实，我们都可以反向推定是由行政官员（主要是行政首长）领导不力所致，即行政官员这种失职行为与损害结果发生存在一定的因果关系。但在实践中，上述事故或事件的发生往往是多种原因共同作用的结果，行政官员领导不力可能只是其中一个原因，而且可能并非根本原因或主要原因，但是为了充分体现出领导责任是高于法律责任和行政责任追究机制基础之上的、对行政官员更深层次的监督制衡机制，对构成行政领导责任中的因果关系应作适度宽松的理解，只要行政官员所辖地区（或部门）已经或必然发生给公共利益和人民权益带来重大损害的客观事实，而这种客观事实又可以推定为是由该行政官员领导不力所致，不管行政官员领导不力是否构成造成上述损害后果的必然原因或根本原因。只要

① 参见陈国权等：《责任政府：从权力本位到责任本位》，浙江大学出版社2009年版，第7页。

两者具有逻辑上的关联性，人民就有权问责于该行政官员。可见，虽然行政官员领导不力的失职行为与损害结果之间的逻辑紧密度并不影响因果关系的成立，但对"领导不力"的界定也绝不是漫无边际的，毕竟行政领导责任本身还是一种有限责任，行政官员（主要是行政首长）对外负总责其实隐含着一个最为基本的前提：行政官员仅对所辖公共事务对外承担领导责任，对超出其监督、支配权限范围外的其他事项当然不应负责，比如由意外事件、不可抗力等事件引发的重大损失，这显然已在行政官员所能掌控的职权范围之外。鉴于行政领导责任是一种适用于特殊过错推定原则的严格责任，行政官员免责的范围不仅应当有限，而且需要由法律事先作出规定，即行政官员虽然有权提出抗辩理由，但仅能在法定范围内得以免责，否则仍要受到相应的制裁。总之，行政官员领导责任中因果关系的认定是将客观事实与法律价值综合考量的结果。鉴于责任主体作为所属地区（或部门）总负责人的特殊身份，我们对领导不力的失职行为与损害后果的认定无法只做纯粹的逻辑推论，而要本着维护社会公正之心，特别是要坚守"权为民所用、利为民所谋、情为民所系"的宗旨。同时，考虑到因果关系理论的复杂性和丰富度，对于因果关系的认定，还需要结合个案综合考量，尤其在问责事件经常处于多因一果、多因多果的情形之下，"实事求是""具体问题具体分析"就显得愈加必要了。

第四节　行政问责的基本构成要素

问责的主体、对象、范围、程序、方式及其适用共五大方面的内容，构成行政问责制的核心要素，是确保问责制得以顺利运转的必要组成部分。鉴于问责对象在本章有关构成要件之责任主体要件中已作论证，故此处不再赘述。

一、问责主体

问责的主体旨在解决"由谁问责"的问题，即当出现问责事由时，有权追究行政官员领导责任的个人和组织的统称。可见，问责主体揭示出行政官员应当对谁负责的基本逻辑，问责主体的广度和深度直接决定了问责制是否符合民主政治的基本要求以及公权力运行的基本逻辑。鉴于行政问责旨在通过民主框架下的权力制约机制以真正促成执掌权力的行政官员为民负责的行政伦理，问责主体理应具有较强的"人民性""突出的坚定性"以及具有"足够的独立性、信用和权威"，同时，不同的利益群体在行政过程中对行政官员形成的不同的价值期待和诉求，又决定了问责主体广泛性的特质。当然，多元化的问责主体基于自身问责权限的不同又会表现出差异性的问责能力。

根据问责主体与问责对象之间是否具有隶属关系为标准，问责主体可以细化为两大类：发生于同一系统内部的同体问责以及系统外部有权主体发起的异体问责，前者主要发生于行政系统内部，具体包括上级行政机关对下级行政机关的问责以及包括行政监察机关、审计机关、政府法制部门、政府督察部门等专门性行政机构启动的问责；后者主要是指包括社会公众、民主党派、司法机关以及新闻媒体参与的问责。可见，由于同体问责发生于具有上下级领导关系的同一系统内部，虽然具有权威有效、方便快捷的优势，但其侧重于内部问责、强调自我约束的特质又注定了其"发展动力"不足的宿命，正如有学者所言，"问责制应当重在异体问责，离开异体问责的问责制是苍白无力的、缺乏持续性的问责制"①。区别于同体问责，异体问责作为来自于系统外部的监督方式，显然是一种更具公信力、更加有效的问责方式。

此外，需要特别说明的是，鉴于我国的特殊政治国情，行政官员往往兼具党内职务，根据"党管干部"的基本原则，共产党亦有权参与问责，主要通过两种方式，一种是共产党以问责发起主体身份参与问责发

---

① 杜钢建：《政治问责制重在异体问责》，《中国经济时报》2003 年 5 月 26 日。

起程序，具体表现为地方党委、组织部门以及纪检部门等党的机构有权在法定权限内向问责启动主体提供问责信息来源，只不过这种"软约束"通常具有"刚性"效果，党的机构往往能够在问责发起程序和问责程序中发挥主导性的关键作用；另外一种则表现为党内问责，即执政党直接对党员进行问责，根据《中国共产党问责条例》的相关规定，对于违反党章和相关党内法规，不履行或不正确履行职责的，党组织的法定机构有权对其进行制裁，但问责客体为该官员基于党内身份享有的职务和级别，此时党的机构是问责发起主体和决定主体的有机统一。可见，如果在法定问责范围内，依据党内法规等相关规定，所涉行政官员因其党内身份也应受到党内问责的，党内问责对行政官员的制裁并不能抵消国家法定问责机构对行政官员作出的问责决定，毕竟这两种问责方式因其客体的不同并不构成竞合关系。

二、问责范围

问责范围旨在解决"问什么"的问题。根据"权责一致"原则的基本要求，因为权力与责任相伴而生，完全对等，公权力的行使存在边界同时也就意味着对行政官员的责任承担划定了界限。而问责作为对行政官员尚未达到违法违纪程度但却存有瑕疵的失范行为的监督和制约机制，显然是在高于法律责任和行政责任基础之上的、对行政官员更为严格的治吏机制。根据人民主权原则的基本要求，尽管问责制必须时刻以"人民意志和公共利益"为依归，但过于苛刻的问责制不仅有悖于行政官员领导行为原本就应当具有的灵活、应变的特性，而且由此引发的行政官员过于频繁的更迭也必然会给国家宪政秩序的稳定带来巨大损害。显然，若将行政官员的所有瑕疵行为都纳入问责的范围，结果只会得不偿失。故问责的范围只能是特定的，且必须与问责对象担负的使命相匹配。问责的范围既不能太窄，否则会降低其固有的价值；问责的范围也不能太宽，否则也将会对问责应有功能的发挥产生消极影响。即问责的范围必须宽严适度，以填补行政官员的权力行为尚未引起法律责任和纪律责任，但却存在过失或不当时无规范得以援引的真空，以实现对执掌权力的行政官员全方位、无缝隙地监控。具体来说，问责的范围应当而且必须与问责机制所应当承载的使命保持高度的一致。一方面，引发问责机制的事故和事件造成的损害后果必须在量上达到一定的规模，这其实也是比例原则对成本高昂的问责程序的启动隐含的内在要求；另一方面，虽然行政领导权自身宽泛性的特点决定了问责主体在个案中较易实现对所涉行政官员存在领导不力等失职行为的反向推定，但基于特殊过错推定原则的基本要求，对失职行为的认定必须同时以行政官员未履行或者未妥善履行的失职行为能为其自身所控制或者在其主观意志能力范围内为限，同时，行政官员仅能在法定抗辩理由范围内得以免责而已。可见，科学、合理的问责范围具有"双刃剑"效果：可以借助问责制的权威实现对执掌公权力的行政官员们扩展权力"本能冲动"的约束，迫使其以人民意志和公共利益为重，对人民负责，从另一角度来说，有限的问责范围又降低了行政官员们从政的风险，并有助于防止问责主体问责权的滥用进而达到保护行政官员合法权益的目的。

三、问责程序

所谓问责程序，是指问责主体在对行政官员进行问责时应当遵循的方式、步骤、时间和顺序的总和。可见，缜密、完备的问责程序对于确保问责过程的正义性，保证问责的公平和效率，进而实现问责主体与被问责官员间权利义务的平衡，具有不可替代的重要价值。根据正当程序原则的基本要求，问责程序的基本构造应当包括以下四个方面。

1. 启动阶段。这是问责程序的起始环节，决定着后续问责程序能否开展。启动程序应当包含依申请启动程序和依职权启动程序两种情形，前者主要指社会公众等异体问责主体在法定权限内向问责启动主体提供问责线索来源以申请问责，后者指问责启动主体直接发现符合问责范围的事件时，有权在法定管辖范围内直接启动问责程序。

2. 调查阶段。该阶段是指问责主体依法全面收集各种证据，查清问责所涉事实是否存在，并在核完有关事实之后（包括失职行为性质、情节和危害后果等要素），提出初步处理意见。在调查过程中，问责主体应采取检查、审查和听取意见等方式全面掌握案情，认定证据事实，以避免问责权力的恣意和专断。

需要特别说明的是，鉴于在实践中，造成符合问责情形的原因往往非常复杂，所涉行政官员是否存在失职行为经常难以准确认定，为了最大限度地保护公共利益，并切实发挥问责制的治吏功能，在调查阶段，举证规则应当具有一定的特殊性。行政官员是否承担领导责任适用"疑过从有"原则，即行政官员要对其存在法定抗辩情形承担举证责任。也就是说，基于特殊过错推定原则的基本要求，问责案件中的所涉事实主要包括两类：对启动问责程序的信息来源的真实性进行调查，比如对公民检举材料、新闻媒体报道真实性的调查；对所涉行政官员是否存在法定抗辩事由进行调查。对于后者，行政官员在提出存在法定抗辩事由的同时必须辅以相关证据，问责启动主体原则上不主动对问责个案中行政官员是否存在法定抗辩情形进行调查。对于是否符合法定抗辩情形，原则上，问责启动主体仅以审查行政官员提供的证据为限。因此，对问责发起主体提供的问责线索来源经查证属实的，原则上应当追究所涉行政官员的领导责任，除非行政官员本人提出法定抗辩理由得以免责的；而对于行政官员本人未提出法定抗辩理由，或者虽然提出抗辩理由但不符合法定要求或者经审查认为提供证据不充分或不属实的，行政官员仍要受到相应的制裁。

3. 决定阶段。该阶段是指问责决定主体根据调查结果，对问责对象作出是否问责的判断。若符合问责构成要件，问责决定主体在作出最终问责决定之前必须认真听取所涉行政官员的陈述和申辩，即被问责行政官员享有陈述申辩权。保证行政官员陈述申辩权的有效行使是问责主体的义务，除非所涉行政官员明确、主动提出放弃陈述申辩权利的。对行政官员的陈述和申辩，其中合理的部分问责决定主体必须予以采纳，而未经采纳的部分，问责决定主体应当说明理由并告知所涉行政官员。问责决定主体绝不能因所涉行政官员行使陈述申辩权而加大制裁。此外，问责决定主体在选择问责方式时，应当重点对问责对象是否具有责任豁免与责任减轻等情节予以考虑，以确保最终责任的认定与其主观过错程度相适应。

4. 申诉阶段。该阶段是指当问责对象对问责决定不服时，有权在法定期限内向问责决定主体提出申诉，请求复审。复审的主体应当是问责决定主体的上一级领导监督机关，审理方式可以以书面审理为主。正如行政行为具有公定力，问责决定一经送达即为生效，对当事人具有约束力理所当然，在未经法定程序由法定机关撤销或改变之前，任何机关、组织和个人均应当对其表示尊重。也就是说，即便行政官员提起申诉，申诉期间也并不影响问责决定的效力，当事人必须严格执行，显然这是树立问责决定机关权威以及维护干部正常管理和监督秩序的必要手段。对于复审机关经审查认为原问责决定不适当而作出撤销或变更原决定，但原决定确已执行的，问责决定主体则应当对所涉行政官员采取相应的补救措施甚至承担赔偿责任。

四、问责方式及其适用

行政问责的方式及其适用直接决定了问责制能否在实践中真正发挥其整肃吏治、以儆效尤的基本功能。所谓行政问责的方式，是指行政官员因承担消极意义上的领导责任而受到的具体制裁。理想状态下的问责方式应当呈现出体系化特点：不同问责情形适用不同的问责方式，而这些问责方式之间又能软硬搭配、刚柔相济，以形成前后相续而又严密细致的逻辑体系，同时，为了真正实现问责旨在"给权力的授予者——人民一个满意交代"的美好初衷，问责的方式应该具有足够的"震慑力"。但要注意的是，尽管我们需要强调问责制的制裁功能，但制裁仅仅具有工具的效用，问责方式更应当突出其独具的更深层次的民主价值功能，即问责方式的选择应当更多地突出其对行政官员纠偏纠错的作用，从根本上促成行政官员鞠躬尽瘁"执政为民"的为官理念。基于此，鉴于行政领导责任乃是对民主政治体制下基于民意的信任而任职的行政官员因其履职不力而承担的不利后果，故具体问责方式只能以其任职资格为限，并要随其受信任降低程度的不同而有所区别，具体包括政治道歉①、引咎辞职②、责令辞职③以及免职④四种形式。

所谓问责的适用，是指问责主体依法判断所涉行政官员是否应当被问责以及应当采取何种问责方式进行问责的专门活动。鉴于实践中引发问责的事件往往非常复杂，所涉行政官员的过错大小、造成的损失以及影响程度、主观过错与损害结果的因果关系等要素在具体问责情形下又是如此千差万别，法律本身的固有局限性决定了法律无法对上述现实作出面面俱到的规定，而只能为其设定一个最为基本的框架而已。故对于实践中问责个案的具体适用，大多情况下，都需要借助问责主体具有的法定裁量权根据具体案件事实进行综合权衡，在充分考虑包括损失大小、

① 所谓政治道歉，是指行政官员通过大众传媒或者其他途径，因履职不力而在一定范围内以特定方式公开地向公众表达歉意，以争取公众原谅的行为。根据动力来源的不同，政治道歉又可以分为行政官员主动公开道歉以及被动公开道歉两种方式，对于符合问责条件，但是行政官员未主动进行道歉的，问责决定机关有权责令具有问责情形的行政官员在法定范围内以特定方式向特定范围内的公众公开致歉。

② 问责语境中的引咎辞职，是指行政官员认为自己存在失职行为而使其丧失了担任公职的民意基础，从而主动向法定机构提出辞去现任领导职务的一种问责方式，可见引咎辞职更多地体现为一种道德责任，"其本质特征就在于行政官员的主动性和自愿性，虽然往往存在外在因素的制约，但仍以官员内在的判断和选择为主"。（参见毛寿龙：《引咎辞职、问责制与治道变革》，《浙江学刊》2005年第1期）

③ 所谓责令辞职，是指问责决定机关根据问责情形，认定所涉行政官员已经不再适合担任现职，要求或者命令其辞去现任领导职务的行为。

④ 作为一种最严厉的问责方式，所谓免职，是指问责决定主体根据问责情形，认为所涉行政官员已经不再适合担任现职，作出直接免去其现任领导职务决定的行为。虽然免职与责令辞职均为强制性的问责方式，所涉行政官员最终都要因此而丧失任职资格，但在运行机理方面却有不同：免职决定一经作出，即为生效，所涉行政官员任职资格即被剥夺；而责令辞职决定本身却是对所涉行政官员设定的义务，该官员是否丧失任职资格还需要借助于其是否按照责令辞职决定的要求履行申请辞职义务。

影响地域范围、主观过错程度、民意的需求等事实因素后作出最终的问责决定。可见，为了确保问责制的良性运转，精英化的问责主体、合理的问责范围、缜密、完备的问责程序以及科学、公正的问责方式，任何一个要素都无法或缺，不过这也仅是达至公平问责的必要而非充分条件而已。

第五节　行政问责法治化的目标构成和实现路径

一、我国行政问责的发展和出路

任何良制产生的背后都有着深刻的内在逻辑。行政问责在我国大陆地区的兴起与发展不仅有着鲜活的现实基础，其蕴含的深刻理论基础也充分证明了法治化努力的逻辑必然性。

（一）行政问责在我国施行的必然

尽管行政问责在我国大陆地区的兴起表面上源自"'非典'疫情肆意蔓延"对中国政府治理能力特别是危机处理能力的深层次拷问，但其蕴含的内在价值却彰显出这一非常时期的非常举措在中国政坛的施行已是必然，"非典"仅仅起到了"催化剂"作用。

首先，实现与市场经济发展相适应的政府职能转变构成问责在我国大陆地区兴起的潜在动因。经济基础决定上层建筑，当市场化改革目标成为我国以"经济建设为中心"战略部署的重大决策并付诸实施之后，伴随着市场经济的深入推进，政府必须随之转型与经济发展相适应：一方面政府要为市场经济体制的发展和完善提供必不可少的权利保障和公共物品，另一方面政府又必须能迅速回应社会需要、维护社会公平、实现公共利益、创造公共价值。显然，问责制正为民众得以敦促政府切实贯彻为民服务的根本宗旨提供了突破口。其次，西方诸国发起的以"善治"为目标的政府治道变革为问责在我国的兴起提供了重要的助推力。所谓善治，就是使公共利益最大化的公共管理过程，其本质特征就在于它是政府与公民对公共生活的合作管理①。而以善治为目标的政府治理结构的重塑，强调追求社会公平与维护公民权利，要求行政更加透明、公开，对公众更有责任和回应性的本质②，只是基于各国政治体制以及经济文化等社会背景的差异性和特殊性，不同国家采取的改革策略可能有所区别③。在世界政治经济一体化的今天，随着各国先进思想和理念的不断融合，我国政府改革的脉动不可避免地受到全球化政府改革浪潮的影响。同时，我国政府在执政党的领导下自省式地自我改革与完善，实际上构成问责制在我国得以顺利推行的直接动因。虽然与西方诸国社会转型模式和法治发展道路不同，中国政府变革的主要动力源于政府，但是改革开放后的中国政府不断放松管制、走向治理并提供优化服务的发展轨迹，再一次验证了这一独特的中国模式对于实现我国经济和政治转型的决定性意义。特别值得一提的是，自2003年以来，我国新一届中央领导和政府更加注重以人为本，更加强调执政为民、为民负责的执政理念④，无疑为问责这一强有力的治官治权机制中国化的过程提供了充分的养料和直接的动力源泉。最后，我国大力推进法治政府建设，建设法治国家的基本国策为问责制在我国的确立、发展与完善提供了强有力的支撑与保障。

---

① 参见俞可平主编：《善治与治理》，社会科学文献出版社2000年版，第8—9页。

② Robert D.Behn,*Rethinking Democratic Accountability*,Washington D.C.：Brookings Institution Press,2001,p.22.

③ 比如英国政府为提升政府管理的责任性而采取"三步走"改革模式，具体包括颁布《部长级官员守则》以强化部长的政治责任、颁布《公民宪章》白皮书以推行服务承诺责任制以及颁布《政府现代化白皮书》以强化政府为民服务的能力；美国政府则通过采取建立监查长办公室（Coucil of the Inspects General on Integrity and Efficiency）、政府伦理办公室（Office of Government Ethics）等措施来保证政府官员的公共责任，等等。

④ 比如胡锦涛总书记曾在讲话中多次强调"权为民所用、情为民所系、利为民所谋"以及"立党为公、执政为民"的基本思想，而温家宝总理也分别在不同场合提出"坚持以人为本、执政为民，建设人民满意的政府"的基本要求、"为民、务实、清廉"的行为准则以及"建设一个行为规范、公正透明、勤政高效、清正廉洁的政府，建设一个人民群众满意的政府"的基本目标。

借助法治的优越性为问责机制的运行提供最为可靠的基础框架，将构成我国问责机制得以良性发展的根本出路。

（二）行政问责对法治的呼唤

2003 年"非典"成为问责正式进入我国大陆地区的标志性事件。短短十余年间，从个案式权力问责到常态化制度问责的转变，已经在我国别具本土特色的问责发展轨迹中清晰地显现出来。2009 年 5 月，党中央和国务院联合颁布了《问责暂行规定》，这是我国第一部能够在全国范围内适用的、较为全面系统地对问责机制作出具体规制的专门性规定，它的出台标志着我国问责发展已经进入了一个全新的阶段：告别风暴，走向理性已经成为不可阻挡的历史潮流。2016 年 7 月，《中国共产党问责条例》生效施行，这即剑指管党治党政治责任的党内法规的出台，初步实现了对党员领导干部问责的规范化和制度化，充分体现了新时期我国全面从严治党的重要制度遵循。

然而，单纯的制度化并非问责制发展的终点。问责的制度化仅仅构成问责发展中的表象需求，因为形式上的制度化很容易走向实质意义上的专制化。特别是在中国当前独特的政治环境和现实背景之下，虽然问责制已经在我国由执政党和政府主导的变革模式中借助执政者的权威达至立竿见影的效果，但随着问责制在我国的推进，这种模式本身对具体掌权者既得利益的冲击极易使问责制的运行陷入动力不足的宿命。我们显然不能消极地等待问责所需要的各种条件在漫长的社会演进过程中自发产生，相反，我们却可以借助外力的作用强制发展并完善诸如西方国家为确保问责的良性运行所需要的内在条件、运行条件以及外部环境条件的建设，正如苏力教授所言，"即使是在西方一些国家通用的法律或做法，如果与本土的传统习惯不协调，就需要更多的强制力才能推行下去"①。毫无疑问，法律在法治国家所具有的至高无上的权威就恰恰为我们提供了突破口。因为在现代法治国家，"法律是主权者意志的体现，是

---

① 参见苏力：《法治及其本土资源》（修订版），中国政法大学出版社 2004 年版，第 14 页。

众人智慧的结晶，是国家公共权力赖以建立和运行的准则和根据"①，法律本身所蕴含的道德性②以及至高无上的权威性，使其对行政权力乃至政治权力的制约功能以及对公民自由权利的保障功能得以充分发挥，这也是包括政策在内的其他各种常态化的制度形式无法替代法律的根本原因所在。

用法治来"治官""治权"，不仅意味着权力的运行必须服从法律，特别是在权力发生异化时，依靠法治来落实对掌权者责任的追究，这是规范和限制政治权威，真正实现法治目标的根本保障。"尽管在某些国家，可能并不需要专门制定针对问责的法律，因为长期以来形成的稳定的权力机构中已产生了各种有效的制衡机制与敏捷的反应机制，问责问题能够通过逐渐形成的一个个相应的制度系统得以解决"③，但我国的社会形态与历史发展中却包含很多特殊性。问责这一具有鲜明的民主特质的治吏机制中国化的过程必然彰显出鲜明的中国印记：在中国，确保问责制得以良性发展的根本出路就在于实现问责法治，即借助法律的权威为问责制的建构、运行规则和程序设定最为基础和稳定的制度依据，并确保其得以良好的实施，这才是适合我国国情的特色发展之路。

---

① 胡旭晨、蒋先福：《法理学》，湖南人民出版社 2001 年版，第 377 页。

② 如美国著名学者富勒认为，法律应当具有以下几种基本特征：一般性、公开性、不溯及既往、清晰性、不要求不可能之事、稳定性、一致性，参见［美］富勒：《法律的道德性》，郑戈译，商务印书馆 2005 年版，第 46—47 页；而英国学者拉茨则认为，能够实现指导人们行为的法律必须具备下列品格：所有法律应公布于众，且不溯及既往；保持相对稳定；具体法律的制定应当遵循公开、稳定、清晰和一般性的规则；确保司法独立；自然正义诸原则必须得到遵守；法院应对立法及行政活动拥有审查权；诉讼应当易行；遏制犯罪机构所拥有的自由裁量权不得侵蚀法律。（参见［英］约瑟夫·拉茨：《法律的权威》，朱峰译，法律出版社 2005 年版，第 187—189 页）

③ 冯均科：《审计问责：理论研究与制度设计》，经济科学出版社 2009 年版，第 348 页。

二、行政问责法治化的目标构成

实现法治是人类治理社会的理想模式，而法治化正是我们向这一宏伟蓝图探索的过程。我国虽然不具备西方发达国家几百年来形成的法治传统和文化，但我国极具特色地由政府主导自上而下地建构路径却彰显出后发优势，"政府是法治到来的领导者和主动推动者，法治主要在政府的目标指导下设计形成的，是主要借助并利用政府所掌握的本土政治资源完成的，是人为设计出来和建构出来的"①。当然，政府主导的变革可以在初期借助国家强制力得以卓有成效地实现其预期目标，"权威尤其重要，否则无法有效地进行动员和实现目标，但是真正的权威并不单纯仰仗权力，因为任何社会都需要靠权威来维持，因而也需要维持权威"②。法律尤其如此，"法律如欲成为法律，不能仅仅表示一个权威机关的意志，这个权威机关之所以令人尊重，仅仅因为它是根据自己所能运用的强制权力；反之法律必须符合某种更为正当有效的东西"③。鉴于此，法治化作为我国问责制得以良性发展的必然选择和根本出路，其要义应当立足于法治所不可替代的优势，通过深入剖析我国当前的本土环境以及现实需要来获得。法治化的要义不仅为探索中国特色法治化发展路径提供了充分的理论支撑，其实更是在理论上充分印证了法治化作为我国问责制最终发展方向的逻辑正当性。

(一) 问责法治化的根本意旨：实现理性

作为人类社会共同的财富和追求，法治被公认为现代国家最为理想的治国模式。

关于法治独具的理性特质的认识，早在亚里士多德提出的法治治国论主张时就已经被深刻地阐释，"崇尚法治的人可以说是唯独崇尚精神和理智的统治的人，而崇尚人治的人则在其中掺入了几分兽性，因为欲望

---

① 参见蒋立山：《中国法治道路讨论》，《中外法学》1998年第3期。
② 参见季卫东：《法治秩序的建构》，中国政法大学出版社2000年版，第53页。
③ 龚祥瑞：《比较宪法与行政法》，法律出版社1985年版，第320页。

就带有兽性，而生命激情自会扭曲统治者甚至包括最优秀之人的心灵。法律即是摒弃了欲望的理智……所以法治比任何公民的统治更为可取。"[①] 法治是理性催生到一定阶段的必然产物，是现代社会政治文明的重要组成部分，正如有学者揭示的，法治是人类社会解决政治问题积累的经验，法治作为一种特殊秩序的类型，不仅仅是法律的内在优长，而且是人类交往中的一种善德，通过限制专断的权力，使之服从法律统制，通过确定性，可预测性等引入社会生活，法治让每一个人成为能为自己的行为负责的人，拥有自主和尊严的人，使社会成为"自由人的联合体"[②]。由此，法治独具的理性特质对于问责的贡献主要体现在三个方面：（1）明确性。这是法律之所以能成为良法的最基本要素，也是法治区别于恣意人治最易识别的特征。问责法律应当首先符合明确性的要求，对由谁问责、问谁之责、怎样问责、在何种情况下问责等确保问责制得以顺利运转的基本要素作出严密而又细致的全方位规定，尽量避免使用一些不确定的法律概念。这是确保问责的稳定性和连续性，增强问责的可预测性，彻底根除人治弊端并杜绝问责随意性最为根本的路径。（2）科学性。问责旨在实现对政府官员领导权的监督和制约，但这种对权力的控制之术应当只在适度的范围开展，即严格遵守权责统一原则的基本要求，不同职务和级别的政府官员享有的领导权不同，其被问责的"度"自然也应不同，两者应当具有相当的一致性。故充分立足于我国的基本国情和现实需要，特别是要区分好我国党政官员之间、正副职官员之间、不同层级官员之间的责任分担及其问责方式，建构科学适度的问责机制成为决定问责能否发挥预期功能的关键性因素。（3）可操作性。可操作性直接决定了该部法律的实施情况，构成问责制能否真正实现法治化的试金石。故尽量细化并量化问责的具体标准，使其具有可操作性，即将问责制中最为核心的技术和方法上升到法治的层面，建构操作

---

① 参见［古希腊］亚里士多德：《政治学》，吴寿彭译，中国人民大学出版社2008年版，第110页。

② 张树义主编：《法治政府的基本原理》，北京大学出版社2006年版，第12页。

性较强的责任追究制度以保证问责机制运行的刚性化，这是保证问责制能够在法治化的轨道上有序运转的决定性因素。

（二）问责法治化的终极目标：确保正义

法治的核心意旨绝非仅仅停留在理性层面，法治对正义的追求贯穿法治化努力的始终。可以说，正是得益于法治与正义的完美契合，使得法治发展成为现代国家治理社会的理想模式。虽然正义有一张"普洛透斯似的脸"，但法的正义包含的实体正义和程序正义两方面的内容。前者强调实体结果的道德性，后者注重通过程序的正当性以确保实体正义的实现，两者相互依托共同熔铸于人类持之以恒地追求正义的努力之中。正如前文阐释的，问责所独具的民主性特质决定了政府官员的一切行为、立场和决定必须时刻以"公共利益和人民需求"为依归，否则人民就享有问责的权利。然而，公共利益和人民需求又是如此不确定的政治术语，人民内部构成上的复杂性和多元化必将使得不同身份和不同地位的公众会因不同的事件或者行为产生不同的问责需求①。从这个角度来看，我们必须承认法律无法精确地预设出具有普世性的并能够精炼出"回应民众所需"这一具有很强变动性的实体标准的基本现实。然而，尽管我们无法在立法上实现对问责制的全面彻底规制，但是我们却能够根据现实需要和实践经验，概括出一些最为基本的、较为原则的刚性标准，作为对政府官员担负的领导责任最低限度的要求，通过划定政府官员在行使职权中不能突破的底线，以监督并控制行政领导权能够在法定的基本框架内良性运行。这种最低限度的正义对于保证最终问责结果的公平和公正显然是大有裨益的。

虽然法治对于实质正义的追究可能只是法律世界的乌托邦而已，可望而不可即，但我们却可以借助程序正义这种被称为"看得见的正义"以最大限度地实现人类对正义的渴盼。法律与程序先天就具有无法割裂

---

① Robert D.Behn, *Rethinking Democratic Accountability*, Washington, D.C.: Brookings Institution Press, 2001, p.5.

的亲密度，"正是程序决定了法治与恣意的人治之间的基本区别"①。"在现代社会中，法律是可变的，可选择的，但这种选择又不是恣意的，无限制的，程序排斥恣意却不排斥选择，程序使法的变更合法化了，使人的选择有序化了"②。问责法治化的精髓就在于此，即通过对程序正义的密切关注，借助于程序正义的桥梁得以无限度的接近实质正义的疆域，通过程序本身所固有的独立价值以消弭难以通过精准的实体规范来限定问责的具体标准所可能招致的不利后果。但要注意的是，程序本身不仅仅只是实现某种实体目的的手段或工具，而是具有独立于结果的内在价值。即程序本身也包含正义性的要求，程序规则本身不仅强调法定化和形式化，而且要能够体现基本的公平和理性精神，因为"仅结果公正是不够的，只有在明白与无可怀疑地被注视下实现的公正，才可称为公正"③。

三、行政问责法治化的路径选择

任何良制从其产生到完善都是一个长期的、渐进的过程。问责尤其如此。事实上，问责这一具有较强政治性的民主控权机制，即便是历经百年以上宪政历程的西方国家，我们也完全找不到能够与我国本土所需的问责之内涵完全吻合的机制。当中国共产党领导下的中国政府已经将问责这一彰显现代民主理念的治吏机制自觉主动地确定为其进一步实现自我完善与改革的路径时，问责与我国本土资源的融合必然伴随更多的本土化的自创式发展。中国特色的问责必须在回应本土所需中实现独特的中国模式的缔造。实现问责法治构成中国特色问责机制发展的终极目标，法治化的征途必然伴随着不断地试错与选择。

---

① ［美］托马斯·潘恩：《潘恩选集》，马清槐译，商务印书馆 1982 年版，第 257 页。
② 参见季卫东：《法治秩序的建构》，中国政法大学出版社 2000 年版，第 18 页。
③ ［美］罗尔斯：《正义论》，何怀宏译，中国社会科学出版社 1988 年版，第 68 页。

首先，最高立法机关应当制定熔铸理性与正义之良法①，这是确保问责法律能够有效实施的基础和前提，更是从根本上增强问责机制权威性和公信力的源泉，当然也是确保问责机制能够在法治轨道上得以良性发展的关键。可见，实现对行政问责的法律规制，是以国家机器为坚强后盾，并利用法律具有的内在道德性、强制性以及权威性的特质，不仅可以规范并统一现有的地方问责制度，克服问责的盲目性和随意性，同时也可以利用法律所蕴含的程序正义的意旨来抵消难以在实体层面实现对政府官员问责机制全方位控制的弊端。因此，理想状态下问责法治化的实现应当就是充分借助于程序正义对问责机制的规制功能，以确保对政府官员领导责任的追究在法治的轨道上运行，即将问责机制中最核心的技术和方法上升到法律基础上，尽量按照正当程序的基本要求，通过设置严密的程序规则以有效地规范对政府官员领导责任追究的全程，确保问责机制能够完全在法律预设的框架内得以良性运行，以彻底摆脱人为因素的恣意干扰。

徒法不足以自行。一部统一问责之良法的制定仅仅解决了我国问责领域有法可依的最为基础性问题，问责法治的实现程度还要取决于已经制定的法律是否能够在实践中得到一以贯之地施行，意即关注问责法律的实施问题，而这正是处于社会转型期的我国在建设法治国家过程中最亟待解决的难题之一。其实，问责制之所以如此高效地发展成为我国政

---

① 纵观我国问责发展的实践轨迹，"政策先行、地方立法先行"的立法模式确实在问责机制发展初期缓解了我国问责实践亟须解决规范化和制度化的客观需求。但随着我国问责实践的不断开展，这种立法模式在实践中所引发的同过不同罚、问责不公、问责不全、问责地方化严重等问题的普遍存在，已经形成一股巨大的冲击力制约着问责机制治吏功能的进一步发挥。我们不得不清醒地认识到：问责机制这一公共物品必须而且只能由中央统一供给，即由全国人大制定统一的问责法是问责机制得以真正实现规范化和制度化的最终归宿，更是唯一出路。事实上，我国十年来的问责实践已经累积的经验和教训也充分成就了制定统一问责法所需的各种现实条件。可以说，我国在国家层面制定统一问责法的立法时机已经相对成熟，理论界亟待立法部门尽快作出破冰之举。

府治道变革的重要突破口，乃是在我国政府主导以及民意诉求的合力推动下强制完成的，但尚不具备良好的政治和行政生态环境却是我国的基本现实，特别是在我国"官本位"思想依旧浓厚的背景之下，问责制在运行过程中频频遭遇困境恰恰反映出这一具有鲜明民主特质的权力制约机制对我国本土资源的"水土不服"。但当问责制已经毋庸置疑地发展成为我国大陆地区不可替代的治吏机制时，时间的紧迫性已经不容我们消极地等待确保问责制得以良性发展的各种民主性要素自发地演变出来，而是要在一个有限的时间里，把问责制发展所需的制度环境和文化以及技术支持尽量地创造出来，把应该完善和改革的东西尽量有步骤、有计划地快速完成，即致力于补充并完善问责制得以良性发展的配套机制，这构成推进问责制法治化的必要保障。

不得不承认，旨在治官治权的问责制先天就与我国长期形成的传统行政文化间存在相当的张力，当问责制借助执政者的自觉探索在我国政坛得以强力推行以来，实际上这种受体与供体的不匹配就一直存在，而且影响并制约问责功能的进一步发挥。因此，借助国家的强制力积极主动地创造能够确保问责法律得以良好实施的各种内在条件和外部运行条件，具体包括根据权责一致原则的基本要求构建明晰化的权责划分机制、实现信息公开与政务透明以保障公众监督权的切实行使、重塑政府官员的问责文化并增强官员的伦理道德意识以提升问责文化的软约束作用以及强化公众参与、培育成熟发达的公民社会为问责机制提供源源不竭的动力源泉，这构成推进问责机制法治化的必要保障。

张　越　　　　中国政法大学法学博士，国务院法制办政府法制协调司副司长。主要研究方向是行政诉讼法、行政复议法，发表论文二十余篇，出版专著二十余部，主要有《英国行政法》《行政复议法学》《法律责任设计原理》《人人享有健康保障》。

第一节 行政复议概要

一、行政复议的概念

行政复议是指行政复议机关依照法定程序，依申请人申请，对被申请人引起争议的行政行为的合法性、适当性进行审查，并作出决定的活动。

从相对人角度看，行政复议是公民、法人或者其他组织认为行政行为侵犯其合法权益，向行政复议机关提出申请，行政复议机关受理行政复议申请、作出行政复议决定的活动。此处的认为，只能是申请人认为，不是行政复议机关认为，也不是被申请人认为。至于行政行为，即原具体行政行为，2014年《行政诉讼法》修订后统一于此。目前对其没有统一的法律界定，争议较大，最高法曾试图作一解释（原"一百一十五条之第一款"），但后来的"九十八条"还是放弃了。

准确把握行政复议制度的完整内涵，应当注意以下方面。

1. 行政复议是现行行政法律体系中与行政诉讼制度并列的行政系统内部的法定救济途径。虽然行政复议机关与被申请人同属行政系统，并且必然地具有行政隶属关系、领导关系或者业务指导关系，但行政复议机关、行政复议范围、行政复议程序等的法定性，决定了行政复议决定效力的法定性。

2. 行政复议是依申请的法律行为。与人民法院行使审判权的原则一样，采取不告不理原则。只有行政管理的利害关系人，即行政复议申请人依法申请，才能启动行政复议程序，行政复议机关无权依职权主动启动。

3. 行政复议是行政复议机关居间解决行政争议的法律制度。行政争议有广义、狭义之分。只有行政主体行使行政管理职权过程中与行政管理对象之间形成的争议，即狭义的行政争议，才属于行政复议解决的争议范围。行政管理相对人相互之间产生的，与行政机关的行政管理事权相关的行政争议，即广义的行政争议，不能直接成为行政复议的对象或者客体。

4. 行政复议力求全面、彻底地解决行政争议。行政复议机关对行政争议的处理暨对被申请行政复议的行政行为的审查，兼顾合法性与适当性，行政复议机关拥有与原决定机关相同甚至更为广泛的决定权，不受原行政行为拘束，优于行政审判中法院的审查地位。

5. 行政复议力求公正、公平、便捷地解决争议。行政复议是国家在行政系统内部为行政活动利害关系人开辟的独立的救济渠道。公正是其存在的生命，公平是实现公正的保障，而便捷则是其制度设计的价值所有。立足大幅度筛减行政争议，避免与行政诉讼同质竞争，是行政复议制度的立身之本。

二、行政复议的性质

探讨行政复议的性质，一种思路是着眼功能。关于行政复议的性质，大致有三种意见[1]：一是行政复议是国家行政机关按照行政职权或行政上下等级的监督关系形成的制度，是行政活动的一种，是行政机关直接、单方面行使行政权力的特殊形式；二是行政复议是一种救济制度，即行政救济；三是行政复议本质上属于准司法行为，基于行政监督，但又不是一般监督，是以公正为最基本要求，由相对人提起，有行政争议双方当事人参与的特殊形式的监督。

另一种思路是从行政复议的外在特点出发，大体有三种意见[2]：一是"行政说"，认为行政复议是一种行政行为，理由是，行政复议是行政机关的活动，仍然受行政权支配并体现行政权性质和特点，复议机关与被

---

[1] 应松年、刘莘：《中华人民共和国行政复议法讲话》，中国方正出版社1999年版，第4页。

[2] 参见李培传：《行政复议概览》，转引自江必新、李江编著：《行政复议法释评》，中国人民公安大学出版社1999年版，第27—28页。

申请人之间是一种行政隶属关系，与申请人之间的关系仍是管理者与管理相对人的不平等关系，与其他行政行为并没有质的区别；二是"司法说"，认为行政复议就其内容而言是司法活动，其过程是解决行政纠纷，形式上具有司法活动的特点；三是"行政司法说"，认为行政复议兼有行政与司法的双重色彩。

无论是司法还是准司法，其核心要求是"公正"。公正是司法的生命。支持公正有两大支柱，一是主持者的超脱性，即主持者在纠纷两造间必须超脱、中立，与双方当事人没有利害关系；二是程序上的严密性，即要有一套严格的程序，以保障公正的实现。学者们建议①：我国行政复议的理想做法是：一要设立相对独立的复议机构，如复议委员会，其中60%的委员应该不是本单位的，甚至不是现任行政官员，要强调行政首长尊重复议机构的决定，当然最终裁决权还在行政首长；二要规定一些基本程序，如书面审理还是开庭审理由当事人选择，开庭审理必须公开，回避程序，申请人可查阅被申请人作出行政行为的必要卷宗等。

严格说来，"行政司法说"等于"说不清说"，无助于揭示行政复议的性质。但纯粹的或者绝对的"行政说""司法说"，似乎也属于极端观点，绝大多数学者都取中庸而有所侧重。如有人认为，行政复议更接近于司法而不同于一般行政行为，把它看作行政行为显然不妥；如同行政立法一样，行政复议是形式上的行政行为，实质上的司法行为②。事实上，这种观点不是对行政复议性质的探讨，而是对形式的行政与实质的行政的探讨：如果以形式标准衡量，行政机关的行为就是行政性的；从实质标准衡量，具有更多司法性的行为就是司法性的，而不论该行为的主体如何。

---

① 应松年、刘莘：《中华人民共和国行政复议法讲话》，中国方正出版社1999年版，第6—7页。

② 转引自江必新、李江编著：《行政复议法释评》，中国人民公安大学出版社1999年版，第29页。

笔者认为，探讨行政复议性质，离不开对行为动机的分析。对行政复议的行政化倾向不满的学者，诉诸对行政复议性质的探讨，得出司法化结论；对行政复议的司法化倾向持疑虑者，则希望通过对行政复议性质的曲线讨论，得出行政化结论。至于引据国外的论据更是如此，其手法无非是根据目的而将国外的相应制度引入为我们的行政复议制度，并据以作为行政复议国际属性的确凿证据。

总之，从中国行政复议的现状看，行政复议是由行政机关借鉴司法程序实施的行政行为。但从行政复议解决行政争议的职能出发，行政复议应具有相当的司法性。关键在于行政复议应当在多大程度上借鉴司法程序。如是，对行政复议性质的讨论已不再是对其实然性的分析，而化为对其应然性的预期了。正因为如此，有学者指出，能否正确认识行政复议性质，直接关系行政复议在我国的发展①。

值得注意的是，《行政复议法实施条例》（2007年第一条）首次明确了行政复议"解决行政争议"的功能，新《行政诉讼法》（2014年第一条）也明确提出行政诉讼"解决行政争议"的功能。同一内容极有可能纳入即将修订的新《行政复议法》，因此，行政复议的司法性，即居间解决行政争议的功能及定性，将成为行政复议性质更为实证化的结论。

三、行政复议的功能

按照现行《行政复议法》（1999），行政复议的功能有三。

（一）维护行政管理相对方个人、组织的合法权益

行政复议既是行政司法制度，也是行政救济制度，其建立的根据在于，当行政管理相对方的个人、组织的合法权益受到行政主体侵犯时，法律为之提供一个行政系统内部的补救途径。因此，在整个行政复议过程中，行政复议机关都应把保护个人、组织的合法权益放在首位。

---

① 应松年、刘莘：《中华人民共和国行政复议法讲话》，中国方正出版社1999年版，第4页。

（二）保障和监督行政机关依法行使职权，防止和纠正行政机关违法或不当的行政行为，坚持有错必纠

行政复议制度是行政系统内部解决行政争议的法律制度，这一根本性特征决定了行政复议制度可以成为，而且应该成为我国行政系统中最有力、最有效的监督手段。

之所以将有错必究原则列为行政复议制度特有的原则，是因为只有在行政复议中，才可能真正做到有错必究，其他监督措施往往只能做到违法必究。同时，行政复议也可以实现对行政主体依法行使职权的保障和监督。即对行政主体合法行使职权的行为，复议机关应加以保障和维护；而这类行为，必然是对其他大多数个人、组织合法权益的保护，二者在根本上是一致的。

（三）保障法律、法规的正确实施

在行政复议中，行政复议机关要严格按照法律、法规办事，对引起争议的行政行为进行全面审查。这种审查，既包括对根据法律、法规作出的行政行为的审查，也包括据以作出行政行为的规章及规章以下抽象行政行为的审查。

但上述"定论"，随着《行政复议法实施条例》（2007）及新《行政诉讼法》（2014）对"解决行政争议"的强调，"解决行政争议"已经上升为中国行政复议及行政诉讼的主要功能，大有涵盖其他传统功能的势头。理性、深入地反思"解决行政争议"的可为空间并以此为统领的意见，似乎并非空穴来风。首先，从申请人角度看，如果其与被申请人的行政争议已经解决，他们的合法权益就已经得到了保护。其次，从被申请人的角度看，如果其与申请人的行政争议不复存在，也就达到了保障和监督其依法行使职权的目的。最后，行政管理双方之间不存在行政争议，正是法律、法规得到正确实施的自然、应然状态。

行政争议又称行政纠纷。从行政管理主体角度理解，是行政机关及其工作人员执行职务过程中与公民、法人或其他组织发生的争议；从行政相对人角度看，则是公民、法人或者其他组织对行政机关的行政行为不服而发生的争议。行政争议本质上是行政管理者与被管理者的意见分歧，是行政权的行使与行政相对人的合法权益的冲突和纷争。行政争议经有权管辖的机关受理后即为行政案件。

行政争议是现代社会不可避免的代价，所以解决行政争议需要有法律的救济手段。行政复议是现代社会公认的解决行政争议的有效法律方法。行政复议以行政争议为处理对象，以解决行政争议、救济公民权利为直接目的。理解行政复议的概念、研究行政复议制度，应当首先从解决行政争议开始；衡量行政复议制度的价值、考核行政复议工作的实效，也要看行政复议解决行政争议的效果如何。

可见，"解决行政争议"完全可以，也应当成为行政复议的首要功能。这一点，在行政复议与行政诉讼的功能比较时，尤其有必要强调：行政复议机关比人民法院拥有更为全面的对下监督权，更应当通过行政复议着力解决行政争议；人民法院则应当更强调行政诉讼的法律监督功能，严格适用法律、法规，依靠司法最终的定位，最终解决行政争议。

四、行政复议的优势

与其他行政监督和救济制度相比，行政复议制度特有的下列优势，是其存在的客观基础。

（一）简便快捷

现行行政复议立法给人最突出的印象，就是力求简便快捷地解决利害关系人与行政主体间的纠纷。口头申请、转送及期间的规定，都是为了突出这一优势。

（二）成本低

行政复议不收费，大大降低了申请方的成本。同时，由于行政争议是在行政系统内部解决的，行政系统本身的运作成本也是最低的。

（三）全面、彻底解决争议

由于行政复议机关对行政争议涉及的无论是法律问题还是事实问题，合法性问题还是合理性问题，抽象行政行为方面的问题还是具体行政行为方面的问题，都拥有与原处理相关相同甚至更大的裁决权限，具有全面、彻底解决行政争议的坚实基础和条件。

当然，行政复议制度上述优势只能说是胜势，不见得就是胜果。要充分发挥这些优势并真正转化为值得广大行政利害关系人信赖并依靠的行政救济手段，还需要克服其内部性所固有且难以割舍的法外用情倾向，努力克服偏私，才能真正实至名归。

第二节　行政复议制度中外比较

一、英国的行政复议制度

严格说来，英国没有系统的行政复议制度，这不仅表现在其没有统一的行政复议法典，更重要的是没有系统的如法院一样的常设复议机构。但是，如果将行政复议理解为由法院以外的公共机构对行政行为实施审查和救济的活动，则英国确实存在这种意义上的行政复议，具体包括：

1. 公共当局的救济，即原级复议；

2. 公共当局所在的行政系统内部上下级之间的救济，即层级复议；

3. 公共当局所在系统以外非法院的其他公共机构实施救济，主要是向行政裁决所提出，即裁判所复议。

从行政救济的角度看，英国行政裁判所大致分为两类，一类是就已经作出的行政决定进行裁判，占的分量更重一些；一类是直接就当事人之间的民事争议作出裁判，属于行政裁判。

值得一提的是，就业裁判所和就业上诉行政裁判所比较特殊，按照一般分类，它们属于行政裁判所，但英国法院认为，就业上诉行政裁判所就是一个公认的法院，位居其下的就业裁判所也是一个在很多方面具有法院属性，因而被 1995 年的一个判例认定为法院。① 根据 2007 年的

---

① A. W. Bradley, K. D. Ewing, *Constitutional and Administrative Law*, Longman 2003, p.387.

（行政）裁判所、法院及强制执行法（the Tribunals, Courts and Enforcement Act），裁判所组成人员的司法定位（judicialrole）得以确认，他们的独立地位因此得以强化（their independent status enhanced）。

2007年的（行政）裁判所、法院及强制执行法（the Tribunals, Courts and Enforcement Act）创设的初级裁判所和高级裁判所。这两个裁判所于2008年11月3日正式成立。特别值得一提的是，英国还成立了英王法院及裁判所服务局（Her Majesty's Courts and Tribunals Service）。这是一个属于英国司法部的执行机构。英国学者信心满满地断言，这进一步（oncemore）加强了（行政）裁判所与政府部门的联系。

此外，体现（行政）裁判所追随法院法官的独立性的最新立法标志，是其成员任何体制的变革：更接近法官的任何体制：2007年的（行政）裁判所法所设立的新裁判所的成员，将由英国裁判所总裁（the Senior President of Tribunals）任命，这是2013年犯罪及法院法（the Crime and Courts Acts）的最新修订，此前这一工作也是由大法官承担的；但高级裁判所的成员仍由英王根据大法官的推荐任命。

（一）原级行政复议

这一概念指由原决定机关对自己的决定进行反省。原级行政复议在英国主要作为行政救济链的最初环节。一个仁慈（humane）的政府体制应当采取措施减轻作为其服务的顾客的国民的不满，这不仅是为了公正，也是为了在一个民主的国家中避免不满的积聚影响行政效能。[①] 但按照自然公正原则，自己做自己案件法官的做法，不会引起英国学者太多关注，故介绍的内容不多。

（二）层级行政复议

层级行政复议，在英国称为行政上诉。英国的上诉（appeal）是一个含义非常宽泛的词，概指所有对原决定不服向有管辖权的机关提出的进一步申请。如向法院上诉、向行政机关上诉、向行政裁判所上诉等。

---

① Sir William Wade, Christopher Forsyth, *Administrative Law*, Oxford University Press, 2000, p.87.

向法院提起的上诉，即司法上诉。英国学者使用上诉一词时，一般不指司法审查，而是指制定法规定的上诉。韦德爵士非常郑重地提醒，英国的司法审查体系与英国的上诉体系截然不同。上诉的权利总是制定法赋予的。[①] 显然，韦德爵士将所有制定法规定的上诉都称为上诉，而不论向法院还是向内政大臣提出。[②]

另外需要提醒国内学者注意的，是行政上诉与司法审查在程序上的排异性：没有行政上诉的权利，并不一定意味着没有寻求司法审查的权利。例如，当英国学者说对给予规划许可的行为没有上诉的权利[③]时，是指没有向部长上诉的权利（a right of appeal to the Secretary of State），不是指不得提起司法审查。对此一定要全面地理解，断章取义有可能从根本上曲解英国行政法的本质。

1. 向部长上诉

这是许多单行议会立法规定的救济权利。如规划法规定，对于拒绝给予规划许可的行为，可以向内政大臣上诉，在某些情况下还可以进一步就法律问题向高等法院上诉。[④] 可见在英国，上诉是个非常普通的动词，其含义并不限于制定法所规定的对合法性问题向法院提出的非司法审查的请求。

至于向部长上诉的法律意义，必须在英国法，特别是英国行政组织法的大背景下理解。这里需要注意三点。

第一，英国是一个处于单一制与联邦制过渡过程中的复合制国家，对于苏格兰、威尔士及北爱尔兰的地方分权，已经使这个国家的中央政

---

① Sir William Wade, Christopher Forsyth, *Administrative Law*, Oxford University Press, 2000, p.33.

② Sir William Wade, Christopher Forsyth, *Administrative Law*, Oxford University Press, 2000, p.77.

③ Sir William Wade, Christopher Forsyth, *Administrative Law*, Oxford University Press, 2000, p.77.

④ Sir William Wade, Christopher Forsyth, *Administrative Law*, Oxford University Press, 2000, p.77.

府体系仅在英格兰一地是上下一贯的（其分离倾向及程度，从 2015 年苏格兰能举行是否脱离英国，实为脱离英格兰的全民公决，可见一斑），除英格兰以外的其他地区的行政当局的行为甚至不直接对中央政府的部长负责，因此也就不存在就其行为向部长上诉的可能。但专门为地方分权而设立的苏格兰事务大臣、威尔士事务大臣及北爱尔兰事务大臣，曾经承担着相当的受理对地方当局的行政行为提出的上诉的职能。

第二，向部长上诉的领域限于单行法规定部长应就其事项对议会负责的领域，如前述地方规划事务。另外一个领域则是与部长所在的部门密切联系的执行机构的行为，如内政大臣对其主管范围内的监狱管理机构。

第三，向部长上诉并非行政系统内的最终救济手段，对部长就上诉所作的决定不服还可以向专门的行政专员或者行政裁判所提出进一步的申诉。至于司法救济途径则可以在所有这些手段穷尽后再提起，当然并没有穷尽所有行政救济手段的要求。

2. 向部长以外的中间机构上诉

例如，根据 1958 年的农业市场法，英国制订了一个牛奶市场计划。该计划包括一个申诉程序：如果农场主对其所在地区的牛奶市场委员会付给农民的价格不满，可以向一个专门负责审查任何针对该计划的实施提出申诉的调查委员会提出申诉，前提是农业部长对此有明确指示。① 另如专门针对受理对警察的投诉而设立的执行机构——警察申诉管理局。②

（三）裁判所行政复议

根据 2000 年《信息自由法》第 57 条的规定，对于信息行政专员的决定可以上诉至信息行政裁判所，并可根据同法第 59 条的规定，进一步就法律问题上诉至高等法院或其分庭。③ 可见，在英国对于行政管理机关的行为，先向有关的行政专员进行抱怨，对该专员的决定不服再向行政

---

① A.W.Bradley,K.D.Ewing, *Constitutional and Administrative Law*, Longman 2003,p.699.

② A.W.Bradley,K.D.Ewing, *Constitutional and Administrative Law*, Longman 2003,p.291.

③ A.W.Bradley,K.D.Ewing, *Constitutional and Administrative Law*, Longman 2003,p.285.

裁判所上诉，对行政裁判所的决定不服的再向高等法院起诉，可以说已经成为行政监督体制的一个通常做法。

由于向裁判所提起的复议与一般的就与行政有关的民事争议提请裁决的案件之间，除了争议的主体一方有行政与非行政之别外，其他方面有诸多雷同之处。

1. 行政裁判所概述

英国行政裁判制度，是与我国行政复议基本接近的制度。行政裁判的主体是行政裁判所，其英文名"Administrative Tribunals"。事实上，具体到每一个裁判所，根据其设立依据的议会立法，有的称为裁判所，有的称为仲裁官（Arbitrator）、局（Au-thority）、专员（Commissioner）、署（Board）、委员会（Committee）、裁判官（Adjudi-cator）甚至法院（Court）。

行政裁判所出现于工业革命之后的 19 世纪末期。英国工业革命在促成了铁路和运输业发展的同时，也在技术和管理两个方面带来了大量专业性问题，出现了大量的行政争议。这些问题和争议，仅靠普通法院法官的法律知识和力量难以迅速有效地加以解决。为此，议会于 1846 年设立铁路专员公署、1873 年设立铁路和运河委员会，以法律形式授予它们解决有关纠纷的权力，从而在普通法院之外逐渐形成了由一名法官主持、另外两名专家参加审理的新的裁判模式。这样，一种专门处理行政争议的行政裁判所就从普通法院中逐步分离出来。

比较系统的行政裁判所体系形成于 20 世纪"福利国"时期。以 1908 年《老年退休金法》和 1911 年《国家保险法》的颁布实施为起点，英国在普通法院之外先后设立大量行政裁判所，比如，土地、租金、国家保险、工业伤害、医疗、租金、运输、移民、专利、商标各类裁判所。

英国行政裁判所是在不同时期下由不同的议会立法分别设立的，因此，具有种类、数量多（至 20 世纪 50 年代已经过千）以及管辖权限、裁判程序、证据规则、裁决文书各不相同的特点。对此，1955 年，议会任命以费兰克斯为首的委员会对行政裁判所制度进行调查研究。1958 年，议会根据费兰克斯委员会的报告，制定了《裁判所和调查法》。其主要内容包括：按照职能改组、合并裁判所；设立裁判所理事会，为议会立法和各裁判所制定程序规则提供咨询，对裁判所成员的任命提供推荐建议，并以向议会提交年度报告的方式对裁判所实施一般监督；裁判所应当遵循公开、公平、公正三项基本原则；裁判所主席一般由受过法律教育的人士担任；当事人不服裁判所的裁决，可以就法律问题向高等法院上诉；裁判所作出裁决必须说明理由。

经过多年调整，目前，英国大约有90多种行政裁判所，共有裁判官15000多人，行政辅助人员8000多人。裁判所管辖的范围几乎涉及所有的行政行为（除部长作出的行政行为由法院管辖外），同时，还管辖一部分与社会福利有关的当事人之间的争议（比如劳动纠纷，但这类争议所占比重较小）。总体上看，通过解决行政争议，为行政相对人提供法律救济，监督和支持行政机关依法行政，是行政裁判所的主要职责。凡是设立了行政裁判所的领域，一般都实行"行政救济穷尽"原则，相对人对行政机关的行政行为不服，应当首先向相关的行政裁判所申请复议，然后，方可就法律问题向法院上诉。

近些年来，英国每年通过行政裁判所处理的案件都在百万件左右，而诉诸法院的案件却为数不多。以2001年为例，英国行政裁判所共处理案件121万多件，而同期向法院起诉的行政案件只有5000件。

行政裁判所的经费预算由各裁判所根据实际开支情况提出方案，由财政部决定。另外，宪法事务部负有保障司法系统包括行政裁判所正常运作的职责，也会关注裁判所的经费需要。从实际情况看，行政裁判所的经费保障从来都不成问题。

2. 行政裁判所的性质

行政裁判所是从普通法院分离出来的主要用以解决行政纠纷的法律机构，同时也受理和裁决一些在相对人之间发生的指定争议。在设置模式上，部分行政裁判所设在相关政府职能部门之下，部分行政裁判所设在宪法事务部之下。虽然行政裁判所设置在行政系统，但是，具有相当大的独立性，主要体现在：

第一，行政裁判所的组织相对独立于行政机关。裁判所由议会法律直接创立，行政机关无权任意创立裁判所。裁判所的主席和成员只能由政府以外的人员担任。其中，裁判所主席一般由宪法事务部任命；其他成员由宪法事务部任命或者由裁判所主席任命。

第二，行政裁判所独立办案，不受行政机关的干预。行政裁判所独立审理每一个行政案件，开庭听取双方当事人辩论、审查证据、查明案件事实，根据案件事实独立适用法律，自主作出裁决，无须请示部长或者其他行政机关。

第三，裁判所审理案件适用的程序类似于司法程序。行政裁判所受理案件、听取当事人辩论和陈述、审查和运用证据以及适用法律、作出裁决、说明裁决理由等，都遵循与法院相同或者基本相同的规则，并实行公开审理，保障各方当事人尤其是相对人享有充分参与的权利。

综上所述，行政裁判所行使的权力不是司法权，但也不属于纯粹的行政权，而是介于二者之间的一种准司法权力。行政裁判所则是一种设立在行政系统内、行使准司法权、既注重法律问题又注重专业问题的纠纷解决机构。

3. 行政裁判所的特点

从功能上看，每一个行政裁判所都相当于一个管辖特定事项的专门法庭，但它与普通法院有所不同。英国公众普遍认为，在有效快捷地化解现代市场经济社会条件下各类行政纠纷方面，行政裁判所具有独特优势，主要体现在：

第一，具有很强的专业性。行政裁判所除主席由法律人士担任外，其他成员多由具备某一方面专业知识的人士担任，有的成员还是相关行业的代表，比如，雇员代表、工会代表。这样的人员结构，较法院能够更好地解决行政纠纷中的专业性问题。

第二，受案范围较广。在我国被称为内部行政行为的人事管理等行为、公法人的行为，行政裁判所都有权受理。

第三，具有较大的灵活性。行政裁判所在处理案件时往往根据具体案情作出相应裁决，而不像法院那样严格受判例法的影响。不过，在有上诉裁判所的情况下，上诉裁判所的判例对下级裁判所有一定的指导作用。此外，行政裁判所还广泛使用调解方式，以求快速便捷地解决纠纷。

第四，具有明显的主导性。普通法院实行双方当事人的对抗主义，法官主要是听取双方辩论而形成自己的判断。行政裁判所的裁判官则有较多的主导权，比如，在精神病人被强制看护的案件中，如果病人与医院对疾病状况存在分歧，裁判官可以下令对该病人进行鉴定。由于实行裁判官主导，案件处理效率较高。许多在法院需要几个月甚至几年才能审结的案件，行政裁判所只用几个小时就可以审结。

第五，极大地方便公众。大部分行政裁判所设在各个地方，特别是工作量较大的行政裁判所在许多地方都设有办公室，以方便公众提出复议申请。各裁判所的运作程序没有法院那样烦琐，当事人不需要请律师代理。此外，行政裁判所一般不收费，穷人也可以到这里寻求救济。

行政裁判所这种准司法机制的出现，克服了传统司法机制的一系列缺陷，裁决官不仅拥有相应的法律专才，而且具有法官所缺少的专业知识。同时，还能够面向社会大众提供便利、快速、廉价的服务，更好地体现了现代市场经济对公平与效率的双重需求。因此，行政裁判所已经受到了全社会的高度认可和一致欢迎。

英国的实践证明，大量的行政纠纷客观上不可能只靠行政诉讼途径解决，行政诉讼、行政复议的双轨制法律救济体制的存在是现代经济社会发展的必然结果，具有强大的生命力。相关制度的进一步健全和发展，必将在解决行政争议方面发挥更大的作用。从这个意义上说，英国行政裁判制度对我国具有更大的参考价值，而在特定历史条件下发展起来的法国行政法院以及从属于行政诉讼的善意救济和层级监督制度不具有广泛推广的价值。双轨制法律救济体制与"二合一"的行政法院体制的利弊比较，为我们完善行政复议制度提供了很好的参考。

英国行政裁判所在组织上虽然被置于行政系统之下，但它不同于一般的行政权。它在吸收司法因素的基础上对行政机关原有监督机制进行了改造。但它也不是真正意义上的法院。如果将行政裁判所完全变成法院，它所具有的独特优点将丧失殆尽。行政裁判制度实际上是一种能够提供优质、廉价服务的准司法性质的纠纷解决机制。必要的准司法因素的引入，比如，机构的相对独立性、人员的高度专业化、经费的有效保障以及裁判规则的完善，避免了行政裁判混同于传统的行政监督。在我国深化市场经济体制改革、扩大对外开放的新形势下，行政复议制度如何借鉴这方面的经验，值得研究。同时，在某种意义上，这也是英国善意救济和层级监督制度运作现状从反面带给我们的启示。

英国虽然没有统一的行政裁判所规则，但是，各个行政裁判所都有自己的审理程序制度，内容非常明确、具体，每一项规定都体现了方便相对人、有利于提高裁判质量的要求。据介绍，对裁判所是否设置接待场所和相对人休息场所，甚至这些场所是否备有供相对人饮用的茶和咖啡，都有具体规定。此外，还要求行政裁判庭的陈设和桌椅摆放要与法院有所区别，以消除相对人在参与行政裁判过程上可能出现的紧张情绪。

为了快速、准确地查明案情，英国行政裁判所一般由裁决官主持审理活动，而且双方当事人必须到场参加审理，一般不鼓励当事人聘请代理律师。在有的案件中，甚至还禁止律师出庭。行政裁判所无论进行事实审还是法律审，都不会只根据行政机关作成的案卷材料进行书面审理。需要注意的是，法国行政法院自称实行的书面审查，是指行政案件双方的要求和理由都要以书面形式在法庭上出示，由双方质证，而不是仅根据行政机关一方的材料进行审理。

英国行政裁判所的主席必须由法律专业人士担任。他们由宪法事务部按照与普通法院法官同样的任职资格条件进行选任。根据议会法律的规定，律师执业 7 年至 10 年以上，才可以被选任法官。宪法事务部在具体选任法官和裁判所主席时，还要看其是否具备高尚的道德、是否担任过兼职法官，并被认定为称职以及品行是否被其他法官和知情律师评价为良好。行政裁判所的其他裁判官，一般必须有 6 年至 8 年的工作经验，并具有所在领域的专业资格（比如，卫生领域的专家必须有医师执照）。英国对行政裁判官的这些资格要求，值得我们在完善行政复议制度时参考。

英国行政裁判所不向当事人收费，其经费由财政予以保障，并由宪法事务部统一负责研究和督促落实。此外，对裁判人员与行政人员进行分类管理，行政裁判所的裁判官专注于审理案件，无须为裁判所的日常行政事务分心。行政事务则由专门的行政人员负责。他们按照雇佣合同和相关的规章制度履行职责，保障行政裁判所的日常运转。这些对于维护行政裁判所的正常工作秩序，提高行政裁判所的工作效率和水平，是行之有效的。

总之，英国行政法实践方面的经验在于，既有行政复议、行政诉讼，又有非正式救济机制的申诉制度。这几种制度相互补充、相互协调，共同发挥维护公民合法权益、保障和促进行政机关依法行政的作用。

就行政复议与行政诉讼的关系来看，行政复议可以迅速、简便地解决行政纠纷，减轻法院的诉讼负担，但并不能取代行政诉讼。行政诉讼不仅可以直接作为公民寻求实质公正的最后一道屏障，而且还可以促使行政复议机构依法正确履行职责。同时，行政诉讼也不宜取代行政复议而成为解决行政争议的主要渠道。那种认为行政复议可有可无，或者认为行政复议只是行政诉讼的附属制度而简单视其为行政诉讼过路站的认识是片面的，不仅会损害行政复议制度的发展，还会使行政诉讼因越位、错位而陷于无力应付的局面。

就行政复议、行政诉讼和申诉制度的关系来看，英国的监察专员和法国的调解专员主要负责处理有关当事人对行政机关、公法团体以及负有执行公务任务的私人团体的各种申诉案件。监察专员和调解专员受理的案件比较广泛，主要针对未达到违法程度的行政管理不善的问题，处理的结果往往是向相关行政机关提出建议，而不是作出有法律拘束力的裁决。在英国，凡是依法应当由行政裁判所和行政法院解决的问题，相对人不能向监察专员申诉。在法国，虽然允许相对人就行政复议和行政诉讼管辖的事项向调解专员申诉，但如果由于申诉而超过法定诉讼期限，相对人就不得再向法院起诉；如果相对人已经提起行政诉讼，调解专员则不得妨碍法院诉讼程序的进行。在某种意义上，英法两国的申诉制度有点类似我国的信访制度，只是在受案范围和处理方式上比信访更加明确、规范。实践中，如何妥善处理申诉与行政复议、行政诉讼制度之间的关系，这是我国在处理好行政复议、行政诉讼和信访制度的关系方面需要着力思考的。

4. 裁判所行政复议的最新进展

随着 2005 年《宪制改革法》和 2007 年《裁判所、法院和执行法》的实施，有关英国裁判所性质的争议或者讨论已不复存在。因为这两部"宪法性法律"均宣布，裁判所是英国司法体系的部分，受司法独立原则的保障。因此，目前在英国，裁判所与法院已没有实质区别。

2006 年 4 月，英国政府宪法事务部成立一个工作部门：裁判所服务局，负责与裁判所有关的行政管理事务。如今承担这一职责的是新成立的司法部下设的裁判所服务局，上述设立统一的裁判所体系的设想，是该局的一项重要工作。

按照 2007 年的《裁判所、法院和执行法》的设计，英国既有裁判所的管辖权将全部移交给两个新设立的裁判所，即一个初审裁判所（First-tier Tribunal）和一个上诉裁判所（Upper Tribunal）。初审裁判所主要负责审理一审案件，可以处理事实和法律问题。上诉裁判所主要负责受理不服初审裁判所裁决的上诉案件。两个裁判所将各分设若干个法庭，每个法庭负责一个类别的案件。2008 年 11 月 3 日，这个统一的裁判所体系正式诞生。

初级裁判所分为 7 个分庭，各自的管辖范围是：

（a）社会权分庭（social entitlement），管辖社会保障福利、刑事损害赔偿、庇护援助（social security benefits, criminal injuries compensation, asylum support）等方面的案件；

（b）一般规制分庭（general regulatory），管辖博彩规制、慈善事业、登记管理服务、不动产代理、信息、运输（regulation of gambling, charities, claims management services, estateagents, information, transport）等方面的案件；

（c）军人养老金及军事赔偿（war pensions and armed forces compensation）分庭；

（d）健康、教育及照料（health, education and social care）分庭，管辖精神健康、特殊教育需求、社会照料标准（mental health, special educational needs, care standards) 等方面的案件；

(e) 税务（taxation）分庭，管辖增值税及直接税（VAT and direct taxes）方面的案件；

(f) 财产（property）分庭，管辖租赁估价、土地登记上诉（lease hold valuation, land registration appeals）等方面的案件；

(g) 移民及庇护（Immigration and Asylum）分庭。

此外，还有计划新设立一个规划专家分庭（specialist planning tribunal）。

高级裁判所包括4个分庭。

(1) 行政上诉分庭（administrative appeals），其管辖范围是就法律问题自前述（a）、（b）、（c）、（d）四类初级裁判所上诉的案件；

(2) 税务分庭（tax and chancery），管辖初级裁判所的税务分庭上诉的案件，各类税务案件的初审（first-instance jurisdiction），对财政规制者（financial regulators）的决定的上诉案件；

(3) 土地分庭（lands），管辖强制征购的补偿（compensation for compulsory acquisition）、土地估价、土地登记方面的案件；

(4) 移民及庇护分庭，管辖自初级裁判所中的移民及庇护分庭上诉来的案件。

二、美国的行政复议制度①

美国并不存在我们意义上的行政复议制度。有学者认为，美国的行政复议也称为行政上诉，行政相对人拥有的行政上诉权是由1946年的《联邦行政程序法》（APA）第557条第2款的规定授予的。② 事实上，美国行政程序法的上述规定是就行政决定的正式程序——听证程序的一个特殊阶段而言的。APA规定的正式的听证程序一般由五个步骤组成，

---

① 本部分内容除特别注明外，均来自王名扬：《美国行政法》，中国法制出版社1995年版。

② 方世荣主编：《行政复议法学》，中国法制出版社2000年版，第47页。

即（1）发出听证通知书，（2）正式听证前的会议，（3）听证会与质证，（4）初步决定和建议性决定，（5）决定程序。

正式的听证程序的最后决定阶段，在具体操作中，最终决定的取得有两种途径：如果当事人针对听证主持人作出的初步决定向行政机关提出申诉，则进入最终决定程序。行政机关拥有最后的决定权力，可以在听证案卷的基础上，在技术问题上借助机关职员的帮助，在政策问题上充分考虑相关的政策因素，对整个案件作出裁定，不受听证主持人的初步决定的约束。这里说的听证当事人的申诉是行政机关的内部作决定的程序；行政机关作出最终决定后，当事人仍可依有关法律、法规寻求事后的救济，也就是司法审查。另一途径是在听证主持人将建议性决定连同全部听证案卷送交行政机关后，由行政机关根据该建议性决定及全部案件材料，决定是否接受建议性决定，还是另行作出决定。

了解了美国正式听证程序的运作过程之后，就不难对于案件当事人针对听证主持人作出的初步决定向行政机关提出的申诉的性质作出正确的判断了。类似的情况也出现在日本，日本称之为行政审判制度，是从美国制度中引进的。并且日本学者认为，在美国，其特色在于该程序、效果（实质性证据法则）在《联邦行政程序法》（APA）中得以规定。[①]但这一制度显然不同于日本的行政不服申诉制度，而是美国行政系统内部预防行政违法和过错的机制，而非纠正已经发生的行政违法或者不当的机制。

三、法国的行政复议制度[②]

对于法国行政复议制度的了解，因缺乏第一手资料而非常薄弱，有的甚至将法国的行政诉讼制度笼统地当作行政复议制度加以介绍。[③] 从比

---

① ［日］盐野宏：《行政法》，杨建顺译，法律出版社1999年版，第287页。

② 有关法国行政复议方面的资料，均取自王名扬：《法国行政法》，中国政法大学出版社1988年版，第532页以下。

③ 方世荣主编：《行政复议法学》，中国法制出版社2000年版，第38页。

较法的角度着眼，法国行政救济的部分制度与行政复议制度有相通之处。在法国，对行政活动的监督的最主要的形式是行政诉讼，其他监督形式都是以"行政诉讼以外的救济手段"的类名相称的。但是，各种救济手段的作用、条件、程序和效果不一样，各有一定的优点和缺点，可以互相补充。

法国的行政法院是其司法和行政体制中很有特色的制度。法国行政法院制度的存在，使专门性的行政复议制度的发展受到很大抑制。因此，法国行政法院之外的行政救济制度既不统一，也远不如英美和大陆法系的其他国家发达。

目前，法国行政法院以外的行政救济制度，大体上包括善意救济和层级监督两项制度。其中，善意救济是指相对人向行政行为的作出机关提出申诉，请求撤销或者变更原行政行为的活动。层级监督是指相对人向作出行政决定的上级行政机关申请救济的活动。善意救济与层级监督制度虽然还不够规范，但在某种意义上，可以将其看作类似于行政复议的制度。

行政活动的监督最基本的分类是，主动手段和救济手段。主动手段，是由行政机关主动采取的行政活动的监督。救济手段，是指由利害关系人请求有权限的机关采取的行政活动的监督。行政活动的救济又可分为两类：诉讼外的救济和诉讼救济。诉讼救济是由法院通过诉讼程序进行的，即行政诉讼。诉讼外的救济是在法院以外进行的，主要包括议会救济、行政救济和调解专员三种方式。

（一）行政救济的分类

法国在大革命后的初期，只有行政救济制度。当事人对于行政决定不服，只能向行政机关申诉。法国当代最主要的行政诉讼，即撤销之诉（越权之诉），是由当初的行政救济发展而来。目前，这种诉讼仍然保留行政救济的某些特点，例如申诉人无须权利受到侵害，只要利益受到损害就可起诉，这种诉讼不要求律师代理，收费低廉，只能针对行政决定起诉等，都是行政救济的特点。行政救济根据受理的机关不同，可以分为善意的救济（Le recours graeieux）和层级的救济（Le recours bier-achique）。

1. 善意的救济

善意的救济是行政行为的当事人，向原行政机关所申请的救济。例如市镇居民请求市长变更某项市警察规章。这种救济不用法律规定，当然存在，排除这种救济反而需要有法律明文的或默示的规定。也就是说，所有的行政机关都具有一般的善意救济的职责，尽管它可以在具体操作时享有很大的自由裁量权，但如果要决然地拒绝提供任何的善意救济，则必须有法律明文或者默示的规定。

善意救济的申请人，不仅可以请求矫正违法和不当的行政行为，甚至可以请求得到某种宽容和恩惠，这是其他救济手段不能有的。行政机关在法律没有其他规定时，对于善意的救济是否受理，以及采取何种措施，有很大的自由裁量权。

对于当事人的申请，原机关可以或者维持后来的决定。或者撤销当初的决定，使它自始不生效力。或者废止当初的决定，使它自废止之日起丧失效力。或者变更原来的决定，另外作出一个新的决定。但行政决定的撤销、废止和变更，必须遵守与一般行政行为相同的限制。如合法的行政处理，如果已对当事人或第三人创设权利，行政机关不能撤销。没有为第三人创设权利的违法行政处理，行政机关可以随时作出。这种撤销是消除违法行为的效果，不受时间的限制。创设权利的违法的行政处理，行政机关只能在利害关系人可以提起行政诉讼的时间内，有权撤销，如果利害关系人已就行政自理起诉，行政机关在行政法院没有判决以前，有权撤销。撤销的范围限于原告起诉状中要求的事项。理由是，违法的行政自理所创的权利，在能够向行政法院的期间以内和行政没有判决之前，还处于没有确定的状态。行政机关应有一个自我改正的机会，以避免法院的撤销。一旦起诉的期间已过，或者法院已经判决，违法行政自理所创造的权利成为确定，行政机关对于这个行政处理不能再撤销。①

2. 层级的救济

层级的救济是向作出决定的行政机关的上级机关所申请的救济。例如不服省长的决定，向有关的部长请求救济。这种救济，也不用法律的规定，当然存在，对于这种救济的限制，必须由法律明示地或默示地作出规定。上级机关根据其监督权力，对所属下级机关的违法和不当行为，在不损害当事人和第三者既得权的情况下，可以撤销、废止和变更，可以另外作出一个决定代替原来的决定。

法律对于层级救济，可以规定限制，甚至可以取消而规定其他救济方式。例如在法律规定权力下放的时候，下级机关享有一定的自主权力。这时上级机关的监督，只能按照法律规定的方式行使，没有当然变更和代替下级机关作出决定的权力。由于层级监督的一种普遍的当然的行政系统内部的监督，因此，如果没有这些特别的规定，则上级监督行政机关就享有全面地对下级行政机关的行政处理进行撤销、废止或者变更的权力，而不需要法律另行授权。相应的，这种权力的行使必须同行政监督机关作出行政处理一样，受法律对行政处理的一般限制。除此之外，再要对行政监督的范围和救济方式进行限制，就必须有法律的特别规定。

（二）行政救济的审理与裁决

受理行政救济的行政机关，在不损害当事人和第三者既得权利的范围内，可以撤销和变更原来的行政决定，也可以在职权或监督权范围以内，另外作出一个决定代替原来的决定。在这方面，行政救济机关享有的权限的范围，与原决定机关相比有过之而无不及，与原则上只能撤销违法的行政决定，在法律没有特别授权的规定时不能变更原来的行政决定的行政法院有显然的区别。

更为重要的是，行政救济的裁决机关还可能不遵循作为行政法院金

---

① 另见王名扬：《法国行政法》，中国政法大学出版社 1988 年版，第 151、167—171 页。

科玉律的不告不理的原则，在当事人申请的范围之外进行裁决。这是因为，有权受理行政救济的机关，除可以根据当事人的申请给予行政救济外，还可以在没有申请救济的时候，根据本身的职权，主动地撤销或者改变原来的行政决定，这是行政救济以外的行政监督，即前面介绍法国行政监督的分类时提到的主动监督手段。正是因为受理行政救济的机关，可以依职权改正违法和不当的行政行为，所以行政救济的裁决，不受当事人申请范围的限制。可以对当事人所没有申请的事项进行裁决，可以拒绝或接受当事人的申请，也可以给予当事人所没有要求的利益。

尽管如此，从法律性质上分析，行政救济的决定是一个单方面的行政行为，与行政救济机关作出的初次行政决定没有本质的区别，也必须适用一般行政行为的法律制度。但与初次裁决不同的是，由于行政救济机关的决定之前，就同一事由已经存在一个行政决定，因此，继而作出的行政救济决定是有所限制的，其中最主要的就是不得损害因前一行政决定受益的善意当事人或者第三人的利益的信赖保护原则。无论是原决定机关提供的善意救济，还是上级监督机关提供的层级救济，都必须满足信赖保护的原则，即所有为当事人和第三人设定权利的行为的撤销或者变更，不得损害已经确定了的权利。

从裁决的形式和程序方面考虑，由于行政救济没有系统的法律规范，因此，裁决的形式和程序没有严格的限制。上级机关对所属下级机关的行为，认为结论正确，但所根据的非事实或法律错误时，可以用正确的事实和法律代替错误的事实和法律，驳回当事人的申请，维持原来的决定。

（三）行政救济和诉讼救济的关系

从法律观点而言，行政救济和诉讼救济是两种完全不同的救济制度，互相独立。从历史发展的观点和实际的观点来看，行政救济和诉讼救济的关系非常密切。主要表现在四个方面。

1. 在某些情况下，提起行政诉讼之前，先要经过行政救济。法国行政救济和诉讼救济之间的关系，经过一个长期的演变，在1889年12月13日最高行政法院判决卡多（cadot）案件以前，当事人提起行政诉讼，必须先经过行政救济，这个制度被卡多案件所改变。在这个案件中，最高行政法院认为当事人不服行政决定，可以直接提起行政诉讼，无须经过行政救济程序。从此以后，行政救济不是行政诉讼的前置条件。但是在两种情况下，提起行政诉讼以前，仍然必须先经过行政救济。

首先，当事人请求行政主体赔偿损害时，必须先向有关的行政机关提出。不服行政机关的决定，或行政机关不作决定时，才能向行政法院起诉。只有公共工程赔偿之诉例外，可以不经过行政救济，直接向行政法院起诉。1987 年 12 月 31 日的《行政诉讼改革法》第十三条规定，政府在咨询最高行政法院意见后，可以制定条例，规定对于行政合同和行政主体的损害赔偿之诉，在提起任何诉讼和仲裁之前，必须先经过行政救济或者和解。

其次，在例外的情况下，法律规定在提起行政诉讼之前，必须先经过行政救济，即以行政救济不前置为原则，以前置为例外。例如，1978 年 7 月 17 日的《行政和公众关系法》规定，公民有权查阅行政决定的文件。为了保证这个法律的执行，法律规定成立一个文件了解委员会，以保证公民查阅文件的自由，在行政机关拒绝公民查阅文件时，公民必须先向委员会申诉以后，才能提起行政诉讼。

2. 在例外的情况下，行政救济的措施，只能在行政诉讼有效期间内采取。申请行政救济和申请诉讼救济不同，没有时间的限制。但是在例外情况下，行政救济的期间受行政诉讼期间的限制。例如行政机关依职权或在当事人申请行政救济时撤销对当事人或第三者创设权利的违法行政处理，只能在行政诉讼有效的期间以内采取。

3. 提起行政诉讼的期间，因行政救济而延长。当事人提起行政诉讼的期间，法律规定有一定的限制。超过法定的期间后，不能再提起行政诉讼。但是当事人如果在能够提起行政诉讼的期间内。首先申请行政救济时，则当事人提起行政诉讼的法定期间，只在行政救济决定以后才开始进行。

4. 两种救济制度互相补充。行政救济和诉讼救济各有优点和缺点。行政救济的优点有：（1）期间没有限制，在申请诉讼救济的期间结束以后，仍然可以申请行政救济。（2）行政救济的范围广泛，可以针对违法的行政行为和不当的行政行为，而诉讼救济只能针对违法的行政行为。（3）行政救济可能得到更有效的补救措施。上级监督机关，不仅可以撤销所属下级机关的决定，而且可以变更或者代替所属下级机关的决定。而在诉讼救济中，行政法院原则上只能撤销行政机关的决定。

行政救济的缺点有：（1）当事人提起诉讼救济时，法院必须作出判决。而当事人申请行政救济时，行政机关有很大的自由裁量权，可能对当事人的申请不作决定。这是因为，行政救济没有必然的法定程序的保障，完全靠行政机关的自觉性。（2）诉讼救济由局外第三者裁决，行政救济由行政机关本身或其他上级机关决定。行政机关成见在心，可能不容易作出客观公平的决定。因此，在法国，公民对于行政法院的信任远远超过行政机关。

行政救济和诉讼救济，既然互有优点和缺点，两种制度同时存在，对行政机关、行政法院和公民都有利益。对行政机关而言，由于行政救济的存在，对于自己的错误行为有一个自我改正的机会，避免法院的审查。对行政法院而言，由于行政救济的存在，行政上很多争端已由行政机关解决，减轻法院的负担。对公民而言，两种救济同时存在，在行政救济失败以后，还可申请诉讼救济，利益的保障更为充分。因此，这两种救济不能偏废，而是互相补充。由当事人自由选择其中任何一种救济或先申请行政救济，有必要时再申请诉讼救济。

四、德国的行政复议制度①

由于诉愿法仍在我国台湾地区施行，受台湾地区学者的影响，许多学者在介绍其他国家的资料时，也喜欢用这个词来指代类似行政复议的制度。德国的诉愿指德国的行政法院以外的其他行政机关受理并审查行政行为的法定救济活动。

---

① 以下有关德国方面资料的来源，除另有注明外，均来自于安编著：《德国行政法》，清华大学出版社1999年版，第165页。

（一） 诉愿的概念

诉愿是个人所拥有的，在行政渠道中对因行政决定给个人造成的不利获得补救的一种措施。① 有中国学者认为，德国的行政复议制度包含在行政申诉制度之中②，显然属于误解。因为申诉（即异议）是与诉愿类似的制度，两种方式都是从现有的行政组织机构中发展出来的。通过一定的补充和加强，它们才成了法律保护的方式。③ 从行政当局的角度看，诉愿是由行政当局对行政行为合法性和适当性进行审查并作出决定的行政程序。诉愿的基本特点是：第一，诉愿是纯粹自我监督性的行政活动，诉愿程序是纯粹的行政程序。这是诉愿的本质特征和它与法院司法审查的主要区分点。这一特点决定了诉愿的审查功能，可以对行政行为的合法性和合乎目的性两方面进行审查；决定了诉愿程序的法律适用，必须遵循行政活动的法律规则。第二，诉愿是与行政诉讼相结合的行政救济程序，需要遵循宪法和行政法院法关于对个人权利保护的法律规则，需要遵循法律规定的程序和时间。形式的必要性是权利安全原则和权利明确性原则的体现。

诉愿产生的基础在于，德国的行政机关可以在受行政行为不利影响的个人并未参与的情况下，通过不同的方式废除已经作出的行政行为。因为作出决定的机关可以自行废除其决定，只要不影响第三方的权利和不违背特别法律规定。④ 当然这是指行政机关的自我纠错职能而言的。按法律对诉愿程序的要求的程度，可以分为正式的诉愿和非正式的诉愿。非正式的诉愿，又称一般的诉愿、非格式的诉愿，其作用就像一个报告，只是给接受机关的一个提醒：如果该机关认为这是正确的，就可自行根

---

① ［德］奥托·迈耶：《德国行政法》，刘飞译，［德］何意志校，商务印书馆2002年版，第 127 页。

② 方世荣主编：《行政复议法学》，中国法制出版社2000年版，第 41 页。

③ ［德］奥托·迈耶：《德国行政法》，刘飞译，［德］何意志校，商务印书馆2002年版，第 127 页。

④ ［德］奥托·迈耶：《德国行政法》，刘飞译，［德］何意志校，商务印书馆2002年版，第 127—128 页。

据其可接受程度予以接受；如果该机关认为这个提醒不合适，就不会接受，而完全没有必要将其所做决定写出来给当事人。①

规范诉愿的法律，主要是《联邦行政程序法》和《联邦行政法院法》（《联邦行政法院法》第 68 条和以后有关各条）。

（二）诉愿的受案范围

诉愿的受案范围，取决于诉愿与行政诉讼的关系。有学者认为，原则上，诉愿是进入撤销诉讼程序的必要条件，因此，只要是属于行政诉讼受案范围的行政案件，也就是诉愿可以受理的案件范围。事实上，联邦行政法院法规定的诉愿，是作为"有关撤销之诉和义务之诉的特别规定"出现的。因此，这种意义上的诉愿的范围，就是撤销之诉和义务之诉的范围。

按照《联邦行政法院法》第 68 条第 1 款第 2 项关于受案范围的例外规定及其第 70 条和第 74 条第 1 款进行。不适用《联邦行政程序法》第 79 条关于针对行政行为的法律救济的规定。如果以所谓期限等问题不许可提起诉愿的话，行政当局仍然可以撤销或者改正该行政行为。

（三）诉愿机关及其管辖权

诉愿机关一般就是决定机关的上级机关，但也有专门设置的诉愿机关。如果法律设置了专门的诉愿机关，那么该机关的法定的组织方式和严格的程序规定，就能够给诉愿提出人以特别保证，通过全面的审查和符合事实的裁决来满足其权利要求。这种设置在普鲁士法"诉愿机关"的诉愿程序中得到了最引人注目的应用。② 事实上，这种诉愿已经非常接近行政诉讼了，这也从另一方面说明，德国的诉愿与行政诉讼的区分并不严格，有时甚至是非常困难的。

根据《联邦行政法院法》第 73 条第 1 款，有权作出诉愿决定的是第

---

① ［德］奥托·迈耶：《德国行政法》，刘飞译，［德］何意志校，商务印书馆 2002 年版，第 131 页。

② ［德］奥托·迈耶：《德国行政法》，刘飞译，［德］何意志校，商务印书馆 2002 年版，第 132 页。

一当局的上级当局。上级是指发布被提起诉愿的行政行为当局的直接隶属上级。如果法律另有规定，可以是其他的高级当局。哪样的当局属于第一当局的上级，应当根据联邦和州的有关行政组织法确定。在州一级，有监督权的当局也可以是诉愿机关。例外的是，发布行政行为的行政机关也有权发布诉愿决定。根据《联邦行政法院法》第 73 条第 1 款第 2 项有两种情形：一是上级当局是联邦和州的最高当局；二是自治当局对自治事务作出的决定。所谓自治事务仅仅限于由社区和其他自治团体，以自治职责处理的自治事务。对于有异议特征的诉愿，也应当由最初的行政当局作出决定，但是只限于不属于法律有其他规定的情况。

诉愿机关的管辖权是由法律规定的，也就是说，原决定机关的上级机关只有在法律规定并且有适当诉愿提出的情况下才能介入诉愿事项。这就是上级机关管辖权形成的前提。[1] 因为按照法律的一般规定，行政管辖权总是在基层行政机关，上级行政机关仅在下级机关作出决定后，并且当事人提出诉愿时，才对该事项具有管辖权。这种事权分配格局对于我国显然是有启发意义的，因为我国的行政机关对于同一事项，几乎每一级机关都有各自的管辖权，由此产生的混乱是可想而知的。

（四）诉愿的提起和受理

1. 诉愿的提起

在德国，法律也规定了有权提起诉愿的人。如果没有法律明文规定，有权提起诉愿的人就自然而然限定为受原行政决定侵害的人，也就是原行政决定是对其作出的人。[2] 显然，在德国，诉愿的申请人并不限于原行政决定针对的人，但是不是行政决定的对象如果要诉愿的话，则需要有法律的规定。

对于正式的诉愿而言，其提起必须符合两个方面的条件，一是满足

---

[1] ［德］奥托·迈耶：《德国行政法》，刘飞译，［德］何意志校，商务印书馆2002年版，第 132 页。

[2] ［德］奥托·迈耶：《德国行政法》，刘飞译，［德］何意志校，商务印书馆2002年版，第 131 页。

诉愿成立的形式上的规定，二是对诉愿的提出符合形式上的要求。① 之所以要对诉愿的成立作出形式上的规定，主要是由于正式的诉愿有处理期限的限制，只有明确了诉愿成立的条件，才能确定这个期限的开始点。

根据《联邦行政法院法》第 70 条第 1 款第 1 项，诉愿必须在行政行为公布后的一个月以内提起。期限的计算以《联邦行政程序法》第 31 条的规定作为补充。期限的起算从行政行为的发布之日。公布生效的条件按照《联邦行政程序法》第 41 条、第 43 条进行。如果缺乏有效的对当事人的公布，那么法律救济原则上就可以被认为是没有期限的。

2. 诉愿申请的受理

根据《联邦行政法院法》第 70 条第 1 款，诉愿需要向原来的行政当局提起。例外的情况下诉愿在诉愿当局提起，但是也必须通知原来的当局。根据《联邦行政法院法》第 79 条第 2 款第 2 项，违反这一规定的将构成程序上的缺陷。诉愿必须在作出行政行为的当局以书面或者签字的形式提起。

3. 受理诉愿的效果

（1）对受理机关的效果

如果诉愿机关认为诉愿是正确提出的并受理了该诉愿，诉愿机关作为受理机关就有义务对诉愿提出人要求审查的案件进行审理，并对该事项作出决定。接受诉愿的机关对于案件的审查权限与原决定机关是完全一样的，可以不受限制地处理该事项。当然，其中最重要的是对事实的审理。

（2）对于其他利害关系人的影响

诉愿被受理后，所有依据原行政决定而获得的利益，还处于一种效力未定状态，直到诉愿所涉及的问题的时效已过、放弃权利或通过裁决而得到解决。

（3）对原行为的作用

根据《联邦行政法院法》第 80 条，诉愿有延迟的效力。第一当局

_____

① ［德］奥托·迈耶：《德国行政法》，刘飞译，［德］何意志校，商务印书馆 2002 年版，第 131 页。

（原发布机关）和诉愿当局原则上可以延迟行政行为的执行力。法院根据申请也可以命令延迟或者重新开始案件的效力。

根据《联邦行政法院法》第 72 条，第一当局如果有充分的理由，可以改正被提起诉愿的行政行为。在上级当局开始审查以前，原来的当局必须对行政行为再次进行审查。原来的当局以任何的方式和可能会审查，所以具体的改正形式不是特别重要的。这种救济改正制度的意义特别表现于对自治当局决定的诉愿。因为根据宪法关于自治的规定，上级当局以至法院实际上无法对自治当局的决定进行合乎目的性的审查。所以按照《联邦行政法院法》第 73 条第 1 款第 3 项，合乎目的性的问题最好由自治当局自己改正。

（五）诉愿的审理程序

行政诉愿的申请人一旦提出诉愿之后，即不再参与诉愿机关对案件的处理，而是完全托付给该机关①，并由该机关依职务的履行程序作出决定。在这个过程中，诉愿机关履行的仅仅是一个行政行为的决定机关的职务，申请人的参与也仅仅是与案件相关的行政程序所规定的参与程度，而不是司法化的程序中当事人的参与程度。这是诉愿与行政审判的最主要的区别。而正是在这一点上，诉愿的审理程序与我国的行政复议的书面审理模式有共通之处。

作为行政程序，诉愿要求在行政法院法和行政程序法有关规定之间进行一些平衡。一方面，行政法院法的规定优先，它由州法和一些单项法进行补充；另一方面，行政程序法的规定也对诉愿程序的应用进行解释。由于诉愿的决定过程等同于一般的行政决定过程，因此，应当准用行政程序法的规定。但行政法院法规定了诉愿区别于一般行政行为的特殊性，这些特殊规定显然要优于行政程序法对于一般行政行为的规定。因此，诉愿程序的进行，如果没有法律的例外规定，应当适用《联邦行政法院法》第 68 条、第 69 条和有关的补充规定。

---

① ［德］奥托·迈耶：《德国行政法》，刘飞译，［德］何意志校，商务印书馆 2002 年版，第 143—144 页。

正式的诉愿有一个法律明确规定的诉愿的期限，这一点与一般的诉愿不同。一般的诉愿因为没有这个期限，因此，如果接受迟延了太久还没有答复的话，一般也就不可能再有什么结果了，因为对于这种接受机关并没有必须在特定期限内答复的强制性的义务。而对于正式的诉愿而言，接受机关必须答复是其正式的义务，而且必须在法定期限前答复。在这个期限到来之前，不可推定还在等待着的诉愿提出人已放弃了诉愿请求。①

诉愿决定必须予以送达。即使诉愿当局是州的当局，根据《联邦行政法院法》第 56 条第 2 款的规定，也要根据《联邦行政送达法》进行送达。根据《联邦行政法院法》第 74 条第 1 款第 1 项，送达的重要法律意义是确定诉讼期限。根据《联邦行政送达法》第 9 条第 2 款，不能以其他公布方式弥补不送达的缺陷。只有在诉讼期限没有被确定的情况下可以使用其他的通知方法。随着已经送达的诉愿决定确定力的发生，诉愿当局对特定案件的管辖权也就终止了。

（六）诉愿决定

作出进行改正的诉愿决定，必须有充分的理由。它的准则是联邦和州法中关于行政程序的法律（特别是《联邦行政程序法》第 48 条和有关各条的规定）。如果诉愿的改正的决定撤销或者改变了原来的行政决定，它也仍然是一个行政行为。因此关于行政行为的一般规定仍然适用于该决定。原则上适用于行政程序法的规定，特别是第 35 条的规定。改正决定也必须以《联邦行政程序法》第 39 条的规定为根据，按照第 41 条的规定公布。《联邦行政法院法》第 71 条和第 73 条第 3 款不适用于改正的行政决定。当事人或者第三人有对改正的行政行为提出诉愿的权利。如果对原行政行为在改正程序中做了全面的改变，那么就不能作出诉愿的决定，也不能进而提起行政诉讼。如果当局没有或者只是部分地进行了改正，那么根据《联邦行政法院法》第 73 条第 1 款第 1 项就必须发布诉

---

① ［德］奥托·迈耶：《德国行政法》，刘飞译，［德］何意志校，商务印书馆 2002 年版，第 131 页。

愿决定，也可以根据第 48 条提起行政诉讼。如果原来发布行政行为的当局没有履行改正程序，那么就应当直接发布诉愿的决定。

如果诉愿当局在诉愿中对行政行为撤销或者改变的话，那么在发布诉愿决定以前，应当给予第三人听证的机会。它的根据是《基本法》第 20 条第 3 款、第 28 条第 1 款第 1 项和《联邦行政程序法》第 28 条。举行听证的条件是《联邦行政法院法》第 71 条规定的情形。根据《联邦行政程序法》第 28 条第 2 款的规定，如果具体的案件情况表明听证不是必要的，也可以不进行听证；如果它与公共利益是相违背的，听证就应当完全停止下来。根据《联邦行政程序法》第 45 条第 1 款第 3 项，如果听证应当举行而没有举行后来也无法弥补的话，就可以构成因为违反听证义务的程序缺陷。当局的诉愿决定范围原则上是不受限制的，但是也有例外。《基本法》第 28 条第 2 款的规定必须作为例外遵守。对于由自治社区发布的适用于自治行政领域的行政行为，如果诉愿机关不是自治机关的话，在此，诉愿按惯例只是审查行政决定的合法性。

诉愿决定原则上可以是部分地、全部地驳回，或者部分地、全部地同意申请人的请求。在特定的条件下，诉愿当局可以根据《联邦行政法院法》第 113 条第 3 款和第 5 款将案件退回原来的当局。部分或者全部同意当事人请求的诉愿决定，既可以是该行政行为有可以撤销的理由，还可以是行政行为属于《联邦行政程序法》第 44 条第 1—4 款规定的部分和全部无效。如果诉愿机关认为诉愿在实体上没有依据，并因此驳回的话，这意味着作为上级机关的诉愿机关以其本身的决定代替了被诉愿的原决定。相应的，下级机关不得再以原决定违法或实际上不合适为由，将其当作有缺陷的决定而予以废止；而这种自行撤销自己作出的决定的权力是每个行政机关固有的。但由于诉愿决定的作出，下级机关必须受其上级机关在诉愿决定中表达的更具强力的意志所约束。[1] 也就是说，原则上下级机关必须服从上级机关的诉愿决定。但这种服从在诉愿机关维

---

① ［德］奥托·迈耶：《德国行政法》，刘飞译，［德］何意志校，商务印书馆 2002 年版，第 133 页。

持原决定的情况下，本身也对原机关构成了新的拘束。

当诉愿机关的决定改变了原行政决定时，情况也完全一样。而且原则上允许诉愿机关作出不利于诉愿提出人的改变。因为诉愿机关是该事项的完全的国家意志表达者，如同原机关一样，诉愿请求对它而言根本不是限制。① 可见，在德国诉愿环节，并不存在类似于"上诉不加刑"之类的原则，值得注意。

如果原行政决定被诉愿决定完全撤销，那么该决定在法律上就完全消失了，也没有新的决定取而代之。②

根据《联邦行政法院法》第 73 条第 3 款第 1 项，诉愿决定必须说明理由。按照《联邦行政程序法》第 39 条第 1 款第 2—3 项，应当对诉愿决定所依据的法律、事实根据和理由作出有说服力的陈述。由于《联邦行政法院法》第 73 条第 3 款第 1 项是一个强制性的规定，说明理由的义务不能有例外，不能适用《联邦行政程序法》第 39 条第 2 款关于例外的规定。否则在行政诉讼中，法院可以根据《联邦行政法院法》第 73 条第 3 款第 1 项和《联邦行政程序法》第 45 条第 1 款第 2 项，判决诉愿决定有程序缺陷而构成违法。说明理由的作用之一是使当事人能够更理智地决定是否在诉愿结束后提起行政诉讼。

《联邦行政法院法》第 73 条第 3 款第 1 项规定，诉愿决定必须包括进一步法律救济的说明。不给予或者给予错误的法律救济指导说明，行政当局将承担《联邦行政法院法》第 58 条规定的不利法律后果。至于是否真正因此造成当事人错误导向或者超越了起诉期限并不重要。按照《联邦行政法院法》第 72 条和第 73 条第 3 款第 2 项，诉愿决定应当有关于诉讼费用的规定。

---

① ［德］奥托·迈耶:《德国行政法》，刘飞译，［德］何意志校，商务印书馆 2002 年版，第 133 页。

② ［德］奥托·迈耶:《德国行政法》，刘飞译，［德］何意志校，商务印书馆 2002 年版，第 133 页。

五、日本的行政复议制度①

日本的行政复议法是行政救济法的一个下位概念。日本的行政救济法有所谓行政过程中的救济法与裁判过程或司法过程中的救济法之分。行政过程的行政救济，又称行政上的不服申诉，以事前程序为中心，范围较广，包括行政诉讼之前发生于行政系统内部的各种救济，如行政不服审查、行政审判（其实质就是听证程序）、苦情处理、行政监察专员及其他行政过程的救济（如特别的不服申诉、当事人争讼等）。司法过程中的救济法指相对于行政实体法意义上的诉讼法，即行政案件诉讼法。此外，国家赔偿法和国家补偿法也属于广义的行政救济法的范畴。也有学者将行政救济法分为法律解决办法和非法律的解决办法，并将行政不服审查和诉讼归于前者，把行政监察和苦情处理等制度视为非法律的问题处理，并将其看作事实上的对前者的补充。②

按照日本行政法学界的分类，严格意义上与行政复议制度对应的是行政不服审查，行政不服审查属于行政不服申诉的一种形式，也就是一种在行政过程中处理的行政争讼，同时又是一种按照法律途径解决争讼的制度。在讨论日本的行政不服审查制度时，日本学者混用行政不服申诉与行政不服审查，这是从申请人与审查机关两个角度着眼的。行政复议虽然没有这个问题，但却有提起行政复议与审查行政复议申请区分。

2014年6月，日本首次实质性地修改了实施半个世纪的行政复议法。日本现行行政复议制度始建于1890年的《诉愿法》，1962年变更为《行政不服审查法》。此后50多年，行政复议制度的实施环境发生重大变化。随着行政规制的缓和改革、行政任务的多样化复杂化，事前控制和事后救济的重要性日益凸显。随着地方自治制度的推进，中央与地方关系发

---

① 本节有关日本行政复议制度的内容，除另有说明外，概取自［日］盐野宏：《行政法》，杨建顺译，法律出版社1999年版，第251页。

② ［日］和田英夫：《现代行政法》，倪健民、潘世圣译，中国广播电视出版社1993年版，第299页。

生重要变化，对于行政复议机关、复议程序均有重要影响。国民的权利意识也逐渐高涨，对行政的不信任、不满也有更多的机会表达。同样制定于1962年的《行政案件诉讼法》在2004年作出重大修改，行政复议法也必须适应行政救济实效化的要求进行修改。[①]

（一）行政不服审查的受案范围

《行政不服审查法》（以下简称《审查法》）是关于行政上的不服申诉的一般法。与此相对，还有各种类型的特别法，虽然是《审查法》上的不服申诉制度，但部分排除该法的适用，如《国家公务员法》第九十条第一款、第三款或者在《审查法》之外设置其他不服申诉制度（《自然公园法》第三十四条第一款）等。

《审查法》，采取一般概括主义，即原则上对行政厅的任何处分都可以进行不服申诉。但是，相对于该一般原则，法律上也规定了数量众多的特例。例如，关于国税，有《国税通则法》第一百一十五条；关于对国家公务员的不利处分，有《国家公务员法》第九十二条之二；关于无线电台执照的撤销处分，有《电波法》第九十六条之二；等等。当然，此处的特例，当指可以根据特别法的规定提起不服审查的特例，而不是上面提到的作为《行政不服审查法》所规定的一般原则的例外的特别立法例。否则就不会有下面所说的"既不能根据《审查法》进行不服申诉，也不能根据特别法进行不服申诉"的情形了。

行政不服审查以法定排除为例外，即某些处分不存在任何行政上的不服申诉制度，既不能根据《审查法》进行不服申诉，也不能根据特别法进行不服申诉。这种情形以国家法律规定特例的情形较多，《审查法》列举了该法适用除外处分，并且预测了在另外的法律中设置适用除外规定的情形；同时规定，对于这些适用除外处分，并不妨碍设置特别不服申诉的制度（第四条），而现实中确有就这些适用除外处分设置特别的不服申诉制度的情形。至于《审查法》规定的适用除外的标准，主要有3

---

① 王贵松：《日本行政复议改革有新动向》，http://www.iolaw.org.cn/showNews.aspx?id=41901。

点：（1）因为是经过慎重的程序而实施的处分，即使承认不服申诉，被认为其结果也将是相同的处分（第四条第一款第一项至第四项相关处分）；（2）即使根据《审查法》，也要通过慎重的程序来处理的处分（第四条第一款第五项至第七项相关处分）；（3）从处分的性质来看，根据《审查法》的程序承认不服申诉程序是不适当的处分（第四条第一款第八项至第十一项）。

在地方公共团体的条例中，也有规定在异议申诉时必须经过咨询机关的审查，并设置一定程序性规定的情形。但是，法规不得规避或者克减《行政不服审查法》赋予当事人的权利，但可以在此之上赋予更多的权利。例如，《神奈川县关于公开机关公文书的条例》第一条、《神奈川县个人信息保护条例》第二十四条。在这种情况下，这些咨询机关所进行的审查程序和《审查法》的程序之间的关系成为需要探讨的问题。

《审查法》虽然未就是否可以以条例规定不服申诉设置特别规定，但是，因为《审查法》是有关国民救济的规范，所以，以条例设置使《审查法》的规定得以规避或者克减，是不能允许的。在这种意义上，咨询机关的程序可以作为高于《审查法》上的不服申诉人的程序性权利的权利来定位。所以，例如，即使咨询机关的审查程序中，赋予了口头陈述意见的机会，异议申诉人向异议决定厅再次要求《审查法》上的口头陈述意见时（第二十五条、第四十八条），被解释为必须予以承认（第二十五条）。

（二）行政不服审查的基本类型及区分

1. 行政不服审查的基本类型

旧《审查法》上规定了异议申诉、审查请求和再审查请求三种类型（旧法第三条），这是根据不服申诉的裁决机关之不同来区别的。

（1）异议申诉。异议申诉是向处分厅、不作为厅进行的不服申诉，相当于原级复议。异议申诉的优点是，程序简易、迅速，费用不高，对事实认定的调查能力比审查厅更强等。因此，南博方认为，异议申诉基本上不具有争讼之名的性质，而应该作为再处分程序来把握。再处分，就是行政机关再次作出一个处分的意思。

（2）审查请求。审查请求是向处分厅、不作为厅以外的行政机关进行的不服申诉（第三条），相当于向专门的机关申请复议。基于此，《行政不服审查法》的范围显然超过了《诉愿法》的范围，因此，对于行政不服申诉制度应当作为一个独立于诉愿并且高于诉愿制度的立法现实来加以认识。也就是说，行政不服申诉是一个包括狭义的行政复议的广义的行政复议概念。而审查请求则与《诉愿法》的诉愿相匹配。

（3）再审查请求。再审查请求是对于审查请求的第二审，但是，有时也对原处分进行争议。再审查请求在下列两种情况下才能进行（第三条第一款后段，第八条第一款）：首先，法律规定了可以进行再审查请求的精神时；其次，关于可以进行再审查请求的处分，在具有实施该处分之权限的行政厅将该权限委任给其他机关的情况下，接受委任的行政厅基于该委任而作出处分，原权限厅作为审查厅对该处分的审查请求作出裁决时。这表明，对于委托的行政行为，日本实行的是委托的行政机关为审查厅，并可以对审查厅的审查行为提起再审查请求。

（4）在前述三种类型之外，作为申诉的种类的，还有旧《审查法》引进的关于不作为的不服申诉（第三条、第七条）。这是试图对于行政厅所谓"将申请束之高阁"的状态进行救济的制度。因为分类基准不同，所以，也存在关于不作为的异议申诉、审查请求的概念。

2. 行政不服审查的区分

由于再审查请求基本上就是审查请求的再请求或者二审，因此，行政不服审查诸类型之间的关系，主要的就是审查请求和异议申诉的关系。审查请求和异议申诉的关系，有相互独立主义和审查请求中心主义。这反映了"审查请求是比异议申诉更好的救济制度"这样一种立法者的判断，也和对异议申诉的消极评价处于相辅相成的关系。即异议申诉是对于自己决定的自我评价，所以在公正性上是有限度的，并且其救济率也是较低的。

（1）按照相互独立主义这一原则，审查请求和异议申诉在立法上为选择性制度，即原则上对于一个处分只能进行其中一种不服申诉。处分厅有上级行政厅时，则只能进行审查请求。

(2) 审查请求中心主义。《审查法》设置了异议申诉、审查请求和再审查请求三种类型，而其中是以审查请求为中心的。其根据是，首先，《审查法》规定，有上级行政厅的话，原则上只能进行审查请求，即使没有上级行政厅，当法律承认了审查请求时，就不能进行异议申诉。其次，从《审查法》上的条文的规定方法来看，在总则后面接着设置了审查请求的制度；而关于异议申诉，除了必要的内容外，采取了援用有关审查请求规定的形式。最后，再审查请求是例外的制度。

此外，关于不作为的违法确认，《审查法》采取了自由选择主义，即是由申请人自己选择，理由是这种申诉的目的毕竟是为了促进行政事务的处理，当然是怎么方便申请人怎么办了。此外，申请人选择异议申诉后，如果不满意，似乎还可以向上一级机关进一步提起审查申请，这是所谓的自由造反原则的含义。否则，就是所谓的异议申诉中心主义了。

上述内容，在 2014 年修法时进行了重点调整，即实行复议程序种类的一元化。原先的行政复议程序实行审查请求、异议申诉二元主义：有上级行政机关时，根据审查请求程序向上级行政机关提起复议，经过审查请求的裁决后，可再提出复议，即再审查请求，亦即二次复议；没有上级行政机关时，例如都道府县知事、市町村长等，根据异议申诉程序，直接向作出行政决定的行政机关提起复议，亦即自我复议。上述体制，在日本地方分权改革的推进下，审查请求中心主义、审查请求与再审查请求的二阶段构造渐渐失去了事务分配上的前提和基础，行政复议的程序必须作出改革。这次修法废除了异议申诉，而仅保留审查请求，实行了复议程序的一元化。但根据个别法的规定，可设置再调查的请求、再审查请求程序。对于有大量复议案件的领域，例外地设立"再调查的请求"程序，即作出行政决定的行政机关以简易的程序重新调查相关事实，重估原先的决定。申请人不申请再调查，也可直接提出审查请求，即实行选择制的再调查请求。经过审查请求后，如有作为救济手段的意义，例如社会保险、劳动保险等，可例外地提起由第三者机关等审理的再审查请求。伴随新行政复议法的施行，361 部相关法律将同时实施一元化的改革。

（三）审查请求的受理机关

关于审查请求时应该向哪个行政机关进行不服申诉，《审查法》也作出了规定（第五条）。其中之一是处分厅的直接上级行政厅。此外，有时以法律指定上级行政厅以外的行政厅为审查厅。例如，国家公务员的任免权者是各省大臣，而不服申诉是向人事院提起，就是这种情形。此外，对于建筑主任的处分，向该市町村或者都道府县的建筑审查会①提出不服申诉，对税务署长的处分，向国税不取审判所所长②提出不服申诉。当没有上级行政厅时，从《审查法》的规定来看，无论是以法律，还是以条例的形式，都可以另外规定审查请求（第五条）。

至于行政复议与行政诉讼的关系，新法的一大改变是进一步缩减了复议前置。旧法的原则是施行复议与诉讼自由选择主义，但规定复议前置的单行法律有96部，其中甚至还有二阶段复议前置的做法。2014年修法，28部法律仍然保留了复议前置要求，其他47部法律全部废止复议前置，剩下21部法律则部分废止或部分存置复议前置制度，全面废止了二阶段复议前置。保留复议前置的情形主要是：（1）复议程序具有一审替代性（直接向高等法院起诉）、可减轻国民的程序负担的情形；（2）存在大量的复议案件、直接起诉会加大法院负担的情形；（3）通过第三方机构高度专业技术性判断等可减轻法院负担的情形等。

（四）行政不服申诉的提起要件

行政不服申诉的提起要件，即行政不服申诉提起的条件。就性质上等同行政诉讼中的诉讼要件，在内容上等同于撤销之诉的诉讼要件。

1. 不服申诉，除了其他法律（或者条例）规定可以口头进行的情况以外，必须以书面提出（第九条）。与该诉状相对应的审查请求书的记载事项也是法定的（第十五条第五款），但是，行政上的不服申诉，作为简易的程序，只有使国民广泛运用才有意义，所以，其特征是请求书的书写方法并不很严格。

---

① 《建筑基准法》第九十四条。
② 《国税通则法》第七十五条第三款。

2. 符合行政不服审查案件的受案范围。运用《审查法》，必须是法所预定的对象。以前的《诉愿法》采取的是列举主义，因而在什么情况下可以提起诉愿曾经很明确。而《审查法》采取的是一般概括主义，放在这方面变得不很明确。即该法第四条所有"行政厅的处分"，而该处分是指其内容具有持续性的属于行使公权力的行为和事实上的行为（第二条），这当然是不明确的。

需要特别强调的是，对于审查请求的驳回决定，不能进行异议申诉。这是基于程序的简易迅速性要求作出的规定。

3. 不服申诉，原则上必须在法定的期间内进行——不服申诉期间。旧法规定，当事人必须在知道处分之日的翌日算起 60 天以内提起；从作出处分之日的翌日算起，经过 1 年后，便不能提起了（旧法第十四条、第四十五条、第四十八条）。这与撤销诉讼中的起诉期间相对应，并且是作为行政行为效力的不可争力的一种制度性表现。

新修法将行政复议的提起期间由 60 日延长为 3 个月。这就与 2004 年《行政诉讼法》修改延长起诉期间（由 3 个月延长至 6 个月）保持了步调一致，在维护法的安定性的同时，为申请人利用撤销诉讼保护自身权益提供了适当保障。

（五）教示制度

这个制度非常重要，是日本《行政不服审查法》特色之一。这一制度有一点类似行政复议的便民原则，但我们的便民原则更抽象一些，而教示制度却是实实在在的便民措施，即把处分厅告知不服申诉的义务明确规定在《审查法》中。

《审查法》以简易、迅速的救济制度为国民广泛运用作为其立法的一个宗旨。但是，由于采用了一般概括主义，该行政决定是否成为《审查法》的对象，假设成为其对象，应该向何处提出不服申诉的问题，并不一定明确。所以，如果放置不管的话，特意制定《审查法》的宗旨将失去意义。因此，为了对不服申诉制度的利用提供方便，《审查法》设置了《诉愿法》不曾有的、称为教示的制度，概要如下。

1. 成为教示对象的处分，包括成为行政上的不服申诉对象的所有处分，不包括在《审查法》对象内的处分，也必须予以教示。因为《审查法》规定的不服审查的案件的范围不是所有的可以提起不服审查的案件的范围，其他法律、法规则可以规定。但是，行政厅的教示义务仅限于以书面作出的处分（第五十七条第一款）。

2. 教示的对象是处分的相对人（第五十七条第一款）。所以，所谓二重效果处分情况下的关系人（例如，基于《建筑基准法》的建筑确认中的近邻居住者），就不能成为教示的相对人。但是，这些人可以请求教示（第五十七条第二款）。

3. 教示的内容是：能够进行不服申诉的宗旨（根据第五十七条第二款的请求进行教示的情况下，有时要教示不能进行不服申诉的宗旨）、不服申诉的行政厅、可以进行不服申诉的期间（第五十七条第一款）。

4. 行政厅没有进行应该进行的教示时，对该处分不服者，可以向该处分厅提出不服申诉书（第五十八条第一款）。但是，即使提出不服申诉书，却依然没有教示，因而使不服申诉期间白白超过的话，则不属于超过不服申诉期间的不可避免的理由。此外，没有教示，并不是导致处分违法的理由。与此相对，错误地教示了比法定期间长的期间时，在该期间内所进行的不服申诉，被视为在法定期间内进行的不服申诉（第十九条）。以上规定体现了信赖保护原则。

（六）行政不服审查的程序

审理程序，依私人不服申诉而开始。只要申请符合形式要件，裁决机关就必须予以审理，并作出决定，这是争讼制度的当然要求。在与私人不服申诉的关系上，存在以下问题。

1. 申诉书，是行政上的不服申诉，还是单纯的陈情书，有时并不分明。这是完全通过对当事人的意思解释来解决的问题，而不是根据申诉事项的内容如何来决定。

2. 对满足了不服申诉要件的不服申诉，审查厅就相应案件进行审理，作出维持或驳回的裁决。此外，作为审查请求特有的要件，当异议申诉和审查请求双方都能够进行时，若要进行审查请求，则必须首先经过异议申诉的决定，即异议申诉前置原则。但是，当没有就可以对该处分进行异议申诉予以教示时，从进行异议申诉之日的翌日算起，经过3个月，处分厅依然不就该异议申诉作出决定时，若具有其他正当的理由（例如，从原处分厅的态度等来看，可以预测异议申诉的结果时），则可以作为例外，不必经过异议申诉的决定而直接进行审查请求。

3. 关于没有满足要件时，是否应该直接予以驳回的问题，《审查法》规定了称为补正的制度。没有进行补正而作出驳回的裁决、决定，是违法的。当根据补正命令纠正了申诉书时，视为从最初就存在不服申诉。

4. 关于提出不服申诉后，应如何处理原处分效果的问题。《审查法》采用了不停止执行原则，即仅有不服申诉的提起，处分的效果不变，只是在一定的情况下，根据审查机关的决定，才停止处分的效力、处分的执行或者程序的继续之全部或一部分。不停止执行的原则，是《行政案件诉讼法》也采用的原则，其要件等制度的具体结构，二者也是相通的，但《审查法》的停止执行制度具有反映行政过程中行政争讼之特殊性的特点。其中之一是承认了依职权停止执行制度。停止执行程序，包括《行政案件诉讼法》上的情形在内，只有根据当事人的申诉才开始。而在审查厅是处分厅的上级行政厅的情况下，从作为处分厅的监督机关的性质来看，不必等待当事人的申请，可以主动进行停止执行。这一点无疑非常重要。

此外，关于上级行政厅及处分厅，作为停止执行的措施，可以采取"其他措施"的规定，也是因为有关自己事务的处理，故对决定权者的对策赋予灵活性。这种灵活性都是因为行政系统内部的特殊性决定的，并以此区别于行政诉讼。

关于审理程序，新修法充实了申请人的程序权利保障。原法律并未规定复议的审理期间。鉴于审理期间根据案件的内容、性质和审理机关的不同而有所差异，这次修法要求，复议机关必须努力设定标准审理期间，并公之于众。这就让复议申请人能预见到审理的进展和作出复议决定的时期，而且也可期待借此缩短审理期间。当然，也有学者担心这也可能导致审理的长期化①。

（七）行政不服审查的审理方式

1. 书面审理主义

一般地说，在争讼程序中，对采取书面审理主义还是采取口头审理主义的问题，存在各种不同的观点。书面审理，具有资料确实而稳定、审理简易而迅速的优点，但是，也具有印象是间接的、不能通过释明而当场明确疑点等缺点。与此相对，口头审理，具有印象直接而鲜明、可以通过释明而明确疑点、容易把握当事人的真正意图等优点，另一方面，也具有可能产生陈述者陈述遗漏、要求审理机关有一定的能力等缺点。

《审查法》考虑到确保审理的简易、迅速性和审理机关的情况，规定了书面审理主义的原则（第二十五条）。在该限度内，和《诉愿法》相同。但是，《审查法》在另一方面规定，审查请求人等提出申请时，审查厅、处分厅必须赋予申诉人以口头陈述意见的机会（第二十五条第一款但书）。在这一点上，与将该机会的赋予完全委任给诉愿裁决厅之裁量的《诉愿法》（第十三条）是不同的。也就是说，如果申诉人提出申请，则必须满足，没有裁量的余地。这可以说是一个历史性的变革。

2. 职权主义

审查厅可以主动调查取证，但这不是其义务，即使申诉人请求其主动调查取证，也不一定满足其要求。

3. 不服申诉人的程序上的权利

如果说《审查法》是国民的权利和利益的救济程序的话，那么，为了提高其救济之效果，就有必要承认不服申诉人在程序中充分主张、举证等程序性权利。但是，另一方面，由于《审查法》的存在理由在于其程序简易、迅速，所以又不能使之像民事诉讼那样严格。因此，在立法政策论及解释论上，便存在如何在这两个要求之中划定界线的问题。

（1）作为申诉人程序上的权利，《审查法》赋予了不服申诉人以口头

---

① 王贵松：《日本行政复议改革有新动向》，http://www.iolaw.org.cn/showNews.aspx?id=41901。

陈述意见的机会。不过，其程度不及行政程序法上的听证程序。

（2）至于是否对审查请求人的答辩请求权问题，《审查法》将其规定为审查厅的权限，即审查厅可以要求处分厅提出答辩书，但是，即使没有提出答辩书，当请求没有理由时，被认为也可以作出驳回的裁决。这一点与我国的行政复议及行政诉讼中坚持的原则完全不同，当然，在处分厅完全没有提供任何答辩的情况下，让审查厅判断请求没有理由仅在极个别的情况下是现实的。因此，为了全面地判断，审查厅不会放弃行使自己要求处分厅答辩的权力的。

（3）一旦送达了答辩书的副本，审查请求人就可以针对该副本而提出反驳书。因为提出反驳书是权利，所以，也可以不提出反驳书。

（4）《审查法》规定，审查请求人可以对审查厅要求阅览处分厅所提出的材料及其他物件（第三十三条第二款）。作为程序性权利，这也是重要的。根据这一权利，作为审查请求人，可以进行更加具有效果的反驳和反证。

（5）不服申诉人具有自己提出证据物的权利，并且，具有证据调查的请求权。总之，和《诉愿法》相比，《审查法》确实更加重视充实当事人的程序性权利。但是，若将其和法院的程序相比较时，这种权利则是非常不充分的，有时难以称其为准司法性程序。因此，在解释论上出现了试图充实程序性权利的尝试。但是，从总体上看《审查法》，可以说《审查法》更重视简易、迅速性，如原则上采取书面审理主义，不必等待答辩书的提出，就可以作出裁决等。而从宏观上看，对某人采取慎事的程序，也就是在该案件上更多地花费行政机关的费用，其结果必然影响到对全体的费用。现行制度对这种宏观意义上的减轻费用也给予了充分的注意。

此外，为了避免官官相卫之嫌，2014 年修法引入了审理员制度①。原先的法律并没有规定复议的审理人员，原行为的行政相关人员也可能

---

① 王贵松：《日本行政复议改革有新动向》，http://www.iolaw.org.cn/showNews.aspx?id=41901。

参与审理。新法规定，由复议机关从所属的职员中指定未参与原行为的职员担任审理员。由其他内部人员担任审理员，既可在一定程度上保证审理的公正性和专业性，也没有增加人员等方面的负担。

复议机关在收到审理员的意见书后，必须咨询行政不服审查会。但在复议申请人不希望咨询，或者在作出原行政决定或复议裁决之际经过合议制机关讨论，或者考虑对国民权益和行政运营的影响程度、案件性质等不必咨询时，可以不作咨询。复议决定仍是复议机关的决定。行政不服审查会的设置虽招致叠床架屋、延长复议期间的批评，但也有助于提升复议决定的客观性和公正性。

新法还扩充了复议程序中申请人的权利。审理员原则上必须赋予申请人口头陈述意见的机会。这就改变了原先的书面审理原则。申请人可以在口头陈述意见中质问作出行政决定的行政机关。

（八）行政不服审查裁决、决定的内容和方式

不服申诉程序，可以申诉的撤回而终结（第三十九条）。但是，制度本来所预定的是审查请求以裁决终结，而异议申诉以决定而终结。

1. 裁决、决定，和诉讼程序中的判决一样，有不予受理、驳回和支持三种类型（第四十条、第四十七条）。不予受理，是针对经过不服申诉期间后提起的不服申诉等，欠缺不服申诉要件等作出的。驳回，是针对不服申诉没有理由作出的。支持，是针对处分（事实行为除外）的不服申诉有理由时，以撤销该处分的全部或一部分的形式作出的。作为行政过程中行政争讼的特殊性质，在有理由的情形中，不仅包括处分的违法，而且还包括处分的不当。

此外，对于异议申诉来说，如该处分是基于审议会等根据法令的答复而进行时，申诉人进而不向该行政机关咨询并基于该答复的话，便不能撤销该处分等。

关于事实行为，在审查请求中，以审查厅对处分厅撤销该事实行为的全部或一部分，并在撤销、废止命令和裁决中宣告之；在异议申诉中，处分厅撤销、废止或者变更该事实行为的一部分或全部，同时以决定宣告之。

2. 和《行政案件诉讼法》中撤销诉讼的支持判决相比较，行政不服申诉具有如下特征：当不服申诉被认为有理由时，在异议申诉中可以进行处分的变更；在审查请求中，审查厅如为处分厅的上级行政厅时，可以作出该处分的变更或者对处分厅作出变更命令。这是因为，在异议申诉中，和行政诉讼中的法院不同，处分厅本来具有处分权限，而上级行政厅具有行政组织上的指挥监督权。不过，在上级行政厅的指挥监督权中，若解释为不包含撤销权的话，那么，这就是《审查法》赋予上级行政厅的特别权限。也就是说，即使按照组织法的规定，审查厅与处分厅的一般的指挥监督权关系中并不包括撤销权的话，《审查法》相关规定赋予了审查厅基于审查事项的此等权力。

此外，《国家公务员法》（第九十二条第一款）、《地方公务员法》（第五十条第三款）中，关于对不利处分的不服申诉，有修正裁决的观念（如将停职处分视为降低工资的处分），根据最高法院的解释，这不是将原处分作为一个整体予以撤销并作出新的内容的处分，而是以原处分的存在为前提，使其产生将原处分的法律效果变更为有一定限度的效果的处分。当然，这种观念可能只有东方人想得出来，充分体现了一种两和的姿态。

3. 禁止原处分的不利变更。关于这一点，由于《诉愿法》不曾设置特别的规定，所以，日本学术界曾存在争议。因为将《诉愿法》看作救济制度或者看作行政的自我监督制度，对于这一问题的结论是不同的。并且，当裁决厅是处分厅的一般监督厅时，可以作出不利的变更；而没有一般监督权时，因为只能根据申诉范围审查原处分，所以，禁止不利的变更。《诉愿法》时代的这些通说现在已经为《审查法》接受，即鉴于《审查法》将救济放在首位，因而否定了不利的变更。

当然，还存在作为在程序之外行使自己的职权乃至行使监督权的问题而对原处分进行的不利变更和不利变更命令的问题。有的判例认为，即使和异议驳回决定同时作出增额再更正处分，也并不涉及禁止不利变更的原则。

4. 作为驳回的裁决、决定之一，有特别情况下的驳回裁决和决定。

这种裁决和决定，和《行政案件诉讼法》上的特别情况下的驳回判决制度相对应，是指虽然处分违法或不当，但如果撤销或者废止该处分，便会给公共利益带来障碍时，所作出的裁决、决定。

5. 关于对不作为的不服申诉，在异议申诉中，行政厅必须对申请作出某种行为，或者以书面形式提示不作为的理由（第五十条）。在审查请求中，请求没有理由时予以驳回；请求有理由时，审查厅对该不作为厅发出命令，命令其应迅速对申请作出某种行为，同时以裁决形式宣告之（第五十一条）。

6. 裁决、决定必须以书面形式作出，并附记理由（第四十一条、第四十八条）。最高法院最初是在关于行政上的不服申诉决定的案件中阐述了其理由附记的见解，并且，作为理由附记的程度，指出："必须使对应于请求人的不服事由而作出该结论的过程能够清楚"。

7. 行政上的不服申诉中的裁决、决定，虽是争讼的裁断，但依然是行政过程中的、具体的、权力性的、法的行为形式，即行政行为。这种性质，也反映于裁决、决定的效力上。这种定性无疑是非常重要的。

（1）其效力基于对相对人的送达而产生。但是，《审查法》规定，在应受送达人去向不明等情况下，可以采取公告送达的方式（第四十二条第二款、第四十八条）。

（2）在行政行为的效力之中，关于公定力和不可争力，《审查法》没有设置特别的规定，但被解释为当然发生的效力。不过，当作出驳回裁决后，相对人在裁判上主张原处分违法时，已经不是撤销裁决的请求，而是撤销原处分的请求，所以，一旦该请求被支持，原处分便被撤销。因此，虽然裁决、决定在形式上依然存在，但已失去了实质性效力，在这种限度内，便不存在论述公定力的意义。当然，如不是争议原处分，而是争议裁决的固有瑕疵时，公定力便发挥作用。

（3）关于执行力，在驳回的裁决、决定，支持的裁决、决定之中，关于处分的撤销、事实行为的撤回，没有适用的余地。处分的变更之裁决、决定被视为新的处分，并且，只要是适合于执行力观念的，就得以承认。

（4）关于裁决、决定是否产生不可变更力、实质性确定力，也可能成为讨论的对象。即行政行为的不可变更力、实质性确定力并不是对所有行政行为都承认的效力，而是仅限于其中一定的行政行为的效力。但是，对行政上的不服申诉之裁决、决定，着眼于其程序的话，具有承认其不可变更力、实质性确定力的余地。

（5）《审查法》就裁决的拘束力作了规定（第四十三条）。该拘束力与在有关行政行为的公定力的关系中说明的公定力不同，是保证裁决实效性的效力，《诉愿法》中也曾存在这种规定（第十六条）。《审查法》并没有将拘束力限定于支持裁决，而在《行政案件诉讼法》中，只对撤销判决规定了拘束力，因此，在《审查法》上也没有将其作出不同解释的理由。

六、中国台湾行政复议制度①

（一）诉愿的概念

台湾地区的上述救济制度中，与行政复议制度直接对位的是诉愿制度。② 诉愿乃系人民对于行政机关之瑕疵行政处分，向诉愿管辖机关请求予以救济之行为。新"诉愿法"本法所称行政处分，系指"中央"或地方机关就公法上具体事件所为之决定或其他公权力措施而对外直接发生法律效果之单方行政行为。前述决定或措施之相对人虽非特定，而依一般性特征可得确定其范围者，亦为行政处分。有关公物之设定、变更、废止或一般使用者，亦同。

---

① 以下有关台湾行政复议的资料，除另有说明外，均取自翁岳生等：《行政法》（翁岳生发行，1998 年版）第 942 页，并根据高点法学编辑研究室编著之《学习式六法》（万炳宏发行，1999 年版）所载新"诉愿法"进行调整。

② 鉴于诉愿法已于 1998 年 10 月 28 日修订，篇幅亦由 26 条骤增至 101 条，为了对比二者，在介绍时将 1998 年修订的全文共 101 条的现行诉愿法称为新"诉愿法"，将 1995 年颁行的 28 条的"诉愿法"称作原"诉愿法"。

此外，行政法院释字第 423 号（1997.3.21）对此有更进一步的说明：行政机关行使公权力，就特定具体之公法事件所为对外发生法律上效并之单方行政行为，皆属行政处分，不因其用说、形式以及是否有后续行为或记载不得声明不服之文字而有旧诉愿法。若行政机关以通知书名义制作，直接影响人民权利义务关系，且实际上已对外发生效力者，如以仍有后续处分行为，或载有不得提起诉愿，而视其为非行政处分，自与宪法保障人民诉愿及诉讼权利之意旨不符。"行政法院四十八年"判字第九六号判例仅系就诉愿法及行政诉讼法相关规定，所为之诠释，与宪法尚无抵触。

诉愿，有狭义与广义之诉愿、主观意义与客观意义之诉愿、形式意义与实质意义之诉愿的区别。狭义之诉愿指诉愿法所规定之诉愿；广义之诉愿则除狭义之诉愿外，尚包括诉愿之先行程序，大法官解释认为相当于诉愿再诉愿之程序以及公务人员保障法所规定之复审、再复审。主观意义之诉愿指人民依宪法所保障之诉愿权；客观意义之诉愿则指诉愿制度。形式意义之诉愿专指诉愿法所规定之诉愿；实质意义之诉愿则指虽无诉愿之名，但依其性质，最使具有诉愿制度之功能者。

（二）诉愿权

何人在具体案件中得以向该管辖机关提起诉愿，并依其主张而获得（有利之）诉愿之决定，此人在诉愿程序上被称为"诉愿人"，而其享有此种诉愿之权能，又称为"诉权"。

按照诉权范围的大小，亦即诉愿事项范围及诉愿人权利受保护程度，诉权的确认有权利被害者诉愿、民众诉愿及利害关系者诉愿三种不同的模式。所谓"权利被害者诉愿"，指提起诉愿者，必须其权利被违法或不当之行政处分所侵害。新"诉愿法"第 1 条第 1 项规定即属此类：人民对于"中央"或地方机关之行政处分，认为违法或不当，致损害其权利或利益者，得依本法提起诉愿。所谓"民众诉愿"分成广义（真正）之民众诉愿及狭义（非真正）之民众诉愿（实际上接近于利害关系者诉愿）。前者，指任何人可借诉愿以指摘行政之违法或不当，后者则只限于一定区域或具特定资格、身份者，始得为之。所谓"利害关系者诉愿"

乃介于上述之"权利被害者诉愿"与"民众诉愿"间之诉权形态。提起诉愿者，仅需其对诉愿之提起，具有值得保护的、实质的、现在或将来的可以估量的属于自己的利益即可，并不以其权利或法律上所保护之利益受侵害为条件。诉权之有无，依相关法规之规定意旨判断，然诉权范围之界定，则涉及立法政策或裁量问题。详言之，立法者在决定诉愿之诉权范围的广狭时，必须斟酌诉愿制度所欲维护之"法益"，究竟只涉及个人之私益，或是扩散之不特定之多数人私益，或竟旁及社会之公益，而此等法益需多广范围之人享有诉权，始能有效加以维护。通常只系攸关特定个人之利益，且以实害之除去为目的者，则采"权利被害者诉愿"或"利害关系者诉愿"，即为已足；反之，若属影响公益或为防卫可能产生之多数人利益或公益，则有必要扩大诉权之范围，及于"公众或民众诉愿"。关于诉权范围的规定，行政法院的解释具有重要的影响，举一例可知，释字第382号（1995.6.23）：各级学校依有关学籍规则或惩处规定，对学生所为退学或类此之处分行为，足以改变其学生身份并损及其受教育之机会，自属对人民宪法上受教育之权利有重大影响，此种处分行为应为诉愿法及行政诉讼法上之行政处分。受处分之学生于用尽校内申诉途径，未获救济者，自得依法提起诉愿及行政诉讼。行政法院1952年判字第六号判例，与上开意旨不符部分，应不予援用，以符宪法保障人民受教育之权利及诉讼权之意旨。

（三）诉愿的主体

1. 诉愿的主体的范围

诉愿的主体包括：诉愿人、诉愿相对人、参加人、代理人与辅佐人、证人与鉴定人及诉愿管辖机关。其中在行政救济法学上特别重要者，集中在何人在个案具有诉愿权能，而得为适格之诉愿人，亦即所谓之"诉权"问题，以及何者属于诉愿程序标的之作成机关，亦即行政处分之作成或应作成之机关为谁之问题，也就是被申请人，行政处分之作成机关是就作为的行政行为而言，而行政处分之应作成之机关则是针对不作为行政机关而言。

2. 诉愿相对人之确定

由于诉愿制度系采取行政系统内之自我控制，且因管辖规定之结果，常有原处分机关同时以诉愿管辖机关之姿态出现者，故无被告之称呼，以免有被告兼法官之嫌。诉愿相对人为何，诉愿法固无明文，但其既决定管辖权之谁属、程序之进行可能与诉愿决定之效力等，关系重大。

诉愿之相对人，依台湾现行法制，计有：为或应为行政处分之行政机关及受委托或授权，而立于行政机关地位之团体或个人，以及具有第三人效力之行政处分或攸关竞业关系处分中之利害相反之关系人。就处分机关言，事实上为处分或依法应为处分之机关，即为处分机关。诉愿法第十二条第一项第二款所称之原行政处分或决定机关，乃指前者。

处分机关因处分形态之不同，异其归属：（1）单独为处分者，为处分之该机关。（2）共同为处分者，为处分之该等机关。（3）奉命为处分者，其名义上之处分机关，亦即显名之机关。（4）处分经多层级程序或需上级核可或奉上级指示者，仍以显名之机关为处分机关。（5）委托关系所为处分，以委托机关为处分机关。（6）委任或授权关系所为之处分，仍以显名之机关为处分机关。

就利害相反之关系人言，在具有第三人效力或具有竞业关系之处分案件中，诉愿之相对人，则非仅为原处分机关，还包括利害相反之关系人。盖一旦原授益处分被撤销，则其将受有损害，遇此案件，即以其为利害关系人，使之答辩以协助原处分机关维护其权益。虽然此一利害关系人，对于决定诉愿管辖无关紧要，但却可能成为再诉愿人。

3. 诉愿参加人（＝利害关系人）之确定

利害关系人除在利害关系者诉愿之类型，允许其自行提起诉愿以外，则仅允许与诉愿人利害相同之利害关系人参加诉愿，藉主观既判力之扩张，将诉愿决定之效果扩及于参加人，唯仍属于从参加之性质而已。至于利害相反之关系人，则既非类似于民事诉讼上之主参加或独立参加，亦非对于处分机关之从参加，而系一种特殊之命令参加。现行诉愿法并未明文规定诉愿参加，但以行政处分日形复杂、影响层面日广、案件日多之情况下，基于诉愿之经济、迅速性与防止决定矛盾之要求，实有予以扩大及明文化之必要。

4. 诉愿管辖机关

诉愿之重要主体，除诉愿人以外，首推诉愿审议管辖机关。

原"诉愿法"第26条①规定："各机关办理诉愿事件，应设诉愿审议委员会，组成人员以熟谙法令者为原则；其中社会公正人士、学者、专家不得少于诉愿审议委员会成员三分之一。诉愿审议委员会组织规程及审议规则，由主管院定之"。是以"行政院"乃颁订："行政院暨所属各级行政机关诉愿审议委员会组织规程"（1995年2月10日修正）之修正第4条规定："诉愿会置主任委员一人，由机关首长就本机关高级职员具法制专长者调派专任或兼任。诉愿会置委员四人至十二人，由机关首长就本机关高级职员调派专任或兼任，并遴聘社会公正人士、学者、专家担任，其中社会公正人士、学者、专家不得少于诉愿会成员三分之一。委员应有半数以上具有法制专长。诉愿会所需办事人员由机关首长就本机关职员中具法制专长者调派之，并得指定一人为执行秘书"。新"诉愿法"仅对社会公正人士、学者、专家所占的比例调整为不得少于诉愿会成员三分之一，也就是在诉愿会中占据了多数。

新"诉愿法"第53条规定，诉愿决定应经诉愿审议委员会会议之决议，其决议以委员过半数之出席，出席委员过半数之同意行之。从这个决议规则看，如果本机关的委员全到，而机关外有一个不到，也可以由机关内之委员控制。由此产生的问题就是如何避免故意不通知或者故意让某些持反对意见的人不到的问题。

（四）诉愿之管辖

诉愿管辖指诉愿案件应由何一机关受理，并依"诉愿法"之规定加以审理之权限决定。决定管辖之标准大抵为：（1）以何者为原处分机关或应为原处分机关为判断基准；（2）采取显名主义之判断：以行政处分

---

① 该条是旧"诉愿法"自1960年12月23日修正公布至新"诉愿法"颁布40年间唯一改动过的条款，分别于1979年和1995年进行过修正。新"诉愿法"又作了进一步的修正，可见该条在诉愿法中所占的地位。

本身彰显之处分机关为准。由于诉愿具有上级机关监督下级机关或机关自我反省之机能，因此，诉愿管辖自应由行政处分之作成机关或其上级机关为之，故诉愿管辖向以此二者来决定管辖机关谁属。

"诉愿法"对于诉愿管辖之规定，包括：列举管辖（第 4 条）、比照管辖（第 5 条）、对不同隶属或层级机关共同处分之管辖（第 6 条）、对无隶属关系之受委托机关所为处分之管辖（第 7 条）、对有隶属关系之受委托机关所为处分之管辖（第 8 条）、对受委办机关所为处分之管辖（第 9 条）、对受委托行使公权力之团体或个人所为处分之管辖（第 10 条）、承受管辖（第 11 条）、管辖争议判定（第 12 条）等。

列举管辖，又称事物管辖，即按事务之类别，划分管辖权之归属，新"诉愿法"规定：（1）不服乡（镇、市）公所之行政处分者，向县（市）政府提起诉愿；（2）不服县（市）政府所属各级机关之行政处分者，向县（市）政府提起诉愿；（3）不服县（市）政府之行政处分者，向省政府提起诉愿；（4）不服省政府所属各级机关之行政处分者，向省政府提起诉愿；（5）不服省政府之行政处分者，向中央主管部、会、行、处、局、署提起诉愿；（6）不服直辖市政府所属各级机关之行政处分者，向直辖市政府提起诉愿；（7）不服直辖市政府之行政处分者，向中央主管部、会、行、处、局、署提起诉愿；（8）不服中央各部、会、行、处、局、署所属机关之行政处分者，向各部、会、行、处、局、署提起诉愿；（9）不服中央各部、会、行、处、局、署之行政处分者，向主管院提起诉愿；（10）不服中央各院之行政处分者，向原院提起诉愿。

（五）诉愿程序

各（级）诉愿审议委员会处理诉愿之程序，除规定于"诉愿法"以外，尚见于各院、部之诉愿审议委员会审议规则，如"行政院暨所属各级机关诉愿审议委员会审议规则""考试院及所属机关诉愿审议委员会审议规则""司法院及所属机关诉愿审议委员会审议规则"暨"监察院暨所属诉愿审议委员会审议规则"。

新"诉愿法"中对于诉愿程序极为重视，用多达 41 条（第 56—96条）的篇幅予以规定。

不但如此，该法还规定，诉愿人或参加人对受理诉愿机关于诉愿程序进行中所为之程序上处置不服者，应并同诉愿决定提起行政诉讼。通过将诉愿程序之遵循与否纳入行政诉讼的审查范围，在一定程度上有助于克服诉愿机关通过维持原处分决定随意处分自己的诉愿审查权力的行为的可能。

1. 诉愿程序之基本原则

诉愿制度因其功能取向之不同，其程序之运作亦受不同原则之支配，换言之，在以"法规维持说"为基础之诉愿制度，与以"权利保护说"为基础之诉愿制度，在程序之营运上，自应有其不同之因应性原则。台湾诉愿制度之程序支配原则：诉愿先行程序原则；先程序、后实体原则；实体从旧，程序从新原则；诉愿不停止原处分执行原则；处分主义；一事不再理原则；更不利益决定之禁止原则；信赖保护原则。就其要者简述如次：

(1) 更不利益决定之禁止

所谓更不利益决定之禁止，乃指诉愿人提起之诉愿，经诉愿审议机关依法审理后，发现原处分确属违法或不当，然如依法为妥当之处分，则诉愿人将（应）受到较原处分更不利益之处分者，则诉愿审议机关虽可确认原处分适用违法，然却不得依职权于当事人主张之范围外，为较原处分更不利于诉愿人之决定。此与诉愿制度之以"权利保护说"为取向及采"诉愿标的处分主义"（禁止诉外裁判）有关。旧"诉愿法"对此未有如"行政诉讼法"之明文，但实务上，"行政法院三十五年"判字第二十六号判例即认为："诉愿系人民因行政官署之违法或不当处分，致损害其权利或利益时，请求救济之方法。受理诉愿官署，如认诉愿为无理由，只应驳回诉愿，自不得于诉愿人所请求范围之外，与以不利益之变更，致失行政救济之本旨"。在诉愿实务上，依诸如行政院暨所属各级行政机关诉愿审议委员会审议规则第 15 条第 1 项之规定，"对于诉愿有理由者，乃在诉愿人声明不服之范围内，分别以决定撤销原行政处分之全部或一部、迳为变更之决定、发回原行政处分机关另为处分，故受理诉愿机关迳为变更之决定或原行政处分机关重为处分时，均不得于诉愿人表示不服之范围内，为更不利之变更或处分"。新"诉愿法"第81条第一项，则仿行政诉讼法规定："诉愿有理由者，受理诉愿机关应以决定撤销原行政处分之全部或一部，并得视事件之情节，迳为变更之决定或发回原行政处分机关另觅处分。但于诉愿人表示不服之范围内，不得更为不利益之变更或处分。"

在实务上，易生争议者，乃诉愿时之原处分机关或再诉愿时之原诉愿决定机关，如其处分或决定被撤销，而须另为适法之处分时，其所为之处分或决定，是否亦有"禁止为更不利之变更"原则之适用？对此法无明文，学说亦尚未见之，本书认为，基于行政救济之权利保护性质及旧"诉愿法"第24条规定之精神，宜采肯定说。唯如有原处分或原决定以外之新原因存在时，基于依法行政原则，则非不可为较原处分或原决定更不利于诉愿人之处置。

（2）信赖保护原则

这是新"诉愿法"新增加的内容。信赖保护原则以法治国家之"法安定性原则"为根据，指人民因信赖特定行政行为所形成之法秩序，而安排其生活或处置其财产时，则不能因嗣后行政行为之变更，而影响人民之既得权益，使其遭受不可预见之损害。

新"诉愿法"规定：提起诉愿因逾法定期间而为不受理决定时，原行政处分显属违法或不当者，原行政处分机关或其上级机关得依职权撤销或变更之。但有下列情形之一者，不得为之：其撤销或变更对公益有重大危害者；行政处分受益人之信赖利益显然较行政处分撤销或变更所欲维护之公益更值得保护者。行政处分之受益人值得保护之信赖利益，因原行政处分机关或其上级机关依第一项规定撤销或变更原行政处分而受有损失者，应予补偿。但其补偿额度不得超过受益人因该处分存续可得之利益。

但是，行政处分受益人有下列情形之一者，其信赖不值得保护：以诈欺、胁迫或贿赂方法，使原行政处分机关作成行政处分者；对重要事项提供不正确资料或为不完全陈述，致使原行政处分机关依该资料或陈述而作成行政处分；明知原行政处分违法或因重大过失而不知者。

2. 诉愿的提起

诉愿程序之开始，起于诉愿人之提起诉愿。诉愿之提起，应自行政处分达到或公告期满之次日起 30 日内为之；利害关系人提起诉愿者，自知悉时起算，但自行政处分达到或公告期满后，已逾三年者，不得提起。诉愿之提起，以原行政处分机关或受理诉愿机关收受诉愿书之日期为准。诉愿人误向原行政处分机关或受理诉愿机关以外之机关提起诉愿者，以该机关收受之日，视为提起诉愿之日。

诉愿应具诉愿书，载明该法第 56 条所列事项，由诉愿人或代理人签名或盖章。诉愿人在行政处分达到或公告期满之次日起 30 日内第 14 条第 1 项所定期间向诉愿管辖机关或原行政处分机关作不服原行政处分之表示者，视为已在法定期间内提起诉愿，但应于 30 日内补送诉愿书。后一种情况是对口头表示诉愿的规定。

根据新"诉愿法"，诉愿人提起诉愿有两条途径，一是原机关直接提起，另一则是诉愿人向受理诉愿机关提起诉愿者，受理诉愿机关应将诉愿书影本或副本送交原行政处分机关。受理诉愿机关认为诉愿书不合法定程式，而其情形可补正者，应通知诉愿人于 20 日内补正。

此外，诉愿人误向诉愿管辖机关或原行政处分机关以外之机关作不服原行政处分之表示者，视为自始向诉愿管辖机关提起诉愿，这一规定说明新"诉愿法"在提起和受理方面，作出了许多便于申诉诉愿的改进。收受误递诉愿之机关应于 10 日内将该事件移送于似行政处分机关，并通知诉愿人。这一规定最容易办到，因为诉愿人即使选错了受理机关，但绝不会选错原机关；同时，该规定之可操作尽系于可向原机关提出诉愿申请的新规定。

诉愿提起后，在决定书送达前，诉愿人得撤回之。诉愿经撤回后，不得复提起同一之诉愿。易言之，撤回诉愿的理由不受限制，可以无因撤回，但对后果有要求。

3. 原处分机关的先行程序

无论是诉愿人缮具诉愿书经由原行政处分机关向诉愿管辖机关提起诉愿，还是诉愿人向受理诉愿机关提起诉愿者，受理诉愿机关应将诉愿书影本或副本送交原行政处分机关，原行政处分机关对于该诉愿均应先行重新审查原处分是否合法妥当，其认诉愿为有理由者，得自行撤销或变更原行政处分，并陈报诉愿管辖机关。原行政处分机关不依诉愿人之请求撤销或变更原行政处分者，应尽速附具答辩书，并将必要之关系文件，送于诉愿管辖机关。原行政处分机关检卷答辩时，应将前项答辩抄送诉愿人。

上述规定有两个特点，第一是诉愿书应当向原处分机关提起，从明确管辖、减少诉愿人负担等角度看，这一规定比统一规定一个转送机关还要便民。虽然台湾地区的"行政程序法"要求所有的行政机关在作出决定时必须告知诉愿及诉讼的权利。否则，要承担相应的责任。但还是不免有疏漏。而这一规定则可以起到弥补的作用。

第二个值得注意的特点是，有关原机关先行处理的程序。这相当于将非正式的申诉程序与正式的诉愿程序结合起来，并将前者作为后者的先行程序，但却不是必经程序。这样做的好处是，针对原处分机关的每一项诉愿，该机关都可以在诉愿机关受理之前再斟酌、反思一次，并有权纠正自己的错误。这种向原机关递交申请并由原机关预为考虑原决定是否合法与妥当，相当于已经将申诉程序或先行程序或者说原级复议等，强行结合进行政复议程序之中，以期通过先行程序，将诉愿的效率最大化。当然，这其中也存在一个风险，就是原处分机关隐而不报的情况。考虑到法院的上诉也是这样进行的，实际操作起来问题并不大。

4. 诉愿的审议

原则上讲，诉愿就书面审查决定之。但是，受理诉愿机关必要时得通知诉愿人、参加人或利害关系人到达指定处所陈述意见。诉愿人或参加人请求陈述意见而有正常理由者，应予到达指定处所陈述意见之机会。虽然此处没有提到处分机关，但并不意味着没有文词辩论。受理诉愿机关应依诉愿人、参加人之申请或于必要时，得依职权通知诉愿人、参加人或其代表人、诉愿代理人，辅佐人及原行政处分机关派员于指定日期到达指定处所言辞辩论。当然，也可以实施单方言词审查：诉愿审议委员会主任委员得指定听取诉愿人、参加人或利害关系人到场之陈述。

言辞辩论的程序是：（1）受理诉愿机关陈述事件要旨。（2）诉愿人、参加人或诉愿代理人就事件为事实上及法律上之陈述。（3）原行政处分机关就事件为事实上及法律上之陈述。（4）诉愿或原行政处分机关对他方之陈述或答辩，为再答辩。（5）受理诉愿机关对诉愿人及原行政处分机关提出询问。

此外，新"诉愿法"以9条（第67—75条）的篇幅规定了依职权、嘱托或依申请的调查证据、检验、勘验的规则。

诉愿之决定，自收受诉愿书之次日起，应于三个月内为之；必予延长，并通知诉愿人及参加人。延反以一次为限，最长不得逾两个月。对于补送诉愿书者，自补送之次日起算，未为补送者，自补送期间届满之次日起算；对于通知补正者，自补正之次日起算；未为补正者，自补正期间届满之次日起算。

诉愿决定书应附记，如不服决定，得于决定书送达之次日起两个月内向高等行政法院提起行政诉讼。对于提起行政诉讼之诉愿决定，因诉愿决定机关附记错误，向非管辖机关提起行政诉讼，该机关应于10日内将行政诉讼书状连同有关资料移送管辖行政法院，并即通知原提起行政诉讼之人。有上述之情形者，行政诉讼书状提出于非管辖机关者，视为自始向有管辖权之行政法院提起行政诉讼。

5. 诉愿决定种类

诉愿决定包括：不予受理、驳回、撤销决定、变更决定、发回另为处分决定、责令履行职责决定等。

（1）不予受理决定

不予受理决定适用于下列七类诉愿事件：一是，诉愿书不合法定模式不能补正或经通知补正逾期不补正者；二是，提起诉愿逾法定期间或虽在法定期间向诉愿管辖机关或诉愿行政处分机关作不服原行政处分之表示，但未于30日内补送诉愿书者；三是，诉愿人不是受行政处分之相对人及利害关系人者；四是，诉愿人无诉愿能力而未由法定代理人代为诉愿行为，经通知补正逾期不补正者；五是，地方自治团体、法人、非法人之团体，未由代表人或管理人为诉愿行为，经通知补正逾期不补正者；六是，行政处分已不存在者；七是，对已决定或已撤回之诉愿事件重行提起诉愿者。

（2）驳回决定

诉愿无理由者，受理诉愿机关应以决定驳回之。

（3）撤销决定、变更决定、发回另为处分决定

诉愿有理由者，受理诉愿机关应以决定撤销原行政处分之全部或一部，并得视事件之情节，迳为变更之决定或发回原行政处分机关另为处分。但于诉愿人表示不服之范围内，不得为更不利益之变更或处分。对于诉愿决定撤销原行政处分，发回原行政处分机关另为处分时，应指定相当期间命其为之。

值得注意的是，此类决定受撤销或变更原处分不得更有害于公益原则的限制，即受理诉愿机关发现原行政处分虽然违法或不当，但其撤销或变更于公益有重大损害，经斟酌诉愿人所受损害、赔偿程序、防止方法及其他一切情事，认原行政处分之撤销或变更显与公益相违背时，得驳回其诉愿。当然，对于这种情形，应于决定主文中载明原行政处分违法或不当，而且受理诉愿机关在作出这一决定时，得斟酌诉愿人因违法或不当处分所受损害，于决定理由中载明由原行政处分机关与诉愿人进行协议，这一协议，与国家赔偿法之协议有同一效力。

此外，原行政处分经撤销后，原行政处分机关须重为处分者，应依诉愿决定意旨为之，并将处理情形以书面告知受理诉愿机关。

（4）责令履行职责决定

对于法定期间内应作为而不作为而提起的诉愿，受理诉愿机关认为有理由者，应指定相当期间，命应作为之机关速为一定之处分。但受理诉愿机关未为前项决定前，应作为之机关已为行政处分者，受理诉愿机关应认诉愿为无理由，以决定驳回之。

6. 再审

新"诉愿法"规定了一个对诉愿决定不服，可以向原诉愿机关提起的再审程序，相当于再诉愿，考虑到再诉愿提起阶段规定的由原处分机关预为考虑的非前置的申诉程序，此处的再诉愿程序的规定可以说是基

于完全相当的考虑。

对于下列情形之一者，诉愿人、参加人或其他利害关系人得对于确定诉愿决定，自诉愿决定确定时起 20 日内，向原诉愿决定机关申请再审。但诉愿人、参加人或其他利害关系人已依行政诉讼主张其理由或知其事由而不为主张者，不在此限：（1）适用法律显有错误者；（2）决定理由与主文显有矛盾者；（3）决定机关之组织不合法者；（4）依法令应回避之委员参与决定者；（5）参与决定之委员关于该诉愿违背职务、犯刑事上之罪者；（6）诉愿之代理人，关于该诉愿有刑事上应罚之行为，影响于决定者；（7）为决定基础之证物，系伪造或变造者；（8）证人、鉴定人或通译就为决定基础之证言、鉴定为虚伪陈述者；（9）为决定基础之民事、刑事或行政诉讼判决或行政处分已变更者；（10）发现未经斟酌之证物或得使用该证物者。

七、韩国行政复议制度

在韩国，行政复议被称为"行政审判"：韩文中用"行政审判"这几个汉字表述，发音也与汉语"行政审判"非常近似。由于韩国同时存在行政审判与行政诉讼，直译为"行政审判"，容易使人误以为这就是韩国的行政诉讼。为便于中国读者理解，从制度实质性出发，统一将韩国的"行政审判"译为行政复议。

行政复议是韩国非常重要的法律制度，是其主要的行政救济渠道。这一点，仅从韩国国务总理行政复议委员会（现国民权益保障委员会，下同）每年审理两三万起行政复议案件，各级行政诉讼案件总数只有 1 万多件的情况，即可了然。

韩国行政复议制度的特色之一是，政府总理及各部（税务等部门除外）的行政复议案件统一交国务总理行政复议委员会审理并议决。该委员会法定人数 50 人，其中政府委员 5 人（包括委员长 1 人，由韩国法制处处长兼任；常任委员 2 人，由总理提名、总统任命；指名委员 2 人），民间委员 45 名（包括 22 名大学教授、20 名律师及其他界别 3 人）。该委员会的办事机构为韩国行政复议管理局，定编 55 人，设在韩国法制处，具体办理国务总理行政复议委员会管辖的案件。

韩国行政复议委员会的运作机制设计得比较严密，政府拥有主导权，委员长及常任委员在案件的审理过程中发挥一定的主导作用；参加决策的委员以民间委员居多，其决策比较客观、公正；办案人员专业化，委员选自本专业杰出人士；办事人员作为参谋、助手，为公务员，能够保证操作的专业化和业务的连续性。此外，韩国在行政复议制度设计上，规定行政复议委员会在行政诉讼中不当被告，这样就减少不利于其发挥作用的外部制度性因素。这些就使得行政复议委员会具有效率高、权威性强的特点。

（一）韩国诉愿制度梗概

韩国现代意义上的行政复议制度始于该国1951年8月公布的《诉愿法》。该法对诉愿事项采取了概括主义的规定：权利或者利益因行政机关违法或者不当的行政行为受到侵害的行政相对人可以依法提起诉愿。行政相对人应当以书面形式，通过原行政机关向其上级行政机关提起诉愿，而做出行为的机关为国务总理、各部长官、总统直属机构的，则仍应当向该行政机关提起诉愿，由其下设的诉愿审议会予以审查、提出处理意见。提起诉愿的期间应当是自行政相对人知道行政机关做出该行政行为之日起1个月，但是自行政行为做出之日起超过3个月的，当事人不得提起诉愿。原行政机关应当自受理诉愿申请书之日起10日内连同答辩状及相关文件一同送达诉愿行政复议机关。对诉愿的审查原则上采用书面审理的方式，诉愿行政复议机关认为有必要的，可以进行口头审理，并可以依职权询问证人，要求有关行政机关提供有关资料。另外，1951年8月出台的《行政诉讼法》规定了"诉愿前置"的做法，将诉愿作为提起行政诉讼的要件之一。

这部《诉愿法》从制定到1985年被《行政复议法》替代期间的30余年间，从未修改。推进《诉愿法》修改进程的重要制度支撑是韩国1980年10月17日制定颁布的第5部《韩国宪法》。该《宪法》第一零八条第三款的规定，作为裁判的前审程序，可以进行行政复议，行政复议的程序由法律加以规定，但必须准用司法程序。这样，为了更好地从制度上对公民的合法权益进行救济并对行政诉讼进行补充，作为行政诉讼前审程序的行政复议在韩国宪法上得到了明确的认可。这在很大程度上推动了韩国行政复议制度的改革。

1981年，韩国公法学会就首先开始了题为"行政复议制度的综合研究"的课题，并于次年向政府提交法律修改建议，而政府也于1982年开始法律修改的工作。最终，韩国在1984年12月15日公布了《行政复议法》，并于1985年10月1日起开始实施。

1988年8月5日，国务总理行政复议委员会进行了一次小规模修订（法律第4017号），1991年11月30日也有一次修订。到了1995年，为了对行政复议法实行10余年的过程中出现的运作上不完备的问题进行改善，韩国于1995年12月6日公布了修正后的法律（法律第5000号），并于1996年4月1日起施行。在经过1996年的修改之后，为了适应复杂、多样化的经济社会形势的发展变化，提高国务总理行政复议委员会运作的效率和专门性，韩国先后于1997年8月22日（法律第5370号，同年10月1日起施行）和1998年12月28日（法律第5600号，1999年3月28日起施行）公布了修改后的《行政复议法》。据韩国法制处介绍，此后这部法律未再修改，沿用至今。

不难发现，韩国《行政复议法》自1985年颁布至1996年第一次修订，间隔10余年，而在1996年、1997年、1998年三年间，连续进行了三次修订。这与韩国国内改革进程有一定的关系。正是在此期间，韩国出现了第一任直选民选总统。从立法技术上考虑，由于这三次修订集中在国务总理行政复议委员会的委员人数的扩张等量化内容上，因此，需要有一个试验的过程，韩国采取的方法不是试点，也不是低级立法先行，而是正式立法稳步推进。经过这三次密集的修订之后，韩国的行政复议制度基本定型，已经没有太多可以修改的内容，于是相对稳定起来。

现行韩国行政复议法直接根据韩国宪法由国会制定的，是韩国行政复议制度的基本法。韩国也有一些法律为了明确案件的专门性和特殊性，在确有必要的情况下对特别行政复议案件的管辖、审理组织等作了某些特别规定。这些规定都属于其他法律规定的行政复议法的特例，但对于这些法律中未规定之事项，仍应遵从行政复议法的规定。

现行韩国行政复议法包括7章及1个附则，共44条。

第一章为总则，分4条规定了行政复议的目的、定义、对象和种类。

第二章为行政复议机关，分4条（另加两个分条）规定了行政复议的行政复议机关，行政复议委员会，国务总理行政复议委员会，行政复议委员会委员的除斥、忌避、回避，对行政复议委员会委员的罚则适用中公务员地位，以及行政复议机关的权限继承等内容。

第三章为当事人以及关系人，分别规定了申请人资格的一般要求、非法人的社团或者财团的申请人资格、申请人选定的代表人、申请人地位的继承、被申请人的资格以及更正、代理人的选任、代表人等的资格、参加审理等内容。

第四章为行政复议请求，分别规定了行政复议申请书的提出、申请期间、申请方式、行政复议请求的变更、执行停止等内容。

第五章为行政复议的审理，分别规定了行政复议案件向行政复议委员会移交、行政复议申请材料的补正、答辩书的提出、行政复议主张的补充、行政复议审理方式、行政复议委员会会议上的发言内容等的禁止公开、证据文件等的提交、证据调查、程序的合并或者分离、行政复议申请的撤回等内容。

第六章为行政复议裁决，分别规定了行政复议裁决的程序、行政复议裁决的种类、事情裁决、行政复议裁决期间、行政复议裁决方式、行政复议裁决范围、行政复议裁决的羁束力、行政复议裁决的送达以及发生效力、一次复议原则等内容。

第七章为补则，主要规定审理后证据文书等的返还、文书的送达、行政机关的教示义务、不合理法令等的完善、行政复议法与其他规定行政复议内容的法律的关系、行政复议权限的委任等内容。

附则主要规定了该法的生效日期。

此外，根据韩国《行政复议法》第四十三条的规定，关于行政复议，为了明确案件的专门性和特殊性，在特需情况下可以用其他法律规定韩国行政复议法的特例；但在没有特殊必要的情况下，不得将不利于申请人的内容规定为行政复议法的特例。以其他法律规定行政复议特例的，对于该法律未规定之事项，仍应遵从行政复议法的规定。

关于特别法规定的特别行政复议的种类，国务总理行政复议委员会可以叫作一般的行政复议，还有特别行政复议，总共有 30 多种，其中三种占大部分：一是公务员；二是关于税务的，财政经济部下面设有国税厅，国税厅设有国税行政复议委员会；三是关于特许的。如果是这三种类型的行政复议，就要到相应的各个部门去申请行政复议，而不到国务总理行政复议委员会。此外，土地案件也属于特别行政复议。特别行政复议是指专业性很强的行政复议案件的审理，例如土地方面的纠纷，土地行政部门也有自己的行政复议委员会，他们对这个方面比较专业，所以由他们来审判。

（二）行政复议制度的性质

韩国行政复议制度在根本性质上，是一种救济制度，其救济功能是主要的，当然同时也会促进行政的合理运作。行政复议性质定位的一元化，对于指导行政复议制度的立法和实践，具有十分重要的作用，避免了多元价值取向下的动机的分散及不必要的权衡。因此，根据韩国《行政复议法》第一条的规定，其行政复议的目的，就是通过行政复议程序，对于因行政机关的违法或者不当行政行为以及其他公权力的行使等所造成的对国民权利或者利益的侵害进行救济，同时以期实现行政的合理运作。

（三）行政复议的对象

在韩国，对于行政机关的行政行为或者不作为，可以根据行政复议法之规定请求进行行政复议，但其他法律中有特别规定的除外。对于总统的行政行为或者不作为，不可以根据行政复议法请求行政复议，但其他法律中有特别规定的除外。这里说的行政机关包括根据法令接受了行政权限的授权或者委托的行政机关、公共团体以及其他的机关或者私人。这里所说的"行政行为"是指，行政机关所为的与具体事实有关的法律执行行为中，公权力的行使或者拒绝以及其他可视作该行为的行政作用；

"不作为"是指，行政机关在法律上负有义务对当事人的申请在相当的期间内为一定的行政行为，但是并未为之；"行政复议裁决"是指，对于行政复议的请求，行政复议机关依据行政复议委员会（包括国务总理行政复议委员会）的审理以及议决的内容作出的判断。

在韩国，对于其他行使公权力的机构侵犯国民的合法权益的案件，也属于行政复议的范围。据韩国行政复议管理局介绍，这里的"公权力的行使"除包括所有国家机构的行为外，还包括国家机构委托的民间机构的行为、公立学校的行为（韩国的学校分为公立和私立，这里救济范围包括公立学校，私立学校不包括在内）。关于内部行政行为，即行政机关对公务员的内部管理，可不可以到行政复议委员会来申请行政复议问题，据韩国行政复议管理局介绍，韩国并不把行政机关对于所属公务员的行政行为视为行政机关内部的问题，因为公务员虽然是行政机关的工作人员，但也是国民的一员，从一个国民的立场来看，就是行政机关的行政行为，属于行政复议的范围，但公务员的行政复议有一个专门的行政复议委员会。公务员的行政复议属于特别行政复议的一种，需要到相应的部门去申请行政复议，不属于国务总理行政复议委员会的管辖范围。

（四）行政复议的分类

韩国的行政复议依请求内容分为三种类型：撤销请求、确认请求和履行请求。与此相对应，行政复议也分为三类：

（1）请求撤销的行政复议：请求撤销或者变更行政机关违法或者不当行政行为的行政复议；

（2）请求确认无效的行政复议：请求对行政机关的行政行为有无效力或者可否存在予以确认的行政复议；

（3）请求履行义务的行政复议：对行政机关违法或者不当的拒绝行政行为或者不作为，请求责令行政机关为一定行为的行政复议。

行政复议类型的上述分类广泛应用于行政复议的各个环节，例如申请人资格就是按照这种分类模式分别规定的，根据《行政复议法》第九条的规定：

（1）当事人对于行政行为的撤销以及变更有法律上利益的，可以提出撤销的行政复议申请。行政行为的效果因为期间的经过、行政行为的执行以及其他事由消灭的，因该行政行为的撤销仍有可以恢复的法律上利益的当事人，亦同样可提出请求。

（2）当事人对于请求确认行政行为有无效力或者存在与否有法律上利益的，可以提出确认无效等的行政复议申请。

（3）当事人对于行政机关的拒绝决定或者不作为请求作出一定行政行为有法律上利益的，可以提出义务履行的行政复议申请。

（五）行政复议的组织体系

韩国行政复议的组织体系与中国行政复议体制的最大不同有两点，一是决策型行政复议委员会的设置；二是为各行政复议委员会提供业务支持的行政复议机构，如行政复议管理局（室）等。除国务总理行政复议委员会外，行政复议委员会一般设置在行政复议机关内，而行政复议机构则设置在相应行政复议机关所属的法制机构内。

韩国的行政复议委员会是其重要的行政复议组织机构。这种组织形式具有专业化和中立性的特点，行政复议委员会更具权威性，能更好地促使韩国行政复议制度充分发挥便民、救济作用。

以最具代表性的韩国国务总理行政复议委员会为例，该委员会虽有50名委员，但其决策却不是由该委员会的全体委员集体决策的，也就是不需要25名以上的委员到会，并经到会委员半数以上同意才能议决事项。国务总理行政复议委员会议决案件的会议只需9名委员组成即可。而且组成某次会议的委员如果当天确实有事来不了，也没有关系，只要能够保证组成当次会议的9名委员中有5人到会，照样可以议决行政复议案件。

根据韩国《行政复议法》第六条之二第六款的规定，国务总理行政复议委员会的会议由委员长、常任委员以及由委员长于每次会议召开时指定的委员共9人组成。其中，符合第六条第四款各项之一的人士（即民间委员）必须在5人以上。同条第七款规定，国务总理行政复议委员会需有由第六款的规定的组成人员过半数出席，并有出席委员过半数赞成方可形成议决。

关于国务总理行政复议委员会的会议的组成人员为什么需要由委员长于每次会议召开时指定，而不采取抽签等比较公正的确定方式的问题，据韩国法制处介绍，这里的指定是指名不是任命，是韩国的一种惯例。由于民间委员都是律师或者教授，都有自己的工作，如果采取抽签的方式确定到会委员的话，临时让他们来，不一定都来得了。目前的实际做法是，民间委员之间形成的心照不宣的惯例是，每3个月（大约要开12次会）出席2次会。这样每名民间委员一年平均出席8次会，45名民间委员全年出席360人次。国务总理行政复议委员会每年平均开会46次。照此计算，平均每次会议到会的民间委员人数可达七八人，加上必须到会的委员长及常任委员共3人，已经超过举行会议必需的9人的法定人数，每次还有1至2名委员可以候补。于是，各民间委员可以在3个月甚至更早以前，就可以排定自己今后三个月内出席国务总理行政复议委员会的日程，即使临时有1名甚至2名委员不能到场，也可以由替补委员顶替，从而保证每次都有9名委员能够切实出席。从国务总理行政复议委员会的这种具体安排看，虽然从法律上指定到时确实不能到场的委员作为委员会会议的成员，只要满足5人以上到会的最低标准即可，但韩国的实际做法不是这样，他们切实保障每一个民间委员都能够没有太多负担地及早确定自己的日程，比较有保障地出席每一次国务总理行政复议委员会的会议，从而切实发挥民间委员在行政复议案件议决过程中的作用。

韩国行政复议委员会（包括国务总理行政复议委员会）是行政复议案件的审理和议决机关。其性质和法律地位可以从以下几个方面理解。

第一，行政复议委员会是准司法性质的裁判机构。韩国复议制度是主要的行政救济制度，因此，行政复议委员会的主要任务就是依照准司法原则，对行政争议作出公正、独立的裁判。在对复议案件的审理、议决中遵循的司法程序有：利害关系人的行政复议参与制度、委员的回避制度、代理人选任制度、执行停止制度、各种证据调查制度等多种诉讼法程序，并对该案裁决内容具有独立议决的权力。此外，行政复议委员会是合议制机关，每次应有半数以上的委员出席，并只有出席人员的过半数才能作出合法有效的决定。

第二，行政复议委员会是行政复议案件的审理机关。在韩国，行政复议机关并不审理行政复议案件，行政复议委员会是依法设立的审理组织，其设立的目的，就是审理行政复议案件。因此，行政复议委员会对行政复议案件具有审理权，通过对有关行政复议案件的各种证据的调查和相关法律的研究，从第三方的立场判断案件的是非曲直及当事人行政复议请求，为进一步作出行政复议裁决的最终结论作准备。虽然在实际运作过程中，每个行政复议委员会都附属有专门从事行政复议工作的办事机构。但办事机构并不具有审理权，其工作仅是辅助性的、事务性的。

第三，行政复议委员会是行政复议案件的议决机关。行政复议委员会不仅审理行政复议案件，同时更重要的是要对行政复议案件进行议决。这里所说的议决，就是审理和决定。也就是说，所有的行政复议案件中涉及的所有实质性、原则性的问题，包括是否受理，都要由行政复议委员会决定。可见，行政复议委员会是在行政复议阶段最终决定案件实体问题的机关，而不是一个咨询、建议机构。

第四，行政复议委员会与相关行政复议机关的关系。在韩国行政复议制度中，有几对名词需要特别地加以注意。一是处分厅与监督厅。简单地说，韩国一般把作出行政处罚等具体行为的行政机关可以统称为处分厅。同时，与之对应，将对行政机关的行政行为可以进行救济的机关，如其上级行政机关、行政复议机关等，统称为监督厅。二是议决机关与裁决机关。

作为议决机关的行政复议委员会与作为裁决机关的行政复议机关的关系，主要有以下几个方面。

第一，议决机关行使实质上的行政复议决定权，行政复议机关只是形式上的、名义上的行政复议机关。尽管行政复议委员会是设在相应的行政复议机关，但是，由于行政复议委员会的相对独立、委员的外部化、适用准司法程序等，因此，行政复议机关实际上就只能是等行政复议委员会作出实体决定后，在名义上予以确认，在形式上予以对外。

第二，这种性质决定了相应的工作流程。当事人提出行政复议请求后，由行政复议委员会下属的办事机构予以接受并做相关前期工作。而后，送行政复议委员会开庭审理（当事人有要求时还要听取当事人双方的言辞辩论），经过到庭委员的议决后作出实质性的决定。随后送行政复议机关，并由行政复议机关根据行政复议议决书作出正式行政复议裁决书后送达当事人。

此外，韩国的行政复议委员会与行政复议机关，在组织关系上的特点是：在教育、税务、公务员管理等几个特殊领域的中央政府部门，呈对应关系，其他中央政府部门的行政复议，则由国务总理行政复议委员会统一审理和议决。

行政复议委员会的实质性决策权的确立，是建立在行政复议机关必须遵循行政复议委员会议决的内容的基础之上的。根据韩国《行政复议法》第二条的规定，该法使用"行政复议裁决"是指，行政复议机关依据行政复议委员会的审理以及议决的内容作出的判断。该法第三十一条第二款进一步规定，行政复议机关应当毫不迟延地依照行政复议委员会议决的内容，做出行政复议裁决。上述规定从根本上确立了行政复议委员会实质性裁决者的法律地位，韩国的行政复议委员会有以下特点。

一是，权威性强。由于韩国《行政复议法》明确规定，行政复议委员会作出的议决内容，行政复议机关必须遵循，因此，行政复议委员会的权威性有充分的保障。

二是，成员多来自民间。根据韩国《行政复议法》第六条的规定，结合韩国的实际操作情况看，行政复议委员会的绝大多数成员都是民间委员，以国务总理行政复议委员会为例，其50名委员中，民间委员占了45位。

三是，民主决策。根据韩国《行政复议法》第六条规定，出席行政复议委员会会议的民间委员会必须占多数，其中国务总理行政复议委员会的会议中必须占9名委员中的5人以上，在其他行政复议委员会的会议上则必须占7名委员中的4名以上。而民间委员的实际比例比这还要高。

四是，使行政复议机关首长避免缠身于具体行政复议案件中。由于行政复议委员会依法独立行使行政复议案件的实质裁决权，行政复议机关行政首长并不介入具体办案活动，从而防止行政复议机关行政首长在行政复议方面牵扯过多精力，也便于他们集中精力于决策活动。

五是，在行政诉讼中不能以行政复议委员会为被告。虽然行政复议委员会拥有对行政复议案件的实质上的决定权，但由于韩国行政复议体制的特殊设计，对于行政复议裁决不服的，当事人只能就原行政行为或者不作为以原机关为被告向法院提起行政诉讼，而不能以行政复议机关或者行政复议委员会为被告提起行政诉讼。

（六）韩国行政复议制度的特点

1. 宗旨明确

根据韩国《行政复议法》的规定，其行政复议的目的是，通过行政复议程序，对于因行政机关的违法或者不当行政行为以及其他公权力的行使等造成的对国民权利或者利益的侵害进行救济，同时以期实现行政的合理运作。可见，韩国行政复议制度在根本性质上，是一种救济制度，其救济功能是主要的，促进行政的合理运作则是次要的、附带的功能。

2. 受案范围很广

韩国《行政复议法》对行政复议的范围采取概括主义原则，凡是对国民权利或者利益造成侵害的行政机关的违法或者不当以及其他公权力的行使等行为，都属于行政复议的范围。

3. 组织形式带有很强的东西方文明结合的特色

韩国行政复议组织体系方面最鲜明的特色，是其行政复议委员会的设置。在这种组织形式的设计中，既吸收了西方国家委员会制的组织形式以及一人一票等组织原则，同时又通过立法明确规定委员长、常任委员、指名委员、民间委员的人选、标准或者范围的方式，对委员会的基本组成和结构作出限定。通过增加民间委员的比例，保障了行政复议委员会的公正性；通过配备高水平的专业职员队伍，为行政复议委员会提供高质量的服务，保障了行政复议案件审理的专业性；通过设置统一的国务总理行政复议委员会，提高了中央一级行政复议的权威性；同时，地方的行政复议体制仿效中央设置，进一步明确了中央与地方在行政复议管辖方面的关系。

4. 一次复议

韩国《行政复议法》明确规定，实行一次复议制度，对于已经经过行政复议的案件，不得对行政复议裁决或者原行为提起行政复议。当事人如果仍然不服，只能到法院就原处分向法院提起行政诉讼。

5. 体现高效、专业化的行政特点

韩国行政复议体制由于结合了决策型的行政复议委员会与事务型的行政复议管理局两大模式的优点，因此，审理案件的效率极高，国务总理行政复议委员会的一次会议上就可以裁决少则 500 多则 1000 个案件，这与前期行政复议管理局做的大量审查工作是分不开的。同时，由于行政复议范围广，案件数量大，救济面宽，加之行政复议委员会作出的议决内容，行政复议机关都会自动履行，行政复议的总体效率也有充分的保障，对国会权利的救济的效果相应地非常明显，而实际成本却非常低。同时，行政复议委员会吸收了大量的外部专家，行政复议委员会的专业性非常高。

6. 议决机关与裁决机关分立

议决机关与裁决机关分立，是韩国行政复议制度的一个突出特点。其中，议决机关就是行政复议委员会，裁决机关就是行政复议机关。行政复议委员会作出的审理结论称为行政复议议决书，裁决机关根据行政复议议决书作出的决定称为行政复议裁决书。行政复议议决书是对案件的实体的决定，行政复议裁决书则是执行行政复议议决书的外部形式。行政复议议决书和行政复议裁决书合起来，相当于中国的行政复议决定。

由于韩国《行政复议法》规定，行政复议委员会的绝大多数委员，以及参加议决会议的多数委员，都必须是来自政府以外的民间人士，行政复议机关对于行政复议委员会成员本身以及他们的表决行为没有控制权，而且任何影响委员们表决的操控行为都是非法的，因此，行政复议委员会具有相当的中立性，其裁决也相应地具有足够的权威性。同时，韩国行政复议法要求行政复议机关必须依照行政复议委员会的议决内容作出行政复议裁决，这样一来，行政复议委员会的议决内容就落到了实处，同时也实现了议决机关与行政复议机关在法律上的统一。

7. 行政复议机关及行政复议委员会不当被告

韩国《行政复议法》明确规定，当事人不得对行政复议裁决再申请行政复议，也不得对行政复议裁决提起行政诉讼，只能以原行政行为为对象提起行政诉讼。这样，行政复议机关并不因其作出的行政复议裁决而当被告，从而突出了行政复议的救济职能，避免了行政复议机关因怕当被告而在行政复议过程中存在的不必要顾虑，也避免了因行政复议机关当被告而不必要地牵涉其精力，使行政复议机关可以专注于如何通过行政复议渠道充分地救济国民的权利。

8. 准司法化

韩国的行政复议运行机制具有很强的司法性，如委员的中立性（绝大多数委员不是行政机关的公务员）、委员会审理（相当于合议庭）、完善的审理程序（包括前期的法律文书交换、庭审程序的要求、执行方面的规定等）。这些制度设计都是行政复议公正性、权威性的重要保障。同时，韩国行政复议仍保留了其行政效率的一面，如专业化的行政复议工作人员阶段，他们的法律专业知识、行政管理经验及日常工作积累对于依惯例准备、审理行政复议案件有很大的帮助；此外，行政复议委员会中委员长、常任委员的设置，也有助于保持行政复议制度与行政管理体制的衔接。上述两个方面的特点相结合的结果是，韩国的行政复议制度既保留了固有的行政性，又有较强的司法性，因此，称为准司法化是非常贴切的。

9. 注重制度的修改完善

韩国行政复议制度始终处在发展与变化之中，这一点从韩国《行政复议法》的修订中可以看出，在韩国《行政复议法》颁布至今的 20 年中，韩国《行政复议法》已经数次修订，其中涉及行政复议委员会的内容更是反复调整，这充分说明，韩国在行政复议制度的构建中非常注意顺应韩国宪政体制及行政管理体制的变革，以及社会生活的需要，通过及时修订法律，顺应时代的要求，实现与时俱进。

10. 相关配套制度健全

韩国行政复议制度作为一个完整的体系，不仅有作为法律的《行政复议法》，还有总统令、总理令作为辅助支撑。这些法律之下的规范性文件虽然主要适用于内部操作程序，但对于整个行政复议体制的高效运行，仍功不可没。

11. 人员素质要求高

行政复议委员会的委员以及为行政复议委员会服务的复议机构的工作人员，是参与行政复议案件的审理和裁决的主要人员。他们素质的高低，直接影响到行政复议案件的审理效率和裁决质量。韩国在这方面作了充分的准备。行政复议委员会的委员必须从律师、具有法学副教授以上职称者或者曾任4级以上公务员等人员中挑选；而行政复议机构中的工作人员也必须是公务员。据了解，韩国国务总理行政复议委员会行政复议管理局中的许多公务员都具有法律背景，有些还具有律师资格。

（七）行政复议与相关制度

1. 行政诉讼

行政诉讼和行政复议都是行政上的争讼制度，在权利救济功能和行政管制功能的程序上具有共同点，但行政诉讼是司法机关进行判断的纯粹司法程序，而行政复议是行政机关进行判断的准司法行政程序。

对于韩国宪法有关"作为裁判的前审程序，可以进行行政复议"中的"前审程序"的理解问题，或者说行政复议与行政诉讼是选择关系，还是行政复议前置关系的问题，据韩国行政复议管理局介绍，所有的案件都可以选择，可以走行政诉讼，也可以选择行政复议，但有一两类案件一定要先走行政复议，其中驾驶证的吊销就必须先走行政复议，然后才能提起行政诉讼。另据介绍，驾驶证的吊销案件是国务总理行政复议委员会审理的比例较大的行政复议案件。

就行政复议与行政诉讼的范围而言，能够提起行政复议的案件，也可以提出行政诉讼。但从审理的程度上考虑，行政复议不仅是关于有无合法性的判断，而且适当性也成为判断对象。而行政诉讼在原则上只将有无合法性，即法律问题的判断作为对象。

此外，行政复议和行政诉讼都是在行政机关的违法行政行为或因公共权力行使和不行使导致国民权利或利益受到侵害时进行救济的制度。

对不服行政复议裁决的所有案件都可以提起行政诉讼。但根据韩国《行政复议法》第三十九条的规定，对行政复议请求作出行政复议裁决时，不得对相应行政复议裁决以及相同的行政行为或不作为再次申请行政复议。因此，不服行政复议机关对行政复议案件作出的行政复议裁决时，根据《行政诉讼法》第十八条的规定，申请人只能以原行政行为为对象，以原处分机关为被告提起行政诉讼。无论行政复议裁决是否改变原行政行为，都不能以行政复议机关为被告、以行政复议裁决为对象提起行政诉讼。也就是说，在韩国，经行政复议后仍不服而提起的行政诉讼，应当以被申请人为被告，以原行政行为为审理对象。据此，无论行政复议裁决的内容是维护还是撤销了原行为，申请人如果仍然不服，则只能再以原行为机关为被告提起行政诉讼，而与行政复议机关无关，更与行政复议委员会、行政复议管理局无关。这样可以在很大程度上消除行政复议机关、行政复议委员会及行政复议管理局的后顾之忧，更有利于突出司法最终的权威性，也更利于纠纷的化解。关于"不服行政复议案件的行政复议裁决时，可以以原行政行为为对象提起行政诉讼"的规定，韩国行政复议管理局进一步解释说，由于不服行政复议案件的行政复议裁决时，被告与原告的立场不一样，所以应当以被申请人为被告提起行政诉讼。

关于在以原行政行为提起行政诉讼的过程中，行政复议委员会是否可以对原处分说明情况、要求陈述意见的问题，据釜山市政府介绍，如果行政复议委员会提出申请，可以到庭说明情况，如果不提要求，法院也不会要求。关于法院是否会要求行政复议委员会以第三人参加诉讼、表达意见的情况的问题，据釜山市政府介绍，他们没有这种情况。国务总理行政复议委员会审理的案件又提起行政诉讼的，曾经有过法院向韩国行政复议管理局要材料的事发生，但釜山市行政复议委员会审理的案件又提起行政诉讼的，法院还没有找过釜山市法务担当官要过材料。

关于行政复议委员会在行政诉讼中不做被告的问题，据韩国行政复议管理局介绍，在特别情况下也可以成为被告，例如行政复议委员会应当由过半数的委员参加会议，但实际出庭审议的只有二三个委员，行政复议委员会在运行上就不对了，此时，申请人可以针对这一点以行政复议委员会为被告提起行政诉讼，但法院只能裁决行政复议委员会的审理程序是否违法。当然，这种情况只是理论上的假设，实际上从来没有。对于行政复议委员会因程序错误被诉到法院后，如果经审理认为行政复议委员会的程序确实错误，此时是否有可能判决行政复议委员会重新审理这个案件的问题，据韩国行政复议管理局介绍，没有这个可能。

关于行政复议机关变更原行政行为的行政复议裁决，为什么还要以被申请人为被告提起行政诉讼的问题，例如警察对于某个交通事故的处理不服，向国务总理行政复议委员会申请行政复议，如果国务总理行政复议委员会变更了警察的原行政行为，申请人仍不服，此时怎么能够以警察的原行政行为提起行政诉讼？对此，据韩国行政复议管理局介绍，行政复议委员会不是法院的下属机构，这是一个大前提，如一个人出了车祸，其驾驶执照被吊销，最终的决定需要由法院作出决定，此前他可以向国务总理行政复议委员会申请行政复议，如果他对行政复议委员会的议决不服，他还可以向法院提起行政诉讼，但被诉的仍是原行政行为。

换个角度说，关于行政复议委员会作出决定后，是否立即生效的问题，据韩国行政复议管理局介绍，对于行政复议委员会的决定，行政厅一定要接受，国民可以服，可以不服。此时，如果作为国民一方不服，那行政复议委员会的这个决定就没有什么拘束力，国民可以继续到法院就原行政行为提起行政诉讼。行政复议委员会的决定就自动失效，就像国民根本就没有提起过行政复议一样。

关于行政复议委员会作出的决定与法院在行政诉讼中得出的结论不一致的问题，韩国方面一致认为，应当以法院的判决为准。而且釜山市政府介绍，其他地方的情况不太清楚，但釜山市行政复议委员会的裁决与法院的判决基本一致。在 2000 年到 2004 年提起行政复议的 1479 件案件中，行政复议裁决申请人败诉的案件有 958 件（占 64.8%）；其中只有 225 件又提起行政诉讼，这其中仅有 88 件经过行政诉讼后原告胜诉（占 39.1%），经行政复议维持后案件又被法院撤销的比例不到 10%。

2. 异议申请

异议申请是向行政机关（在韩国行政复议制度中又称处分厅）自身提出的争讼，而行政复议是原则上向上级行政机关（在韩国行政复议制度中又称监督厅）提出的争讼。两者差别在于，异议申请并不适用于所有的违法、不当行为，而只适用于个别法律规定的行为，而行政复议原则上适用所有的违法、不当行为。

据韩国法制处介绍，上述内容的意思是，异议申请是个别法专门规定的申诉程序，属于列举式救济手段，只有个别法有规定的才可以提起。只有那些个别法律明确规定的行政行为，才可以依该个别法律规定的程序提出，并由有关机关依该个别法的规定作出行政复议裁决。行政复议属于概括性救济手段，原则上可以针对行政机关的所有违法、不当的行为提出申请，并由有关行政复议机关按照行政复议法及特别法的规定予以审查、处理，其案件的范围、审查的力度、行政复议裁决的范围都比异议申请要大。

据行政复议管理局介绍，异议申请并没有什么特别的规定，只是行政复议的前段的一个过程，申请人直接找作出行政行为的机关，让行政行为机关看一下是否确实有错，如果有错的话，就自己改正。不一定是当初作出行政行为的人，只要是其所在的部门就可以，但韩国也没有在这样的部门专门设立相应的机构。而且改正的比例也不大。但一定要有一个书面的答复，而无论当事人是否是口头提出申请的。如果申请人口头提出申请的，可以当面口头答复，但事后还要出一个书面文件。但行政机关对异议申请的答复不是正式的文档，不是审判的对象。对此不服也不能申请行政复议。而只能就原行政行为申请行政复议。

3. 请愿

据韩国法制处介绍，在可以寻求违法或不当行政行为的取消或变更这一点上，请愿与行政复议具有共同点。两者的区别在于，行政复议基本上是权利救济的争讼，而请愿与其说是争讼手段，倒不如说是保障国民向国政发表政治看法的制度。

权利救济的争讼是建立在法律赋予国民申请相应救济的权利的基础

之上的，一旦可以申请救济的法律事件出现，国民就享有提出申请的权利，有关的国家机关也有启动救济程序予以救济的法定义务。行政诉讼、行政复议都属于这种性质的权利救济。而请愿则只能视为畅通国民言路的一种渠道，并不必然启动相应的权利救济程序。而且对于请愿的答复也不可以申请行政复议，理由是不构成行政行为。

4. 陈情

韩国的陈情制度不是一种权利救济，而是行政行为或者不作为的当事人直接向该行政厅反映自己的意见和要求（即所愿的事情）。有关行政机关可以听取这类意见，并相应地纠正自己的违法或者不当的行政行为，但也可以不采取任何的行动。行政厅采取何种反应并没有法律的强制性规定，而只是出于行政厅的自愿救济。可见，陈情是不依赖法庭的形式和程序，向行政厅陈述某些所愿的事情。陈情与行政复议的区分在于，它可以用于纠正违法或不当行政行为的手段，但那不是权力行使，且其回答也不能具有法律意义。而且对于陈请的答复本身也不可以申请行政复议，理由是不构成行政行为。

关于因异议申请、请愿或者陈请而耽误申请行政复议期限，是否可以作为耽误法定期间的法定事由的问题，据韩国行政复议管理局介绍，如果申请人在行政复议期间内没有提出行政复议申请，而是提起了异议申请、请愿或者陈请，由此耽误行政复议申请的，不能作为未及时提起行政复议申请的法定事由。换句话说，如果申请人当初没有走对路，而是选择了别的救济渠道，由此造成的后果，只能由申请人承担。

八、我国行政复议法的发展历程

（一）北洋政府时期的行政复议制度

尽管我国封建社会有一套控制官吏的机制，但并没有形成行政复议制度。如御史台制度，就是我国封建皇帝用来监督纠察文武官吏违法失职行为的统治控制方式。御史台制度属于行政纠察制度，对应的现代制度是行政监察，应属公务员制度范畴，不会划到行政复议中来。但考虑到中国古代诸法合体，行政与司法不分，现代意义上的行政复议至少从实质上讲，还是存在的，只是不会有现代的功能罢了。

一般认为，至资产阶级民主革命后的北洋政府时期，我国行政复议制度才初见端倪。1914年5月1日，北洋政府公布了《中华民国约法》，其中的第八条规定："人民依据法律所定，有请愿于行政官署及陈诉于平政院之权。"同年5月18日，北洋政府又公布了《诉愿条例》，正式确立了人民因不服中央或地方机构的违法或不当的处分，可以请求行政救济的制度。这标志着我国诉愿制度、即行政复议制度的正式建立。

1914年7月12日，北洋政府公布《诉愿法》，全文共19条，较为全面地规定了诉愿的提起及受理机构、管辖、审理等问题。

（二）南京政府时期的行政复议制度

南京国民政府于1930年3月24日正式公布《诉愿法》，全文14条；1935年10月4日国民政府重新公布该《诉愿法》；1937年1月8日国民政府修正公布新的《诉愿法》，全文13条。在此期间，《诉愿法》虽几经修改，但总的来说，与北洋政府时期的《诉愿法》相比，除第十二条关于诉愿书格式的规定为新增内容外，关于诉愿的条件及诉愿的管辖等则大同小异，而且其内容过于简略，不利于操作。

（三）新中国初期的行政复议制度

新中国的行政复议制度，起源于20世纪50年代初。1950年11月15日公布的《财政部置财政检查机构办法》第七条规定："被检查的部门，对检查机构之措施，认为不当时，得具备理由，向其上级检查机构，申请复核处理。"这里虽然没有采用"复议"一词，但从特征上看，这种复核制度实质上就是行政复议制度。

此后不久，我国又建立了税务复议制度，标志是1950年12月15日政务院第63次政务会议通过的《税务复议委员会组织通则》，首次使用了"复议"一词。该通则明确规定了税务复议委员会的性质、任务以及受案范围。与此同时，政务院还通过了另一个有关行政复议的法规，即《印花税暂行条例》。该条例第二十一条明确规定："被处罚人不服税务机关之处罚，得于15日内提请复议，或向上级税务机关申诉。"这表明税务行政复议制度在我国已初步建立起来。

1950 年以后，我国涉及行政复议的法规日益增多，行政复议范围和领域越来越大。1951 年 4 月 18 日政务院公布的《暂行海关法》，率先把行政复议扩大到海关行政领域。该法第一百三十五条规定："税则的解释、货物在税则上的归类和完税价格的审定，其权限属于海关。受（发）货人或其代理人有异议时，得自海关填发税款缴纳证的次日起 14 天内，以书面向海关报出申诉。"第一百三十七条规定："海关于接到申诉书后，应在海关总署规定期限内，将该案重新审核，并得变更原决定；如维持原决定时，应加具意见转报海关总署审理。受（发）贷人或其代理人对变更的决定仍不服时，应于接到变更决定之日起 7 日内，提出再申诉，由海关转报海关总署审理。海关总署的决定为最后决定。"同年政务院通过的《海关进出口税则暂行实施条例》使这一制度更加程序化、具体化。这表明海关或者部分税收领域建立了行政复议制度。

此外，1954 年公布的《国营企业内部劳动规则规要》、1955 年公布的《农村粮食统购统销暂行办法》、1957 年公布的《国境卫生检疫条例》和《治安管理处罚条例》（已被 1986 年的《治安管理处罚条例》废止，后者又被 2012 年的《治安管理处罚法》取代）、1958 年公布的《农业税条例》以及 1969 年公布的《商标管理条例》，对我国行政复议制度的发展和完善，都起到了很大的推动作用。

20 世纪 60 年代中期至 70 年代末，由于受极"左"思想的干扰和法律应无主义的影响，特别是十年动乱对社会主义法制的破坏，行政复议没什么进展，几乎处于停滞状态，仅有个别法对行政复议加以规定，如交通部 1971 年发布的《海损事故和处理规则（试行）》的第十三和十四条有关于复议的规定。

党的十一届三中全会后，我国法制建设开始步入正轨。行政复议制度作为社会主义法制建设的一项重要内容，又被提上日程，得到迅速发展。规定行政复议的法律、法规日益增多，如 1979 年国务院批准、交通部发布的《中华人民共和国对外国籍船舶管理规则》第五十一条规定："受处罚者如果对所受处分不服；可以在接到通知的次日起 15 日之内，向中华人民共和国港务监督局提出申诉。但在没有变更决定之前，原处分仍为有效。"1980 年颁布的《中外合资企业所得税法》和《个人所得税法》，规定了对纳税不服的，可以向上级税务机关申请复议。1984 年国务院颁布的《国营企业成本管理条例》，规定了对行政处罚有异议的，可在规定时间内向作出处罚决定的上一级机关申请复议。1987 年国务院发布的《投机倒把行政处罚暂行条例》，规定了被处罚人对工商行政管理机关的处罚决定不服的，可以在收到处罚通知之日起 15 日内向上一级工商行政管理机关申请复议，上一级工商行政管理机关应当在接到复议申请之日起 30 日内作出复议决定。据统计，到 1990 年 12 月为止，我国已有100 多个法律、法规规定了行政复议。这些规定，不仅立法技术日趋成熟。而且注意了有关法规之间的衔接和协调，对有效解决行政争议、加强行政机关自身监督，发挥了积极作用。但由于缺乏一部对行政复议活动进行系统规范的法律，关于行政复议的基本原则、行政复议的受案范围、行政复议的管辖、行政复议的程序及其法律责任等，都没有作出统一的规定，总的来说我国行政复议制度还不健全。

1989 年 4 月 4 日，第六届全国人民代表大会第二次会议通过的《行政诉讼法》，于 1990 年 10 月 1 日起正式实施。该法有 4 个条文涉及行政复议，统一了行政复议申请期限，明确了行政复议与行政诉讼的关系，扩大了对公民、法人和其他组织合法权益的保护范围。其颁布与实施，对于推动我国行政复议工作的广泛深入开展，无疑具有重要意义。

(四)《行政复议条例》时期

为配合《行政诉讼法》施行，国务院于 1990 年 12 月 24 日颁布《行政复议条例》（1994 年 6 月修正），对申请复议的范围、案件管辖、复议机构、复议参加人和复议的申请、受理、审理与决定等，作了统一、具体、明确的规定。该条例的颁布实施，为我国行政复议活动的开展提供了可靠的法律依据和保障，改变了我国行政复议立法的分散和不协调的状况，极大地促进了行政复议制度的发展和完善。《行政复议条例》颁布实施后，行政复议案件随之大量增加。据统计，从 1991 年初至 1997 年底，全国共发生行政复议案件 22 万件，平均每年发生 3 万件。

《行政复议条例》实施 10 年，对监督行政机关依法行使职权、保护公民、法人和其他组织的合法权益，起到了积极作用。但也反映出不少问题，归纳为三不：申请不便，行政复议条例规定的申请复议的条条框框较多，公民、法人和其他组织申请复议不方便；受理不多，在行政复议条例实施过程中，有的行政机关怕当被告或者怕麻烦，对复议申请应当受理而不受理；违法不究，有的行政机关"官官相护"，对违法的行政行为该撤销的不撤销；对不当的行政行为该变更的不变更。① 以上问题对修改行政复议法有导向意义。

《行政复议条例》实施 10 年，充分显露其在立法上以及在实际操作中存在的问题。同时，这 10 年又是我国行政法治化进程最为迅猛的时期，为了及时、有效地纠正违法的和不当的行政行为，切实保护公民、法人和其他组织的合法权益，在认真总结行政复议条例实践经验的基础上，制定行政复议法，从制度上进一步完善行政机关内部自我纠正错误的监督机制，是非常必要的。

为弥补《行政复议条例》的不足，国务院法制局于 1991 年曾起草过《关于实施〈行政复议条例〉若干问题的意见》，共 62 条，但直到 1994 年修订行政复议条例，这个实施意见也没有能够出台，其中的原因主要是认为制定行政复议法的时机已成熟，与其对行政复议条例修修补补，还不如制定行政复议法。

（五）《行政复议法》的起草及创新

由于行政复议法立法的指导原则，是行政复议法许多具体的规定的立法动机或立法本意所在，不可避免地会涉及行政复议的具体制度的设计。按照什么样的指导原则、循着何种思路起草行政复议法，直接关系到行政复议制度的基本价值取向。在这个问题上，有过许多争论，涉及的主要问题包括：如何给行政复议定性；如何规定行政复议程序；行政

---

① 曹康泰主编：《中华人民共和国行政复议法释义》，中国法制出版社 1999 年版，第 2 页。

复议机构要不要独立于行政复议机关等等。①

经过反复研究，针对行政复议实际存在的问题，最后确定三条作为起草行政复议法的指导原则：第一，体现行政复议作为行政机关内部监督的特点，不宜、也不必搬用司法机关办案的程序，使行政复议"司法"化；第二，坚持便民原则，不能让公民、法人和其他组织在通过行政复议保护自身合法权益的过程中处处感到不方便；第三，强化对复议活动的监督，严格法律责任，充分发挥行政复议制度快捷、便民，又不需要老百姓支付复议费用的优点，使行政争议尽可能解决在行政机关内部。②

1. 强化对行政复议的监督

行政复议得以有效进行的外部压力有二个：一是不服行政复议决定，公民、法人和其他组织一般都可以向法院提起行政诉讼；二是行政机关不严格履行行政复议职责应该承担的法律责任。缺乏这样两个外部压力，行政复议制度就有可能被虚置。在这两个压力中，由于前一个压力是基于行政机关受理复议申请而产生的，因此，如何严格法律责任就成为保证行政机关认真履行复议职责的关键。③ 此处称的外部压力，显然是指正常的、明显的压力，包括承担败诉责任的压力及行政复议法设定的压力等，而非潜在的、法外的压力。行政复议机关之所以在行政活动中不敢或者不便于严格依法行使自己的法定职权，主要原因不是来自上述外部的明显的压力，而是来自我国现实社会中潜在的压力。行政复议法强调要加强对行政复议的监督，就是要强化行政机关不严格履行行政复议职责应该承担的法律责任，以增强行政复议机关克服法律无法规范的潜在的、法外压力的能力。

实践中，不少行政机关怕因复议而当被告，把复议看成一个麻烦，

---

① 曹康泰主编：《中华人民共和国行政复议法释义》，中国法制出版社 1999 年版，第 2 页。

② 曹康泰主编：《中华人民共和国行政复议法释义》，中国法制出版社 1999 年版，第 3—5 页。

③ 曹康泰主编：《中华人民共和国行政复议法释义》，中国法制出版社 1999 年版，第 4—5 页。

于是能推就推，尽量少受理甚至不受理行政复议案件，严重影响行政复议功能的发挥，使得行政复议制度形同虚设。① 此处涉及的就是非正常压力所致的不正常现象。针对这种情况，行政复议法规定，行政机关无正当理由不受理复议申请的，上级行政机关应当责令其受理。同时，对实践中存在的不依法受理复议申请、不认真作出复议决定等突出问题，行政复议法还有针对性地具体规定了严格的法律责任，以促使行政机关认真履行复议职责，做到有错必纠。当然，行政复议法规定的责任虽然严格，但恰恰是因为没有追究的启动程序，责任还是不免被虚置。

2. 非司法化

所谓的非司法化，就是为了避免使行政复议"司法"化。理由是，为了体现行政复议作为行政机关内部监督的特点，不宜、也不必搬用司法机关办案的程序。因为，（国家权力从本源上说是不可分割的。但为了适应不同社会任务的需要，根据使命和责任不同，国家权力又分为不同特性的权力，只有当不同权力在各自使命和责任范围充分发挥自己的特长，国家权力作为一个整体才能像链条一样发挥整体功能）行政复议作为一项行政权力，应当充分体现行政权的特点，如简便、效率、专业化，才能真正发挥其在整个国家权力之链中的优势。至于这种行政权力可能引起的弊端，如不公正甚至"官官相护"，可以通过行政诉讼来解决。② 这是减少司法化的主要理由，即将行政复议非司法化所可能产生问题的解决的希望，寄托在行政诉讼制度上。也正因为如此，在制度设计上，不服行政复议决定的，原则上都可以向法院提起行政诉讼。

按照上述思路，如果把行政复议"司法"化，将引起三个问题：一是行政复议将失去作为行政权所固有的优势，如简便、廉价和专业化等特点，与司法权趋同。二是行政复议既没有行政权力的特点，也将难以

---

① 曹康泰主编：《中华人民共和国行政复议法释义》，中国法制出版社 1999 年版，第 4—5 页。

② 曹康泰主编：《中华人民共和国行政复议法释义》，中国法制出版社 1999 年版，第 3 页。

发挥司法权所固有的功能和特性。司法程序是一个严密，一环紧扣一环的体系，缺少任何一个环节或者不具备其中的某些条件，司法权所追求的公正目标都将受到影响。行政复议司法化从根本上不可能具备司法机关那样的条件，比如，法院在任何诉讼中，其地位是独立于任何当事人的，从法律制度上就不容许法院和当事人存在权力上的联系。而行政复议机关与被申请人之间必须是一种领导与被领导、指导与被指导的关系，行政复议就是建立在这种权力联系的基础上的，在这种情况下规定诸如回避等司法性程序是没有任何用处的。三是从整个国家权力过程来看，行政复议司法化将使解决一个特定行政争议的成本增高。以行政处罚为例，行政处罚在作出决定之前，一般要经过调查、听证、决定等程序，不服行政处罚决定申请行政复议后，若对行政复议决定仍不服需要向法院提起行政诉讼的，法院对行政案件实行两审终审。如果在行政处罚决定与法院判决、裁定之间的行政复议再增加一道复杂的司法程序，势必影响行政效率，增加行政成本，对整个国家权力的有效运作是不利的。①

以上对行政复议不能司法化的理由的陈述，其中的关键在于，泛泛地谈论司法程序之效率方面的不足之处，而忽视了作为审理案件一般规律之总结的司法性程序在公正地解决纠纷的过程中之不可替代的作用。例如，最简单的驳回起诉的程序规定，行政复议法就没有，有关期间、送达的规定也语焉不详。

这一立法的主导思想后来确实被确立了下来，但却可能是造成行政复议制度新的困惑的主要原因之一。例如，基于以上考虑，行政复议法规定：行政复议具体事项由行政机关负责法制工作的机构承办，作为它的一项工作任务，不另设独立的、自成系统的复议工作机构；行政机关进行行政复议，原则上采取书面审查的办法，根据被申请人提交的当初作出行政行为的证据和材料对该行政行为进行审查，不再重新取证。当然，这样做存在的问题是，许多案件不可避免地要涉及事实问题，难以

① 曹康泰主编：《中华人民共和国行政复议法释义》，中国法制出版社1999年版，第3—4页。

在不重新取证的情况下，或者在没有第三方证据来源的情况下对争议双方的事实问题作出一个公正的裁决。

3. 坚持便民原则

将便民原则确定为行政复议法立法的指导思想，是行政复议法的一大创新。之所以如此，是因为行政复议作为行政机关自我纠正错误的一种机制，是靠公民、法人和其他组织来启动的。[①] 为了更加有效地实现行政复议法防止和纠正违法的或者不当的行政行为，保障和监督行政机关依法行使职权的立法宗旨，就必须通过增加行政复议的便民措施，鼓励公民、法人或者其他组织积极通过行政复议维持自己的合法权益，同时也实现对行政违法或者不当行为的监督，实现行政管理双方的双赢。

为此，行政复议法规定了一系列便于老百姓进行行政复议的内容。比如，复议申请期限从目前规定的一般 15 天延长至一般 60 天；申请复议可以书面申请，也可以口头申请；针对老百姓往往难以弄清是向哪一个行政机关申请复议的复杂情况，行政复议法规定他们可以直接向行政行为发生地的县级人民政府提出行政复议申请，由该县级地方人民政府负责转送；行政复议机关受理行政复议申请，不能向申请人收取任何费用等。

但是，也必须看到，行政复议的便民原则只能是在保障行政复议申请人合法权利实现的情况下，才可以称得上是一种制度进步，否则，以损害申请人的程序权利甚至实体权利为代价的简化，就不是便民原则了。就行政复议法规定的便民措施而言，这些措施无疑是行政复议法的创新之处，但却不能与行政复议审理过程中采取某些被司法实践证明是行之有效的程序对立起来。因为这些措施都还不涉及严格意义上的司法程序，即审理程序，而恰恰是在审理程序方面行政复议法不必要的简约，使该法在立案方面的许多进步因审理中存在的问题而大打折扣。例如在证据提供方面，行政复议即使规定了比较完备的程序，也只能是对被告而言

①　曹康泰主编：《中华人民共和国行政复议法释义》，中国法制出版社 1999 年版，第 4 页。

的，因为被告要负举证责任，对于原告而言，目前他们最希望得到的，恰恰是能够有机会向复议机关陈明他们的要求、提供他们的证据、说明他们的理由，而这些都在便民的幌子下省略了。这种价廉物不美的行政复议对于老百姓而言又有什么用呢？

《行政复议法》在总结《行政复议条例》实践经验的基础上，进一步完善了行政复议制度。从对《行政复议法》与《行政复议条例》两者的比较看，《行政复议法》突出了对申请人权利的保护，同时，也加大了行政复议公开的力度，增加规定了行政复议的公正、公开原则和行政复议机构的职责，以及应申请人的要求复议机构应调查情况、听取意见。申请人有权查阅被申请人提交的书面答复、作出行政行为的证据、依据和其他（分页）有关材料。扩大了行政复议的范围即明确规定规章以下的抽象行政行为等规定纳入复议范围，国务院可以受理行政复议申请从而成为行政复议机关等。

与《行政复议条例》相比，《行政复议法》有许多新的内容。

（1）简化行政复议申请程序，充分体现便民原则。为落实该原则，复议申请期限从《条例》规定的一般15天延长到一般60天；申请方式改为可以书面申请，也可以口头申请；对老百姓往往难以弄清向哪一个行政机关申请复议的复杂情况，规定可以直接向行政行为发生地的县级人民政府提出复议申请，该县级人民政府应当负责转送。

（2）不收费。明确规定不得向申请人收取任何费用。

（3）拓宽行政复议受案范围，进一步加强行政复议制度在解决行政争议方面的作用。明确增加了认为行政机关变更或者废止农村承包合同，侵犯申请人合法权益的；认为符合法定条件，申请行政机关颁发资质、资格证等证书，或者申请行政机关审批、登记有关事项，行政机关没有依法办理的；申请行政机关依法发放社会保险金或者最低生活保障费，在行政机关没有依法发放的情况下，申请人都可向有关行政机关申请行政复议。

（4）强化了对行政复议活动的监督。确立国务院受理涉及国务院部门和省级政府的行政复议案件并作出最终裁决的制度，加强了国务院对所属各部门和省级政府的监督；对行政复议机关不依法受理复议申请、不认真作出复议决定，被申请人不履行答辩职责、不履行复议决定等行为都具体规定了严格的法律责任。

（5）赋予当事人对规范性文件监督机制的启动权，将部分抽象行政行为列入审查范围。如果行政行为依据的是国务院部门制定的规章以外的规范性文件、国务院工作机构制定的规范性文件、县级以上地方各级人民政府及其工作部门的规范性文件、乡镇人民政府的规定，申请人在对行政行为申请行政复议时，可一并提出对以上规范性文件的审查申请。

（六）《行政复议法实施条例》的起草及创新

1. 制定条例的必要性

1990 年 12 月 24 日，国务院发布《行政复议条例》，在我国建立了统一的行政复议制度；1999 年 4 月 29 日，九届全国人大常委会第九次会议审议通过《行政复议法》；同年 5 月 6 日，国务院印发《国务院关于贯彻实施〈中华人民共和国行政复议法〉的通知》；2006 年 9 月，遵照胡锦涛总书记、温家宝总理的批示精神，中央政法委员会书记罗干主持制定了中共中央办公厅、国务院办公厅《关于预防和化解行政争议健全行政争议解决机制的意见》，对加强和改进行政复议工作提出了明确要求；同年 12 月，华建敏国务委员主持召开全国行政复议工作座谈会，对进一步做好新形势下的行政复议工作作了全面部署。

1999 年《行政复议法》实施以来，按照党中央、国务院的要求和该法的规定，各级行政复议机关依法、公正、及时地办理行政争议案件，全国平均每年通过行政复议解决的行政争议 8 万多起，纠正了一大批违法或者不当的行政行为，从而有效地将行政争议化解在基层，化解在初发阶段，化解在行政系统内部，密切了政府同人民群众的关系，维护了政府的形象。

在行政复议实践中，各地积累了一些经验，也发现了一些具体制度上存在的问题。根据党的十六届六中全会提出的"完善行政复议制度"的要求，有必要总结行政复议实践经验，把行政复议法规定的各项制度具体化，进一步增强行政复议制度的可操作性。为此，国务院法制办在反复征求意见的基础上，起草了《行政复议法实施条例》。

2. 关于制定条例的指导原则

为了充分体现建设法治政府、服务政府、责任政府的要求，提高行政复议质量和效率，条例起草过程遵循了以下指导原则。

一是依法完善。行政复议法对行政复议的范围、申请、受理以及行政复议决定作了规定。各级行政复议机构在工作实践中普遍反映，这些规定比较原则，建议进一步具体化，增强可操作性。为此，依照行政复议法的规定，结合各地、各部门的实践经验，草案对行政复议的有关制度作了具体规定。

二是方便申请。人民群众提出复议申请，是对行政机关的信任，表明他们愿意通过合法、正常渠道解决行政争议。针对当前复议渠道不够畅通的问题，按照切实维护人民群众行政复议权的要求，草案明确规定了方便人民群众申请行政复议的内容。

三是积极受理。依法受理行政复议案件，是行政复议机关必须认真履行的法定职责。为了切实解决行政复议"告状难"的问题，草案对依法积极主动受理行政复议案件作了具体规定。

四是创新方式。行政复议的审理方式事关行政复议的办案质量。为了充分发挥行政复议便捷高效解决问题的优势，增强行政复议的公信力和权威性，提高办案质量，有必要创新行政复议审理方式。为此，在总结实践经验的基础上，草案对创新行政复议审理方式作了相应规定。

五是强化监督。加强对行政复议工作的指导监督，是行政机关全面履行职责的重要内容，也是提高行政复议工作质量的迫切要求。草案对此作了明确规定，并强化了行政复议机关及行政复议机构的责任。

3. 实施条例的主要内容

该条例共7章、64条，分别对《行政复议法》第三、六、七、九、十四、十五、十八、二十、二十三、二十八、二十九、三十、三十三、三十七条进行了解释。为了充分体现建设法治政府、服务政府、责任政府的要求，提高行政复议质量和效率，在遵循依法完善、方便申请、积极受理、创新方式、强化监督等原则的基础上，主要规定了以下内容。

一是完善了行政复议申请制度。为了充分体现"以人为本、复议为民"的要求，方便人民群众通过复议渠道维护自身合法权益，条例规定行政机关作出的行政行为对公民、法人或者其他组织的权利、义务可能产生不利影响的，应当告知其申请行政复议的权利、行政复议机关和行政复议申请期限。

二是细化了行政复议受理程序。

三是创新了行政复议审理方式。规定了和解、调解结案方式。

四是进一步明确了行政复议决定的权限和程序。增加了驳回行政复议申请的行政复议决定类型；明确规定了被申请人重新作出行政行为的时限；确立了禁止不利变更原则。

五是设专章规定了行政复议工作的指导和监督。

（七）《行政复议法》修订的准备工作

党的十八届三中全会通过的《深化改革决定》明确提出，改革行政复议体制，健全行政复议案件审理机制，纠正违法或不当行政行为。这一重要论述，将此前已经准备经年的行政复议体制改革及《行政复议法》修订工作隆重推出，成为全党、全国人民关注的一件大事。

同时，与行政复议制度并行的行政诉讼制度的改革及修法工作，亦在紧锣密鼓地进行。党的十八届四中全会通过的《依法治国决定》从6个方面对完善现行行政诉讼体制，提出了明确具体的要求：一是在受案范围方面提出：要完善对涉及公民人身、财产权益的行政强制措施实行司法监督制度。二是在原告资格方面提出：检察机关在履行职责中发现行政机关违法行使职权或者不行使职权的行为，应该督促其纠正。探索建立检察机关提起公益诉讼制度。三是在被告出庭应诉方面提出：要健全行政机关依法出庭应诉、支持法院受理行政案件、尊重并执行法院生效裁判的制度。四是在管辖体制方面提出：最高人民法院设立巡回法庭，审理跨行政区域重大行政和民商事案件。探索设立跨行政区划的人民法院和人民检察院，办理跨地区案件。完善行政诉讼体制机制，合理调整行政诉讼案件管辖制度，切实解决行政诉讼立案难、审理难、执行难等突出问题。五是在立案体制方面提出：改革法院案件受理制度，变立案审查制为立案登记制，对人民法院依法应该受理的案件，做到有案必立、有诉必理，保障当事人诉权。六是在审理体制方面提出：完善审级制度，一审重在解决事实认定和法律适用，二审重在解决事实法律争议、实现二审终审，再审重在解决依法纠错、维护裁判权威。强化诉讼过程中当事人和其他诉讼参与人的知情权、陈述权、辩护辩论权、申请权、申诉权的制度保障。

党的十八届四中全会作出《依法治国决定》仅一周，全国人大常委会通过了新修订的《行政诉讼法》。新《行政诉讼法》通过全面大修，具体落实了中央《依法治国决定》所提出的上述 6 个方面的原则要求。例如，强调解决行政争议（第一条）；强调监督行政机关依法行使职权，不再提"保障"（第一条）；强调行政诉讼的对象是行政行为，不再提具体行政行为（第二条）；强调保护合法权益，行政诉讼保护的利益范围不再局限于人身权、财产权，为极大扩大受案范围扫清了道路（第二条）；强调被诉行政机关负责人应当出庭应诉，不能出庭的，应当委托行政机关相应的工作人员出庭（第三条第三款）；确立行政诉讼全面审查原则，第六条规定的合法性审查只是原则，"明显不当"判断标准的确立表明，全面审查已经成为行政诉讼的审理原则：行政行为明显不当的，人民法院判决撤销或者部分撤销，并可以判决被告重新作出行政行为（第七十条第一款第六项）；直接扩大受案范围：其中新增列举 4 项（第十二条第一款第四项、第五项、第六项、第十一项），概括条款的范围更广：其他人身权、财产权等合法权益的（第十二条第一款第十二项）；纵向提高审级（第十五条第一款第一项，由原来的"省级以上地方人民政府"扩大到"县级"），横向管辖移动以促进法院的专业化和抗干扰能力（第十八条第二款）；复议机关全面当被告，以避免复议机关甘当"维持会"的道德风险（第二十六条第二款）；延长起诉期限（第四十六条第一款），规定最长起诉期限（第四十六条第二款）；明确不作为期限（第四十七条第一款）；允许口头申请（第五十条第二款），体现亲民、便民原则；全面推行登记立案制（第五十一条第一款），严厉杜绝有案不立（第五十一条第二款、第三款、第四款，第五十二条），以期禁绝"立案难"；确立规范性文件一并审查制度（第五十三条）；扩大调解范围（第六十条第一款），在改进行政诉讼审理方式的同时，加大对行政自由裁量权的监督、审查力度；丰富和完善判决类型，创立驳回起诉判决，取消维持判决（第六十九条），创立确认违法判决（第七十四条），创立确认无效判决（第七十五条），创立责令被告采取补救措施判决（第七十六条、第七十八条）；确立禁止不利变更原则（第七十七条）；确立诉讼权利告知制度（第八十条第三款）；创立简易程序制度（第八十二条）；禁止二审书面审理（第八十六条）；健全行政诉讼法律责任制度，增加对拒不执行法院判决的行政机关的个人责任（第九十六条）。

上述数十项修改内容，不完全是此次修法的创新，有的已经在司法解释中出现了（如不作为期限、最长诉讼期限的规定等），有的已经在行政复议制度中推行了（如口头申请、权利告知、规范性文件的一并审查等），有的则在司法与行政执法实践中试行了很多年（如被告行政首长出庭应诉等），但如此全面的修订，为行政执法、行政复议营造了更为严格的法律适用外部环境，必将影响到行政复议制度的发展和改革，影响到《行政复议法》的修订。

法律是治国之重器，良法是善治之前提。《行政诉讼法》是《依法治国决定》出台后，国家立法层面采取的第一个实施性重大举措，其中的许多新思路、新概念、新制度，第一时间体现了《依法治国决定》的部署和要求，将对我国的行政立法，特别是行政执法和行政复议产生广泛而深远的影响，需要我们结合《依法治国决定》一并学习、领会、贯彻、落实，并拿出全面、充分的应对方案，适时采取有效的应对措施。例如，分析其大幅度扩大行政诉讼范围、提升行政诉讼审级、确立异地管辖体制、将行政复议全面纳入监督范围等重大立法举措对行政执法、行政复议工件的影响，评估对行政复议工作案件数量、审理标准、监督力度、应诉任务等的影响，进一步明确和适当调整行政复议制度定位和工作思路，及时通过《行政复议法》的修订，在立法环节予以有效的应对。

随着《行政诉讼法》的颁布实施，行政复议范围相应扩大、行政复议机关全面当被告，行政相对人申请行政复议的热情将会空前高涨，司法审查的力度也会显著加大，行政复议的办案量、应诉量及工作难度、精细化要求，都将大幅度提高，需要对行政复议立法的指导思想和制度内容作针对性的调整。

一是建立行政机关接受行政复议申请材料制度，通过事前的自查、自纠，减少行政复议案件的发生，同时也配合对集中行政复议权制度，落实部门现有行政复议人员的工作转型问题，也落实《依法行政决定》明确要求的行政执法活动合法性审查要求。

二是建立行政复议调解员制度。这是落实《依法治国决定》关于"完善调解、行政裁决、行政复议、诉讼等有机衔接、相互协调的多元化纠纷解决机制"，"加强行业性、专业性人民调解组织建设，完善人民调解、行政调解、司法调解联动工作体系"的具体步骤。通过明确设立行政复议调解专员及行政复议案件先行调解原则，加大行政复议的调解工作力度，提高案件和解结案的比例，降低行政复议机关当被告的可能。

三是建立政府法律顾问参与行政复议案件审理的机制。落实《依法治国决定》关于"建立政府法制机构人员为主体、吸收专家和律师参加的法律顾问队伍"的要求，将行政复议案件的决定列入"重大行政决策"，明确各级复议机关的法律顾问负责合议审理行政复议案件的制度。

四是建立全面、可控的行政复议内部监督体制。明确上级行政复议机关有权对下级行政复议机关依法实施监督，对下级行政复议机关违法或者不适当的行政复议决定作出处理的，应当书面通知当事人。这样规定，也是落实《依法治国决定》"解决依法纠错、维护裁判权威"的要求，既解决依法纠正下级行政复议机关的违法或者不当，维护行政复议决定的权威，又可抑制"虚假、恶意、无理"的申请请求，避免冗务缠身。

《依法治国决定》的出台及随后的新《行政诉讼法》颁布实施，使政府法制工作特别是行政复议工作迎来了新的春天。各地方、各部门以及广大行政相对人，都对行政复议工作充满新的更高的期待。作为国家最高行政复议机关的行政复议人员，要坚定对法治的信仰，牢记肩上的使命，做好手中的工作，努力将党中央关于依法治国的重大决策部署的精神，转化为自己在日常工作中能够娴熟运用的法治思维和法治精神，提高运用法治思维和法治方式处理行政复议案件中遇到的法律问题、社会问题的能力，坚持依法办事、秉公办事，维护好广大人民群众的合法权益，切实监督行政机关依法行政。

第三节　行政复议的基本原则

本章是行政复议法的一个重点。《行政复议法》只有 43 条，而与之对应的《行政诉讼法》有 103 条，此外还有《贯彻执行意见》98 条、证据规则 83 条，加上新司法解释，合计 300 余条，是《行政复议法》法条数的 7 倍；而行政复议的范围比行政诉讼要宽，审查的内容还包括合理性审查。行政复议的负担重而条文少，是不争的事实。解决这一矛盾的关键何在，笔者认为，就在于对行政复议基本原则的认识和掌握。从某种意义上说，认清和掌握了行政复议的基本原则，就掌握了行政复议与行政诉讼的联系与区别，在此基础上将行政诉讼制度中的规则借鉴到行政复议中来，就足以构筑行政复议制度的基本结果。在实际操作中，行政复议被迫适用行政诉讼的标准也是无法回避的现实，因为复议案件要受司法终局裁量的约束，不适用行政诉讼的标准，就如同不遵循实体法一样，是难以通过法院的司法审查关的。

因此，从行政复议的基本原则入手，把握行政复议制度的精神内核，在此基本上与行政诉讼的具体制度和规则结合起来，并将其借鉴、运用到行政复议实务中去，这既是行政复议制度现实的无奈，也可能是其终极的宿命。

一、行政复议基本原则的概念

行政复议的基本原则，是指由宪法和法律规定的，反映行政复议的基本特点，贯穿于行政复议法及行政复议活动始终并对行政复议具有普遍指导意义，体现并反映行政复议的客观规律和行政复议法的精神实质的基本规则。任何一个法律部门都有自己的基本原则，都需要一个由基本原则构成的体系对该部门法的各个具体部分的内容承担普遍的协调、指导职能，没有基本原则的部门法，就像没有中枢神经系统的生物一样，无以适应当今时代纷繁复杂的社会现实对法律部门所提出的要求。

我国行政复议制度建立的基本依据，是我国《宪法》第四十一条关于公民有申诉、控告、检举权利，以及公民权利被侵犯而受到损失时有权取得赔偿的规定。这一规定集中体现在《行政复议法》确立的我国行政复议宗旨中，而行政复议的宗旨又成为确立行政复议基本原则的指导思想。

《行政复议法》确立的行政复议制度的宗旨是，保障复议机关正确及时地审理行政案件，保护公民、法人和其他组织的合法权益，维护和监督行政机关依法行使职权。其中保护公民、法人和其他组织的合法权益是最根本的，因为行政机关依法行使职权的目的正在于此，而行政复议机关正确及时地审理行政案件既是为了维护和监督行政机关依法行使职权，更是为了从监督的层面上落实宪法的规定。因此，我国行政复议制度基本原则构成的完整体系的首要出发点，在于保护公民、法人和其他组织的合法权益，在行政复议这一行政执法的具体环节上落实我国行政机关"为人民服务"的根本宗旨。

二、行政复议基本原则的特征

我国行政复议的基本原则具有如下特征。

1. 法律性。行政复议的基本原则具有明确的法律性，应当以《宪法》和法律为依据，并由《行政复议法》明确规定。按照这样的标准，行政复议的基本原则应当是那些不仅可以在行政复议实践中直接引用作为判案根据，而且可以直接用来解释《行政复议法》分则部分条文的具体含义的原则。换句话说，行政复议中的一切活动，凡涉及《行政复议法》分则的适用及解释的，都必须与行政复议的基本原则保持高度一致，绝不能与之冲突，否则就是对条文的违法适用或无效解释。这是行政复议基本原则的法律性的另外一层含义。

2. 客观性。行政复议的基本原则是着眼于健全社会主义民主与法制，适应行政管理活动的特点和需要，考虑到行政复议的规律和要求，而在《行政复议法》中规定的。因此，我们讲的行政复议的基本原则，都是在《宪法》特别是《行政复议法》中有明文依据的内容，不包括学者根据法学理论归纳出来的内容。

3. 普遍的指导性。掌握行政复议的基本原则有助于灵活解决复议实践中出现的具体问题。在《行政复议法》对某些具体问题缺乏明确规定时，可以依据基本原则体现的精神加以处理和解决。因此，基本原则对具体条文既有统率作用，也起补充作用。

4. 稳定性。行政复议的基本原则是宪法性规范在行政复议领域的具体落实，是行政复议宗旨的具体体现，也是构成行政复议制度整体框架的基本内容。由此决定了该基本原则必须在具有极强的概括性的同时，要有极大的稳定性。行政复议分则部分的条文可以应时修改，而作为行政复议制度基石的基本原则应具有相对的稳定性，这既是法律稳定性的基本要求，也是行政复议制度健康发展的必要前提。

三、行政复议基本原则的作用

任何法律制度中，基本原则都是其理论基础和重要内容。对于《行政复议法》而言尤其如此，因为本身《行政复议法》的条文比较粗，同时行政复议的适当性审查也需要给行政复议机关的自由裁量权一定的空间，此时，行政复议基本原则的作用就凸显出来。具体体现在以下几个方面。

首先，行政复议基本原则最主要的功能，是解决法律适用上的冲突选择时的指导原则。行政复议应当按照法律的明确规定的权限、程序进行，但法律不可能预见到所有的现实的可能。在法律没有明确规定，或者虽有明确规定，但在具体案件中可能出现两个以上的规范难以抉择的时候，此时，就需要用行政复议的基本原则来指导针对具体情况如何适用法律的问题。例如，《行政复议法》规定了口头申请和书面申请两种形式，那么，通过电话、网络、传真等递交的申请是否应当受理。对此，按照便民原则的要求，就可以考虑在经过身份确认和初步调查证明确有其事，承认其申请的效力。

其次，行政复议的基本原则还要与行政复议追究的目标或者功能区分开来，例如，维护申请人的合法权益、监督行政机关依法行政、公正、公平等，属于行政复议的目标，在具体处理行政复议案件中涉及的法律适用问题时，由于其是一个侧重问题，属于选择性判断，难以成为指导行政复议中需要解决的具体法律问题的一元化的指导原则，因此，就没有必要将其纳入行政复议指导原则的范畴。

最后，行政复议的基本原则还要与行政复议的具体制度或者某一行政复议环节中的具体原则区分开来。例如不告不理、一事不再理原则属于行政复议受理阶段的具体原则，一级复议原则则是行政复议的一个具体制度，没有具体的指导意义。

四、行政复议基本原则的范围

行政复议制度究竟应当包括哪些基本原则？在《行政复议条例》颁布之前曾众说纷纭，在此之后争议稍有缓和，但在《行政复议法》起草过程中，重又聚讼不已。通过对行政复议基本原则的功能的分析，不难理解这些争论的缘由。

《行政复议法》颁布之后，局面清晰了许多，以是否严格依照条文为标准，可以分为"实证主义派"与"实质主义派"：前者严格依法而行，后者则从行政复议的内有要求出发，在法定原则之外，有所增益。

（一）行政复议的法定原则体系

《行政复议法》第四条规定："行政复议机关履行行政复议职责，应当遵循合法、公正、公开、及时、便民的原则，坚持有错必纠，保障法律、法规的正确实施。"据此，学者们提出三原则说、四原则说、五原则说、六原则说等。

三原则说认为，行政复议的原则包括合法性原则，公开、公正原则，及时、便民原则①。

四原则说认为，行政复议应当遵循（1）合法的原则，（2）公正、公平的原则，（3）及时的原则，（4）便民的原则。②

五原则说认为，根据本条的规定，行政复议主要有 5 条原则：合法原则、公正原则、公开原则、及时原则、便民原则。③

六原则说则在此之外增加了有错必究原则、保障法律法规正确实施原则。④

（二）行政复议的酌定原则体系

"实质主义派"强调，行政复议原则是行政复议的精神实质，因此，其对于行政复议基本原则的圈定不限于《行政复议法》的规定，而是从行政复议制度要求出发，人为划定了某些行政复议活动必须遵循的原则。

有学者将行政复议的原则体系分为行政复议的一般原则和行政复议的特有原则，前者包括合法原则、公正原则、公开原则、及时原则（或称效率原则）、保障法律法规正确实施原则 5 个原则；后者包括便民原则、有错必究原则、诉讼终局原则（或称司法最终原则）3 个原则。⑤

另有学者认为，行政复议的基本原则包括：（1）全面审查原则，（2）合法、公正、公开、及时、便民原则，（3）一级复议原则，（4）不适用调解原则，（5）复议期间不停止执行原则。⑥ 还有学者在此基础上进一步增加了（1）复议机关独立行使复议权原则，（2）对行政行为的合

---

① 应松年：《依法行政读本》，人民出版社 2001 年版，第 307—308 页。

② 江必新、李江编著：《行政复议法释评》，中国人民公安大学出版社 1999 年版，第 31—35 页。

③ 曹康泰主编：《中华人民共和国行政复议法释义》，中国法制出版社 1999 年版，第 16—19 页。

④ 方军：《中华人民共和国行政复议法条文释义》，工商出版社 1999 年版，第 40—47 页。

⑤ 应松年、刘莘：《中华人民共和国行政复议法讲话》，中国方正出版社 1999 年版，第 36—47 页。

⑥ 方世荣：《行政复议法学》，中国法制出版社 2000 年版，第 72—89 页。

法性及适当性进行审查原则。①

在法定原则之外另辟蹊径固然应当是学者的风范，但在操作时也存在一定的风险。首先，权威性是建立学术权威基础之上的，争鸣遂不可避免，如对于那些只提到合法性原则而没有提到对行政行为的合法性进行审查原则的学者而言，前者肯定包括后者；其次，其中不免要在法定原则之外添附新的内容，从而导致原则太多、太滥，而原则之所以称得上"原"，关键在于精，如果原则太多，虽不至于与法条数相当，但其数量显然与其付诸实际、指导实务的可操作性成反比；最后，片面求全的结果，往往会使某些制度性的规定，如审级制度中的一级复议原则、执行制度中的不停止执行原则、审判中的不适用调解原则等，都纳入基本原则的范围，混淆了基本原则与一般原则的界限。

（三）行政复议基本原则的分类

根据以上关于行政复议基本原则的概念及特点的简要论述，结合我国《行政复议法》总则部分的具体规定，可以归纳出我国行政复议制度具有的基本原则：合法原则、公正原则、公开原则、及时原则（或称效率原则）、便民原则、有错必究原则、全面审查原则、保障法律法规正确实施原则、诉讼终局原则（或称司法最终原则）。

上述原则又可以进一步分为行政复议的一般原则和行政复议特有原则。前者是行政复议制度与其他制度，特别是行政诉讼制度、国家赔偿制度等共有的原则；而后者则是行政复议区别于其他法律制度的特性所在，属于行政复议制度的特殊性。

属于行政复议制度一般性的原则包括：合法原则、公正原则、公开原则、及时原则（或称效率原则）、保障法律法规正确实施原则；属于行政复议制度特有的原则主要有：便民原则、有错必究原则、全面审查原则、诉讼终局原则（或称司法最终原则）。下面分别就上述各原则简要阐释如下。

---

① 皮纯协：《行政复议法论》，中国法制出版社2001年版，第86—92页。

五、行政复议的一般原则

(一) 合法原则

行政复议的合法原则,简单地说,就是指复议机关行使复议权必须合法。也就是说,行政复议机关作为依法设立的国家行政机关,在法律赋予其行政复议权之后,即具备的相应的主体资格,其活动的依据必须是国家的法律、法规,具体而言,就是作为行政复议活动程序法依据的《行政复议法》及有关配套法规,以及作为行政复议活动实体法的规定行政机关职权、职责的各项规范性文件。

行政复议合法原则是行政法领域具有普遍指导意义的行政法治原则在行政复议中的具体体现。行政法治原则是行政法首要的基本的原则,贯穿并适用于行政执法、行政司法和行政诉讼等一切行政法领域,行政复议自不能外。

行政法治原则的具体内容包括几个方面:(1) 所有国家行政机关都必须根据宪法、法律的规定,依行政法律规范行使管理职能,并以行政法律规范确定的内容与程序实施对相对人的管理;(2) 任何行政机关的设立、变更或者撤销,任何行政工作人员的任免、奖惩或晋升,以及行政职权的行使范围、方式、程序都必须依据法律规定;(3) 行政机关及其工作人员的任何法律行为必须依据法律规定,这既包括遵循实体法方面的、行政管理职权方面的法律规范,也包括遵循程序方面的法律规范;(4) 一切违反行政法律规范的行为,都属于行政违法行为,无论是行政行为还是抽象行政行为,都应当撤销,一切违法行为的主体都应当承担相应的法律责任。

行政法治原则具体到行政复议领域,就是合法原则。具体而言应包括两个方面的内容,其一是依据法律。其二是符合法律。依据法律,就是指行政复议机关主持的行政复议活动应当依据法律、法规及规章的规定进行。也就是说,行政复议机关应当依据三个方面的法律。首先,复议机关必须依据《行政复议法》的规定审理行政复议案件。《行政复议法》是我国行政复议活动的基本法,其中有关复议机关的设置、职权、管辖等实体方面的规定以及关于行政复议程序方面的规定，是行政复议机关在行政复议活动中必须首先依据的规范内容。其次，复议机关应当依据《行政复议法》以外的法律、法规、规章中有关行政复议的权限、程序方面的规定。最后，行政复议机关还必须依据行政管理活动中一切有关行政机关行政执法活动的规范性文件，作为其审查提请复议的行政行为是否合法、适当的实体法和程序法依据。不依据这些规范依据，仅靠狭义的行政复议法律规范，复议机关是无法妥善地履行其法定职责的。例如，对于因行政处罚引起的行政案件，《行政复议法》规定可以提请复议，《治安管理处罚法》进一步规定了提请复议的时限，但没有其他实体法、程序法作依据，复议机关就无从认定该行政处罚行为的实施机关是否有职权、行政机关实施行政处罚的事实根据是否充分、程序是否合法，从而无从作出对该行为是否合法和适当的判断。

符合法律，是对行政复议机关提出的更进一步的要求。行政复议机关不仅要在形式上依据法律，而且要在其作出的行政复议决定中具体体现出来，真正做到符合法律的规定。主要内容有，其一是要符合程序法的规定。《行政复议法》是行政复议程序方面的基本法，但并不是全部，其他法律、法规、规章中有关申请复议的期限、方式、方法等程序方面的规定，也是复议机关在行政复议法律中应当切实遵循的内容。行政复议机关违反上述复议程序法律规范的活动，必将直接导致行政复议活动程序违法。其二是要符合实体法的规定。行政复议机关不仅应当遵从《行政复议法》中有关行政复议权限、管辖、执法方面的规定，更重要的是，要在行政复议对被申请复议的行政行为是否符合法律、法规、规章的规定作出判断，并根据这些法律、法规、规章规定的内容和精神实质，对行政行为是否合法与适当作出判断，并根据实际情况作出相应的决定。

（二）公正原则

公正原则，是指复议机关在行使复议权时应当公正地对待复议双方的当事人，不能有偏袒。或者说，行政复议机关的复议活动不仅应当是合法的，而且应当是公正的，即应当在合法性的前提下尽可能做到合理、充分、无偏私。公正原则也是行政法中普遍适用的原则，在我国行政法中，越来越多的具体部门法均将这一原则列为行政机关行使职权的根本原则。例如，在行政处罚领域中该原则具体表现为回避制度、听证制度、赋予当事人的陈述与申辩权制度、听证笔录排他性原则、告知权利制度、裁执分离制度等。所以，在行政复议领域中对复议机关提出公正要求，是符合我国行政管理活动向更高层次发展的时代要求的。

行政复议活动中之所以要确立公正原则，主要原因在于，社会生活复杂，而国家设立行政权的根本目的是要求行政权的行使能够应付不断发展的社会生活，但行政法律规范不可能包罗无遗，因此必须在行政法治原则的前提下，通过行政复议机关本着公正的原则，在法律规范的范围内对案件作出公正的裁决，弥补法律规范在灵活性方面之不足，使整个行政执法法律跟上时代发展的步伐。

进一步言之，对于行政复议机关来说，要保证其在行政复议活动中的公正性，必须坚决贯彻我国《宪法》规定的在法律面前人人平等的原则，公平对待行政复议活动中的各方当事人。而要做到这一点，最主要的是要在处理与下级行政机关的关系时把握住合理的分寸，不能有意、无意地偏袒下级行政机关。在我国，长期以来形成的官本位观念长期影响着人们的思维方式，人们常说的"官官相护"就是最明显的例证。而行政复议的公正原则，就是要通过行政复议机关的公正执法，真正体现复议机关对下级行政机关行政执法活动的监督权、控制权，努力纠正行政管理活动中的各种违法、偏私活动，真正树立行政复议机关的公正执法形象。只有这样，行政复议制度才能建立在民众拥护的基础之上，在广大人民群众积极参与的条件下使之真正起到应有的作用。失去了公正性，行政复议制度就会成为无源之水，无本之木，甚至成为广大行政管理相对人寻求进一步的司法救济的障碍。

（三）公开原则

公开原则是指，行政复议活动应当公开进行，复议案件的受理、调查、审理、判决等一切活动，都应该尽可能地向当事人、公众及社会舆论公开，使社会各界了解行政复议活动的具体情况，避免因暗箱操作而可能导致的腐败现象。

当今世界，若论行政管理活动的大势所趋，如果其一可称为法治化的话，那么另一个堪与之比肩的，恐怕就要算公开化了。而且公开化的范围和程度具有无限发展的趋势，不但法治欠发达的国家在提倡、尝试公开，就是那些自诩法治化典范的国家，也不遗余力地在既有的公开领域和程度上更上一层楼。但就我国目前的情况而言，司法领域中公开化的呼声虽高，但实际仍停留在公开审理、公开宣判等最基本的层面上，决定案件结果的实质性步骤的公开化程度仍然不高。也就是说，司法公开距人们期望裁判过程置于公众的监督之下的理想，还是有很大差距的。而在行政领域，可以说，其公开化的程度还不如司法领域，行政活动的绝大多数方面，还保留着计划经济时代的神秘色彩，处在典型的暗箱操作阶段，动辄亮出"保密""机密"甚至"绝密"的吓人幌子，老百姓根本无从了解行政活动的具体内容，更不用说监督了。

行政复议制度强调公开原则有其特殊的体制背景，因为行政复议是一项具有司法化的活动，也正是基于这一点，在行政法学中，行政复议制度位列行政司法之中。行政复议的司法性是其必须公开的主要原因之一。通过公开，将整个行政复议活动依据的标准、程序、审理过程、裁决结果等公之于众，使广大民众有所了解，可以有效地防止行政复议活动中的暗箱操作，避免行政复议领域腐败现象的发生。

正因为如此，《行政复议法》在总则中确立行政复议的公开原则的同时，还在分则部分对该原则的切实落实做了具体的部署。如该法第二十三条规定，被申请人应当提出书面答复，并提交当初作出行政行为的全部证据、依据和其他有关材料；申请人、第三人可以查阅被申请人提出的书面答复、作出行政行为的证据、依据和其他有关材料，除涉及国家秘密、商业秘密或者个人隐私外，行政复议机关不得拒绝。据此，行政复议中的主要案卷都应当对当事人公开，行政机关不得无故隐瞒。

（四）及时原则（或称效率原则）

将及时原则称为效率原则也许更恰当一点，因为前者包容的内容显然没有后者丰富。及时原则从字面上讲，仅指行政复议活动要在法律规定的时限内尽可能早地推行；而效率原则是指行政复议程序应当按照行政管理的科学要求进行设计，在保证行政活动合法、公正的基础上促进行政复议效率的提高。与此相对应的原则有时效制度、申诉不停止执行制度、简易复议程序制度等。可见，行政效率原则不仅是指行政复议活动的节奏要快，而且更主要的是指行政复议活动要有效果，即，要以尽可能少的投入创造尽可能多的社会效能。

与行政诉讼相比较而言，及时原则在行政复议中的地位显得尤为重要。行政诉讼作为行政系统外部的司法机关对于行政执法活动的监督手段，一般是在行政管理当事人穷尽所有的行政救济手段之后才开始的，主要目的在于对行政行为合法性进行审查，并为行政争议的解决提供最后的途径。因此，行政诉讼在制度设计方面的重点在于强调行政案件的公正解决，因而对司法程序的要求特别严格，对及时性的要求则在其次。行政复议则不然，作为行政系统内部解决行政争议的渠道，必须符合行政的一般规律，其中就包含及时性的要求。同时，作为行政诉讼之前的一道纠错屏障，不可能要求行政管理相对人在行政管理活动结束之后再投入过多的时间和精力等待一个并非终局的结果，而必须在尽可能短的时间内给相对人一个答复，以减少当事人在行政诉讼之前的负担。而且，行政复议设立的主要目的就是通过行政系统内部的层级节制，多快好省地解决内部问题，并以此凸显其较之于行政诉讼制度而特有的效率。如果行政复议和行政诉讼一样地费时、费力，设立该制度的宗旨也就难以实现了。

当然，对于效率，不同的时代不同的人有不同的观念。现代行政的效率观首先是建立在行政行为要合法有效的前提之下的。行政活动是违法的、侵犯公民人身财产权益的，则这样的活动进行得越多、越快，对老百姓的危害越大，这是显而易见的。现代行政的效率，就是要保障在行政活动合法、公正的前提下，以尽可以少的社会综合投入，取得尽可能多的社会收益。

（五）保障法律法规正确实施原则

保障法律法规的正确实施，就是要求行政复议机关在行政复议中，要严格按照法律、法规办事，引起争议的行政行为的合法性进行审查。这种审查，既包括对根据法律、法规作出的行政行为的审查，也包括据以作出行政行为的规章及规章以下抽象行政行为的审查。

行政复议特有的内部监督属性决定了行政复议机关具有不同于行政诉讼中司法机关的特有职能，那就是保障下级行政机关切实遵守法律、如实执行法律——不仅是形式上的遵守，更重要的是符合法律的立法宗旨和精神实质。以这样的标准执行法律，可谓追求法律的至善、至美，而唯其如此，其实现的难度可想而知，如此高的标准由行政系统以外的司法机关来把握显然是不能胜任的，把握得太轻起不到效果，把握得过严，又会有干预行政之嫌。而唯有行政系统内部的上级行政机关，才有可能根据所掌握的对下级的领导、指挥权，保障法律的切实、有效、尽善尽美的实施，而行政复议制度就是上级行政机关做到这一点的重要程序保障之一。

另外，行政复议的基本职能是通过上级行政机关审议对下级行政机关作出的行政行为不服提出的申诉，发现并保障下级行政机关能够在行政管理活动中切实依法律、法规办事，监督和保障法律、法规在复议机关管辖的范围内能够得到积极而统一的执行。避免下级行政机关因为对法律、法规条文在认识上的偏差而出现重大的执法偏差，使本辖区内的公民、法人或其他组织在与行政机关打交道时得到公正的待遇。

六、行政复议的特有原则

(一) 便民原则

所谓便民原则，就是行政复议活动应当尽可能从申请人便利的角度着眼，尽可能减少申请人通过行政复议解决与己利害相关的行政争议从而维护自己的合法权益的总体成本。为此，《行政复议法》规定了书面审理的方式，尽可能少让申请人跑路；复议申请可以书面提出，也可以口头提出，由申请人选择；申请人可以向行政行为发生地县级人民政府提出复议申请的，接到复议申请的县级人民政府不能一推了之，而应当负责转送等具体制度，以期最大限度地便利申请人。

便民原则的基本要求是，一切从申请人的角度出发，设身处地地为申请人着想。便民原则的核心在于复议机关对该原则的把握。但是，便民原则绝不是因陋就简、想省就省，更不是打着便民的幌子行便己之实，任何以危及甚至牺牲申请人的合法权益为代价而采取的活动，就不是便民，而是愚民、害人。例如，公开原则就是便民原则的一个重要的结论。对于普通的申请人而言，公开的社会舆论是他们最可信赖的依靠；而对于依法办事的被申请人而言，公开本身就是维护自身权威的最好的表现。因此，如果申请人提出要求进行公开的辩论、质证等活动时，行政复议机关不能以给申请人增加负担为由予以拒绝。

便民原则并不是一个严格意义上的法律原则，而是我国一切国家机关都应秉承的宪法性宗旨——为人民服务——在行政管理领域的具体落实，是社会主义国家中人民利益至上原则的具体化。在我国，根据《宪法》的规定，中华人民共和国的一切权力属于人民；代表人民行使国家权力的机关是全国人民代表大会和地方各级人民代表大会；全国人民代表大会和地方各级人民代表大会都由民主选举产生，对人民负责，受人民监督；国家行政机关、审判机关、检察机关都由人民代表大会产生，对它负责，受它监督。因此，作为国家行政机关的复议机关，其从事行政复议活动所应遵循的基本方针，就是在一切环节和步骤上做到因地制宜、施便于民。特别是在行政复议法将其列为行政复议的基本原则之后，更要成为复议机关应当遵守并努力实现的目标。行政复议机关应当尽一切可能在实际执法活动中落实这一原则。

便民原则的核心在于复议机关对该原则的把握。也就是说，该原则的落实有赖于复议机关本着"为人民服务"的最高宗旨，处处为老百姓着想。在合法、公正的前提下，能快则快、能省则省，尽最大可能使行政复议不致成为老百姓日常生活中的一大负担，使行政复议制度真正成为人们日常生活中保护自己权益的经济、实用、卓有成效的救济手段。

行政复议中的便民原则还有更深一层的含义，那就是要尽可能解决老百姓的实际问题，使提起行政复议的行政争议在实体上得到大家都满意的解决，避免老百姓议完再诉、一诉再诉，终年累月奔波于"秋菊打官司"般的艰难旅途中。

有鉴于此，要在行政复议中推行便民原则，最基本的是要在保证行政复议机关合法、公正地通过行政复议解决行政争议，使行政复议成为一项可资信赖的、独立的救济手段，通过行政复议机关的努力，使绝大多数的行政案件经复议后即息事宁人，大大降低复议后的起诉率，使行政诉讼成为不必要。只有这样，才能从根本上降低行政复议的社会成本，才能使行政复议对广大老百姓有吸引力。这才是行政复议中便民原则最根本、最有效的体现。

（二）有错必究原则

行政复议制度是在行政系统内部解决行政争议的法律制度。行政复议制度的这一根本性的特征，决定了行政复议制度可以成为而且应该成为我国行政系统中最有力、最有效的监督管理手段。之所以将有错必究原则列为行政复议制度特有的原则，是因为只有在行政复议制度中，才可能真正做到有错必究，而在其他监督措施下往往做不到这一点。

大家知道，我国的行政组织法对我国行政系统的设计，体现了一种高度结构化的层级节制关系。我国《宪法》第八十九条规定在规定国务院的职权时规定，国务院有权改变或者撤销各部、各委员会发布的不适当的命令、指示和规章；改变或者撤销地方各级国家行政机关的不适当的决定和命令；《宪法》第一零八条规定，县级以上的地方各级人民政府领导所属各工作部门和下级人民政府的工作，有权改变或者撤销所属各工作部门和下级人民政府的不适当的决定。（此处的不适当当然包括违法的情形，而且违法应当理解为严重的不适当，是上级行政机关必须撤销的，这一点我们已在上文公正性原则中作了说明）宪法的上述规定分别由《国务院组织法》和《地方各级人民代表大会和地方各级人民政府组织法》进一步落实。

可见，根据我国行政组织实体法的规定，上级行政机关对下级行政机关拥有控制权和监督权。对于下级行政机关的任何违法或不适当的决定和命令，上级行政机关都可以予以撤销或变更。这种权限是从法律上讲的，但在现实中却落实得不好。其中最主要的原因，就是缺少一整套可以保证这一权限得以具体落实的完善程序。行政复议制度的确立，正是我们需要的这类程序中的一个极为重要的组成部分。通过行政复议法规定的行政复议程序，上级行政机关就可以在审理行政复议案件时及时地发现下级行政机关的违法和不当之处，并根据行政组织法和其他法律、法规赋予的对下级的监督权，对下级行政机关的违法和不适当的决定和命令予以撤销或直接变更。有错必究原则在行政复议实践中特别重要。因为在我国，老百姓历来就有所谓"官官相护"之说，说的就是行政机关上下级之间，不能够建立有效的监督和制约，对于要害问题一味回避、姑息。行政复议法确立这一原则，就是要通过实际行动打消这种念头存在的现实土壤，以挽回行政复议制度的声望。

有错必究原则的确立，要求行政复议机关秉公执法，通过行政复议对下级或所属的行政机关的行政执法活动实施全面、有效的监督。具体而言，包括两个方面。其一，就是要在行政复议活动中做到以事实为根据、以法律为准绳。申请行政复议的行政案件都是根据事实和选用法律作出的行政行为，复议机关对该行为的审查，实际上是对行政机关认定的事实和适用的法律的审查，也是第二次审查，因此，行政复议既是事实审，也是法律审。复议机关只有在查明案件事实的基础上，才能正确适用法律，辨明是非，作出裁判。

其二，由于行政复议实际上是一种上级对下级的监督手段，因此，有错必究原则中所说的"错"，不仅包括以上所说的违法之错，而且包括在法律、法规规定范围内适用自由裁量权时的不当之错。也就是说，行政复议既要纠正行政机关违法实施的行政行为，也要纠正行政机关及其工作人员不当实施的自由裁量行为，后者属于上级行政机关享有的监督权的范围，而且也是复议机关必须履行的监督职责的范围，对此，复议机关不得无故拒绝行使。

可见，有错必究的原则并不是一句空话，更不是仅仅表一下态就行的，而是对行政复议机关提出了极高的要求。据此，行政复议机关不但要对申请复议的行政案件所认定的事实进行审查，而且要对行政机关作出该行为的事实进行审查；不但要对行政机关作出的行政行为的法律依据进行审查，而且要对作出该行为的过程中适用法律的情况进行审查。在以上四个方面中，无论哪个方面出了问题，都属于违法之列，都要彻底地予以改正。

另外，即使上述四个方面都没有问题，在实施行政行为时如果没有严格地按照法律的宗旨、目的行事，适用自由裁量权不当的，也属于应当予以纠正的行为之列。如行政机关出于不相关的考虑（如以权谋私）或考虑了不应考虑的因素（如故意刁难），而在法定权限范围内出现适用法律不成比例（比如同样情形的排污，有的单位就罚五千元，有的单位却要罚三万元）的，复议机关就应当在查明事实的情况下，纠正原行政行为，并做出正确的行政行为。这也属于有错必究的范畴，而且是有错必究原则在实践中应当着力予以规范的方面。

（三）全面审查原则

全面审查原则是指，行政复议机关要对被行政复议的行政行为进行全面的审查，既要审查法律问题也要审查事实问题，既要审查合法性问题也要审查合理性问题，既要审查行政行为方面的问题，也要审查作为行政行为依据的抽象行政行为方面的问题。

行政复议的全面审查原则，是行政复议制度法定性的必然。首先，行政复议法赋予了行政复议机关监督被申请人依法行使职权、审查被申请人作出的行政行为的合法性及适当性、维护申请人合法权益的权力和职责，基于此，行政复议机关既可以对被申请行政复议的行政行为的合法性、适当性、认定事实、适用法律进行充分的审查。其次，行政复议在制度设计上嫁接了行政组织法有关行政管理体制的现成层级节制体系，借力于行政复议机关与被申请人之间的上下级关系，行政复议机关根据行政组织法既有的法定权力可以一并在行政复议活动中行使。最后，行政复议法还规定，行政复议机关可以依申请人的申请可以对作为被申请行政复议的行政行为的规章以下的规范性文件进行审查或者转送有权机关进行审查，也可以依职权主动对作为被申请行政复议的行政行为的所有依据进行审查或者转送有权机关进行审查，据此，行政复议机关在任何案件中都可以而且也应当考虑作为被审查的行政行为的依据的规范性文件的合法性与适当性问题，而无论申请人是否提出过一并审查的申请，以及该规范性文件是否属于规章以下的规范性文件。

全面审查原则在行政复议案件中的指导意义表现在，该原则是行政复议机关实施行政复议实体审理活动的基本指导方针，明确了行政复议活动审查的范围、方向和要求。行政复议机关只有严格遵循该原则，才能满足行政复议申请人提出的各项要求，实现行政复议的基本目标和功能。

当然在适用这一原则时也必须注意适当的时机。全面审查原则只能是对于那些确实有必要进入而且已经进入实体审查领域的案件，对于那些本不属于自己管辖、被申请人没有进行答辩的案件，就无从进行全面审查。也就是说，全面审查是实体审查的要求，而不是此前的程序要件审查的要求，只有满足程序要件、需要作出实体裁决的案件，才有全面审查的必要和可能。

（四）诉讼终局原则（或称司法最终原则）

诉讼终局原则，就是指行政复议机关的复议决定不是最终发生法律效力的决定，复议当事人对该决定不服的，可以在法定期限内向人民法院提起行政诉讼。人民法院经审理后作出的终审决定才是发生法律效力的终局决定。在这里，行政复议的非终局性是与行政诉讼的终局性相对应的，由于行政诉讼是由作为司法机关的人民法院主持进行的，并在人民法院系统内部形成最终的具有法律效力的裁判结果，因此这一原则又称为司法最终原则。

司法最终原则之所以应当纳入行政复议的基本原则之列，不完全是因为行政诉讼是行政复议一般的后续手段这一制度设计，而是行政诉讼的审查标准在绝大多数案件中不可避免地成为行政复议机关审查被申请行政复议的行政行为的标准这一客观现实。由于这一后续的监督机制的存在，对于绝大多数无权作出终局决定的行政复议机关而言，为了尽可能地使自己的行政复议决定发挥实效，就必须顾及行政诉讼中适用的司法审查的标准。由此自然得出的推论便是，在司法审查中普遍适用而《行政复议法》又没有许多具体的规定、原则和标准，应当为行政复议机关在行政复议活动中遵循，正如在建立了行政诉讼制度之后，行政机关必须顾及行政诉讼中普遍适用的有关行政行为的标准、原则、程序一样。

司法最终原则是法治原则的根本体现，也是法治精神的最重要的支柱。世界各国目前通行的法治标准中，无一不将司法最终作为基本的原则。我国自《行政诉讼法》颁布以来，对于司法最终的观念已不再陌生，国家赔偿法有关司法赔偿的规定，进一步强化了司法最终原则的含义及适用范围。因此，《行政复议法》有关司法最终原则的规定，是我国法治化程度不断深入的历史潮流的一个新的标志。

但需要注意的是，司法最终作为一项原则也与法律制度中存在的其他原则一样，都有例外的规定作为必要的组成部分。就行政复议领域中的司法最终原则而言，行政复议也存在复议终局的可能。《行政复议法》第五条在规定司法最终原则的同时规定，法律规定行政复议决定为终局决定的除外。也就是说，在法律允许行政复议机关作出终局决定时，享有终局复议决定权的复议机关作出的决定就是最终具有法律效力的决定，复议当事人不得再对这一决定申请复议或提起行政诉讼。《行政复议法》第十四条规定的"国务院依照本地的规定作出最终裁决"，就是一例。此外，在《行政复议法》之前，我国已有几部法律，如《中国人出入境管理法》《外国人入出境管理法》中有关复议终局的决定，也是如此（2012年《出境入境管理法》通过后，上述两法被取代，但其第六十四条保留了对部分出入境管理行为的复议终局制度）。只是需要牢记的是，《行政复议法》已明确规定，有关复议终局的规定，只能由法律作出，法规、规章及其他规范性文件均不得作此类规定；即使规定了，也没有法律效力。

当然，对于司法最终原则的理解必须克服认识上的误区：其一，司法最终不是一切都由法院说了算。司法最终说得通俗一点，应当是由法律最终说了算，而不是负责执行法律的人民法院说了算。人民法院对于行政案件的裁判，是建立在以事实为根据、以法律为准绳的我国社会主义法制的基本原则基础之上的。法院的所作所为，是法律明文规定的体现；法院的一言一行，都是法律设定的权利义务关系和法定的程序在个案中的具体化。

其二，司法最终不是人民法院高于行政机关。行政机关应当首先破除自己的本位观念，凡事要出于公心。在我国的法律体制中，无论人民法院还是行政机关，都是由全国或地方人民代表大会产生的、负责执行法律、法规的机关，它们的地位是平等的，只有职责不同、没有地位高低。但在我国，长期以来，由于忽视法制建设，行政机关依法设立、依法行政、接受法制监督的观念非常淡漠，行政机关工作的同志习惯于发号施令，而不习惯于受约束，哪怕是来自法律的约束。这种观念在全国上下厉行法治的今天已经很不合时宜了。而人民法院通过行政诉讼而对行政机关的行政行为实施的监督，就是现代社会通行的法治化的监督手段的主要表现形式，行政机关的各级工作人员必须尽快适应这种监督形式。

其三，司法最终不是人民法院的权力无限。人民法院对于行政案件，特别是经过行政复议的案件拥有最终的决定权，这是法律的规定，而不是人民法院的意志体现。人民法院必须在法律规定的范围内（主要是指受案范围）、权限内（即对行政机关的行政行为的合法性的审查权限）实施司法审查权，对经行政复议的案件作出裁判，而不能超越法定的职权，肆意枉法裁判。因此，尽管有所谓的司法最终，行政机关在行政诉讼中也并不是无所作为的。我国《行政诉讼法》规定，双方当事人具有同等的地位，享有平等的诉讼权利和义务。因此，行政机关在行政诉讼中作为一方当事人，完全可以通过充分行使《行政诉讼法》所规定的当事人的权利和义务，据理力争，依法维护自己在行政管理活动中正确的做法，指明行政管理相对人在行政管理过程中以及人民法院在行政审判活动中的错误之处，以此维护我国法制的尊严，监督、制约人民法院行使职权。某些行政机关在行政诉讼中消极应诉甚至不应诉的做法，是完全错误的。

七、行政复议制度的原则体系

以上我们对行政复议制度基本原则作了大体的归纳，但在行政复议活动中如何具体适用上述原则，还需要系统地把握，即在宏观层面将上述九大原则纳入一个完整的体系中。

上述九大原则中，有些原则，如公开原则、诉讼终局原则等，它们在执行过程中既不存在认识上的歧义，也没有变通的余地，只需严格地依法办事即可。至于其他原则，在执行过程中则难免因现实生活中可能出现的问题的无限多样性，而使各原则的具体适用存在冲突的可能，因此需要我们从立法的精神、宗旨出发加以宏观地领会，在实际操作中得以"一以贯之"，做到"随心所欲而不越矩"。

我们认为，行政复议的九大原则中，除公开原则和诉讼终局原则外，其他原则的层级大致是，有错必究原则是总的指导思想，合法原则和保障法律法规实施原则是最基本的原则，公正原则是次基本的原则，效率原则、便民原则和全面审查原则又在其次。

具体而言，有错必究原则是总的指导思想。行政复议确实需要有错必究，否则行政复议制度设立的主要目的就会大打折扣。因为行政复议是由行政系统内部的复议机关对下级行政机关或所属的行政机关的行政行为的合法性和适当性进行审查的活动。这一活动的主要目的，其实就是在行政争议"张扬"出去之前，在行政系统内部设立一套自查、自纠的机制，使因行政机关的行政管理活动而产生的争议尽可能地在行政系统内部发现并解决，避免因被管理的公民、法人或其他组织对行政争议不服而进一步寻求行政诉讼或国家赔偿等外部救济手段。同时，行政复议制度也确实能够做到有错必究。我国宪法、行政组织法赋予上级行政机关的对下级行政机关的违法、不适当的决定、命令予以撤销、变更的强大权力，是实施有错必究原则的坚强后盾，而不会存在类似行政诉讼领域中存在的明知其不合理、不适当，但囿于行政审判的权限不能据实下判的尴尬。

合法原则和保障法律法规实施原则是最基本的原则。这两个原则可以合成为行政复议合法原则。该原则是完整的行政复议原则体系的基石。因为行政复议机关也是执法机关，而且相对于所监督管理的下级行政机关的执法活动而言，复议机关的执法活动是更高层次的、具有宏观性的执法活动。如果复议机关不严格执行法律、法规，则不但下级行政机关无所适从，下级行政机关管理的公民、法人和其他组织在日常生活中的各项活动也将陷于极大的盲目性之中。同时，合法原则又是公正及效率的前提，没有合法，就谈不上公正、效率，这是常识。

之所以将公正原则列为次基本的原则，并不是说行政复议不追求公正的解决结果，而只是说，行政复议活动中体现的对于个案的公正解决是建立在法律基础之上的。因为法律是人民意志的体现，也是在全国范围内对于人民普遍认同的公正标准的集中体现。如果法律得不到切实的执行，则在全国范围内就没有起码的公正标准可言，对于个案的公正处理就无从谈起。

将效率原则、便民原则、全面审查原则列为同一位阶原则，是因为三者在很大程度上是统一的：行政复议案件的高效解决，对于申请行政复议的公民、法人或其他组织而言，就是极大的便利；行政复议活动从便民的角度出发，也会有利于案件迅速、彻底地解决，从而极大地提高行政复议的效率；而全面审查原则是针对行政诉讼的合法审查原则、不告不理原则而言的，行政复议要对被诉行政行为的合法、适当性以及社会效果，甚至政治影响等进行全面的审查、考虑和评估，同时，通过行政复议程序将所有的行政争议一并解决，也最符合便民、效率的精神。当然，效率和便民这两大原则也存在相互冲突的可能，例如，为了提高行政复议的效率，行政复议的时限应该越短越好；行政复议的地点应该是离复议机关越近越好。但对于行政管理相对一方而言，时间太短一方面可能来不及准备应辩的材料，另一方面即使集中全力准备应辩，也会陷于极大的奔忙之中，不得不放弃自己的日常工作而全力投入复议活动。至于地点的选择就更是如此了，离复议机关近了，离行政管理相对人的距离可能就会远了。如何把握类似情况下效率与便民的关系呢？我们认为，行政复议效率的标准应当以法律规定的时限为准，只要是在法律规定的时限之内完成行政复议活动的，就是有效率的，复议机关不能为了自己的效率，无限制地压缩公民、法人或其他组织依法享有的法定时限。在此前提下，复议机关应当尽可能地从行政管理相对一方当事人的角度出发，选择适宜的复议时间、地点及完成复议程序所需的各项活动的形式，充分体现便民的立法精神。

效率原则和便民原则作为同一层级的原则，在于其他行政复议的原则共同适用时的地位，要在合法性原则与公正性原则之后。也就是说，对于效率和便民追求必须首先建立在合法的基础上，没有基本的合法性，违法地求快、图便，只会使案件的解决失去法律的基本支撑，其结果必然是使整个行政复议制度沦为少数人以权谋私的工具。在保障了合法性这一基本前提之后，就要寻求如何在合法的范围内保障公正的实现。换句话说，对于效率和便民的追求必须以能够保障公正为前提，如果某一提高行政复议效率的措施、某一在行政复议活动中欲设立的便民措施可能影响到案件的公正解决，那么这样的措施必须割舍。例如，复议机关为了提高效率，可能倾向于在案件审理之前单独向被申请复议的行政机关征求意见，这也是与行政复议的公正原则相违背的，因为这样一来，复议机关往往会受被申请复议的行政机关一面之词的影响，其决定可能在很大程度上为先入之见左右，这对于申请复议的当事人是很不公正的，类似这样的提高行政复议效率的措施，是不应提倡的。又比如，复议机关可能出于便民的考虑，将复议地点安排在被申请复议的行政机关内，由于被申请复议的行政机关一般与复议申请人属于同一地域，如此安排固然方便了当事人参加复议，但同时也会给复议申请人以行政复议还是由被申请复议的行政机关控制的印象，即使复议机关在决定中确实没有因复议地点的选择而受到影响，但也难脱干系。这样的"便民"措施也是与公正原则相冲突的，至少应当在设立该措施时，征求一下复议申请人的意见。只有当复议申请人出于自由表达的意愿要求复议机关这样做时，采取这样的措施才有可能得到复议申请人的认同，从而使"便民"之举真正地深入民心。

第四节　行政复议的范围

一、行政复议范围概述

行政复议的范围是指行政复议能够审查的行政行为的界限，即公民、法人或者其他组织对哪些行政行为有权提起行政复议申请。行政复议的范围直接关系到行政复议审查权的力度，关系到行政活动受行政复议监督的幅度，关系到行政利害关系人通过行政复议制度保护自己的合法权益的广度。

通过立法界定行政复议范围的模式大致有三种，即概括式、列举式和复合式。概括式即以一个语义不明确的法律概念、笼统地规定可以提起行政复议的案件的范围，如以利害关系、合法权利或者合法权益等为细节规定行政复议的范围。《行政复议法》第二条的规定即采取了概括式。[1] 列举式则是以简单枚举的方式逐一列明可申请行政复议的案件的类型。《行政复议法》第六条的规定即属此类。[2] 复合式则是兼采二者，但有所侧重。《行政复议法》第六、七、八条的规定就是采用概括式和列举式相结合的方式规定行政复议范围的。[3]

二、行政复议法的规定

（一）概括式规定

《行政复议法》以概括式规定行政复议范围的内容涉及两个条款：第

---

[1] 应松年、刘莘：《中华人民共和国行政复议法讲话》，中国方正出版社1999年版，第54页。

[2] 应松年、刘莘：《中华人民共和国行政复议法讲话》，中国方正出版社1999年版，第54页。

[3] 应松年、刘莘：《中华人民共和国行政复议法讲话》，中国方正出版社1999年版，第55页。

二条规定，公民、法人或者其他组织认为行政行为侵犯其合法权益，向行政机关提出行政复议申请，行政机关受理行政复议申请、作出行政复议决定，适用本法；同法第六条第十一项规定，认为行政机关的其他行政行为侵犯其合法权益的，可以依照本法申请行政复议。

（二）肯定式列举

《行政复议法》通过列举方式分别规定了行政行为与抽象行政行为的复议范围。

1. 行政行为的范围

《行政复议法》第六条第一至十项规定，有下列情形之一的，公民、法人或者其他组织可以依照本法申请行政复议：

"（一）对行政机关作出的警告、罚款、没收违法所得、没收非法财物、责令停产停业、暂扣或者吊销许可证、暂扣或者吊销执照、行政拘留等行政处罚不服的；

（二）对行政机关作出的限制人身自由或者查封、扣押、冻结财产等行政强制措施不服的；

（三）对行政机关作出的有关许可证、执照、资质证、资格证等证书变更、中止、撤销的决定不服的；

（四）对行政机关作出的关于确认土地、矿藏、水流、森林、山岭、草原、荒地、滩涂、海域等自然资源的所有权或者使用权的决定不服的；

（五）认为行政机关侵犯合法的经营自主权的；

（六）认为行政机关变更或者废止农业承包合同，侵犯其合法权益的；

（七）认为行政机关违法集资、征收财物、摊派费用或者违法要求履行其他义务的；

（八）认为符合法定条件、申请行政机关颁布许可证、执照、资质证、资格证等证书，或者申请行政机关审批、登记有关事项，行政没有依法办理的；

（九）申请行政机关履行保护人身权利、财产权利、受教育权利的法定职责，行政机关没有依法履行的；

（十）申请行政机关依法发放抚恤金、社会保险金或者最低生活保障费，行政机关没有依法发放的。"

2. 抽象行政行为的范围

《行政复议法》第七条规定，认为行政机关的行政行为所依据的国务院部门、县级以上地方各级人民政府及其工作部门以及乡、镇人民政府的规定不合法，在对具体行政行为申请行政复议时，可以一并向行政复议机关提出对该规定的审查申请。但国务院部、委员会规章和地方人民政府规章除外。

（三）否定式列举

《行政复议法》第八条规定了不可以申请行政复议的范围：

1. 不服行政机关作出的行政处分或者其他人事处理决定的；

2. 不服行政机关对民事纠纷作出的调解或者其他处理的。

三、对行政复议范围的理解

《行政复议法》的上述规定，基本上廓清了行政复议的范围，但在理解上还是存在着较多的争议，争议主要围绕以下几个方面的问题。

（一）行政复议范围与行政诉讼范围的关系

行政复议与行政诉讼在受案范围方面存在的联系，是密切二者联系的最主要的纽带。这种关系主体体现在以下几个方面。

1. 从立法史角度看，1990 年《行政复议条例》有关复议范围的界定脱胎于 1989 年的《行政诉讼法》[①]，这一点最突出地表现在该条例有关行政复议范围的第九条第一款第九项的规定："法律、法规规定可以提起行政诉讼或者申请复议的其他行政行为"。自此以后，人们普遍认为行政复议的范围宽于诉讼。

2. 从实证角度看，《行政复议法》对于行政复议范围的规定，也比《行政诉讼法》的规定为宽，具体体现在：

---

① 江必新、李江编著：《行政复议法释评》，中国人民公安大学出版社 1999 年版，第 37 页。

（1）《行政复议法》概括式规定的用语是合法权益，而《行政诉讼法》是人身权、财产权。合法权益除了人身权、财产权、受教育权外，还包括选举权、被选举权，言论、出版、集会、结社、游行、示威的自由权以及劳动权、休息权等其他可依法享有的权益。①

（2）《行政复议法》第六条列举的内容涵盖了《行政诉讼法》第十一条的范围。

（3）《行政复议法》第六条中规定了《行政诉讼法》中没有规定的内容，如第四项有关行政确权行为、第九项规定的受教育权、第十项中规定的社会保险金或者最低生活保障费等，都是行政诉讼法中没有提到的。

3. 从实务角度看，行政复议除终局裁决的外，一般都可以提起行政诉讼，对于依法应当受理而复议机关不予受理的，人民法院可以责令受理。在实际操作中，法院一般倾向于采取凡可以诉讼者一般应当能够复议，并在此基础之上再适用行政复议法的规定进一步确定行政复议应当受理的范围。

4. 行政复议的范围包括对规章以下规范性文件的审查，而行政诉讼则不包括。虽然有人不太赞成将规定在《行政复议法》行政复议范围一章中的第七条规定的对规章以下抽象行政行为的审查纳入行政复议的范围，理由是这种审查不能直接提起，而只能一并提起。

综上，尽管现行法已经不再将行政复议的范围捆绑在行政诉讼范围之上，但二者内在的关联仍使二者有密不可分的关系。由此对本书产生的最大便利就是，有关行政复议范围中的具体内容，如行政处罚、行政强制等，本章就不多谈了。

（二）对概括式规定的理解

有学者将《行政复议法》第二条的规定概括为：凡公民、法人或者

---

① 马怀德：《中华人民共和国行政复议法释解》，中国法制出版社 1999 年版，第 47页。

其他组织认为行政行为侵犯其合法权益的，都属于行政复议的范围①，并认为是对行政复议范围的最准确、最完整的表述，凡是符合概括式表述条件的，除非在该法排除式列举中被明确排除，其余均应作为属于行政复议范围的行为对待。② 当然，要理解上述概括式规定所界定的行政复议的范围，必须澄清以下几个法律概念的具体含义。

1. 行政行为

原《最高人民法院关于贯彻实施〈中华人民共和国行政诉讼法〉若干问题的意见》将行政行为定义为：行政行为是指具有行政管理职能的组织行使，与行政管理职能相关的，针对特定的人和已经发生的事作出的，一次性适用，具有直接执行力的，对公民、法人或者其他组织的权利义务产生实际影响的行为。但事实证明，这个定义产生的歧义多于其解决的问题，因此，在替代上述意见的新司法解释中，放弃了这种徒劳的努力。

事实上，理论界对于行政行为的解释已经越来越宽泛，使人怀疑学者们是否在潜意识中还存在抽象行政行为与行政行为的明确区分，而仅仅是将其认为应当受行政复议保护的权利、利益或者利害关系，外化为行政行为之界定而已。至于实务界，从某种意义上说，囿于立法的现实，目前抽象行政行为与具体行政行为的这种划分，是一种回避行政复议及行政诉讼的权利保障功能的托词。因此，很有进一步明确的必要，也就是大可不必以抽象行政行为与具体行政行为的划分作为无形中区分是否受理的标准。行政复议法将申请人认为侵害自己的合法权益的行为归入行政复议的范围，已经在实质上迈出了回避这种无谓纷争的第一步。

2. 合法权益

公民、法人或者其他组织的合法权益包括三个方面的内容。首先是人身权和财产权。所谓人身权是指公民的生命权、健康权、姓名权、肖像权、名誉权、身份权等。所谓财产权是指公民、法人或者其他组织对

---

① 应松年：《依法行政读本》，人民出版社2001年版，第309页。
② 应松年：《依法行政读本》，人民出版社2001年版，第311页。

动产或者不动产依法享有的占有、使用、收益、处分的权利。财产权可以包括对物的所有权、使用权、债权、经营管理权、相邻权以及知识产权中的财产权利等。其次是社会经济权利。社会经济权利是指与财产权利紧密相连，本身又不直接具有财产内容的权利。例如，劳动的权利、受教育的权利、休息的权利、获得社会帮助的权利等。最后是政治民主权利。政治民主权利包括我国宪法规定公民享有的言论、出版、集会、结社、游行、示威，年满十八岁的公民享有选举权与被选举权等等。以上三类权利，无论是哪一类权利受到侵害，公民、法人或者其他组织都有权依法申请行政复议。

3. 认为

《行政复议法》第二条明确规定，只要公民、法人或者其他组织认为其合法权益受到具体行政行为的侵犯就有权依法申请行政复议。何谓"认为"？认为应当是行为人的一种主观判断，这种判断可能是正确的，也可能是错误的。只要申请人主观上认为其合法权益受到侵害就应当属于行政复议的范围，应当受理。至于具体行政行为是否真的侵犯了其合法权益，经过行政复议审查之后才能确定。

（三）对列举式规定的理解

一般认为，《行政复议法》第二条的规定，并非对所有可以申请行政复议的具体行政行为的列举。该条文仅仅是从不同的侧面对经常遇见的可以申请行政复议的具体行政行为进行的不完全列举。[①] 其初衷主要是为了给一般的申请人一个提醒，至少在这些范围内是完全可以申请行政复议的。而绝不是给行政复议机关回避自己的职责或者被申请人拒绝接受行政复议审查时寻找遁词之用的。不在肯定列举范围或者对于是否属于某一列举有争议的案件，并不能以行政复议机关或者被申请人的一面之词而排除在行政复议之外，还要看申请人是否明确地"认为"该行政行为足够"具体"地"侵犯"了"自己"的"合法权益"，如果申请有此认识，并且案件不明显地不属于下述排除范围，则基本上可以不会考虑

---

① 应松年：《依法行政读本》，人民出版社 2001 年版，第 312 页。

某类行政复议申请在上述列举中的具体归类。

（四）对行政机关处理民事纠纷的理解

《行政复议法》第八条第二款将不服行政机关对民事纠纷作出的调解或者其他处理的案件，排除在行政复议范围之外。单纯将行政调解排除在外，不会引起什么争议，关键是何谓"其他处理"，如何区分行政确权、行政裁决与民事纠纷处理的关系。

1. 从立法的连续性角度分析，并没有进一步扩大排除的范围。行政调解早在《行政复议条例》时期即被排除在行政复议范围之外了，但其第十条第三项的规定是，对民事纠纷的仲裁、调解或者处理不服的，不能申请复议，但行政机关对土地、矿产、森林等自然资源所有权或者使用权归属的处理决定除外。《行政复议法》只是对这一规定作了技术性处理，将其中的行政确权移到了第六条而已。

2. 与行政调解的性质类比分析，"其他处理"只包括类似调解的非强制性处理。这类调解处理行为是行政机关针对平等主体之间的民事纠纷居间作出的行政行为，这类纠纷最终仍要由仲裁机关或法院解决；即使申请行政复议，仍不能最终解决纠纷。[①]

至于"其他处理"的具体范围，主要有以下几种情况：（1）《土地管理法》规定的对土地权属争议的处理；（2）《森林法》规定的对林木、林地权属争议的处理；（3）《水法》规定的水事纠纷的处理；（4）《草原法》规定的草原权属争议的处理；（5）《渔业法》规定的水面、滩涂权属争议的处理；（6）《矿产资源法》规定的对矿业权争议的处理。此外，《专利法》《商标法》《消费者权益保护法》《食品卫生法》《药品管理法》《海洋环境保护法》《水污染防治法》《大气污染防治法》《医疗事故处理办法》《兽药管理条例》《旅行社管理条例》等法规、行政法规，都规定了行政机关对民事纠纷的处理。[②]

---

① 应松年：《依法行政读本》，人民出版社 2001 年版，第 81—82 页。

② 曹康泰主编：《中华人民共和国行政复议法释义》，中国法制出版社 1999 年版，第 48—49 页。

3. 行政确权行为不属于排除之列。行政机关对民事纠纷的处理种类很多，并非所有的行政处理均不能申请行政复议。根据《行政复议法》第六条第一款第四项的规定，行政机关处理民事纠纷时对有关土地、矿藏等所有权、使用权作出的决定仍属于行政复议的范围。① 至于行政确权行为的具体范围和类别，特别是与前述"其他处理"界限，学术界则有不同的意见，如有的认为，矿产品的采矿权、专利、商标的所有权等的确认，可以申请行政复议。② 显然，在这些学者看来，确认权属的过程就是处理权属争议的过程，或者说，处理权属争议是不可能不确认权属的。

4. 行政裁决是否可以申请行政复议。对此，许多学者避而不谈，原因可能是因为行政裁决的概念与行政处理甚至行政决定难以区别，既然不采用行政裁决的概念，自然就无所谓可复议的问题了。但对于接受这一概念的学者而言，对行政裁决属于行政机关对民事纠纷的处理这一认识分歧不大，但对其是否可以申请行政复议，则因归类的不同而迥别。有的学者将其理解为包括对权属纠纷、损害赔偿纠纷的裁决，其中前者属于行政复议范围。③ 另有学者则将损害赔偿裁决、权属纠纷裁决和侵权纠纷裁决一并归入可复议的行政裁决的范围内。④ 此外，似乎没有多少学者注意到目前在国内引起广泛注意的行政机关对拆迁补偿协议的裁决，从最高人民法院正在抓紧拟定这类案件的审理规则看，其可诉性是毋庸置疑的。

综上，我们认为，行政机关对民事纠纷的处理大致分为两类，一类是非强制性的行政调解类处理，这类处理对双方当事人及调解机关都不具有拘束力，即使不服也不能申请行政复议；另一类则是具有相当强制

---

① 应松年：《依法行政读本》，人民出版社 2001 年版，第 82 页。

② 江必新、李江编著：《行政复议法释评》，中国人民公安大学出版社 1999 年版，第 98 页。

③ 马怀德：《中华人民共和国行政复议法释解》，中国法制出版社 1999 年版，第 53 页。

④ 江必新、李江编著：《行政复议法释评》，中国人民公安大学出版社 1999 年版，第 104—105 页。

性的行政处理，包括行政确认、行政确权和行政裁决，对于此类具体行政行为，只要行政机关坚持"其决定必须执行"而调解意见，就应当允许当事人通过行政复议或者行政诉讼寻求救济，否则，通过仲裁或者民事诉讼始终无法让行政机关收回"其决定必须执行"的成命。尽管从原理上行政机关不应当强制性地处理民事纠纷，但要从根本上消除行政机关合法的或者违法处理民事纠纷的现实，不通过行政复议或者行政诉讼是不现实的。而且人民法院及许多行政机关，现在也确实在审理着大量的此类行政案件。至于《行政复议法》已经明确规定的自然资源类权属确认及相关的纠纷处理，确属行政复议无疑。

第五节　行政复议的管辖

出于避免司法化的考虑，行政复议法有意回避了管辖这个术语，并将管辖的内容规定在行政复议机关部分。行政复议机关与行政复议管辖是两个既相互区别又紧密联系的概念。行政复议机关是行政复议管辖的前提，不是行政复议机关当然无权参与行政复议权的分配；反之，根据法律的授权，享有行政复议管辖权的机关必然是行政复议机关。因此，我们从行政复议的管辖着手，弄清行政复议管辖，也就弄清了行政复议机关。以下关于行政复议管辖规定，与行政诉讼有术语体系上没有实质性的区别，具体的解释可以参酌行政诉讼相关部分，本章不再重复。

根据《行政复议法》规定，行政复议管辖可以分为一般地域管辖、特殊地域管辖、转送管辖和指定管辖。

一、一般地域管辖

1. 对县级以上地方各级人民政府工作部门的具体行政行为不服的，由申请人选择，可以向该部门的本级人民政府申请行政复议，也可以向上一级主管部门申请行政复议。

对海关、金融、国税、外汇管理等实行垂直领导的行政机关和国家安全机关的具体行政行为不服的，向上一级主管部门申请行政复议。对实行省级以下垂直领导的工商行政管理部门、技术监督部门、地税部门等，对省级以下有关行政机关的具体行政行为不服的，向其上一级行政机关申请行政复议。对省级部门具体行政行为不服的，申请人可以向其上一级行政机关申请行政复议，也可以向同级人民政府申请行政复议。

2. 对地方各级人民政府的具体行政行为不服的，向上一级地方人民政府申请行政复议。对省、自治区人民政府依法设立的派出机关所属的县级地方人民政府的具体行政行为不服的，向该派出机关申请行政复议。此处的派出机关是指省、自治区人民政府设立的地区行署、盟等派出机关。

3. 对国务院部门或者省、自治区、直辖市人民政府的具体行政行为不服的，向作出该具体行政行为的国务院部门或者省、自治区、直辖市人民政府申请行政复议。对行政复议决定不服的，可以向人民法院提起行政诉讼；也可以向国务院申请裁决，国务院依照本法的规定作出最终裁决。此处确立了国务院原则上不负责处理行政复议案件的原则。按照上一级行政机关做复议机关的原则确定应当由国务院做复议机关的，都被法律确定为由本机关做复议机关。

二、特殊地域管辖

1. 对县级以上地方人民政府依法设立的派出机关的具体行政行为不服的，向设立该派出机关的人民政府申请行政复议；

2. 对政府工作部门依法设立的派出机构依照法律、法规或者规章规定，以自己的名义作出的具体行政行为不服的，向设立该派出机构的部门或者该部门的本级地方人民政府申请行政复议；

3. 对法律、法规授权的组织的具体行政行为不服的，分别向直接管理该组织的地方人民政府、地方人民政府工作部门或者国务院部门申请行政复议；

4. 对两个或者两个以上行政机关以共同的名义作出的具体行政行为不服的，向其共同上一级行政机关申请行政复议；

5. 对被撤销的行政机关在撤销前所作出的具体行政行为不服的，向继续行使其职权的行政机关的上一级行政机关申请行政复议。

三、转送管辖

针对特殊地域管辖可能造成申请人提起行政复议申请不便的情况，《行政复议法》规定，有前款所列特殊地域管辖情形之一的，申请人也可以向具体行政行为发生地的县级地方人民政府提出行政复议申请，接受行政复议申请的县级地方人民政府，应当自接到该行政复议申请之日起七日内，转送有关行政复议机关，并告知申请人。

四、指定管辖

因特殊原因有管辖权的行政复议机关不能行使管辖权或者发生管辖权争议，协商不成的，由上一级行政机关或者同级人民政府指定的行政机关管辖，这就是指定管辖。指定管辖通常发生在以下两种情况。

1. 有管辖权的机关不能行使管辖权。不能行使管辖权可能基于法律上的原因，如整个机关被要求回避，也可能是基于事实上的原因，如发生火灾、复议机关数量众多的工作人员发生重大意外伤亡等不可抗力事件。有管辖权的机关因法律上或者事实上的原因不能行使管辖权的，由其上一级行政机关指定其他有关行政机关管辖。

2. 发生管辖权争议，协商不成。管辖权争议的前提是几个争议的机关都有管辖权，可能是几个有管辖权的机关互不相让争着要管辖权，也可能是相互推诿，都不愿管。发生管辖权争议，协商不成时，由几个相互有争议的机关的共同上一级机关指定其中一个有管辖权的机关管辖。

第六节　行政复议参加人

《行政复议法》出于非司法化的考虑，对行政复议参加人规定甚简。与行政复议的管辖一样，本节的内容也多有附会行政诉讼体系之嫌，国内论著多循此例；从完善行政复议制度体系的角度来说，这种附会之嫌无可厚非。

行政复议参加人一般指行政复议申请人、行政复议被申请人以及行政复议第三人。

一、行政复议申请人

认为具体行政分为侵犯其合法权益，以自己的名义向复议机关提出复议申请，要求对该具体行政行为进行审查并作出复议决定的人，是行政复议申请人。行政复议申请人应当同时具备以下条件。

1. 必须是作为行政管理相对人的公民、法人或者其他组织。

2. 与被申请复议的具体行政行为有法律上的利害关系。申请人可以是具体行政行为直接针对的对象，例如，治安管理的被处罚人；也可以是因具体行政行为使权益受到实际影响的其他人，如，某政府将 A 地的使用权证发给甲，乙认为政府先前已经将甲地的使用权证发给了自己。此时，乙有权就政府给甲颁证的行为申请行政复议。

有权申请行政复议的公民死亡，其近亲属可以以申请人的身份申请行政复议。有权申请行政复议的公民为无民事行为能力人或者限制民事行为能力人的，其法定代理人可以代为申请行政复议。有权申请行政复议的法人或者其他组织终止的，承受其权利的法人或者其他组织可以以申请人的身份申请行政复议。

二、行政复议被申请人

行政复议被申请人是其具体行政行为被行政管理相对方的公民、法人或者其他组织认为侵犯了他们的合法权益而提出复议申请，由复议机关通知参加复议活动的行政主体，包括行政机关或者法律、法规授权的组织。两个或者两个以上行政机关以共同名义作出的具体行政行为被申请复议，它们是共同被申请人。法律、法规和规章授权的组织作出具体行政行为的，该组织是被申请人。行政机关委托的组织作出具体行政行为的，委托的行政机关是被申请人。作出具体行政行为的机关被撤销的，继续行使其职权的行政机关是被申请人。

行政复议被申请人应当同时具备以下条件。

1. 必须是依法享有行政管理职权的行政主体。被申请人可以是行政机关，也可以是法律、法规或者规章授权的组织。

2. 必须是具体行政行为的实施者，对不作为行为提出复议申请的，应当是法定行政管理职权的实际承担者。

行政复议被申请人应当按照行政复议法关于行政复议管辖的规定予以确定。原则上，有管辖权的复议机关的下一级行政机关，即作出具体行政行为的行政主体就是行政复议被申请人。

三、行政复议第三人

行政复议第三人是指认为自己与被申请行政复议的具体行政行为有利害关系，而参加到他人已经开始的行政复议活动中来的公民、法人或者其他组织。行政复议第三人具有以下特征。

1. 必须是行政复议申请人和被申请人以外的公民、法人或者其他组织。

2. 必须与被申请行政复议的具体行政行为有法律上的利害关系。

3. 第三人应当以自己的名义，为维护自己的合法权益而参加复议活动。

4. 必须是在行政复议案件立案之后，复议决定作出之前参加复议活动，第三人可以自行申请参加复议，也可以应复议机关通知参加复议。

四、行政复议代理人

行政复议中接受申请人、第三人的委托，代为参加行政复议活动的人是行政复议代理人。行政复议代理人的特点是：第一，行政复议中只有申请人和第三人能够委托代理人。被申请人不得委托行政机关法制机构以外的人员代理参加行政复议活动，因为，参加行政复议活动是行政机关法制机构的法定职责。第二，代理人以被代理人的名义，为维护被代理人的利益而参加复议。第三，代理人必须在代理权限范围内实施代理行为，代理行为的法律后果由被代理人承担。第四，同一行政复议活动中，代理人不得同时代理相互对立的几方当事人。

第七节 行政复议的程序

行政复议的程序可分为申请、受理、审理、决定四个步骤。

一、申请

申请人申请复议，可以自知道被申请人具体行政行为之日起60日内提出，但法律规定的申请期限多于60日的除外。因不可抗力或者其他特殊情况耽误法定申请期限的，申请期限自障碍消除之日起继续计算。

公民、法人或者其他组织申请行政复议应当具备七个条件：（1）申请人必须是认为其合法权益受到具体行政行为侵害的人。（2）有明确的被申请人。（3）有具体的复议请求和事实根据。（4）属于行政复议的范围和受理案件的复议机关的管辖。（5）应当在知道具体行政行为之日起60日内提出复议申请，法律规定超过60日的，依照法律规定计算。（6）行政复议可以书面形式提出，也可以口头提出申请，口头提出申请的行政复议机关应制作笔录。（7）法律法规规定的其他条件。如《税收征收管理法》规定，对纳税决定不服的，必须缴纳税款之后才有权申请复议。

申请人申请行政复议，可以书面，也可以口头申请；口头申请的，行政复议机关应当当场记录申请人的基本情况，行政复议请求，申请行政复议主要事实、理由和时间。复议机关不得以无书面申请为由拒绝受理；如书面申请需要补正，应当场进行。

二、受理

复议机关收到申请复议人的复议申请以后，应对复议申请书进行初步审查，并在5日内依据不同情况分别作出以下处理。

1. 复议申请不符合《行政复议法》规定的，决定不予受理，并书面告知申请人；

2. 对符合本法规定，但不属于本机关受理的，应当告知申请人向有关行政复议机关提出；

3. 除以上情形外，复议申请转送复议机构，该机构收到之日即为受理。复议机关无正当理由拒绝受理申请人的申请，申请人可请求复议机关的上一级行政机关责令其受理；必要时，上级行政机关可以直接受理。对于依法应先复议后起诉的复议事项复议机关决定不予受理或者受理后超过行政复议期限不作答复的，申请人可以自收到不予受理决定书之日起或者行政复议期满之日起 15 日内，依法向人民法院提起行政诉讼。

三、审理

（一）审理方式

行政复议一般实行书面审理，但是申请人提出要求或者复议机构认为有必要时，可以采取准司法程序审理，如向有关组织和人员调查情况，通知申请人、被申请人双方及有关组织和人员到场，在公开听证、相互质证、辩论并听取双方当事人意见的基础上进行审理。

（二）行政复议的审理依据和规则

行政复议机关应当依据法律、法规、规章以及上级行政机关制定的其他规范性文件对具体行政行为是否合法、合理进行审查。行政复议机关应当对被申请人作出的具体行政行为的依据进行审查，认为其依据不合法，本机关有权处理的，应当在 30 日内依法处理；无权处理的，应当在 7 日内按照法定程序转送有权处理的国家机关依法处理。处理期间，中止对具体行政行为的审查。

除此之外，行政复议的审理过程中还应当适用以下原则。

1. 复议期间不停止具体行政行为执行。为保证行政效率，行政复议期间具体行政行为原则上不停止执行。但是，有四种情形之一的，可以停止执行：（1）被申请人认为需要停止执行的；（2）行政复议机关认为需要停止执行的；（3）申请人申请停止执行，行政复议机关认为其要求合理，决定停止执行的；（4）法律规定停止执行的。

2. 被申请人对其作出的具体行政行为负举证责任。被申请人所举证据必须是在作出具体行政行为之前依法收集的。在行政复议过程中，被申请人不得自行从申请人和其他有关组织或者个人处收集证据。

3. 复议不适用调解。行政复议中，由于审查的对象是被申请复议的具体行政行为的合法性及合理性，而行政机关对行政职权无自由处分权，复议中不存在调解的基础。但是，对行政赔偿、行政裁决行为中的民事权益可以调解。

（三）审理前或审理中要处理的有关事项

复议机关在审理前或审理中要处理的有关事项主要包括：

1. 向被申请人发送申请书副本、被申请人答辩。复议机关所属复议机构自决定受理申请人复议之日起 7 日内将行政复议申请书副本或者复议申请笔录复印件发送被申请人。被申请人应当在收到复议申请书副本或者申请笔录复印件之日起 10 日内，提出书面答复，并提交具体行政行为的证据、依据和其他有关材料；否则，复议机关将径行作出撤销该具体行政行为的决定。

2. 接待复议当事人查阅案件材料。在复议期间，申请人、第三人可以查阅被申请人提出的书面答复、作出具体行政行为的证据、依据和其他有关材料，除涉及国家秘密、商业秘密或者个人隐私外，行政复议机关不得拒绝。

3. 决定是否停止具体行政行为的执行。行政复议期间，被申请复议的具体行政行为一般不停止执行。但有四种情形之一的，可以停止执行：（1）申请人申请停止执行，复议机关认为其要求合理可决定停止执行；（2）复议机关认为需要停止执行的；（3）法律规定停止执行的；（4）被申请人认为需要停止执行的，可自动停止执行。

4. 调查取证。复议机构应申请人的要求或者认为有必要时，可以向有关组织和人员调查情况，听取各方当事人的意见。但在复议期间，被申请人不得自行向申请人和其他有关组织和个人收集证据。

5. 决定是否同意申请人撤回复议申请。复议决定作出以前，申请人如果要求撤回复议申请，需经说明理由，才可以撤回申请，行政复议终止。

（四）对抽象行政行为的一并审理

申请人认为被申请复议的具体行政行为依据的国务院部门、县级以上地方各级人民政府及其工作部门以及乡、镇人民政府的规定（国务院部、委员会规章和地方人民政府规章除外）不合法，而在申请行政复议时一并提出对该规定的审查申请时，如复议机关对该规定有权处理，应在 30 日内依法处理；无权处理的，应在 7 日内按照法定程序转送有权处理的行政机关依法处理，有权处理的行政机关应当在 60 日内依法处理。处理期间，中止具体行政行为的审查。

四、决定

（一）决定期限

行政复议机关应当自受理申请之日起 60 日内作出行政复议决定；但是法律规定的行政复议期限少于 60 日的除外，情况复杂，不能在规定期限内作出行政复议决定的，经行政复议机关的负责人批准，可以适当延长，并告知申请人和被申请人；但是延长最多不超过 30 日。

（二）决定种类

复议机关经过对被申请人具体行政行为的审理，根据不同情况可分别适用以下种类的决定：

1. 维持决定。具体行政行为适用法律、法规、规章和具有普遍约束力的决定、命令正确，事实清楚，且符合法定权限和程序的，适用维持决定。

2. 补正决定。具体行政行为有程序上不足的，适用补正决定，即责成被申请人依法定程序予以补正。

3. 履行决定。被申请人不履行法律、法规和规章规定的职责的，适用履行决定，即责成被申请人在一定期限内履行。

4. 撤销、变更、确认决定。具体行政行为有五种情形之一的，适用撤销决定、变更决定或者确认被申请复议具体行政行为违法的确认决定（如适用撤销决定或确认决定，并可责令被申请人重新作出具体行政行为，被申请人不得以同一的事实和理由作出与原具体行政行为相同或者基本相同的具体行政行为）：（1）主要事实不清；（2）适用依据错误；（3）违反法定程序；（4）超越或者滥用职权；（5）具体行政行为明显不当。

5. 赔偿决定。被申请人作出的具体行政行为侵犯申请人的合法权益造成损害，申请人请求赔偿的，行政复议机关对符合《国家赔偿法》有关规定应当给予赔偿的，适用赔偿决定，即在决定撤销、变更具体行政行为或者确认具体行政行为违法时，应当同时决定被申请人依法给予赔偿。即使申请人没有提出赔偿请求，行政复议机关在依法决定或者变更罚款、撤销违法集资、没收财物、征收财物、摊派费用以及对财产的查封、扣押、冻结等具体行政行为时，应当同时责令被申请人返还财产、解除对财产的查封、扣押、冻结措施，或者赔偿相应的价款。

（三）决定程序

行政复议机构应当对被申请人作出的具体行政行为进行审查，提出意见，经行政复议机关负责人同意或者集体讨论通过后，按照《行政复议法》的规定作出行政复议决定。

《行政复议法》规定，履行行政复议职责的行政复议机关内部负责法制工作机构的行政复议机构具体办理行政复议事项，履行七种职责：（1）受理行政复议申请；（2）向有关组织和人员调查取证，查阅文件和资料；（3）审查申请行政复议的具体行政行为是否合法与适当，拟订行政复议决定；（4）处理或者转送对本法第七条所列有关规定的审查申请；（5）对行政机关违反本法规定的行为依照规定的权限和程序提出处理建议；（6）办理因不服行政复议决定提起行政诉讼的应诉事项；（7）法律、法规规定的其他职责。

《行政复议法》对于行政复议的决策主体及决策程序没有作更细致的规定。该法虽然对于行政复议机构的职责作了规定，而且在实务中也确实是由行政复议机构操办绝大多数的行政复议事务，但由于行政复议机关与行政复议机构的关系没有完全挑明、理顺，行政复议决定程序有时反而成了行政复议活动中耗时最长的一个阶段。

（四）复议决定书

行政复议机关作出行政复议决定，应当制作行政复议决定书，并加盖印章。行政复议决定书一经送达，即发生法律效力。除法律规定的终局复议决定外，申请人对复议决定不服的，可以在收到复议决定书之日起15日内，或法律规定的其他期限内向人民法院起诉。申请人如逾期不起诉，又不履行复议决定，或者不履行最终裁决的行政复议决定的，对于维护决定，由被申请人依法强制执行或者申请人民法院强制执行；对于变更决定，由行政复议机关依法强制执行或者申请人民法院强制执行。

被申请人不履行或者无正当理由拖延履行行政复议决定的，行政复议机关或者上级行政机关应当责令其限期履行，对直接负责的主管人员和其他直接现任人员依法给予警告、记过、记大过的行政处分；经责令履行仍拒不履行的，依法给予降级、撤职、开除的行政处分。

（五）行政复议终局决定

所为行政复议终局决定，就是依《行政复议法》第五条的规定，即使公民、法人或者其他组织对行政复议决定不服的，亦不得向人民法院提起行政诉讼的行政复议决定。《行政复议法》规定了两类复议终局的决定：

1. 国务院最终裁决

由国务院受理的行政复议案件需要满足三个条件：一是，原具体行政行为由省部级行政机关，即国务院部门或者省、自治区、直辖市人民政府作出；二是，经原机关复议后仍不服；三是，申请人未选择向人民法院提起行政诉讼，因此，国务院最终裁决是一种选择终局。

由国务院最终裁决行政复议案件是《行政复议法》新创设的制度。目前每年裁决数百件，主要涉及集体土地征收、信息公开等领域，直接撤销、变更或者确认原具体行政行为违法及相应行政复议决定的案件不多，但影响较大。

2. 资源类最终裁决

资源类最终裁决是指省、自治区、直辖市人民政府根据国务院或者省、自治区、直辖市人民政府对行政区划的勘定、调整或者征用土地的决定，确认土地、矿藏、水流、森林、山岭、草原、荒地、滩涂、海域等自然资源的所有权或者使用权的行政复议决定。资源类最终裁决的范围与《行政复议法》第六条第一款第四项规定的资源类确权案件的范围不完全相同。